Das Detail in der niederländischen Architektur

Ed Melet

**Das Detail in der
niederländischen Architektur**

Birkhäuser – Verlag für Architektur
Basel · Berlin · Boston

Inhalt

7 Einleitung
Gott steckt nicht im Detail

Wiel Arets
18 Reine Architektur
23 Details
Kunstakademie Maastricht
AZL-Hauptsitz Heerlen
Polizeistation Vaals
Polizeistation Cuijk
Lensvelt Fabrik Breda
Hedge House Wijlre
Universitätsbibliothek Utrecht

Benthem Crouwel
32 Funktionale Gebäude, ausgereifte Details
38 Details
Wohnhaus Benthem Almere
Terminal West Flughafen Schiphol
World Trade Centre Schiphol
Provinzverwaltung Groningen
Bürogebäude Malietoren Den Haag
Zentrum 013 für populäre Musik Tilburg
Villa Arena Amsterdam

CEPEZED
46 Neutraler weil intelligenter
52 Details
Doppelhaus ‚Twee zonder een kap' Delft
Kindertagesstätte ‚Woeste Willem' Rotterdam
Centre for Human Drug Research Leiden
Büro CEPEZED bv Delft
Wärmekoppelungsanlage Bullewijk Amsterdam
Porsche-Fabrik Leipzig
ÖAW Forschungszentrum Graz

Erick van Egeraat
60 Ungewöhnlich schön
66 Details
Haus 13 IGA Stuttgart
Wohnungskomplex Stuivesantplein Tilburg
Hauptsitz der ING Bank & Nationale
Nederlanden Budapest
Ichthus Fachschule Rotterdam
Crawford Art Gallery Cork
Poppodium Mezz Breda
Rathaus Alphen aan den Rijn

Herman Hertzberger
76 Ordnungssysteme versus große Gesten
82 Details
Bürogebäude Centraal Beheer Apeldoorn
Ministerium für Arbeit und Soziales Den Haag
Chassé-Theater Breda
Montessori-Schule Amsterdam
Erweiterung Kaufhaus Vanderveen Assen

Mecanoo
88 Begehrenswerte Details
94 Details
Wohnhochhaus Hillekop Rotterdam
Wohnhaus mit Studio Rotterdam
Bibliothek Almelo
Fakultät für Wirtschaft und Management Utrecht
Bibliothek der Technischen Universität Delft
Eingangsgebäude des Niederländischen Freiluftmuseums Arnhem
Kapelle St. Maria der Engelen Rotterdam

MVRDV
102 Akzentuierung der Effekte
108 Details
Pförtnerhäuser im Nationalpark Hoge Veluwe
Seniorenwohnkomplex WoZoCo Amsterdam
Villa VPRO Hilversum
Niederländischer Pavillon für die Expo 2000 Hannover
Studio Thonik Amsterdam
Wohnungsbau Silodam Amsterdam

OMA
116 Von der Detaillosigkeit zum „Nicht-Detail"
122 Details
Kunsthalle Rotterdam
Grand Palais Lille
Educatorium Utrecht
Niederländische Botschaft Berlin
Villa in Bordeaux
Casa da Música Porto

Hans Ruijssenaars
130 Reiche Schichtungen
136 Details
Bibliothek Apeldoorn
ATO-Labor Wageningen
Rathaus Apeldoorn
Stadthaus Schiedam
Wohn- und Geschäftskomplex Hilversum
Bibliothek und Artothek Amsterdam

UN Studio
144 Details als Strukturen
150 Details
REMU-Umspannwerk Amersfoort
Brückenwächterhaus Purmerend
Möbiushaus Het Gooi
Museum Het Valkhof Nijmegen
Stadtverwaltung IJsselstein
NMR-Labor Utrecht

Rudy Uytenhaak
158 Flor der Fläche
164 Details
Wohngebäude am Wilhelminaplein Amsterdam
Wohngebäude Weesperstraat Amsterdam
Haus der Schönen Künste Apeldoorn
VROM Haarlem
Cascade-Gebäude Eindhoven
Wohnturm ‚Tourmaline' Almere
Wohnungsbau ‚De Balk' Amsterdam

Koen van Velsen
172 Sprechende Elemente – stille Objekte
178 Details
Bibliothek Zeewolde
Pathé-Kino Rotterdam
Rathaus Terneuzen
Niederländische Film- und Fernsehakademie Amsterdam
Wohnungsbau Vos Amsterdam
Medienkommissariat Hilversum

186 Verzeichnis der Architekten und Projekte
191 Fotonachweis
192 Colofon

Einleitung
Gott steckt nicht im Detail

Der Suche nach der architektonischen Bedeutung des Details in der zeitgenössischen niederländischen Architektur liegt eine große Anzahl Fragen zugrunde. Steckt Gott noch immer im Detail, ist das Detail eine Kondensierung des architektonischen Konzeptes oder gehören sie einer altmodischen Architektur an, ist also Detaillosigkeit anzustreben? Sind Details lediglich Verbindungen oder sind sie als kleine Teile des Ganzen ein essentieller Teil der Komposition? Sollen Details räumliche Qualitäten gewinnen? Dürfen Details maßstabslos sein? Können oder sollen sie wieder die Form von Ornamenten annehmen? Wo liegt die Grenze zum Detailfetischismus? Wie werden Details wahrgenommen? Inwiefern unterscheiden sich bautechnische von architektonischen Details?

Die letzte Frage ist am einfachsten zu beantworten. Architektonische Details entstehen als gestaltete Details aus einem intensiven Entwurfsprozeß. Ihre endgültige Form ist das Ergebnis eines eher kreativen als technischen Prozesses, ihre Genese ist deshalb damit vergleichbar, wie die Gebäudeform, die Grundrisse, die Fassadenkomposition oder die Materialisierung entwickelt werden. Alle diese Elemente unterliegen gewissen Bedingungen (städtebauliche Anforderungen, Projektanforderungen, technische Möglichkeiten), in deren Rahmen die Vision des Architekten ihre Gestalt und auch die Detaillierung bestimmt. Ein architektonisches Detail sagt deshalb viel über die Entwurfshaltung des Architekten aus. Da es sich um Elemente im kleinsten Maßstab handelt, die in diesem Sinne am direktesten bestimmbar sind, ist das Detail vielleicht auch der direkteste Ausdruck dieser Entwurfshaltung.

Die Technik spielt insofern zunächst eine untergeordnete Rolle. Das mag seltsam erscheinen, denn Details sollen doch den bautechnischen Übergang von einer Fläche zur anderen und von einem Material zum anderen herstellen; und wenn es bautechnische Fehler gibt (Undichtigkeiten, Kältebrücken), dann treten sie meist an diesen Anschlüssen auf. Da architektonische Details zur Konzeption des Entwurfs gehören, gilt von dieser Logik her, daß sie den bautechnischen Anforderungen in einem zweiten Schritt angepaßt werden, wenn die architektonischen Probleme der verschiedenen Übergänge gelöst sind.

Daß diese architektonisch wichtigen Details definitionsgemäß nicht standardisiert sind, birgt natürlich ein Risiko, denn Anschlüsse und Schichtungen müssen so immer wieder neu entwickelt werden. Diese Herausforderung suchen die Architekten jedoch bewußt, und gelegentlich kann dies mit gravierenden bautechnischen Fehlern einhergehen. So kann sich eine Fassade kaum oder in gewisser Weise gar nicht instand halten lassen (wie die des Fachtechnischen Gymnasium von Erick van Egeraat), es können sich Teile von der Fassade lösen (wie beim Hotel- und Geschäftskomplex ‚De Kolk' in Amsterdam von UN Studio), das Dach kann undicht sein (wie das der Kunsthalle von OMA und der Polizeistation in Vaals von Wiel Arets) oder die Fassadenverkleidung vermodert (wie beim WoZoCo von MVRDV).

Sicherlich wird die Wertschätzung eines Gebäudes – zumindest auf lange Sicht – von der Qualität der Details mitbestimmt. Um derlei Fehler geht es indessen in diesem Buch nicht. Ohne die Bedeutung bautechnischer Perfektion unterschätzen zu wollen, muß den Architekten doch eine Gratwanderung zugestanden werden, wenn sie die Ambitionen des Entwurfs in einem Gebäude realisieren wollen, ohne allzu viele Zugeständnisse zu machen. Zu Recht behaupten Ben van Berkel und Caroline Bos, daß höchster architektonischer Anspruch sich langfristig am deutlichsten in den Details manifestiere: „Noch lange nachdem die idiomatische Behandlung des Ganzen sich erschöpft hat, können Details neue Einsichten und überraschende Entdeckungen bieten, die die Vitalität des Gebäudes ausmachen."[1]

Um Details einen solchen Status zu verleihen, müssen neue bautechnologische Wege eingeschlagen werden, und auch dies birgt Risiken, wie undichte Stellen an Hendrik Berlages Städtischem Museum in Den Haag belegen – ebenso wie jene Anekdote über Frank Lloyd Wright: Wright erhielt eines Abends einen Anruf von einem aufgebrachten Bauherren, der sich beklagte, daß das Dach direkt über seinem Platz am Eßtisch undicht sei. „Dann müssen Sie sich eben woanders hinsetzen", lautete Wrights lakonische Antwort. Diese macht nicht nur deutlich, daß Wright die Grenze des zu dieser Zeit bautechnisch Machbaren überschritten hatte, um die Architektur realisieren zu können, die ihm vorschwebte, sondern auch, daß das Wohnen beziehungsweise Arbeiten in architektonisch innovativen Gebäuden mit gewissen Schwierigkeiten verbunden sein kann. Diesbezüglich sagte Wiel Arets einmal: „Wer Angst vor Architektur hat und ihre Grausamkeit fürchtet, sollte die Finger davon lassen."[2]

Einleitung Gott steckt nicht im Detail

Das Ausmaß der detailtechnischen Risiken hängt von den architektonischen Ambitionen des Architekten ab und von seiner Fähigkeit, die verschiedenen Dimensionen von Architektur miteinander zu vereinen. In den folgenden Kapiteln geht es vor allem darum, wie architektonische Ambitionen in Details umgesetzt werden, und um die konzeptionellen Hintergründe der gewählten Detailstrategie.

Unter den vorgestellten Architekturbüros kommt Benthem Crouwel dem heutigen Detailstandard und bürospezifischen Details wahrscheinlich am nächsten. Dafür gibt es einen einfachen Grund: ihre Details sind vollkommen logisch und bestens erprobt. Jan Benthem und Mels Crouwel streben Gebäude mit einfach lesbaren Grundrissen und eine nachvollziehbare Materialwahl mit klaren Details an. Dadurch reduziert sich die Gefahr von Mißverständnissen während der Ausarbeitung des Entwurfs sowie während des Bauprozesses, und somit auch die Gefahr von Fehlern – ohne sie vollständig ausschließen zu können, wie sich beispielsweise am Bürogebäude Malietoren in Den Haag zeigt, das monatelang eingerüstet war, weil Glasscheiben herunterzufallen drohten. Daß ihre Gebäude dennoch nicht standardisiert erscheinen, liegt unter anderem an dem Gespür der Architekten, Materialien etwas anders als gewöhnlich einzusetzen und die sorgfältig ausgewählten Details aufzuwerten. Dies geschieht, indem die Details architektonisch durchgearbeitet und zuweilen bautechnische Funktionen in ornamentale Elemente übersetzt werden. Wie von High-Tech-Architekten, als die sie galten, zu erwarten, entwerfen sie ästhetische Konstruktionen, wie beim Terminal West des Flughafen Schiphol oder beim Dach der Villa Arena in Amsterdam. Doch zuweilen mutieren die Dachränder zu feierlichen Vordächern, wie beim Anne-Frank-Haus → **1**, dem Bürogebäude Malietoren → **2**, und der Provinzverwaltung in Groningen. Um die Fassaden des Popcentrum 013 in Tilburg → **3** wie gepolstert wirken zu lassen, wurden CDs als Knöpfe angebracht. Daß sie auf diese Weise ‚spielen' können, ohne bautechnische Probleme hervorzurufen, liegt an dem sehr kontrollierten Umgang mit diesen Mutationen. Die Architekten wissen, wie weit sie Standards anpassen können, ohne daß die Veränderungen neue und bautechnisch schwer zu beherrschende Details erfordern. Sie nutzen die ‚Spiel'-Räume im Bau mit viel Raffinesse. Daß viele Ingenieure im Büro arbeiten, tut ein übriges.

Nicht ganz zu Unrecht werden die Gebäude von Benthem und Crouwel aufgrund der gewählten Strategie häufig als ‚zu sicher' angesehen. Manch andere Büros entscheiden sich hinsichtlich der Materialisierung und Detaillierung für ein größeres Risiko, wollen aber gleichwohl bei der Ausarbeitung ihrer Entwürfe nicht die Last eines großen technischen Apparates tragen. Wie die Baumeister im Mittelalter beschränken sie sich darauf, die Details im Konzept, im Umriß zu entwerfen; wie die bautechnischen Aspekte der einzelnen Details früher auf der Baustelle von den verschiedenen Handwerkern gelöst wurden – aufgrund der damaligen Strukturen des Baugewerbes war diese Arbeitsteilung möglich –, wird diese Aufgabe heute an Ingenieurbüros übertragen. Ihre Aufgabe ist es, dafür zu sorgen, daß die Details möglichst einfach realisierbar sind, den aktuellen Bauvorschriften und zugleich der Handschrift des Architekten entsprechen, dessen Entwurfshaltung an den Details ablesbar wird.

Zu den Kunden solcher Ingenieurbüros gehören ausländische Architekten, die in den Niederlanden ein Projekt realisieren und ihre Details dem niederländischen Standard anpassen müssen, ebenso wie kleine oder wenig erfahrene Architekturbüros, die keine Kapazitäten haben, um umfangreiche oder komplexe Projekte selbst vollständig auszuarbeiten, und Büros, die den Entwurfsprozeß weitgehend unbeeinflußt von bautechnischen Aspekten ausführen wollen, weil technische Kenntnisse die Kreativität beeinträchtigen und die Konzentration von dem architektonischen Konzept ablenken könnten. In diesem Umfeld stehen beispielsweise MVRDV und Neutelings Riedijk. Trotz der ähnlichen bautechnischen Ausarbeitung ihrer Entwürfe und ihres gemeinsamen Hintergrunds – sowohl Willem Jan Neutelings als auch Winy Maas und Jacob van Rijs von MVRDV haben bei Rem Koolhaas' Office for Metropolitan Architecture gearbeitet – gibt es große Unterschiede in den Detailstrategien der beiden Büros.

Konzeptuelle Details

MVRDV schaffen Details, die sich wie selbstverständlich aus dem Konzept ergeben und dieses sichtbar machen. Das ist ein beinahe klassisches Vorgehen: „Dort, wo die Architektur auf den Punkt kommt, verdichtet sich das Werk zu einer Miniatur seiner selbst. Details gleichen Akkumulatoren, die mit der Energie der architektonischen Arbeit, der Biographie des Architekten, seiner Philosophie und seinem Verhältnis zu den Dingen aufgeladen sind"[3], schreibt Dietmar Steiner. Im Fortlauf seines Aufsatzes geht er vor allem auf die möglichen ornamentalen Qualitäten architektonischer Details ein, die es ermöglichen, daß sie vom Gebäude losgelöst und als autonome Elemente wahrgenommen werden. MVRDV hingegen konzentrieren sich im Rahmen des jeweiligen Konzeptes auf wenige und, wenn nötig, auch rauhe

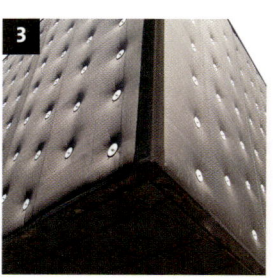

Einleitung Gott steckt nicht im Detail

Details. Diese erklären jedoch stets die Idee, die hinter dem Entwurf steht, und drücken deutlich die Entwurfshaltung des Büros aus. Ein ausgehöhlter Block → 4 wie das leuchtend orangefarbene Studio/Wohnhaus in Amsterdam oder die Hochschule in Nijmegen wird auch als solcher gestaltet. Fenster und Türen werden scharf ausgeschnitten und minimal detailliert. Jedes Element (Türen, Fensterrahmen, sogar Brüstungen) hat die gleiche Farbe wie die Kunststoffhaut. → 5 An dem scheinbar willkürlich geschnittenen Körper der Villa VPRO sollten ursprünglich dort, wo die Glasfassade entlangläuft, die rauhen Seitenkanten der Geschoßplatten aus Beton sichtbar sein → 6 – ein Detail, das der Bauherr letztlich zu gefährlich fand. Ein treffendes Beispiel für diese Detailstrategie findet sich im Entwurf für den Expo-Pavillon in Hannover. → 7 Im ‚Waldgeschoß' wurden für die Stützenkonstruktion schwere Baumstämme verwendet, die perfekt in die Waldumgebung passen. Allerdings sind sowohl die Fuß- als auch die Kopfanschlüsse aus Stahl akzentuiert. Mit diesen Details, die beinahe wie selbständige Elemente auftreten, übersetzen MVRDV gleichsam René Magrittes Gemälde *Ceci n'est pas une pipe* in die Sprache der Architektur. Die Idee von MVRDV, daß Natur gebaut werden könne und solle, wird mehr als deutlich.

Bereits das Konzept der Villa VPRO war von Herman Hertzbergers Gebäude für die Versicherungsgesellschaft Centraal Beheer geprägt, aber MVRDV scheinen auch auf der Detailebene beträchtlich von Hertzberger beeinflußt zu sein. MVRDV machen die Struktur des Gebäudes an seiner Fassade und der Detaillierung ablesbar – ebenso wie Hertzberger es beispielsweise beim Gebäude für die Centraal Beheer tat. Zudem arbeitete Hertzberger bei der Ausarbeitung seiner Entwürfe mit der Idee eines strukturalen Ordnungssystems, bei dem das kleinste Element sich aus dem Ganzen ergibt und umgekehrt. Eine ähnlich direkte Übersetzung des Konzeptes ist auch bei den meisten Gebäuden von MVRDV zu beobachten, allerdings nur in einer Richtung: Das Detail wird aus dem Konzept abgeleitet, darf jedoch umgekehrt keinen Einfluß auf das Konzept ausüben. Letztlich wollen beide Büros mit ihren Detaillierungen das Verhalten der Nutzer beeinflussen. Das ursprüngliche Fassadendetail der Villa VPRO, bei dem das Glas vor dem Beton entlanglief, sollte nach den Vorstellungen der Architekten besonders gut instand gehalten werden, weil die Nutzer daran interessiert seien; Hertzberger beließ Teile von Gebäuden bewußt in unfertigem Zustand, damit der Nutzer sie in Besitz nehmen konnte. → 8 Der größte Unterschied zwischen beiden Büros liegt in der Anzahl der Details. Erachten MVRDV wenige Details als ausreichend, so wollte Hertzberger das Gebäude bis in das allerkleinste Detail beherrschen.

In gewissem Sinne kommt Hertzbergers ursprüngliche Detailstrategie, bei der das Detail aus der Gesamtform abgeleitet wird, dem von dem Mathematiker Benoît Mandelbrot eingeführten und auch hinsichtlich seines Vorkommens in der Architektur erforschten ‚Fraktal' → 9 nahe.[4] Eines der Merkmale von Fraktalen ist ihre Zusammensetzung als Gesamtform aus mehreren weiteren Fraktalen der gleichen (oder beinahe der gleichen) Form. Manche Gebäude des Barock sind mehr oder weniger fraktal – zumindest im Grundriß – aber es gibt kaum zeitgenössische Gebäude mit dieser Eigenschaft; Daniel Libeskind hat die Fassaden seines Victoria and Albert Museums in London (1996-2005) aus Fraktalen aufgebaut. → 10 In den erwähnten Gebäuden von Hertzberger ist die direkte Verbindung zwischen dem kleinsten Detail und der Gebäudeform zwar stark genug, um sie als fraktalartig aber nicht tatsächlich als Fraktale zu bezeichnen.

Im übrigen hat Hertzberger diese ungewöhnliche und mühevolle Detailstrategie inzwischen aufgegeben, wie er auch die strengen Regeln des Strukturalismus fallen gelassen hat, um größere architektonische Freiheiten zu gewinnen. Daß die Details einen größeren Maßstab angenommen haben, hat vor allem mit den veränderten Einflußmöglichkeiten des Architekten zu tun. Ohne Unterstützung von Bauherren, die die Bedeutung architektonischer Details wenig würdigen, schafft er anstelle von Räumen, die von seriellen Details dominiert werden, nun räumliche Zonen mit ihnen entsprechenden großen Details. Nur noch an strategischen Stellen, wie den immer wiederkehrenden Laufstegen, den Stahltreppen und -geländern, werden Details focussiert. Dieselbe Strategie der kontrollierten Zurückhaltung des Architekten wird bei der Fassadendetaillierung sichtbar. Anstelle ablesbarer Fassaden mit feiner Detaillierung entwirft er inzwischen plastischere, ja chaotischere Formen, in denen die Funktionen sich nur noch als schwache Konturen zeigen.

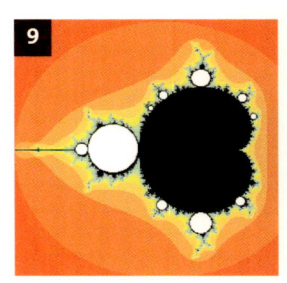

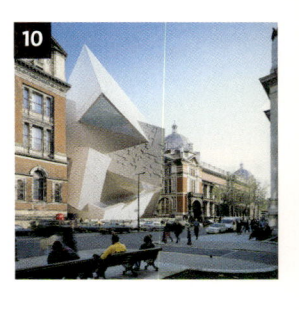

Einleitung Gott steckt nicht im Detail

Skulpturale Details

Ebenso wie MVRDV, vermeiden Neutelings Riedijk konventionelle bautechnische Details. Die Fassade ist bei ihnen jedoch kein Ausdruck des Gebäudekonzeptes, sondern wird zu einem weitgehend selbständigen Objekt, das über das Gebäude gelegt ist. Die Außenhaut umschließt geradezu die bautechnischen Elemente. Auf diese Weise werden die üblichen bautechnischen Details, die die verschiedenen Komponenten und die konventionelle Fassadenkomposition betonen, vermieden. So läuft die Spritzbetonfassade des Minnaert-Gebäudes der Universität Utrecht (1997) bis knapp über die Fensterrahmen und sollte sich ursprünglich auch über den Dachrand fortsetzen. → 11 Die Lüftungsroste der Maastrichter Feuerwehrstation (1999) sind hinter den reißverschlußartigen Nähten zwischen die vorgefertigten Elemente eingefügt, und bei der Druckerei Veenman in Ede (1997) liegen die Fenster hinter den mit Buchstaben bedruckten Glasscheiben. Die zahlreichen Einschnitte, die nötig sind, um aus einem Gebäude eine Skulptur zu machen, werden streng detailliert, und die Auskragungen werden von den durchgehend verwendeten Materialien integriert.

Neutelings Riedijk scheuen sich nicht, zur Schaffung eines skulpturalen Baukörpers Ornamente einzusetzen. Mehr noch: Neutelings hält in seiner Kolumne *Tattoo, decoratie en taboe* (Tätowierung, Dekoration und Tabu) ein leidenschaftliches Plädoyer für die Rückkehr des von der Moderne boykottierten Ornaments: „Seit den achtziger Jahren ist die Trennung von öffentlich und privat wieder strenger, aber auch ambivalenter und vielseitiger geworden. (...) Dadurch wurde die Fassade wieder zum Vermittler zwischen beiden Bereichen, zu einer Dimension im öffentlichen Raum anstatt einer Ausdehnung des privaten Innenraums. Sie ist ein Hintergrund im Chaos des Stadtraums, der durch ikonographische Applikationen oder dekorative Muster mit Bedeutung aufgeladen werden kann. (...) Applikationen bieten eine zusätzliche Kompositionsschicht, die den Fassadenentwurf aus der Eindimensionalität befreit und deren Wirkung sich auf das gesamte Gebäude wie auch den öffentlichen Raum erstreckt. Darüber hinaus hat die Bautechnik aus der Fassade ohnehin einen vollkommen autonomen Vorhang gemacht, bei dem innen und außen auf ewig durch einen Luftspalt und Isolierschichten getrennt sind. Die Fassade ist zu einer ornamenthaften Hülle geworden."[5]

Ornamente verwendet Neutelings, um die Einheitlichkeit der skulpturalen Außenhaut stärker hervorzuheben. Die ‚Rillen' in der Haut des Minnaert-Gebäudes, die Holzlatten, die beim Wohnhochhaus ‚IJ-toren' in Amsterdam (1998) → 12 die vertikalen Fugen zwischen den Eternitplatten verbergen und das eingeprägte Profil eines Michelin-Reifens in den vorgefertigten Platten der Feuerwehrstation akzentuieren die gesamte Masse, das Monolithische, nicht die einzelnen Elemente. Diese Ornamentik ist vollkommen anders als jene, die die Künstler der Wiener Sezession verwendeten und auf die Adolf Loos sich in seinem Aufsatz *Ornament und Verbrechen* bezog.[6] Diese Ornamente waren Ausdruck der handwerklichen Fähigkeiten des Entwerfers und des Bildhauers. Loos hielt es für Verschwendung von Material und Arbeitskraft, Ornamente zu machen und betrachtete sie als allzu elitäre Form von Dekoration. Bei den Gebäuden von Architekten wie Josef Maria Olbrich, Josef Hoffmann und Otto Wagner sind die Ornamente isolierte und funktionslose Verzierungen, die vom architektonischen Konzept unabhängig sind → 13 und nur um ihrer Schönheit willen angebracht werden.[7]

Schönheit – sofern sie sich überhaupt definieren läßt – ist nicht der Ausgangspunkt der Detaillierungen von Neutelings Riedijk, ebensowenig wie der von MVRDV. Ihre Strategie ist ein Bruch mit der Tradition wie mit den Detaillierungsstrategien der meisten heutigen Architekturbüros. Das Detail war und ist nicht nur Ausdruck dessen, was der Architekt will, sondern auch seines bautechnischen Könnens. Jene Architekten, die sich auf das Konzept, die innere Struktur des Gebäudes konzentrieren, können solcher Darstellung bautechnischen Wissens jedoch nichts abgewinnen. Neutelings findet die bautechnischen Aspekte seiner Details so uninteressant – ihm geht es darum, wie sie aussehen, nicht darum, wie sie gemacht sind –, daß er für dieses Buch keine Detailzeichnungen zur Verfügung stellen wollte. Obwohl seine Detaillierungsmethode architektonisch zweifellos interessant ist, erscheint sein Werk deshalb nicht in diesem Buch.

Ornamentale Details

Auch viele andere niederländische Architekten bedienen sich ornamentaler Elemente zur reicheren Fassadengestaltung. Das ist eigentlich nicht verwunderlich, denn ungeachtet Louis Sullivans und Adolf Loos' Plädoyer für

Einleitung Gott steckt nicht im Detail

eine reine Architektur machten Architekten der Moderne wie Le Corbusier, Ludwig Mies van der Rohe, Alvar Aalto und Louis Kahn durchaus Gebrauch von Ornamenten, um ihren Gebäuden die beabsichtigte Ausstrahlung zu verleihen. In einem Aufsatz für eine Ausgabe von L'Architecture d'Aujourd'hui, die dieses Thema behandelt, verteidigte Norman Foster dieses Streben mit dem Argument, daß der Unterschied zwischen Ornament und Detail im Werk von Aalto in der Tat schwer festzulegen sei, ornamentale Details jedoch nicht als ‚Verbrechen' bezeichnet werden könnten: „Sie sind reine Poesie."[8] Deshalb verwenden zahlreiche niederländische Büros heute Ornamente, mit deren Hilfe ein ähnlicher Reichtum wie in der Vorkriegszeit erzielt werden soll, natürlich auf andere Weise. Die Details sind einfacher, funktionaler und weniger autonom, sie sollen das Konzept der Fassadenfläche und des Gebäudes zum Ausdruck bringen und akzentuieren.

Obwohl Hans Ruijssenaars sich selbst als ‚uneheliches Kind' von Johannes Duiker und Louis Kahn bezeichnet, sind durch das Verschmelzen der Stile dieser zwei großen Architekten der Moderne einige ornamentale Elemente entstanden, die seine Gebäude kennzeichnen und vollkommen nicht-modern machen. Sie scheinen vielmehr von der italienischen Architektur des siebzehnten und achtzehnten Jahrhunderts inspiriert zu sein. Arkaden mit sehr schlanken Stützen, deren Anschlüsse an die Holzbinder stets mittels kreisförmiger Stahlelemente geschieht, tragen die auskragenden Dächer. → 14, 15 Konstruktiv notwendig sind diese Stützen nicht. Die vor- und zurückspringenden Fassaden sind mit verglasten Dachgesimsen in verschiedenen Varianten geschmückt. → 16 Der Backstein wird gekalkt – nie verputzt, denn das Material soll sichtbar bleiben –, oder in besonderen Verbänden gelegt, die die Fassade als Einheit wirken lassen und sie darüber hinaus um die Ecken führen sollen. Türme, als freistehende Elemente neben die Gebäude gesetzt, und Vordächer, die über dem Volumen zu schweben scheinen, wirken wie Wahrzeichen. Verblüffenderweise entsteht tatsächlich eine unvorstellbare Kreuzung zwischen Duiker und Kahn; die Materialität von Kahn (erzielt durch die gekalkten Backsteinwände, aber auch durch Fassaden aus Glasbausteinen) wirkt durch den Einsatz der Ornamente leichter, die Arkaden, Glaselemente und auskragenden Dächer sorgen für einen sanfteren Übergang zwischen Gebäude und Umgebung. (Yale University Art Gallery in New Haven, Connecticut, 1953) → 17

Uytenhaak setzt Ornamente auch dazu ein, seinen Fassaden Tiefe zu geben. Wo Neutelings und Riedijk mit ihnen das Gebäude als skulpturales Ganzes unterstreichen wollen und Ruijssenaars die Dreidimensionalität durch Schichtungen, deren jeweilige Autonomie durch die Detaillierung beglaubigt wird, zu erreichen sucht, will Uytenhaak sie durch eine Vertiefung der Fassadenfläche an sich erzielen. Er will, wie er selbst sagt, die Fläche mit einem Flor versehen, um den Fassaden – mit zeitgemäßen Materialien und Techniken – eine prachtvolle Ausstrahlung wie im neunzehnten Jahrhundert zu verleihen. Ungewöhnliche Texturen entstehen durch die Manipulation des Materials. Backsteine sind gewellt, abgeschnitten oder haben eine Trapezform, anhand verschiedener Verbände werden unterschiedliche Reliefs erzeugt. → 18 Vorgefertigte Betonelemente sind dachziegelartig und etwas nach vorne geneigt angebracht, so daß die an sich flache Fassade Tiefe erhält. Darüber hinaus wird jede Fassade anders materialisiert, da eine jede einen anderen Kontext hat. Ihre Anschlüsse hebt Uytenhaak mit einer Detaillierung hervor, in der die Materialien möglichst deutlich auseinander gehalten werden.

Mit seiner Faszination für einen reichen Materialgebrauch steht Uytenhaak dem italienischen Architekten Carlo Scarpa nahe. Im Haus der Schönen Künste in Apeldoorn versah er die Geländer mit unterschiedlichen Handläufen, so daß man seinen Weg durch das komplexe Gebäude beinahe tastend finden kann, und aus den Anschlüssen der verschiedenen Flächen macht er Ornamente. In seinen Fassadenkompositionen sind zudem Einflüsse von Mies van der Rohe spürbar. Die Holzpfosten, an denen dünne Glasscheiben befestigt sind, und die Betonpfeiler im Wohnkomplex an der Weesperstraat → 19 sind Uytenhaaks Versionen der Miesschen Fassaden mit Stahlprofilen.

Strukturelle Details

Mies und Scarpa sind wahrscheinlich die am meisten bewunderten ‚Detaillierer' des vergangenen Jahrhunderts. Scarpa materialisierte und detaillierte fragmentarisch. Er dachte eher in Materialien als in Räumen, seine Details waren Ausdruck reicher Materialkompositionen und nicht, wie bei Mies, perfekter Fassadenkompositionen oder graphisch brillanter

Einleitung Gott steckt nicht im Detail

Grundrisse. Jeder Raum wurde einzeln materialisiert, jeder Durchgang, jeder Übergang, jede Ecke und Kante wurde von Scarpa zu etwas Außergewöhnlichem gemacht, um die ‚Materialität der Materialien' zu betonen. → **20** Im Gegensatz zu Mies, der seine Gebäude eher als Kunstwerke sah, suchte Scarpa nicht nach kühler Perfektion und wählte Materialien, die unter dem Einfluß von Sonne, Wind und Regen verwittern und schöner werden. → **21** Eine gerade Linie aus handgearbeiteten kleinen Kacheln durfte bei Scarpa durchaus ein wenig ‚zittern', seine Gebäude durften teilweise mit Pflanzen überwuchern und somit leben (→ **20, 21, 25**: Friedhof Brion in S. Vito d' Altivole, Treviso, 1969).
In einer kritischen Wendung wurde angemerkt, Scarpa entwerfe nur interessante Detailserien, räumlich seien seine Gebäude nicht interessant. In ihrem Aufsatz *Het ideale detail: thema en motief* (Das ideale Detail: Thema und Motiv) versuchen Ben van Berkel und Caroline Bos den Detaillierungen Scarpas eine architektonische Bedeutung zuzusprechen: „[Im Werk von Scarpa nimmt] das Detail die Gestalt eines Leitmotivs an. Die Tatsache, daß Scarpa dem Detail eine solche Unabhängigkeit zugesteht, hat manchmal dazu geführt, daß sein Werk als fragmenthaft, unharmonisch und dekompositorisch interpretiert wurde. Das ist darauf zurückzuführen, daß viele Menschen fest auf ihrer Meinung beharren, daß Details eine untergeordnete Rolle spielen sollten, und die angesichts des Werkes eines Architekten, der die Details seiner Gebäude nachts mit der Taschenlampe untersuchte, um sie besser in den Blick zu fassen, in Verwirrung geraten. Bei Tageslicht hätten die Details nicht derart isoliert von ihrer Umgebung betrachtet werden können."[9] Genau dies ist die Kritik, die oft an Scarpa geübt wird: Isoliert betrachtet sind seine Details wirkungsvoll, als Unterstreichung des architektonischen Konzeptes, als Ausdruck von Struktur oder Funktion haben sie weniger Bedeutung.

Obwohl van Berkel in seinem Werk der Gestaltung des einzelnen Details viel Aufmerksamkeit widmet – von seinen Kritikern wird er deshalb hinsichtlich seiner ersten Projekte mit einem Möbeltischler verglichen –, sind diese im Gegensatz zu denen von Scarpa nicht autonom. Van Berkel sieht die Fassade als Ganzes und benutzt die Detaillierung, um den Eindruck dieses Ganzen zu verstärken.

Beispielsweise können die Details als vage Verdeutlichung des horizontalen Aufbaus eines Gebäudes dienen, wie bei der Stadtverwaltung von IJsselstein oder beim Museum Het Valkhof in Nijmegen. → **22** Oder die Fassade erscheint als selbständige Ganzheit, die um das Gebäude gewickelt scheint (Remu-Umspannwerk, Bürogebäude Karbouw, Brückenwächterhaus in Purmerend, → **23** Labor für Nuklearmagnetische Resonanz in Utrecht). Die präzise Detaillierung der Außenhaut unterscheidet durchlaufende Linien und akzentuiert die skulpturale Form des Gebäudes. Sie verleiht der Fassade Struktur und der Haut Kontur, ohne doch zur direkten Übersetzung des Gebäudes zu werden. Das erscheint logisch, denn die Funktion des Gebäudes ist kein direkter Ausgangspunkt für den Entwurf, und schon gar nicht für das Detail. Van Berkel entwirft parametrisch: Unterschiedliche Parameter werden in den Computer eingegeben, der anhand dieser Rahmenbedingungen einen Teil der Projektierung übernimmt. Auch wählen van Berkel und Bos naturwissenschaftliche Erscheinungen, die sie faszinierend finden (beispielsweise das magnetische Feld vor dem NMR-Labor) oder mathematische Formen (wie das Möbiusband für die Villa in Het Gooi) oder chinesische Schriftzeichen → **24** (etwa für die Stadtverwaltung von IJsselstein) als Grundlage für die Gestalt. Details betonen die aus diesen Formen generierten Strukturen. In seinem Aufsatz *Storing the Detail* beschreibt van Berkel entsprechende Strategien.[10] Zum Teil werden die Details abstrahiert, zum Teil werden sie maßstabslos gemacht. Während die Details in Scarpas Werk Objekte sind, die nur gefallen sollen, sind sie in den Gebäuden von van Berkel und Bos ‚aktive' Objekte, die durch ihre Maßstabslosigkeit strukturierend sind, bisweilen aber auch vollständig abstrahiert werden können.

Begehrenswerte Details
Das sensible Detaillieren im Sinne Scarpas, mit präzise zusammengestellten und oft kontrastierenden Materialien, wird heute am deutlichsten von Mecanoo

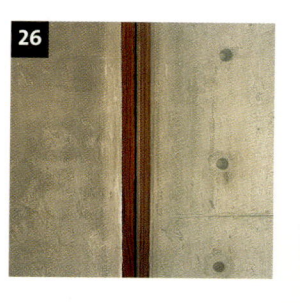

und EEA (Erick van Egeraat Associated Architects) betrieben. Van Egeraat gehörte viele Jahre zu Mecanoo, deren Strategie, „banale Materialien durch ihren Kontext zu veredeln", eine gewisse Nähe zu Scarpa zeigt.[11] Scarpa kombinierte schalungsrauhen Ortbeton mit teurem Naturstein und vergoldeten Rahmen; → **25** Mecanoo verwenden im Studio/Wohnhaus in Rotterdam Teakholz neben Beton. → **26** Beiden geht es um Schönheit und um eine gewisse Atmosphäre. Mecanoo und van Egeraat wollen vor allem gefallen: „Architekten sollten einfach geschmackvolle Gebäude machen."[12] Mit geschmackvoll meint van Egeraat einen neuen, impulsiven, nicht auf mathematischen Grundregeln basierenden Barock. In diesem Zusammenhang äußerte er in einem Interview: „Der Kritiker Hans van Dijk schrieb kürzlich, Rem Koolhaas sei der einzige innovative Architekt in den Niederlanden, alle anderen seien nur mit dem Zusammensuchen netter Materialien beschäftigt. Das halte ich für großen Unsinn. Die Errungenschaft der zeitgenössischen Architektur ist doch gerade, daß es Raum für Dinge gibt, die nicht notwendig sind, dieses Extra macht das Leben doch erst interessant. (...) Auf der einen Seite steht die Bewunderung für die Moderne und deren Kokettieren mit der Jungfräulichkeit weißer Wände und großer Kuben; jeder Architekt bekommt einen Kick, wenn er ein Detail macht, an dem nichts mehr dran ist. Auf der anderen Seite gibt es ein seltsames Bedürfnis nach Entwürfen wie zum Beispiel in Den Haag, wo Rob Krier mit postmodernen, klassischen Mitteln versucht, eine freundlichere und humanere Architektur zu schaffen. Fälschlicherweise wird angenommen, daß beides sich gegenseitig ausschließt. Zeitgenössisch kann nie menschlich sein, meint man. (...) Worum es mir geht, (...) ist herauszufinden, wie wir mit zeitgenössischen Mitteln emotionale Architektur schaffen können."[13] Deshalb verwendet van Egeraat vorgestellte Glasfassaden, etwa vor geschlossenen Betonwänden oder banaler Steinwolle. → **27** Er entwirft ungewöhnliche Formen, wie beispielsweise den in das Glasdach gehängten, walfischförmigen Konferenzsaal des ING-Gebäudes, → **28** den ausgestülpten Glaseingang in seinem Entwurf für das neue NOS-Gebäude oder das Poppodium in Breda, einen amorphen Kupferkörper. Seine Detaillierungen komplettieren den angestrebten Reichtum, und es gelingt meist, vielschichtige und spannende Gebäude zu machen.

Scarpa wurde angegriffen, weil seine Materialien nur um ihrer Schönheit und taktilen Qualitäten willen eingesetzt würden. Aus ähnlichen Gründen wird auch das Werk von Mecanoo scharf kritisiert. Der Kritiker Hans van Dijk führt dafür in seinem Aufsatz *Over stagnatie en vernieuwing* (Über Stagnation und Erneuerung), auf den van Egeraat sich bezieht, den Begriff ‚ästhetischer Pragmatismus' ein.[14] Statt sich mit wesentlichen Fragen der Architektur und ihren Inhalten zu beschäftigen, brächten die meisten Architekten das Programm auf möglichst pragmatische Weise in einer Gebäudehülle unter, die dann mit geschmackvollen und oft haptisch interessanten Materialien umkleidet werde. Die Umkleidung habe nur noch die Funktion, den Nutzern zu gefallen. Die Ideologien der heroischen Modernen seien seicht geworden, und Architektur werde, wie der Kritiker Roemer van Toorn bereits früher feststellte, nur noch um ihrer selbst willen gemacht.[15]
Die hier gemeinten Details sind diesen Kritikern zufolge zu designed, zu losgelöst von dem, was Architektur sagen sollte. Dagegen behauptet Wiel Arets, daß durch die Lösung der heutigen Architektur von der Ideologie der heroischen Modernen viel Freiheit geschaffen würde, um neue Formen zu kombinieren – gerade weil sie für neue Interpretationen offen seien.[16] Als Reaktion auf den ‚ästhetischen Pragmatismus' schreibt Janny Rodermond, daß „die Schönmacherei unmittelbar mit der leeren Kopfplastigkeit der Architekten zusammenhängt. Ästhetik und Pragmatismus sind jedoch keine Begriffe, die verwendet werden können, um ‚gute' von ‚schlechter' Architektur zu unterscheiden. Pragmatische Architektur ist beinahe eine Tautologie, denn es gibt kein Gebäude, das nicht erfahren werden kann. Wenn diese Eigenschaft während des Entwurfsprozesses berücksichtigt worden ist, dann erscheint mir das als eine wichtige Qualität. (...) Wirklich pragmatische Architektur dreht sich nicht allein um das Budget, sondern auch um die Räumlichkeit und haptische Qualität des Objekts."[17]
Seit van Egeraats Ausscheiden und vielleicht auch als Reaktion auf die Kritik ist eine Wende im Werk von Mecanoo zu beobachten. Noch immer sollen die Formen und die Materialisierung attraktiv sein, aber der Detailfetischismus ist geschwunden. Das wird beispielsweise in der Detaillierung der Kapelle St. Maria der Engelen in Rotterdam ersichtlich, die deutlich weniger präzise und weniger nüchtern ist als die vorangehenden Bauten von Mecanoo. → **29** Beide Büros versuchen auf ihre Weise die Spannung zu erhöhen: van Egeraat mit ungewöhnlichen Formen sowie geschichteten und überraschenden Materialien und Mecanoo, indem sie eine gewisse Rauheit zulassen. Wie bei Ruijssenaars und Uytenhaak bleiben die Materialisierung und Detaillierung gegenmodern überschwenglich.

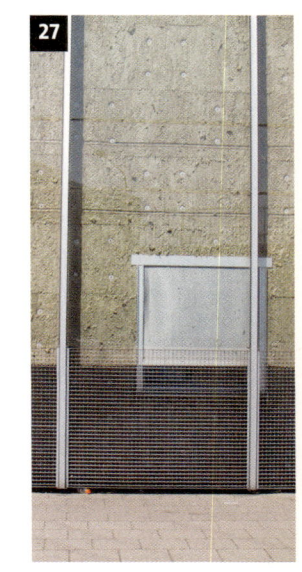

Minimale Details

Obwohl van Dijk den Architekten Koen van Velsen als bestes Beispiel eines im dargelegten Sinn ästhetisch-pragmatischen Architekten anführt, ist dieser eher das Gegenteil davon. Van Velsen spricht zwar ungewohnt pragmatisch über sein Werk, seit dem Bau der Bibliothek in Zeewolde will er mit seinen Materialisierungen und Detaillierungen jedoch nicht nur Gefallen finden. Seine Gebäude sind nicht im üblichen Sinn schön oder sinnlich, sondern ein wenig abweisend. Sie sind vor allem städtebauliche Objekte, mittels derer Plätze und Wandflächen entstehen. → 30 Solch ein Ausgangspunkt verlangt weniger nach einer überschwenglichen Außenhaut, die die Sinne anspricht, als vielmehr nach einer Fassade, die einen langen Atem hat. Keine modischen Materialien, keine zeitkritischen Details. Obwohl er sein Kino in Rotterdam noch immer für ein interessantes Gebäude hält, würde van Velsen die Fassade inzwischen vermutlich anders materialisieren und anstelle von Wellplatten aus Kunststoff ein dauerhaftes Material verwenden, das jahrzehntelang schön bleibt. Backstein, Beton, Metall und Glas sind nunmehr die wichtigsten Materialien. An die Stelle stark individualisierter Volumen und Details sind relativ einfache geometrische Formen getreten, die rundum mit denselben Materialien oder Materialkombinationen umkleidet sind und dadurch still wirken. Die gleiche Stille kennzeichnet auch die Detaillierungen. So extrovertiert van Velsens Gebäude mit ihren vielen ungewöhnlichen Details früher waren, so introvertiert sind sie heute. Früher stand der Entstehungsprozeß im Zentrum: Van Velsen machte mit Begeisterung die Zusammensetzung der verschiedenen Elemente sichtbar, beispielsweise die Bolzen beim Kino in Rotterdam, mit denen die Wellplatten an der Stahlkonstruktion befestigt sind. Solche Details gibt es in seinen jüngeren Gebäuden nicht mehr. Die Fenster sind rahmenlos, die Fassadenplatten scheinbar ohne Befestigung aufgehängt und die Dachränder bis zur Unsichtbarkeit abstrahiert. Zu den wenigen Effekten gehört zum Beispiel die subtile Unterscheidung zwischen matten und leicht glänzenden Steinen bei der Erweiterung des Rathauses von Terneuzen. Nur im Inneren des Medienkommissariats in Hilversum bewirken Stahlprofile, die jedoch selten vollständig sichtbar sind, eine gewisse Bereicherung der Holzfensterrahmen. → 31 Obwohl ihre Gebäude nicht vergleichbar mit van Velsens sind, ist eine ähnliche Entwicklung im Werk von CEPEZED festzustellen. Während jener sich für Zurückhaltung entscheidet, weil er davon überzeugt ist, daß seine Gebäude dadurch dauerhafter werden, bezeichnet Jan Pesman von CEPEZED dieselbe Strategie als eine ‚Dosierung von Information'. Pesman zufolge fühlen sich die Menschen heute von Bildern überflutet, so daß ein Bedürfnis nach stillen Gebäuden entstanden ist. Sofern das Budget es zuließ, arbeitete das Büro früher mit offenen außen liegenden Skeletten. Dabei galt alle Aufmerksamkeit der sorgfältig detaillierten Konstruktion, während die Baukörper selbst visuell eine untergeordnete Rolle spielten. Inzwischen wurde die Konstruktion nach innen verlagert, und die Detaillierung ist im Prinzip introvertierter geworden. Im Hinblick auf minimalistische Architektur, beispielsweise von John Pawson, sprach Herman Hertzberger einmal von „architektonischer Magersucht".[18] In Gebäuden mit dieser Eigenschaft gäbe es zu wenig Leben und zu erleben. Diese Gefahr mag auch für die Architektur von CEPEZED mit ihren einfachen Formen und glatten, kühlen Materialien bestehen. Dennoch entsteht dank der Detaillierung keine monotone, eindimensionale Schönheit. In einigen Fällen dient die Detaillierung dazu, das Gebäude in seine Umgebung einzufügen. Das gilt zum Beispiel für das ausgeprägte Dachgesims des Gebäudes der Architekten in Delft. → 32 Sind die Bauten autonome Volumen in einer unscheinbaren Umgebung, dann ist die Detaillierung grundsätzlich flach, glatt und still. Mindestens ein Bauteil sticht jedoch heraus – oft das Treppenhaus oder der Aufzug. Es wird vollständig mit Glas umkleidet und etwas aus dem Volumen herausgeschoben und erregt mittels seiner Immaterialität Aufmerksamkeit. Nicht nur dieses Element an sich ist auffallend, sondern auch die Bewegungen, die in ihm stattfinden, heben es hervor. Die meisten Gebäude des Büros haben ungewöhnliche, geschichtete Fassaden. Vor der eigentlichen Fassade plaziert Pesman häufig eine zusätzliche Schicht mehr oder minder transparenten Materials. Diese doppelten Fassaden sind nicht nur funktional – sie machen es möglich, die leichten Gebäude von technischen Einbauten freizuhalten –, sondern auch architektonisch sehr interessant. Sie dienen als Kompositionselemente, verleihen den Gebäuden aufgrund ihrer Semitransparenz etwas Geheimnisvolles und verbergen letztlich die eigentliche Fassade und damit alle notwendigen

bautechnischen Details. → **33** Das Gebäude gewinnt an Abstraktion. → **34**
Die Fassade des ÖAW Forschungszentrums von CEPEZED in Graz ist der des AZL-Gebäudes von Wiel Arets auffallend ähnlich. Vor beiden Fassaden wurden perforierte Stahlbleche angebracht, die mit Fernbedienungen steuerbar sind. In geschlossenem Zustand entsteht eine vollkommen abstrakte Fläche. → **35** Während Pesman von der ‚Dosierung von Information' spricht, geht es Arets um die Autonomie der Architektur. Die Stille der Gebäude von CEPEZED ist das Ergebnis eines langwierigen intellektuellen und technischen Prozesses, bei dem mit immer weniger Mitteln immer größere Wirkung erzielt wird. Dies könnte als ein direktes Streben nach Mies van der Rohes ‚beinahe nichts' betrachtet werden, das noch einen Schritt weitergeführt wird, da die für Mies typischen ornamentalen Profile nicht mehr vorkommen. Arets vertritt von Anfang an den Standpunkt, daß alles im Dienste der Architektur stehen müsse. Jedes sichtbare bautechnische Element und jedes Detail zerstöre die Illusion eines unerschütterlichen Gebäudes. Arets komponiert seine Gebäude aus weitgehend voneinander unabhängigen Flächen bzw. Volumina. Dabei kann das Volumen den Umfang eines kompletten Gebäudes oder einer Fassade haben, es kann aber auch eine Treppenstufe oder ein Fenster sein. → **36** Die verschiedenen Volumina werden so zusammengesetzt, daß stets eine perfekte Komposition entsteht. Menschen, sagt Arets, betrachten Gebäude auf recht fragmenthafte Weise. Seine Diaaufnahmen macht er aus fahrenden Taxis heraus, so daß die Gebäude nicht als Ganzes gesehen oder beurteilt werden, sondern Bild für Bild. Dabei muß jedes einzelne Bild eine interessante, spannende und perfekte Komposition sein. Diese Eigenschaft haben auch die Aufnahmen von seinen Gebäuden, die meist Kim Zwarts anfertigt. Durch sehr harte Abgrenzungen, die den Details ihren bautechnischen Charakter nehmen, schafft Arets die erwünschten straffen Linien. Gewöhnliche Details, bei denen häufig ein drittes Material (etwa das eines Fensterrahmens) als Vermittler zwischen zwei anderen Materialien (das der Fassadenverkleidung und Glas) auftritt, verursachen unsaubere Übergänge mit dicken Linien. Die Eigenständigkeit der Flächen und Volumina wird im übrigen nicht nur erzeugt, indem die Details visuell eliminiert oder auf eine straffe Linie reduziert werden, sondern auch, indem die Volumina weit auskragen und große Spannweiten in die Gebäude integriert werden. Dadurch wird eine neue, scheinbar schwebende Linie eingeführt und der Eindruck erweckt, daß die Gebäude der Schwerkraft trotzen, ebenso wie sie in ihrer Detaillosigkeit die Elemente (Wind und Regen) zu ignorieren scheinen.

„Nicht-Detail" = Ornament?

„Jahrelang haben wir uns auf das Nicht-Detail konzentriert. Manchmal gelingt es uns – es ist weg, abstrahiert; manchmal scheitern wir – es ist immer noch da. Details sollten verschwinden – sie gehören in die alte Architektur." [19] Dieses Plädoyer von Rem Koolhaas für die Abstraktion von Details resultiert aus seinem Bestreben, das Konzept seiner Gebäude zu betonen, anstatt ihnen – wie Arets – eine unantastbare, perfekte Ausstrahlung zu verleihen. Perfektion ist für Koolhaas uninteressant und zu nüchtern. Deshalb läßt er Raum für Unerwartetes und sucht die Gefahr, indem er einerseits immer mutigere Gebäudekonzepte entwickelt sowie ungewöhnliche und teilweise baufremde Materialien wählt und andererseits Nicht-Details (No-Details) verwendet. Während Benthem und Crouwel versuchen, Risiken möglichst auszuschließen, sucht Koolhaas die Gefahr. Gleichzeitig sind Koolhaas' Projekte so ambitioniert, daß Baufehler nicht vorkommen dürfen. In dieser Spannung offenbart sich der ornamentale Charakter der Nicht-Details.

Natürlich gibt es keine Nicht-Details. Zwischen verschiedenen Flächen und zwischen verschiedenen Materialien müssen Anschlüsse hergestellt werden, auch wenn der Architekt sie aus architektonischen Gründen gerne vermeiden würde. Während des Entwurfsprozesses muß aus dem architektonischen Detail ein wasser-, wind- und schalldichtes bautechnisches Detail werden. Die reinste Form des Nicht-Details ist eines, in dem die Materialien scheinbar ohne Kunstgriffe aufeinandertreffen, wie es Koolhaas in der Villa in Bordeaux → **37**, **38** und der Casa da Música in Porto oder Wiel Arets in der Kunstakademie in Maastricht gelang. Solche Details sind am schwierigsten zu entwerfen und auszuführen. Jede Unsauberkeit – bei komplizierten Gebäudekonzepten oft unvermeidbar – beeinträchtigt das vollkommen abstrahierte Detail sowie sein visuelles Nichtvorhandensein und macht es erst recht präsent. Deshalb sind sie ein Teil der Gefahr, die Koolhaas bewußt in seinen Gebäuden zuläßt. Fehler in der Ausführung werden bis zu einem gewissen Grad akzeptiert, da sie manchmal neue Erfahrungen in das Gebäude einbringen, die im Vorfeld nicht abzusehen gewesen wären. Wenn jedoch in einem entscheidenden Moment Fehler passieren, dann wird, wie bei der Casa da Música, ein teilweiser Neubau des Gebäudes unvermeidlich.

Einleitung Gott steckt nicht im Detail

Weniger ambitioniert, weniger gefährlich und in manchen Fällen unverzichtbar sind jene Nicht-Details, jene einfachen funktionalen Verbindungen, die hinter durchlaufenden Fassadenflächen, hinter aufragenden Dachrändern, in ausgehöhlten Wänden oder hinter Umkleidungsmaterial verborgen sind. Neben Koolhaas arbeiten auch van Velsen, → 39 Arets, → 40 CEPEZED, → 41 Neutelings Riedijk und MVRDV → 42 häufig mit solchen Details. Sie sind nicht in Reinheit oder Ehrlichkeit begründet, sondern, wie alle architektonischen Details, visuell orientiert. Diese Nicht-Details sind von der sauberen Detaillosigkeit abgeleitet, nach der Mies strebte.

Mies schuf Kompositionen aus glatten Flächen und scharfen Linien. Wären die Anschlüsse der verschiedenen Elemente in das Blickfeld gerückt worden, hätte dies die angestrebte Sauberkeit der Komposition beeinträchtigt. Deshalb wurden die Details zu einem großen Teil hinter Blendmaterialien verborgen. Mit dem modernen Prinzip der Zweckmäßigkeit und Nüchternheit hatten seine Gebäude nichts zu tun, obwohl sie aufgrund der konsequenten Wiederholung der Elemente meist preisgünstig waren. In seinen Gebäuden wurde mehr verborgen als gezeigt. In dieser Umgebung aus straffen, abstrakten und weitgehend detaillosen Flächen sorgten die mit viel Gefühl für Proportionen eingesetzten Ornamente (meist in Form von Stahlprofilen) für ein wenig Poesie, ein Knistern, hier steckte Gott im Detail, wenngleich dieser Ausdruck nicht von Mies selbst stammt und den geometrischen Qualitäten weder seiner Fassaden noch denen seiner Grundrisse gerecht wird. Mies wußte durch diese wenigen Details seine Gebäude zu beleben. Wie gefährlich es ist, in einer geometrisch perfekten, sterilen Umgebung aus Stahl, Glas, Putz und Naturstein auf die Qualität eines einzigen Details zu vertrauen, kann man an den langweiligen Glasbauten von Mies' Nachfolgern – beispielsweise Skidmore, Owings und Merrill – erkennen.

In ihrem Streben nach Detaillosigkeit tappen die niederländischen Architekten im allgemeinen nicht in die Falle, die Mies mit seinem ‚beinahe nichts' unwissentlich gestellt hat. Sie vertrauen nicht auf die göttliche Wirkung eines einzigen Details. Mittels ungewöhnlicher Gebäudekonzepte und neuer, bildbestimmender Materialien bannen sie die Gefahr. Ornamentale Details dienen hauptsächlich dazu, das Gebäudekonzept zu unterstreichen.

Bei den in diesem Buch behandelten Architekten, die nach detaillosen oder detailarmen Gebäuden streben, ist die Grenze zwischen Detail und Ornament verschwunden. Die Materialien, die nötig sind, um technische Details zu verbergen, sind ein ebenso funktionsloser Zusatz, wie Ornamente es einmal waren. Mit ornamentloser Authentizität haben sie nichts zu tun. Die Bedeutung des Details übersteigt dadurch im allgemeinen die einer sauberen Verbindung. Und doch hängt die Vitalität des Gebäudes nicht von der Vitalität der Detaillierung ab, sondern eher von der Stärke des Konzepts, der Materialisierung und der Weise, wie die Details eingesetzt werden, um das Gebäudekonzept zu unterstreichen. Gott steckt nicht länger im Detail, sondern das Detail (und das Ornament als Zusatz) ist der reife Ausdruck des architektonischen Konzepts und kann in dieser Funktion jede Form und Größe annehmen.

1. Ben van Berkel, Caroline Bos, „Het ideale detail: thema en motief", in: Forum, 4, 1987.
2. Wiel Arets, An alabaster skin, Rotterdam 1991.
3. Dietmar Steiner, „Jedes Detail eine Geschichte", in: Archithese, 4, 1983.
4. Benoît Mandelbrot, Les objets fractals. Forme, hasard et dimension, Paris 1975.
5. Willem Jan Neutelings, „Tattoo, decoration and taboo", in: Archis, 4, 2000.
6. Adolf Loos, "Ornament und Verbrechen" (1908), in: Franz Glück (Hg.), Adolf Loos. Sämtliche Schriften in zwei Bänden, Bd. 1, Wien 1962.
7. Josef Maria Olbrich, Wiener Sezession, Wien 1898.
8. Norman Foster, „Ornament ou detail", in: L'Architecture d'Aujourd'hui, 2001.
9. Siehe Anm. 1.
10. Ben van Berkel, Caroline Bos, „Storing the detail – Bewahrung des Details", in: Kristin Feireiss (Hg.), Mobile Forces – Mobile Kräfte, Berlin 1994.
11. Egbert Koster, „De aaibaarheidsfactor van architectuur", in: Architectuur/Bouwen, 9, 1992.
12. C. Koole, „Architects should just get on and make tasteful buildings.' Interview with Erick van Egeraat", in: Archis, 11, 1997.
13. Ebenda.
14. Hans van Dijk, „On stagnation and innovation. Commentary on a selection", in: Ruud Brouwers, Bernhard Colenbrander, Hans van Dijk (Hg.), Architecture in the Netherlands. Yearbook 1994-1995, Rotterdam 1995.
15. Roemer van Toorn, „Architectuur om de architectuur. Modernisme als ornament in het recente werk van Mecanoo", in: Archis, 11, 1992.
16. Gilbert Hansen, Arkitekturtidsskrift, 47/48, 1991.
17. Janny Rodermond, „Mooi Nederland", in: De Architect, 10, 1995.
18. Herman Hertzberger, Vortrag in der Reihe „Een haast onmerkbaar lichte tinteling – het architectonische detail", Architekturakademie, Amsterdam, 1996.
19. Rem Koolhaas, Bruce Mau, SMLXL, Rotterdam 1995.

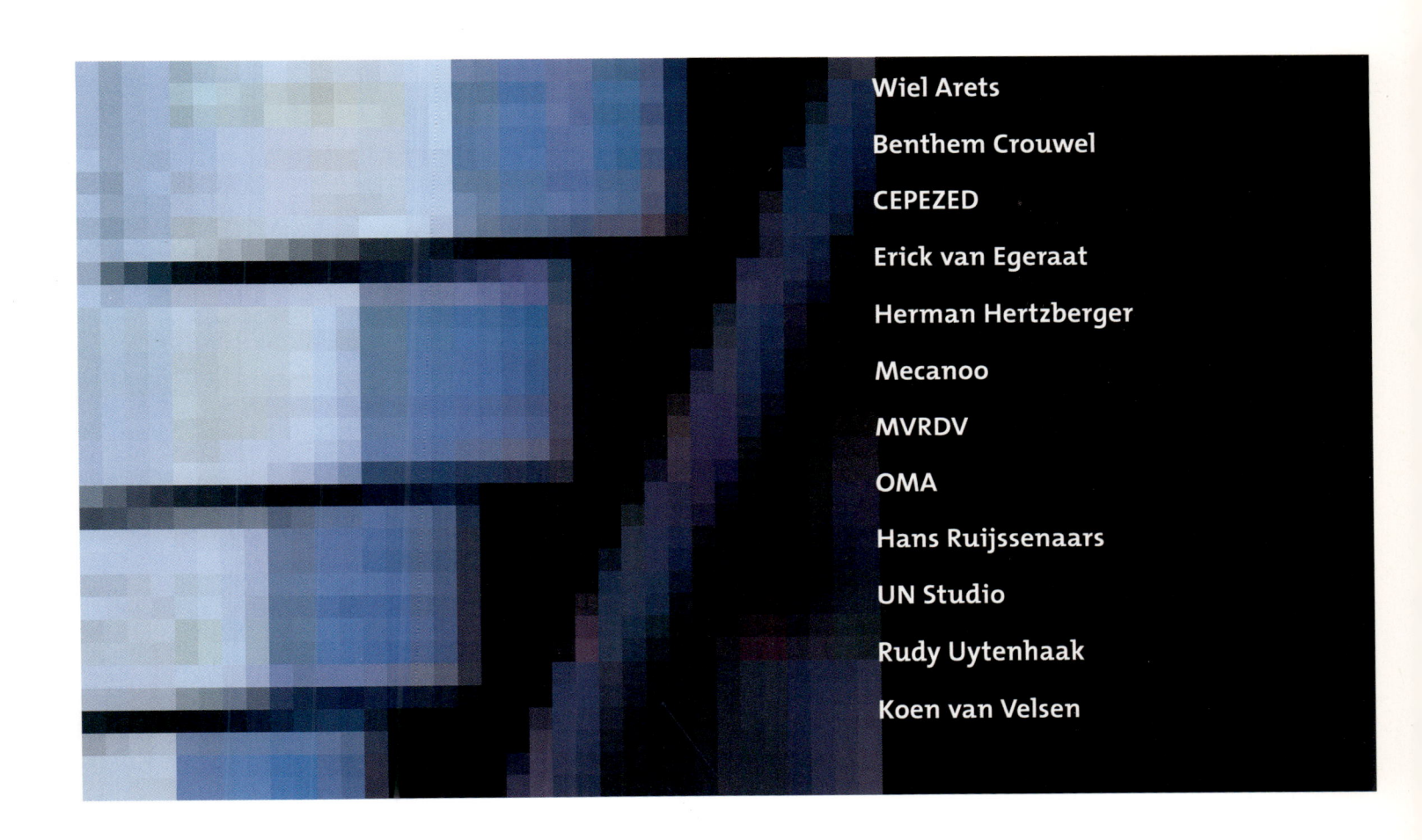

Wiel Arets

Benthem Crouwel

CEPEZED

Erick van Egeraat

Herman Hertzberger

Mecanoo

MVRDV

OMA

Hans Ruijssenaars

UN Studio

Rudy Uytenhaak

Koen van Velsen

Wiel Arets
Reine Architektur

Wiel Arets betrachtet sich selbst als jemanden, der Dinge zum Entstehen bringt. Dennoch tragen seine Gebäude nur wenige Spuren eines aktiven Entstehungsprozesses. Wenn Spuren sichtbar bleiben, dann sind sie stilisiert – wie die Fugen zwischen Betonplatten, die Löcher von Schalungsankern im Beton oder die Abdrücke des Bambus, die im Entwurf für eine Kathedrale in Ghana als Schalmaterial vorgesehen sind. → **1** Das Detail, die Konstruktion und die Installationen offenbaren nichts von ihrer Raffinesse; sie stehen voll und ganz im Dienst der architektonischen Idee. Wenn man Arets' These, Architektur sei ein Verlangen nach Reinheit und ein Streben nach Vollkommenheit, die er in seinem Text *An alabaster skin* aufstellt, aus einem philosophischen und gleichzeitig aus einem bautechnischen Blickwinkel betrachtet, dann erklärt sich dieses Streben nach einer stummen Bautechnik, oder zumindest einer Bautechnik ohne eine ausgeprägt eigene Ästhetik.[1]

Die Ausrichtung der Bautechnik auf dieses Ziel widerspricht indessen nicht der Tatsache, daß Arets sich als Erschaffer von Dingen sieht. Denn es müssen äußerst intensive Entwurfs- und Bauprozesse durchlaufen werden, um ein derart reines architektonisches Werk zu realisieren. Wie niemand anderes versteht Arets es, seine Auftraggeber, Berater, Zulieferer und letztlich auch die Subunternehmer während dieser Prozesse so zu stimulieren, daß er erreicht, was er will. Verhandlung ist dabei ein Schlüsselwort. „So früh wie möglich setze ich mich mit allen meinen Beratern an einen Tisch (...). Dann denke ich mir ein System aus. Ich mache Termine und schließe Verträge ab, an die sich während des Prozesses jeder halten muß. Wir müssen gemeinsam mit den anderen Parteien systematisch denken, denn so denken sie selbst auch. Das muß in einem frühen Stadium passieren. Auftraggeber, denen es nur um ihre Gewinnspanne geht, sind später im Prozeß nicht an hochtrabenden Architekturdiskussionen interessiert. Im Bauprozeß überschneiden sich mehrere Bereiche mit unterschiedlichen Herangehensweisen. Das Management ist anders strukturiert als der Bereich der Architektur. Wir treffen so klare Absprachen, daß jeder Bereich angemessen behandelt wird. (...) Diese Absprachen haben allesamt nichts mit der Form des Gebäudes zu tun."[2]

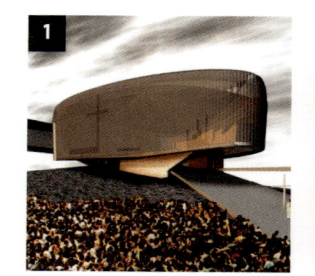

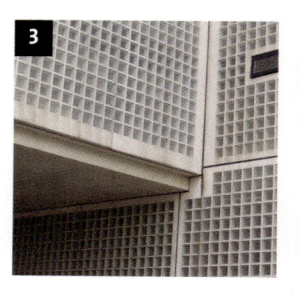

Der letzte Satz ist aufschlußreich. Arets macht hier zwischen den Zeilen deutlich, daß die Form des Gebäudes nicht zur Diskussion steht. Der Entwurf steht größtenteils fest, und die Fachberater haben die Aufgabe, die Gebäude so vollkommen und rein zu realisieren, wie Arets es sich vorstellt. Nichts ist technisch unmöglich. Ein Zitat aus *An alabaster skin* macht deutlich, daß Arets eigentlich keine Zugeständnisse an so faktische Dinge wie Schwerkraft, bauphysische Anforderungen oder selbst Benutzerfreundlichkeit machen will: „Wer Angst vor Architektur hat und ihre Grausamkeit fürchtet, sollte die Finger davon lassen."[3] Die Herausforderung an die Berater besteht darin, alle im Konzept enthaltenen technischen Schwierigkeiten zu meistern, und zwar im Rahmen von Arets' strengen Vorgaben. Die entwickelten Lösungen müssen ausnahmslos dem Konzept dienen. Es entsteht eine Verflechtung der verschiedenen Teile. Architektur und Technik werden zu einem untrennbaren Ganzen. Anhand der Entwicklung der perforierten Stahlblechfassade für das Bürogebäude der Versicherungsgesellschaft AZL in Heerlen (1995) sind dieser Prozeß und seine Folgen leicht nachvollziehbar. Nicht ohne Grund hält Arets selbst die Fassade für das wichtigste architektonische Detail dieses Gebäudes. → **2** Der Auftraggeber verlangte nach Markisen, um die Sonnenwärme effektiv abzuwehren. Markisen hält Arets jedoch für störende Elemente in seiner Fassadengestaltung. Mit ihnen wird nicht nur ein zusätzliches Material eingeführt – und Arets will seine Bauten mit möglichst wenig verschiedenen Materialien realisieren –, sondern der Architekt hat zudem wenig Kontrolle über sie, auf Dauer sogar keinerlei Einfluß. Für solche zusätzlichen Elemente sucht Arets deshalb architektonisch/bautechnische und damit mehr oder minder permanente Lösungen. Er betrachtet das als intellektuelle Herausforderung. Gemeinsam mit seinem Berater für Bauphysik, van Cauberg-Huygen, entwarf Arets für den AZL-Gebäudeflügel eine zweischalige Fassade mit einer Außenhaut aus perforierten Edelstahlpaneelen, die vom Benutzer mit einer Fernbedienung gesteuert werden können.[4] Das Ergebnis der engen Zusammenarbeit zwischen Architekt und Fachberater ist eine Außenhaut, die in jeder Hinsicht typisch für Arets ist. Im Hinblick auf ihren introvertierten und abstrakten Charakter ist diese Doppelhautfassade vergleichbar mit der Glasbausteinfassade der Kunstakademie in Maastricht (1993) → **3** oder den vollständig aus Reglit-Profilglas bestehenden Fassaden der Polizeistationen in Cuijk → **4** und Boxtel (beide 1997). Diese genannten Eigenschaften sind auch insofern bemerkenswert, weil Doppelhautfassaden normalerweise eingesetzt werden, um ein besonders hohes Maß an Transparenz zu erreichen. Sobald die Stahlblenden geschlossen sind, verrät diese Fassade jedoch nicht mehr, was sich in dem Bürogebäude abspielt. Die Fugen zwischen den beweglichen Platten sorgen dann für eine strenge, glatte Flächeneinteilung. Dafür mußte man sich allerdings eines Kunstgriffs bedienen: Um die ideale Geometrie zu erzeugen, wechseln sich echte Fugen mit Scheinfugen zwischen den Stahlpaneelen des AZL-Gebäudes ab. Es geht Arets nicht um bautechnische Authentizität, sondern um architektonische Reinheit. Wenn die Blenden geöffnet werden, tritt dementsprechend ein seltsamer Effekt ein, → 5 denn sie klappen paarweise auf, während die Paneele vor der Brüstung geschlossen bleiben. Dadurch nehmen die Paneele, die zunächst völlig einheitlich wirkten, unterschiedliche Bedeutungen an. Diese Fassade macht deutlich, wie Technik von der Architektur vereinnahmt wird. Das zeigt sich auch daran, wie der Anschluß an die Betonflügel detailliert ist. Kurz bevor die Fläche aus Stahlpaneelen an die glatte Betonfläche stößt, knickt sie im rechten Winkel nach vorne ab. → 6 Auf diese Weise wird die Stahlfassade vom Betonflügel abgesetzt, und gleichzeitig wird den unvorhersehbaren Bewegungen der Blenden ein Rahmen gegeben, da die Tiefe des abgeknickten Fassadenteils der Tiefe der beweglichen Elemente in geöffnetem Zustand entspricht. Die Schatten der aufgeklappten Blenden fallen nicht auf den Betonflügel und lassen ihn unangetastet. Die beiden rechtwinklig aufeinander treffenden Flächen bleiben voneinander unabhängig.

Fassadenöffnungen

Obwohl Arets diese Strategie der Detaillierung eigentlich bei all seinen Gebäuden anwendet, um homogene Flächen und Volumina zu erzeugen, setzte er sie in seinem ersten großen Gebäude, dem Erweiterungsbau der Kunstakademie in Maastricht, am entschiedensten und konsequentesten ein. Inspiriert vom japanischen Architekten Tadao Ando, verkleidete Arets das einfache Betonskelett der Akademie mit Glasbausteinen. Das Gebäude zeigt keine weiteren Details. Auf Dachrandstreifen aus Aluminium wurde verzichtet, da sie die Geometrie des Baukörpers beeinträchtigt hätten. → 7 Statt dessen wurde auf ebenso einfache wie intelligente Weise der tatsächliche Anschluß der Fassade an das Dach etwas nach hinten verlegt und so aus dem Blickfeld gerückt. Ebenso durften auch die Eingangstüren zur Akademie die Fläche nicht unterbrechen. Sie sollten nicht wie Löcher wirken. Die Türen zum Neubau und zur Dachterrasse im vierten Obergeschoß scheinen, abgesehen von einer einfachen, schwarz gestrichenen Stahlumrandung, komplett aus Beton zu bestehen. Sogar das charakteristische Raster der Ankerlöcher und die Fugen zwischen den Paneelen setzen sich auf den Türen fort. → 8 Die Tür ist somit nicht die Füllung einer Öffnung, sondern eine saubere Fortsetzung der Wand. Die übrigen Schwingflügeltüren des Gebäudes bestehen aus Glas, welches in schwarze Stahlprofile gefaßt ist. Auch das ist konsequent, da diese Türen Teil einer Glaswand sind oder im rechten Winkel in den Raum stehen. Ihre Transparenz sorgt für die visuelle Kontinuität der Wände und damit der Räume. Auf diese Weise werden die Türen kaschiert – was auch erklärt, warum Arets sich meist für Schwingflügel- oder Schiebetüren entscheidet: Gewöhnliche Scharniere verraten die Anwesenheit einer Tür, während die Zapfen einer Schwingflügel- oder die Schienen einer Schiebetür in der Tür- oder Wandfläche und somit aus dem Blickfeld verschwinden.

Eine andere Methode, der Arets sich bedient, um Türen zu verbergen, ist die Eingliederung des Eingangs in die Gebäudemasse. So ist beispielsweise der Eingang zum AZL-Gebäude ein dunkles Loch unter den auskragenden Konferenzräumen, der Eingang zu den Laubengangwohnungen in Maastricht (1994) liegt verborgen hinter einer Blende aus perforiertem Stahl, und der Haupteingang des Gebäudekomplexes für die Möbelfabrik Lensvelt in Breda (1999) ist über einen Innenhof zu erreichen, der hinter einem schwebenden Kubus liegt. Dadurch wird der Eintritt in das Gebäude feierlicher, und die diversen Flächen bleiben scheinbar intakt.

Dieses Verfahren ist jedoch nicht immer erwünscht oder realisierbar. Eine Polizeistation zum Beispiel muß einen deutlich erkennbaren Eingang haben. In Cuijk wurde diese Aufgabe gelöst, indem man aus dem Eingang ein beinahe selbständiges Element machte, das mit gebogenen Stahlstreifen verkleidet ist. Die verformten Streifen lassen den Eingang aussehen, als sei das Einschieben des Kubus in den gläsernen Hauptbau nur unter großer Kraftanstrengung möglich gewesen. → 9 Indem Arets außerdem die Befestigung dieser Stahlelemente an der Konstruktion hinter dem Reglit-Glas sichtbar macht, betont er den Eindruck zweier voneinander unabhängiger Volumina. Die zahlreichen Türen, die in der Betriebshalle des Lensvelt-Gebäudes benötigt wurden, sind auf ähnliche Weise aus dem Baukörper herausgeschnitten. Rahmen aus Stahlplatten fassen das Reglit-Profilglas ein und sind auch um die Öffnungen gelegt. Innerhalb der Rahmen befindet sich das architektonisch kontrollierte Feld, außerhalb davon regieren rein funktionale Notwendigkeiten, von denen sowohl das Glas als auch die Stahlrahmen unbeeinträchtigt bleiben. Bezeichnenderweise wurden die notwendigen Ventilationsöffnungen unter dem abgesetzten Stahlrahmen angebracht und sind somit aus dem Blickfeld verschwunden. → 10

Im Hinblick auf Fensteröffnungen ist es schwieriger, die Autonomie der Fläche zu bewahren. Dennoch wendet

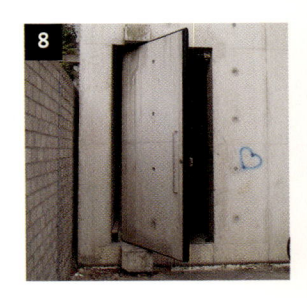

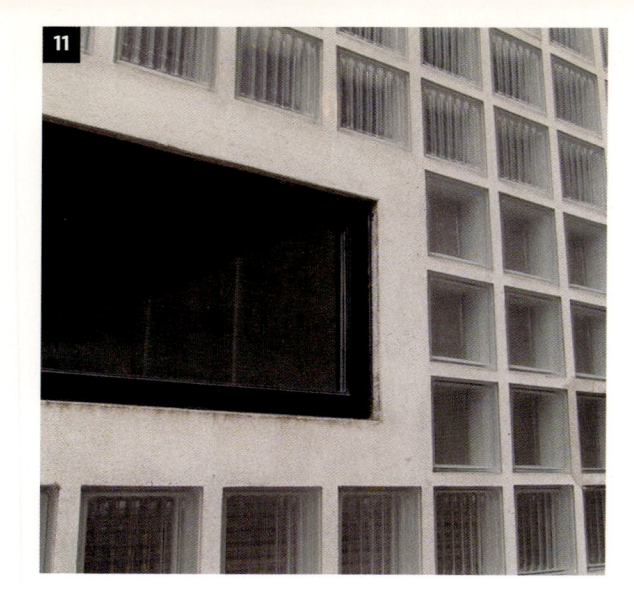

Arets hier eine ähnliche Strategie wie bei den Türen an, um die Flächen so wenig wie möglich zu beeinträchtigen. Vor diesem Hintergrund ist es verständlich, daß er die perforierte Stahlblechfassade des AZL-Gebäudes als architektonisches Detail versteht. Wenn die Büroräume nicht benutzt werden und die Blenden zugeklappt sind, verschwinden die Löcher, und die Fläche wird eine einzige, glatte Einheit. Darüber hinaus liegen die Büroflügel des AZL-, ebenso wie die des Lensvelt-Gebäudes, um einen Innenhof, so daß die Angestellten in eine vom Architekten gestaltete Umgebung blicken. An den Fassaden zur Straßenseite wurde auf die üblichen Fensterbänder verzichtet. Arets verwendet zudem häufig Oberlichter, um Fenster zu vermeiden. Auf diese Weise werden sowohl das Treppenhaus der Kunstakademie als auch der Eingangsbereich des AZL-Gebäudes belichtet. Wenn keine dieser Möglichkeiten in Frage kommt, macht Arets aus den Fenstern möglichst detaillose Öffnungen in der Außenhaut. Ein Material (das der Außenhaut) geht scheinbar nahtlos in das andere (das Glas) über. Fensterrahmen betrachtet Arets als Übergänge, die nur Unruhe verursachen. Das Fenster ist ein präziser Einschnitt in die Gebäudemasse. Ein solches präzises Loch entwarf Arets für den Fußgängerübergang der Kunstakademie in Maastricht. Im Gebäude selbst hat er die Fenster mit Betonrahmen versehen und mit Hilfe von schwarzen Stahlzargen in scharf ausgeschnittene Öffnungen verwandelt. Dadurch verschwinden die Pfosten und Riegel in der ebenfalls schwarzen Fläche des Glases. → 11 Wenn er den Konflikt nicht lösen kann oder will, verwandelt Arets die Fenster, ebenso wie die Türen, in separate Elemente. Das gilt zum Beispiel für die Fensteröffnung im Konferenzraum des AZL-Gebäudes, die er im Prinzip lediglich als dunkles Loch hätte detaillieren können. Statt dessen macht er aus ihr ein neues Element, das die Komposition des auskragenden Blocks ergänzt und dessen überstehender Rahmen zudem die Blicke der Benutzer des Raumes in die von Arets gewünschte Richtung lenkt. → 12

Sowohl die Fenster als auch die Türen der Polizeistation in Cuijk gestaltete Arets als separate, beinahe autarke Elemente. Auch hier sind die Befestigungen hinter dem Reglit-Glas sichtbar. Vorspringende Stahleinfassungen und Nieten, mit denen die Fensterrahmen befestigt sind, akzentuieren ihre Plastizität und Autonomie. → 13
Auch in der Detaillierung der Treppen spielen unversehrte Flächen eine große Rolle. Während in der Kunstakademie die horizontalen Flächen noch abrupt von schrägen Rampen durchschnitten werden, scheint Arets derartige Beeinträchtigungen des horizontalen und vertikalen Linienspiels bei seinen späteren Gebäuden nicht mehr zu dulden. Die Treppen der AZL-Zentrale, aber auch des Bürogebäudes am Céramique-Gelände in Maastricht (1995) bestehen aus Betonstufen, die kurz vor dem Anschluß an den Fußboden enden. → 14
Da zudem der Antritt fehlt, ist die Treppe nur ein Gefüge aus sonderbar zarten, schwebenden horizontalen Flächen. Dadurch kann der Boden ungehindert unter der Treppe durchfließen.
Solche Treppen sind exemplarisch für Arets' Umgang mit der Konstruktion – nicht nur, weil die verschiedenen Flächen ununterbrochen durchlaufen, sondern vor allem, weil sie sich als stumme Elemente präsentieren. Der Erfindungsreichtum und Kraftaufwand, die nötig sind, um der Treppe ihre tragende Funktion zu verleihen, bleiben unsichtbar. Die Treppe ist nicht mehr reine Konstruktion, sondern wird zur Architektur. Deshalb gibt es in Arets' Gebäuden viele verschiedene Treppen, jede mit einem eigenen Charakter. Denn schließlich erfordert jeder Raum seine eigenen, einzigartigen Elemente.

Körper und Flächen

Wie sich an all diesen Details, insbesondere jedoch an den Eckdetails zeigt, gestaltet Arets die Fassaden und Wände als unversehrte und selbständige Flächen, die sich dank Wahl und Einsatzes einheitlichen Materials so zusammenfügen, daß sie unverkennbare Volumina bilden. So läßt zum Beispiel das Eckdetail des aus Beton bestehenden Hauptkörpers des AZL-Gebäudes erkennen, daß an dieser Stelle zwei Fassaden aufeinandertreffen. Hätte Arets durchlaufende Eckdetails benutzt, wäre das Gebäude zu einem viel einheitlicheren Volumen geworden. Auch beim Hedge House in Wijlre (2001) bedient er sich eines ähnlichen Details, das die Unterscheidung der Front-, Seiten- und Dachplatten ermöglicht, obwohl sie alle aus demselben Material bestehen. → 15 In anderen Teilen des AZL-Gebäudes finden sich noch prominentere Beispiele für solche Flächenkomposition. Vor die Ziegelfassade des bestehenden Gebäudes aus dem Jahr 1941 hat Arets eine Betonplatte geschoben. Dadurch bleiben sowohl die Ziegel- als auch die Betonfläche intakt. Zudem vermeidet Arets auf diese Weise schwierige Verbindungen, die oft nur mit unregelmäßigen Paßstücken zu bewerkstelligen sind. → 16

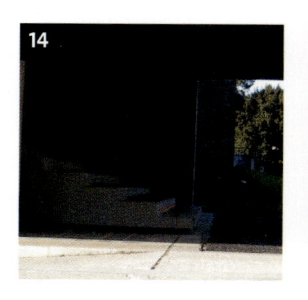

Beim Lensvelt-Gebäude und bei den beiden aus Reglit-Profilglas konstruierten Polizeistationen in Cuijk und Boxtel sind die Fassaden an den Ecken durch Winkelstahle voneinander geschieden. Obwohl die unterschiedlichen Flächen anhand all dieser Details deutlich erkennbar werden, verleiht Arets ihnen durch die speziellen Detaillösungen an Ecken, Dachrandabschlüssen (wie bei der Kunstakademie) und Fensteröffnungen Masse. Auf diese Weise werden die Fassaden zu dreidimensionalen und gleichzeitig eigenständigen Körpern. → 17

Bei der Polizeistation in Vaals (1995) zog er die Flächen zu drei separaten Körpern auseinander, die durch Oberlichter voneinander getrennt werden. → 18 Außerdem erhielt die vertikale Fläche, die Fassade also, Einschnitte – die allerdings zu flach sind, um eine plastische Wirkung zu erzeugen. Die Einschnitte vereinfachen zwar bautechnisch die Anschlüsse zwischen den drei Blöcken, waren aber architektonisch gar nicht notwendig, denn bereits durch die Verkleidung jedes Fassadenkörpers mit einem anderen Material werden diese zu selbständigen Volumina. Obwohl der architektonische Ausgangspunkt ein völlig anderer ist – nicht jede Funktion, sondern jeder Körper erhält ein eigenes Material –, drohte das Gebäude, sehr an Mecanoo zu erinnern. Diese Assoziation konnte dann vermieden werden, indem nur ein Minimum an Details sichtbar gemacht wurde.

Dem Kritiker Hans van Dijk zufolge sind die Details in Arets' Werken keineswegs unsichtbar, sondern aus ihnen setze sich das Gebäude zusammen: „Sein architektonisches Repertoire besteht aus Details", schreibt er. „Arets' Werk kann in einem Wort (...) zusammengefaßt werden: ein Detailschwarm".[5] Das trifft insofern zu, als beinahe jeder Millimeter der Gebäude erdacht und entworfen, die Details aber nicht um ihrer selbst willen entwickelt werden. Sie haben keine eigene Identität, wie das etwa in Mecanoos Werken der Fall ist. Die Details sind nicht als solche zu erkennen. Jedes überzählige, sichtbare Detail gefährdet die Idee eines eigenständigen und undurchdringlichen Volumens. → 19 Aus eben diesem Grund investiert Arets unglaublich viel Zeit, um bautechnische Details für das Auge zu eliminieren. So wurden zum Beispiel vom Dach des Holzbaukörpers in Vaals alle charakteristischen Details entfernt. Es wirkt wie eine geschlossene Fläche. Was mit dem Regenwasser passiert, bleibt unklar. Die sichtbare Oberfläche ist jedoch nichts als Schwindel: Das eigentliche Dach liegt unter dem Zedernholz. Durch Schlitze fällt das Regenwasser darauf und wird dann abgeführt. Auf diese Weise bleibt der Eindruck eines detaillosen Körpers erhalten.

Noch geschickter versteckt Arets die bautechnischen Elemente des Hedge House. Dieser Ausstellungsraum besteht scheinbar nur aus Beton und Glas. Sogar die Dachschrägen sind aus Beton. Anstelle der Detaillosigkeit des Betonkörpers in Vaals hat Arets sich hier für stilisierte eingebaute Dachrinnen zum Abfluß des Regenwassers entschieden, die jedoch in einer Weise hergestellt und eingesetzt wurden, dass sie vor allem eine schöne Linie in die homogene Dachfläche zeichnen. → 20

Schwere schwebende Körper

Arets behandelt seine Konstruktionen oft wie eine zweite Schicht, die hinter der ersten Schicht, der Außenhaut, zum Vorschein kommt – so zum Beispiel das Betonskelett der Kunstakademie oder die hinter dem Reglit-Glas deutlich sichtbare Stahlkonstruktion des Lensvelt-Gebäudes, vor allem aber die Betonplatten, die hinter der Außenhaut des KNSM-Turms in Amsterdam (1999) und des hiervon abgeleiteten Doppelturms in Rotterdam (2000) auftauchen. Die Konstruktion wird so zu einer beinahe eigenständigen, zusätzlichen Schicht. Zudem macht bei den meisten Bauten die Art der Befestigung der Außenhaut an der Konstruktion deutlich, wie dünn diese Haut eigentlich ist – und entkräftet so den Eindruck der Schwere, den andere Details suggerieren, oder schafft zudem eine neue Spannung. Gleichzeitig macht Arets die Tragkonstruktion ablesbar. Dieser konstruktiven Ehrlichkeit stehen Versuche gegenüber, mit Hilfe der Konstruktion dem Eindruck von Schwerkraft entgegenzuwirken. Die Türme auf der KNSM-Insel und in Rotterdam sind mit speziellen Fertigelementen aus dunkelgrauem Beton verkleidet. → 21 In Farbe und Struktur erinnert der Beton an gestapelte Basaltblöcke. Dieser Effekt wurde mit einer Gummimatte, die als Schablone eingesetzt wurde, erzielt. Die Fugen zwischen den Blöcken sind genauso breit (16 mm) wie jene zwischen den Fertigelementen. Leider war die Herstellung fehlerhaft, weshalb vor allem in Rotterdam die Paneele Farbunterschiede aufweisen und aufgrund einer falschen Pigmentierung mit der Zeit immer heller werden. Die beabsichtigte Illusion von Türmen, die aus geschichteten Blöcken bestehen, wird zunichte gemacht. Wie bei den meisten seiner Gebäude versucht Arets auch hier, den Eindruck von Schwere sofort wieder zu entkräften. Am subtilsten gelingt ihm das beim KNSM-Turm, dessen Außenhaut 10 cm über der Parkgarage endet, die als Sockel dient. Der schwere, massive Turm scheint zu schweben. → 22

Nicht immer benutzt Arets die Konstruktion, um das Gebäude verständlich zu machen. Ebenso oft bedient er sich anonymer Scheiben als Elemente, die dem Gebäude einen eigenen stetigen Rhythmus geben. Ein gutes Beispiel sind die Betonscheiben in der zentralen Halle des AZL-Gebäudes. Diese Scheiben bewirken den Eindruck, daß das aus schweren Volumina aufgebaute Gebäude zu schweben scheint. Über der Eingangstreppe kragen die zwei übereinander liegenden Konferenzräume weit aus, in der Mitte des Gebäudes gibt es eine 20 m lange freie Überspannung, die den innen liegenden Garten zugänglich macht und in der ein Konferenzraum hängt, und an der Rückseite scheint die Glaskiste, in der die Kantine untergebracht ist, kurz über dem Erdboden zu schweben. → 23 Auf ähnliche Weise hängen auch das Lensvelt-Gebäude über dem Boden und der Kopf der Polizeistation in Cuijk direkt über dem Rasen.

Haustechnik und Architektur

In seinem noch nicht realisierten Entwurf für die Universitätsbibliothek in Utrecht (2001) erreicht Arets einen neuen Höhepunkt seines Strebens nach reiner, unbeeinträchtigter Architektur. Die Außenhaut besteht größtenteils aus Glas, das aber – wie bei all seinen Gebäuden – nicht transparent ist, sondern in diesem Fall im Siebdruckverfahren mit einem ausgefallenen Motiv versehen wurde. Von Ferne betrachtet ist es ein Blumendruck, aus der Nähe erkennt man nur Pixel. → 24 Die Fassaden erhalten dadurch einen für Arets typischen hohen Abstraktionsgrad. Im Wechsel mit geschlossenen Betonpaneelen, deren Oberfläche mit einem Muster aus versteinerten Astabdrücken strukturiert sind, wird das bedruckte Glas dem Gebäude vermutlich einen ebenso introvertierten Charakter verleihen wie in anderen Fällen das Reglit-Profilglas oder die Glasbausteine. → 25 Wie ungewöhnlich das Glas aussehen wird, kann man bereits in der Parkgarage des Doppelturms in Rotterdam sehen. Dort wurde das Glas mit der gleichen Basaltsteinstruktur bedruckt, mit der auch die Fassadenelemente aus Beton versehen sind. Das überraschende Resultat ist, daß das Glas von Ferne massiv und geschlossen wirkt und aus der Nähe transparenter wird. Bei der Detaillierung der Doppelhautfassade der Bibliothek, deren Außenschale aus dem bedruckten Glas besteht, fällt weiterhin auf, daß sich zur Belüftung nicht, wie häufig bei solchen Fassaden, kleine Luken, sondern ganze Paneele aus Glas öffnen. Ebenso wie bei der Doppelhaut des AZL-Gebäudes wird so die glatte, einheitliche Oberfläche der Fassade bewahrt.

Im Inneren fallen besonders die riesigen Magazine auf, die nicht, wie üblich, unter der Erde verschwinden, sondern wie Wolken im Raum schweben. Durch die Lücken zwischen den Depots kann Tageslicht eindringen, und auch die Aussicht nach oben bleibt unverbaut. → 26 Die Anforderung einer mindestens vierstündigen Feuerbeständigkeit der Wände stellte ein bauliches Problem dar. Daraus resultieren 40 cm dicke Betonwände und -decken, die Spannweiten von 40 m erzeugen und die Stabilität des restlichen Gebäudes gewährleisten. Die Magazine sind eigentlich pure Konstruktion, aber durch ihre Aufhängung im Baukörper nehmen sie architektonische Qualitäten an und verbergen ihr konstruktives Wesen.

Die Oberseiten der Magazine dienen als Fußboden der Lesesäle. Auch die anderen Geschoßdecken in der Bibliothek sind eigentlich schwebende Flächen. Zur Belüftung eines solchen Gebäudes mit einem derart großen offenen Raum reicht eine zentrale Klimaanlage nicht aus. Abgesehen davon, daß die Beheizung oder Kühlung so vieler Kubikmeter umweltbelastend wäre, kann nicht in jedem Raum ein angenehmes Klima garantiert werden. Deshalb soll eine Vielzahl dezentraler Anlagen aufgestellt werden, die in von Arets entworfene Möbel integriert sind. Die technischen Einbauten wurden vom Gebäude geschluckt. Dieses Verfahren, die Technik derart zu gestalten, daß sie ein bedeutender Teil der Architektur wird, ähnelt jenem, das Louis Kahn aufgrund seiner Abscheu gegenüber Leitungen anwendete.[6]

In seinem Streben nach Perfektion brachte Arets in der Kunstakademie in Maastricht zunächst keine Technik an. Die Strenge des Entwurfs und die Räumlichkeit blieben so tatsächlich gewahrt, allerdings auf Kosten der Funktionalität. Inzwischen wurden an verschiedenen Stellen Klimaanlagen aufgestellt. Vor allem aufgrund der immer höheren Anforderungen an ein angenehmes Raumklima, integrierte Arets danach die Haustechnik zunehmend in seine Gebäude. Die Doppelhautfassaden, die als Möbel verkleideten Geräte, aber auch die im Fußboden untergebrachten Luftverteiler und Leitungen (etwa in der AZL-Zentrale) sind Beispiele für Arets' geschickten Umgang mit technischen Einbauten. Die einzige Ausnahme sind die gläsernen Hallen des Lensvelt-Gebäudes, in denen die Technik und sogar die Regenrohre sichtbar gelassen wurden – allerdings auf so durchdachte Weise, daß sie lediglich stumm und schön anwesend sind. → 27, 28

Im Gegensatz zu Kahn haßt Arets Technik nicht. Er findet sie faszinierend – allerdings nicht um ihrer selbst willen, sondern weil er dank seiner eigenen technischen Kenntnisse und einer Anzahl kompetenter Fachberater, mit denen er seit Jahren zusammenarbeitet, die reine Architektur schaffen kann, die ihm vor Augen schwebt. In dieser Architektur gibt es keinen oder kaum einen Unterschied zwischen dem architekturtheoretischen Ausgangspunkt und dem realisierten Gebäude. Auch die Details, die Konstruktion und die Technik sind in Arets' Werk reine Architektur.

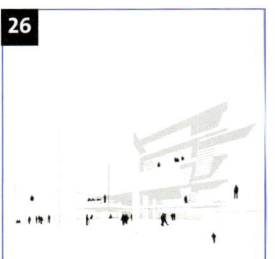

1. Wiel Arets, An alabaster skin, Rotterdam 1991.
2. Hans van Dijk, „Conjugal cunning. Recent work by Wiel Arets", in: Archis, 4, 1996.
3. Siehe Anm. 1.
4. Ed Melet, „Dubbele bodems van Wiel Arets", in: De Architect, 11, 1995.
5. Siehe Anm. 2.
6. Kahn sagte einmal: „I do not like ducts. I do not like pipes. I hate them really thoroughly, but because I hate them so thoroughly I feel they have to be given their place. If I just hated them and took no care, I think they would invade the building and completely destroy it." Zit. nach Richard Saul Wurman, Eugene Feldman, The notebooks and drawings of Louis I. Kahn, Cambridge Mass. 1973.

Wiel Arets Kunstakademie Maastricht 1993

Anschluß Glasbausteinfassade mit Wendeflügeltür aus Stahl
1 Estrich
2 Stahlbetondecke
3 Akustikdecke
4 Glasbausteine, 190 x 190 x 10 mm
5 Edelstahl-L-Profil
6 Anker
7 Schrumpffester Mörtel
8 Ankerbuchse
9 Dichtungsband
10 L-Profil, 80 x 40 x 5 mm
11 Doppelverglasung 12-6-12
12 Kastenprofil aus Stahl, 80 x 160 x 6 mm
13 Kastenprofil, 59 x 66 mm
14 Stahlblech, 56 x 2 mm

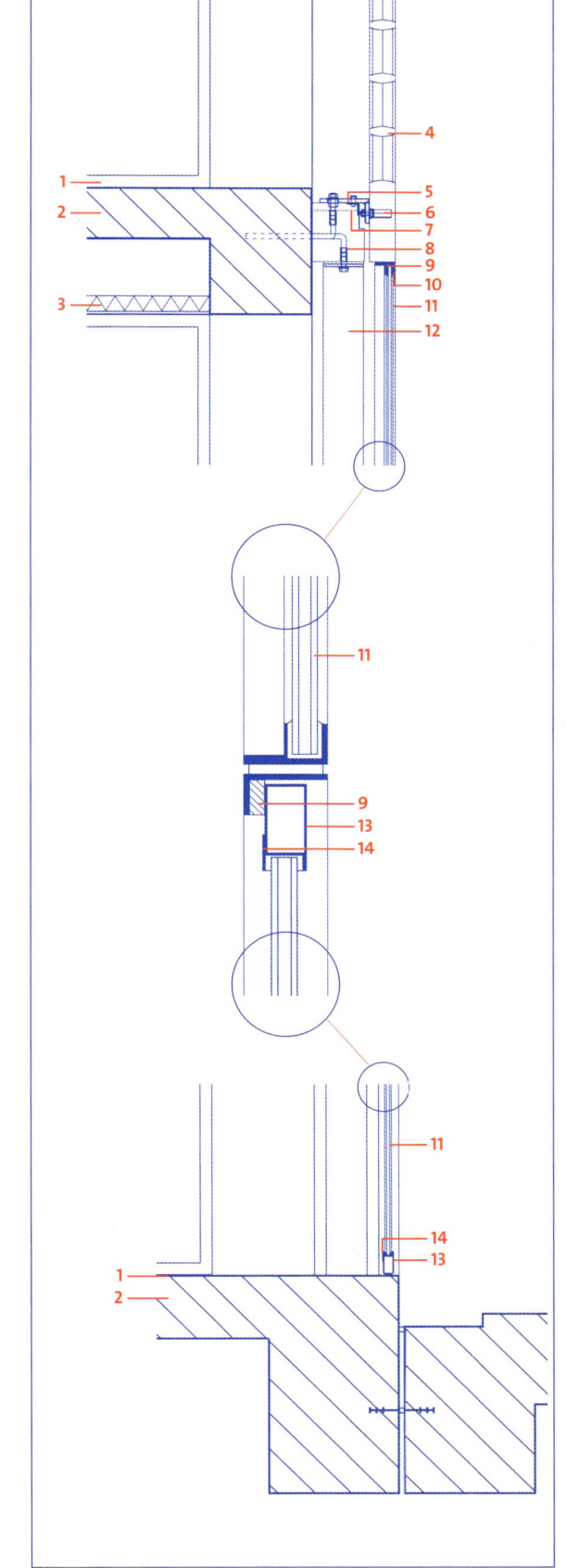

Dachranddetail und unterer Anschluß Glasbausteinfassade
1 Kies, 50 mm
2 Dachpappendeckung
3 Formfeste Mineralfaserplatte, 30 mm
4 Regenabfluß
5 Stahlbetondecke
6 Akustikdecke
7 Überlauf
8 Edelstahl L-Profil
9 Befestigungsanker für Betonfassadenfertigteil mit Glasbausteinen
10 Glasbausteine, 190 x 190 x 10 mm
11 Wärmedämmung
12 Tragende Betonaußenstütze

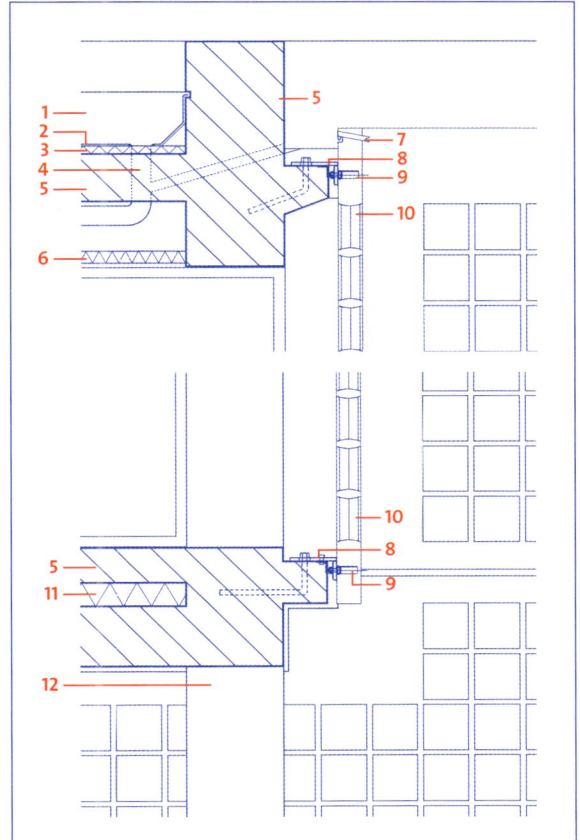

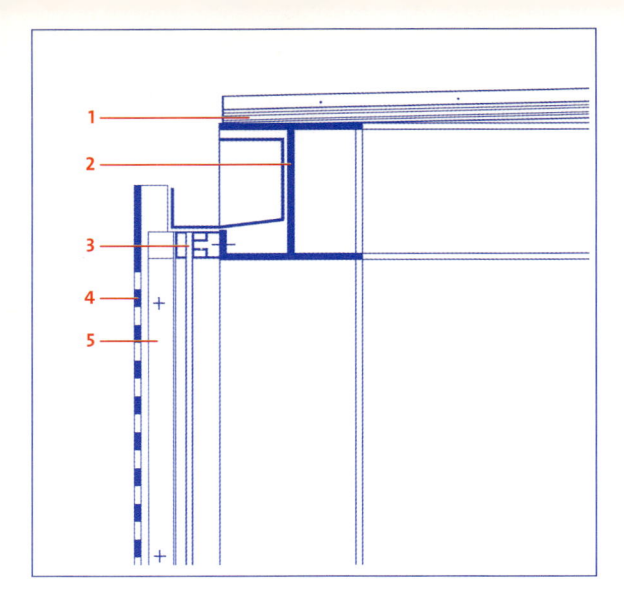

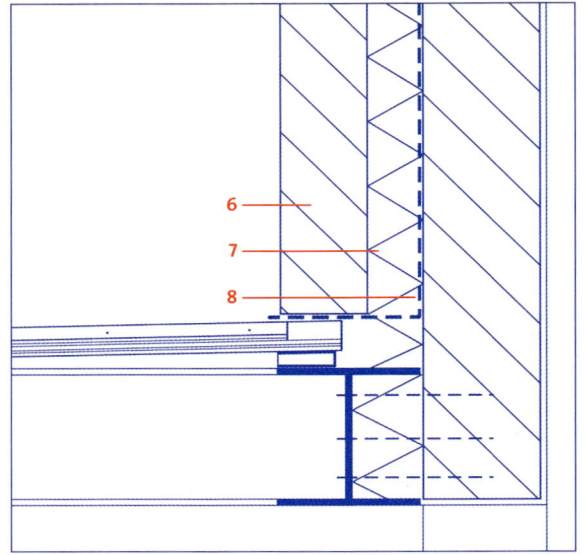

Anschluß Edelstahlfassade mit Glasdach auf dem obersten Geschoß
1 Sonnenschutzglas
2 Stahlkonstruktion
3 Vorhangfassade aus Stahl mit Isolierverglasung
4 Edelstahl-Fassadenplatten, 1800 x 3600 mm; Perforation 30%
5 Stahlprofil zur Verankerung der Fassadenplatten
6 Stahlbetonplatten, 1220 x 2440 mm
7 Wärmedämmung, 80 mm
8 Wasserdichte Folie mit Dampfdurchlaß

Wiel Arets AZL-Hauptsitz Heerlen 1995

Horizontalschnitt Fassade mit Edelstahlverkleidung
1 Wärmedämmung, 80 mm
2 Stahlprofil zur Verankerung der Fassadenplatten
3 Putz
4 Edelstahl-Fassadenplatten, 1800 x 3600 mm; Perforation 30%
5 Stahlrahmen mit Doppelverglasung
6 Verbundplatte aus Stahl, 100 mm
7 Stahlbeton

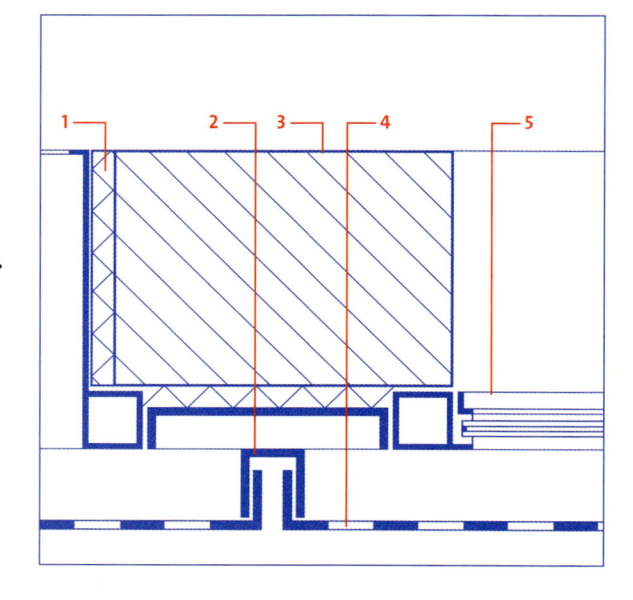

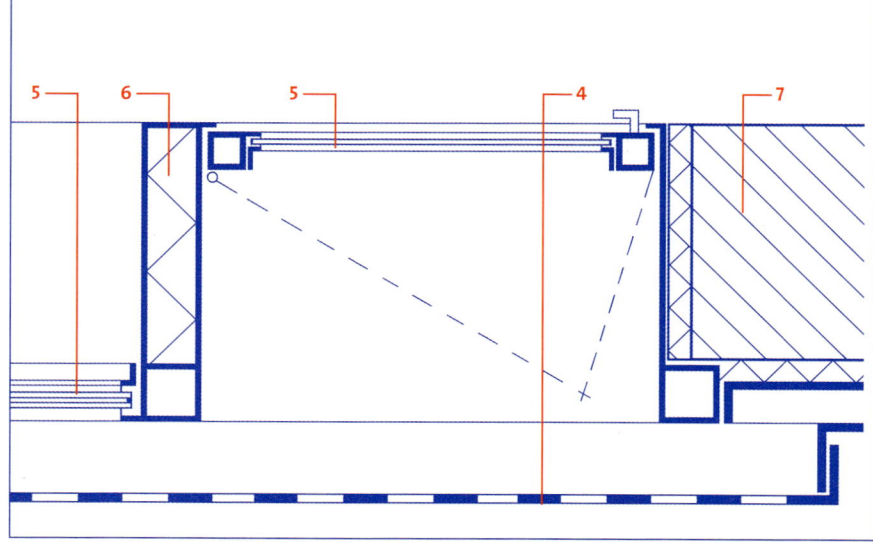

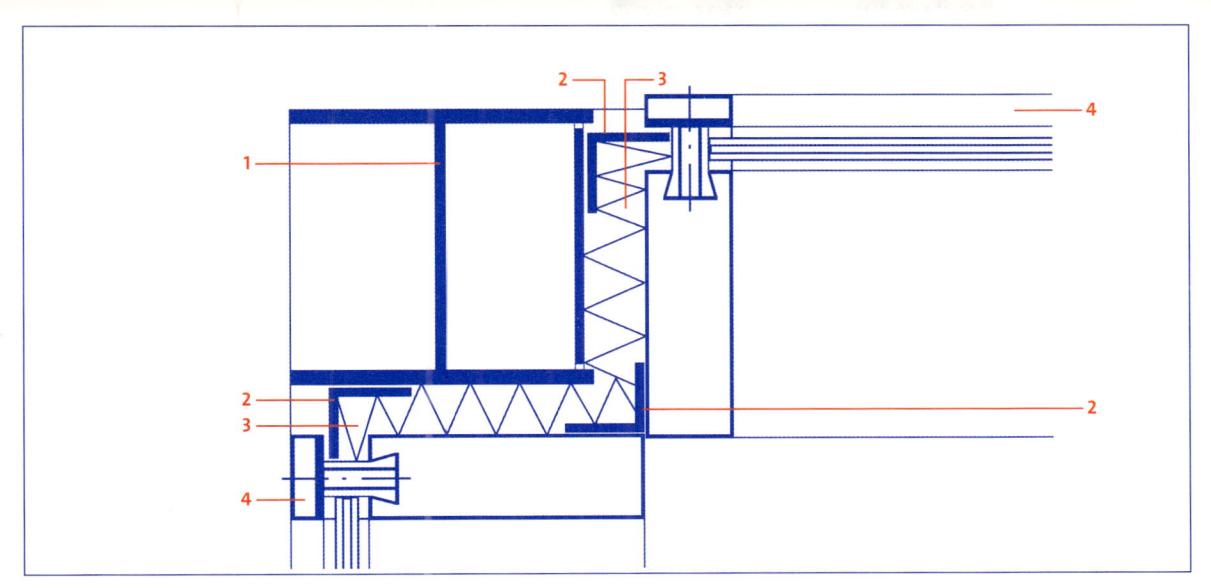

Schnitt gläserner Ausbau: Kantine
1 Doppel-T-Stahlträger HE 200 A
2 L-Profil, 50 x 50 x 4 mm
3 Wärmedämmung, 80 mm
4 Vorhangfassade aus Stahl mit Isolierverglasung
5 Wärmedämmung
6 Geschweißtes U-Profil aus Stahl, 260 x 80 x 5 mm
7 Fensterrahmen aus Stahl
8 Druckschicht
9 Wärmedämmung
10 Betonfertigteil
11 Stahlplatte

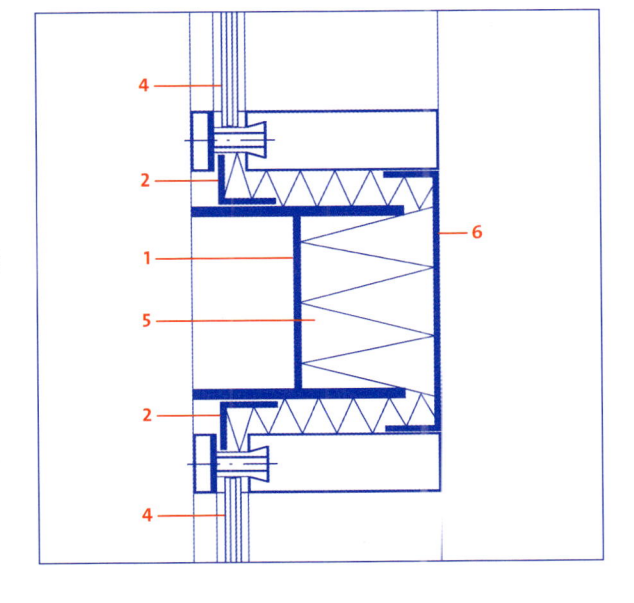

Wiel Arets AZL-Hauptsitz Heerlen 1995

Schnitt HE-Doppel-T-Träger

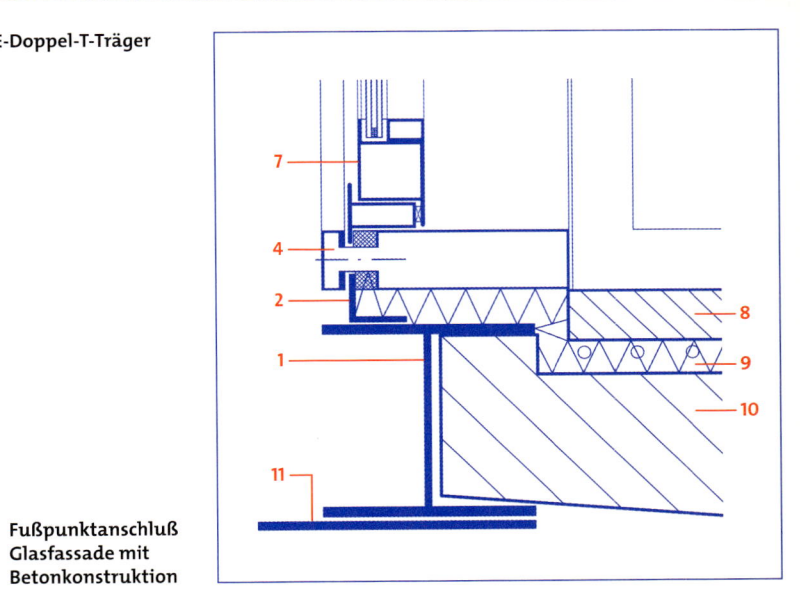

Fußpunktanschluß Glasfassade mit Betonkonstruktion

Wiel Arets Polizeistation Vaals 1995

Dachrand Betonbauteil
1 Zierbeton, 80 mm, schwarz pigmentiert, geglättet
2 Fugenschnitt mit Kitt
3 Doppelschichtige PE-Kunststoffolie und Dachdichtung
4 Extrudierte PS-Hartschaumplatte, 80 mm und Dampfbremse
5 Ausgleichsfläche auf Rohbeton
6 Betonhohldielendecke mit Fugenverguß, 260 mm
7 Fugendichtung
8 Kitt auf Fugenband
9 Gleitfolie
10 Hartschaumplatte, 50 mm
11 Mineralfaserplatte, 50 mm
12 Sichtbeton, 200 mm, schwarz pigmentiert
13 Metallständer Wandverkleidung
14 Zwischendecke mit Tragprofilschienen
15 Spritzputz weiß, 3 mm

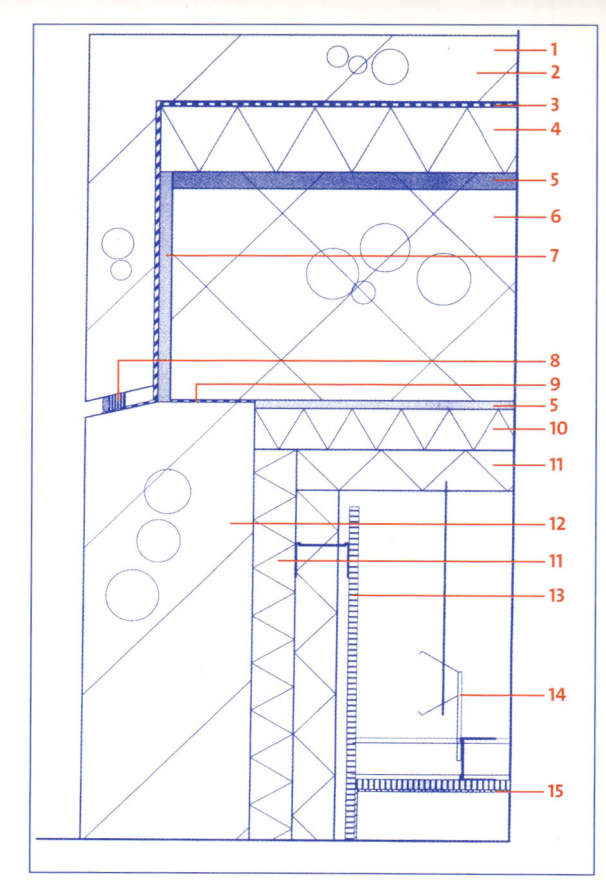

Dachrand Holzbauteil
1 Geleimte Zedernholzschalung
2 Zedernholzrahmen
3 Multiplex-Platte
4 Obere Latte aus Fichtenholz
5 Holzrahmenkonstruktion
6 Mineralfaserplatte
7 Dachpappendeckung
8 Regenrinne mit Gefälle
9 Stahlträger UNP 280
10 Mineralfaserplatte, 100 mm
11 PE-Kunststoffolie
12 Betonhohldiele
13 Mineralfaserplatte, 80 mm
14 Holzständerkonstruktion
15 Zedernholzschalung
16 Geschmirgelte Ausgleichsfläche, 15 mm
17 Geschmirgelte Gipskartonplatte, 15 mm

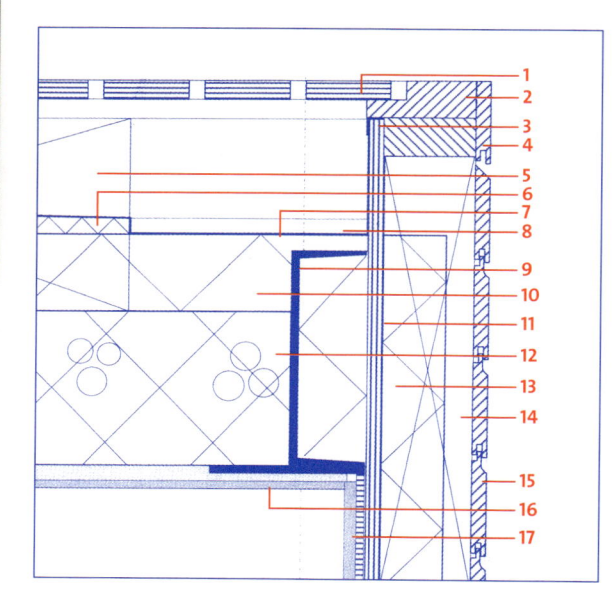

Wiel Arets Polizeistation Cuijk 1997

oben links: **Dachrand**
oben rechts: **Fenster/Fassade**

unten links: **Anschluß Fassade mit Geschoßdecke**
unten rechts: **Auskragung über Gelände**

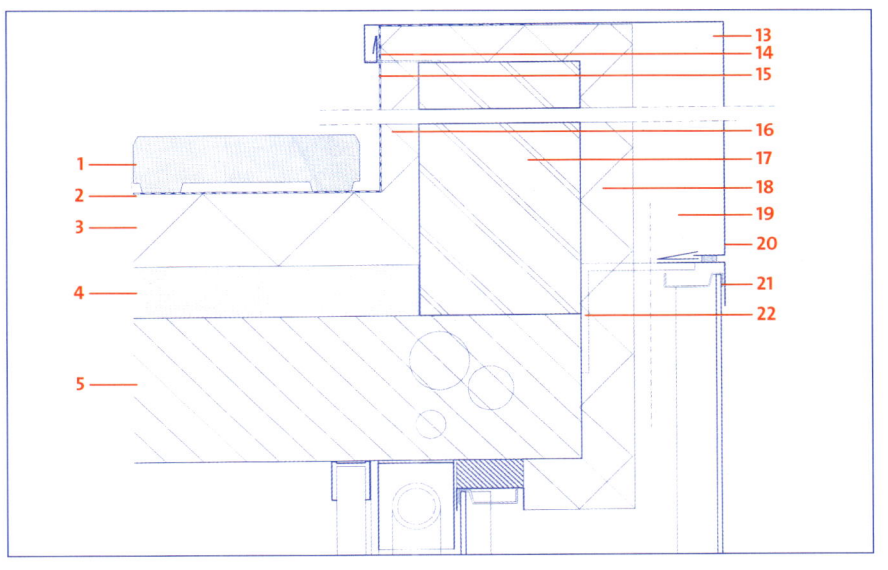

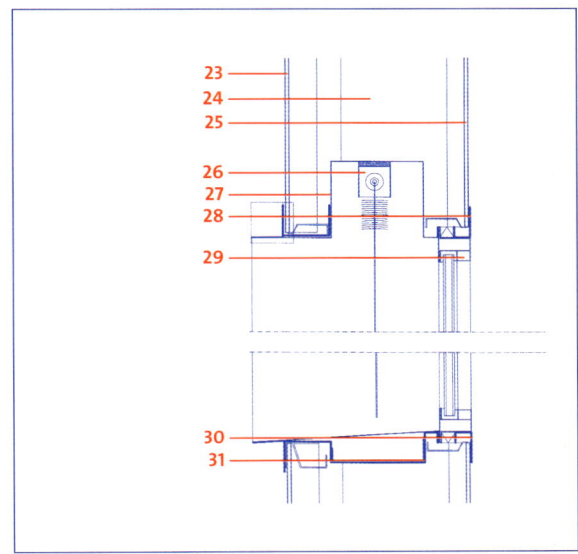

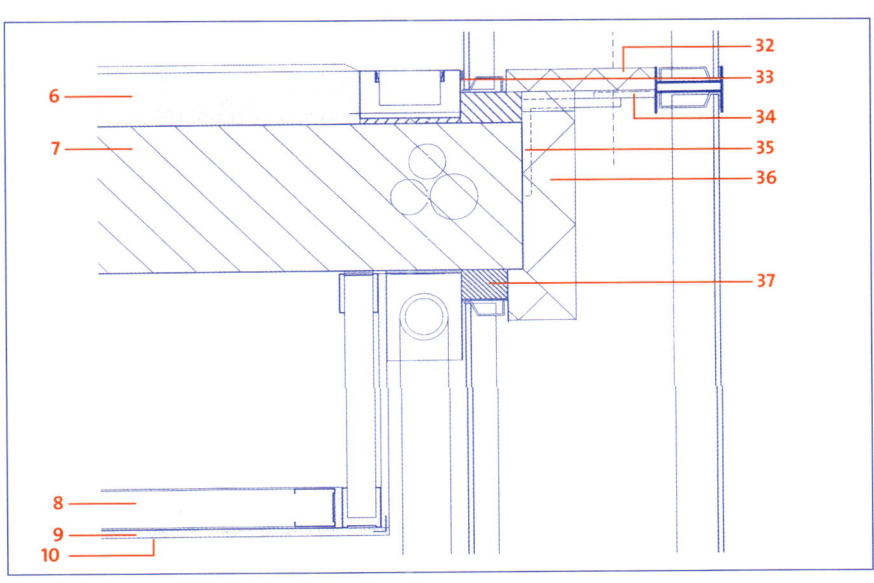

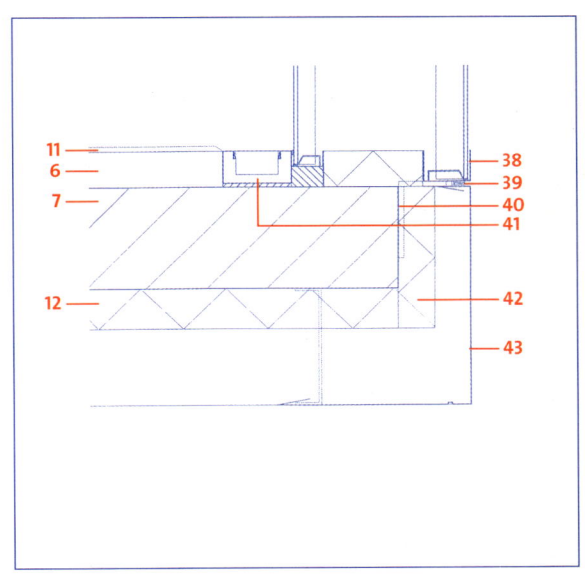

1 Betonziegel, 300 x 300 x 50 mm
2 Kunststoff-Dachdeckung
3 Wärmedämmung, 100 mm
4 Zementfußboden, 70 mm mit Gefälle
5 Gitterträgerdecke mit Aufbeton
6 Estrich, 70 mm
7 Betonhohldielendecke, 200 mm
8 Abgehängte Decke
9 Gipskartonplatte, 9,5 mm
10 Putz, 3 mm
11 Teppich
12 Hartschaumplatte
13 Gefalzte Aluminiumplatte, Befestigung mit Klemmprofil
14 Befestigung der Aluminiumverkleidung
15 Kunststoff-Randstreifen der zweiseitig beschichteten Dachfolie
16 Mineralfaserplatte, 50 mm
17 Kalksandstein, 214 mm
18 Wärmedämmung, 70 mm
19 Luftschicht
20 Aluminiumverblendung
21 Aluminium-Ständerprofil
22 L-Profil, 300 x 300 x 50 mm
23 Aluminium-Ständerprofil
24 Luftschicht
25 Aluminium-Ständerprofil
26 Sonnenschutz
27 Aluminiumgehäuse
28 Ständerprofil, Stahl
29 Fensterrahmen aus Aluminium
30 Tropfnase endet unter dem Fensterrahmen
31 Verbindung zwischen Ständerprofilen aus Stahl
32 Wärmedämmung, 30 mm
33 Kittfuge
34 L-Profil, 80 x 40 x 8 mm
35 L-Profil, 130 x 130 x 12 mm
36 Wärmedämmung, 70 mm
37 Holzklotz für Befestigung
Aluminium-Ständerprofil
38 Aluminiumprofil
39 Fugenband
40 L-Profil, 150 x 150 x 10 mm
41 Kabelrinne
42 Wärmedämmung, 80 mm
43 Gefalztes Aluminiumblech, befestigt mit Klemmprofil

Wiel Arets Lensvelt Fabrik Breda 1999

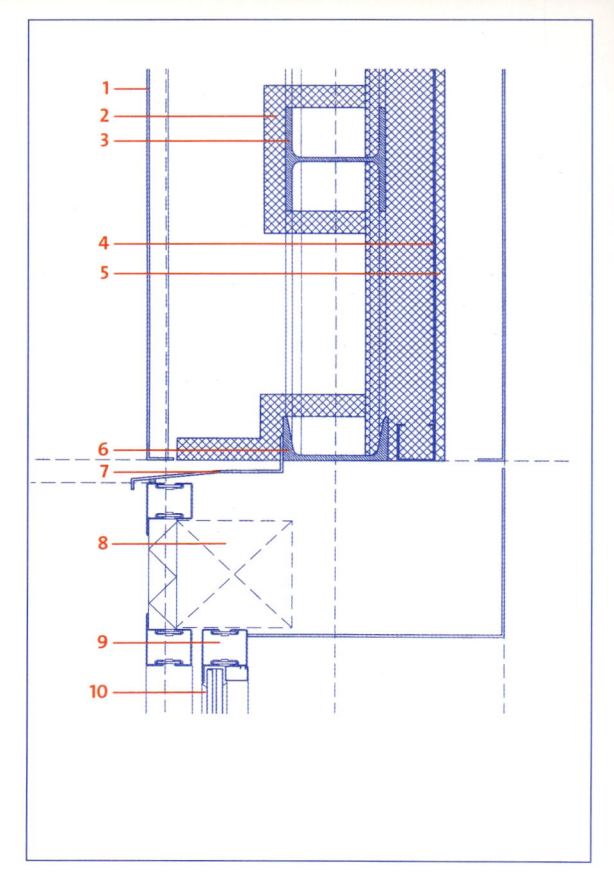

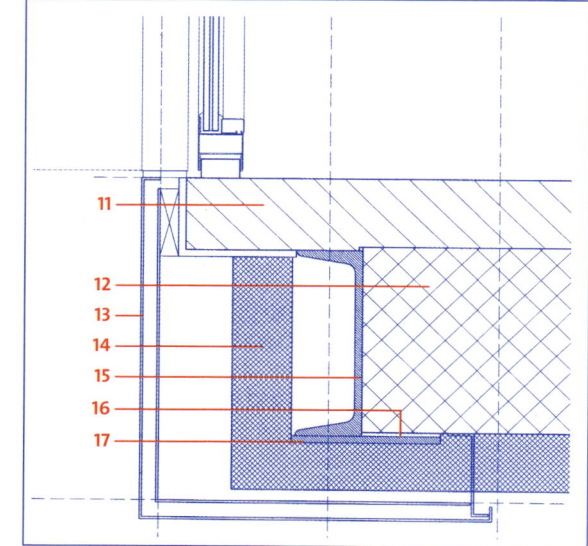

Schnitt Stahlrahmen und großes Fenster Eingangsbereich

Anschluß Glasfassade mit Stahlrahmen
1 Glasplatte
2 Liegendes Aluminiumprofil mit integriertem Kondenswasserabfluß
3 Stahlverkleidung
4 Stahlträger UNP 240
5 Mineralfaserplatte mit Kaschierung
6 Stählerne Konsole
7 Perforation für Luftschichtventilation
8 Erdoberfläche
9 L-Profil, 120 x 80 x 8 mm
10 Aufprallschutz, Betonfertigteil
11 Ortbeton auf Fundamentsohle
12 Polystyrenschicht, 60 mm
13 Randbalken (Ortbeton)

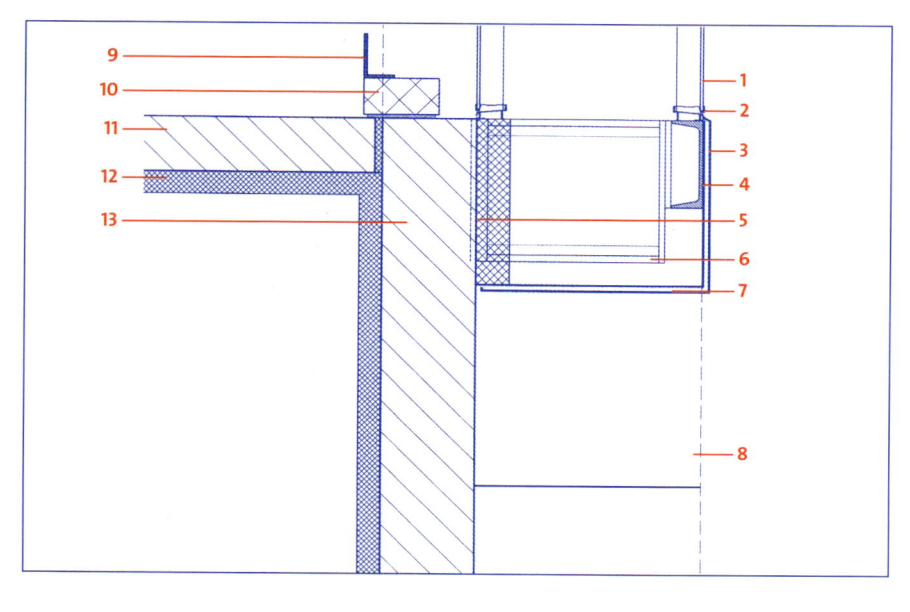

Schnitt am Fußpunkt Stahlrahmen
1 Gefalztes Stahlblech
2 Mineralfaserplatte
3 Doppel-T-Stahlträger HE 140 A
4 Dampfbremse
5 Gipsplatte
6 Stahlträger UNP 140
7 Tropfnase
8 Schiebetürbefestigung
9 Isolierter Fensterrahmen aus Stahl
10 Gehärtetes Doppelglas
11 Druckschicht
12 Betonhohldiele, 260 mm
13 Gefalztes Stahlblech
14 Hartschaumplatte
15 Stahlträger UNP 260
16 Neoprenschicht
17 Stahlblech, 200 x 10 mm

Wiel Arets Hedge House Wijlre 2001

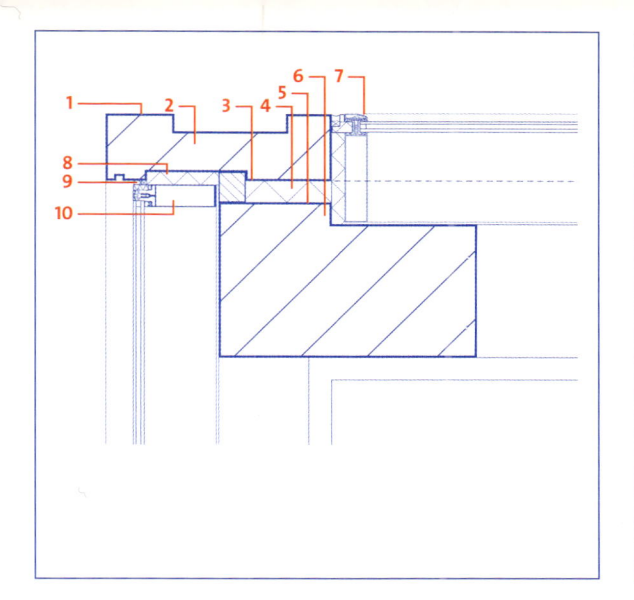

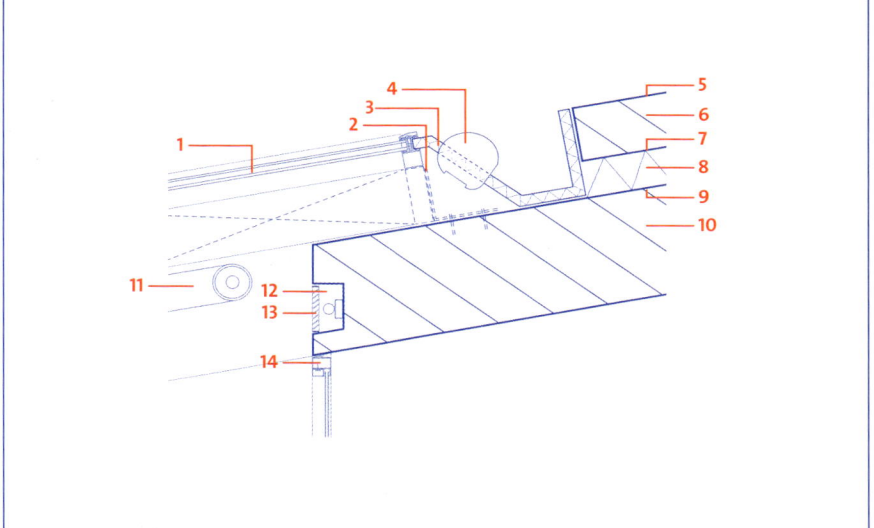

Anschluß Vorhangfassade mit Glasdach
1 Betonschutzüberzug
2 Außenschale Beton, 150 mm
3 Dachdeckung, Kunststoff
4 Polystyrenschaum
5 Bituminierte Glasmatte als Dampfbremse
6 Innenschale, Beton, 300 mm
7 Glasdach mit Aluminiumträgern
8 Hochwertige Wärmedämmung
9 Kitt auf Fugenband
10 Vorhangfassade

Anschluß Glas- mit Betondach
1 Glasdach mit Aluminiumträgern
2 Befestigung der Aluminiumträger
3 Gedämmte Regenrinne
4 Mechanische Lüftung
5 Betonschutzüberzug
6 Außenschale, Beton, 150 mm
7 Dachdeckung, Kunststoff
8 Polystyrenschaum
9 Bituminierte Glasmatte als Dampfbremse
10 Innenschale, Beton, 300 mm
11 Mechanischer Sonnenschutz
12 Aussparung für Beleuchtung
13 Gitter
14 Aluminium-Glaswand

29

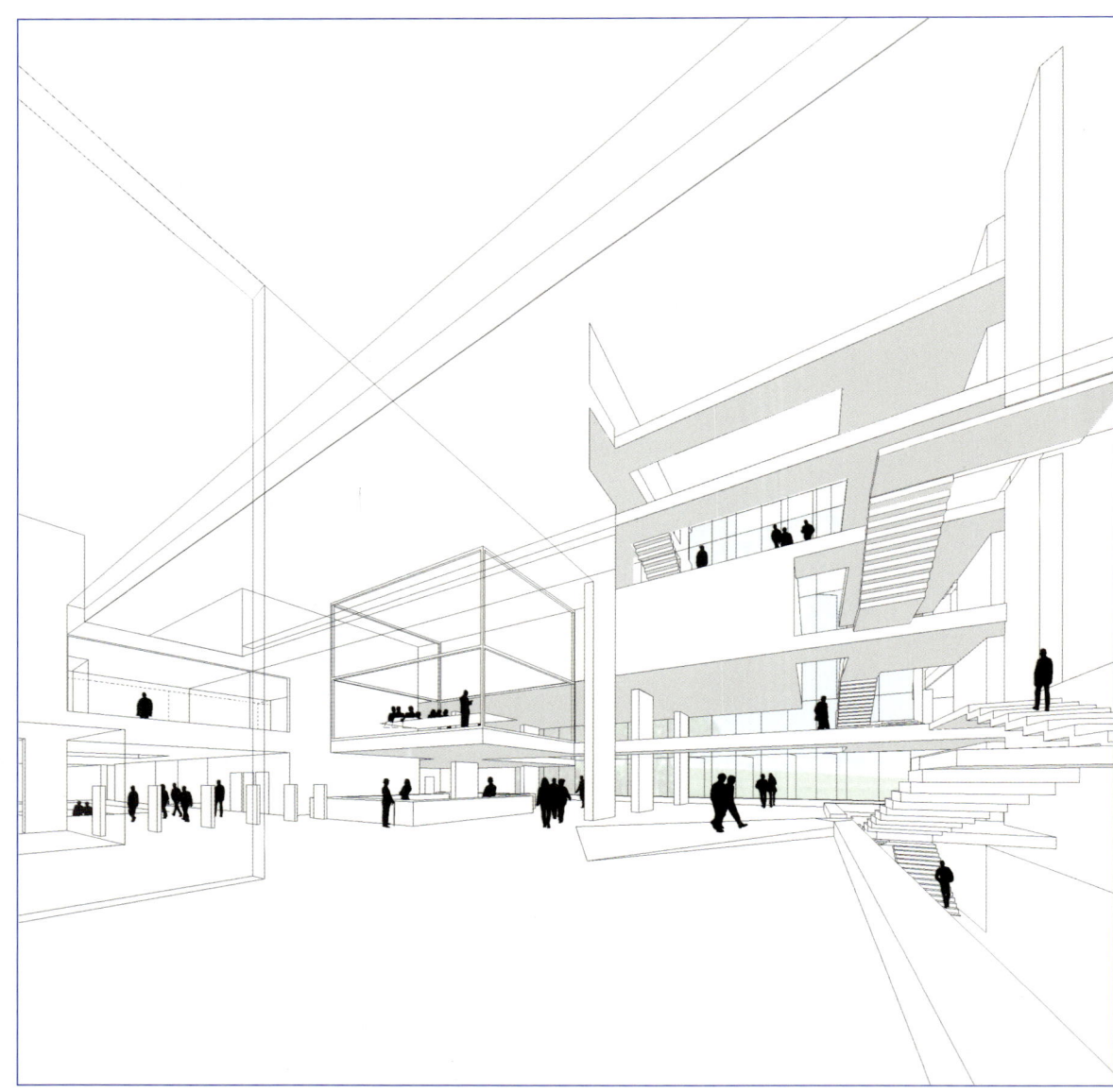

Wiel Arets Universitätsbibliothek Utrecht 2001-2004

30

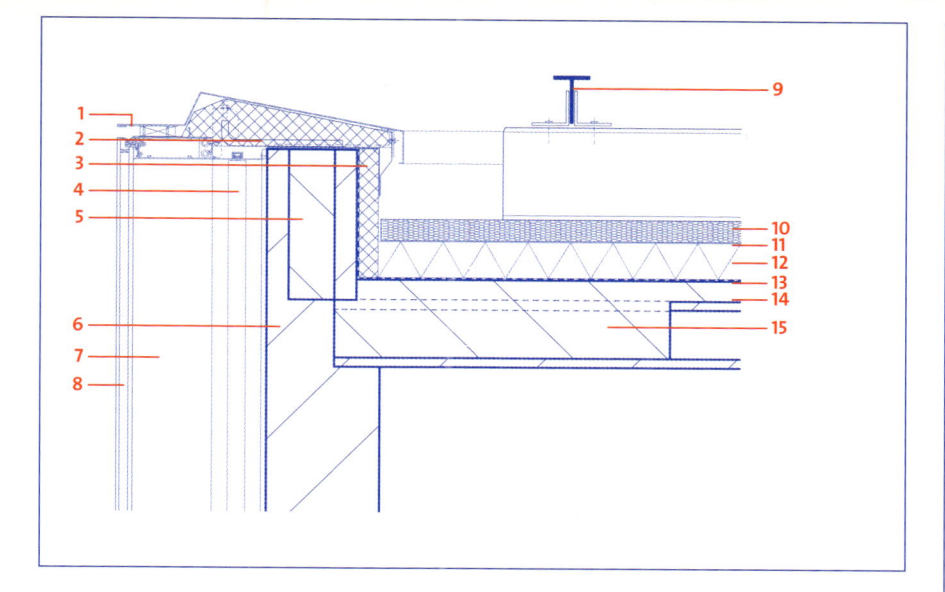

Wiel Arets Universitätsbibliothek Utrecht 2001-2004

Anschluß Glasfassade mit Dach
1 Gefalzter Aluminiumrandstreifen
2 Wärmedämmung
3 Hartschaumplatte, 40 mm
4 Gardinenstoff als Verdunklung (für Computer-Bildschirmarbeit)
5 Hohlwand mit schwarzem Überzug
6 Vorgefertigter Betonbalken mit schwarzem Überzug
7 Aluminium-Kastenprofil
8 Structural Glazing
9 Zweischienenbahn für Glaswandwaschanlage
10 Dachballast, schwarzer Bruchstein
11 PVC Dachdeckung
12 Wärmedämmung, minimal 50 mm
13 Dampfbremse
14 Druckschicht
15 Betonhohldielendecke mit Fugenverguß, 150 mm

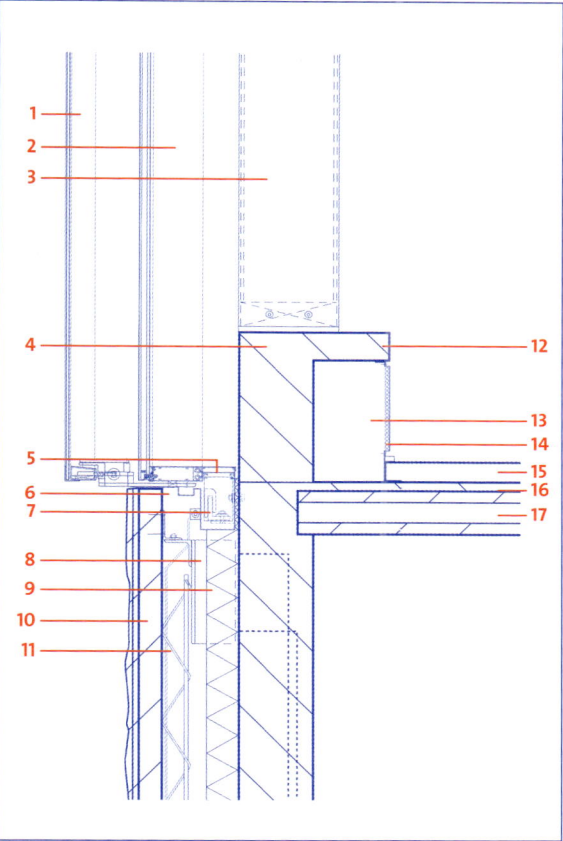

Anschluß Glaswand mit Fassade aus Betonfertigteilen mit besonderem Relief
1 Automatisch gesteuerter Glasflügel
2 Aluminium Kastenprofil mit Structural Glazing
3 Geschweißtes Profil für Fassade mit Structural Glazing
4 Ortbeton, 250 mm, mit schwarzem Coating
5 Belüftungsgitter
6 Verlauf der wasserabweisenden Folie
7 Gefalzte Stahlkonstuktion für Betonfassade
8 Befestigung Betonfertigteil
9 Wärmedämmung, 100 mm
10 Betonfertigteil, 80 mm, mit Relief und schwarzem Coating
11 Blitzableiter
12 Betonbrüstung, Ortbeton
13 Installationszone
14 Vierseitig gefalztes perforiertes Stahlblech
15 Monolithdecke mit Epoxyd-Überzug
16 Estrich
17 Betonhohldielendecke mit Fugenverguß

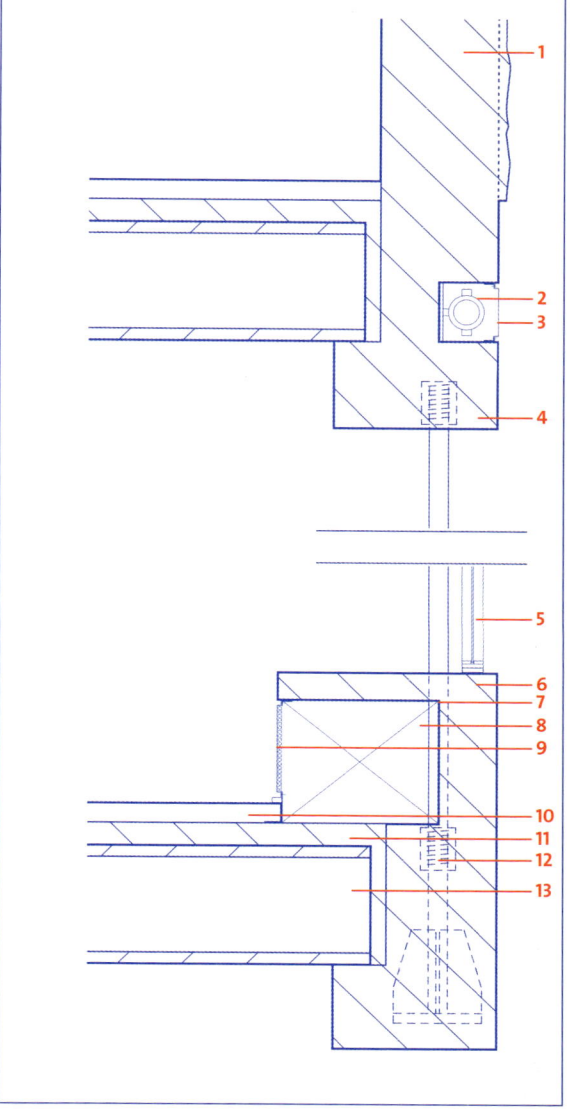

Anschlußdetail Geschoßdecke, abgehängt von Betonkonstruktion
1 Ortbeton mit Relief
2 Aussparung, 200 x 200 mm, für Sprinkler-Anlage
3 Perforiertes Schutzblech
4 Doppel-T-Stahlträger HE 600 B und Gewindebuchse, eingegossen in Beton
5 Rahmen aus Flachstahl, 70 x 15 mm, und 30 x 10 mm
6 Sicht-Ortbeton
7 Aussparung in Brüstung für Stahlkabel
8 Installationszone
9 Vierseitig gefalztes perforiertes Stahlblech
10 Monolithdecke mit Epoxyd-Überzug
11 Druckschicht
12 Gewindebuchse und Anker
13 Betonhohldielendecke mit Fugenverguß

Benthem Crouwel
Funktionale Gebäude, ausgereifte Details

Benthem Crouwel Architecten zogen im Jahr 2000 in das Gebäude Benthem Crouwel Lab. Der Zusatz ‚Laboratorium' hat jedoch nichts mit Experimenten zu tun, denn Jan Benthem und Mels Crouwel sind nicht gerade für ihre Experimentierfreudigkeit bekannt. Der neue Name bezieht sich vielmehr auf die beinahe wissenschaftliche Arbeitsweise der beiden Architekten, bei der Inspiration weniger wichtig ist als die sorgfältige Zergliederung des Programms und die Begründung jedes Entwurfsschritts. Ihr Ziel ist ein logisches und funktionales Gebäude, dessen Details stimmen. Bruno Taut (1880-1938) zufolge soll mit Architektur perfekte und schöne Effizienz geschaffen werden. Die Konstruktion und Materialisierung müssen ihm zufolge auf dieses höchste Ziel, die optimale Zweckmäßigkeit, abgestimmt werden.[1] Dies scheint Benthem und Crouwel wie auf den Leib geschrieben zu sein, und wie erfolgreich diese Entwurfsstrategie ist, zeigt sich an der großen Anzahl umfangreicher Aufträge, die Benthem Crouwel Architekten derzeit bearbeiten und vor kurzem fertiggestellt haben.

Wenn ein Büro bei den Bauherren derart hoch im Kurs steht, bedeutet dies nicht unbedingt, daß es aufregende Architektur macht. Eigentlich ist eher das Gegenteil wahrscheinlich, denn viele Auftraggeber wollen zwar schöne, vor allem aber risikolose Gebäude. In gewissem Sinne sind die Gebäude von Benthem Crouwel tatsächlich risikolos, aber das liegt in erster Linie daran, daß die Architekten selbst die Gefahr nicht suchen. Benthem Crouwel wollen Probleme möglichst einfach und ohne die Gefahr des Ungewissen lösen. Gerade das Experimentieren mit neuen Materialien, das viele junge Büros oft zu Unrecht mit einem Hang zum Risiko verwechseln, schafft Probleme. Deshalb verwenden Benthem Crouwel in ihren Gebäuden Materialien so gut wie nie wesensfremd. Die Entscheidung für ein Material ergibt sich einerseits aus der Kombination von Funktion und Idee eines Gebäudes (seiner Stellung), andererseits aus den spezifischen Eigenschaften des Materials selbst. Die einzigen Ausnahmen sind das Zentrum 013 für populäre Musik in Tilburg (1998), und das Möbelverkaufszentrum Villa Arena (2001) in Amsterdam. Die Fassaden des 013 sind mit EPDM-Dachfolie gepolstert und mit CDs als Knöpfen versehen. → 1 Die Fassade ruht auf einem robusten Sockel aus profilierten Fertigbetonelementen und Gitterrosten aus Edelstahl. → 2 Das Dach der Villa Arena ist mit transparenten Luftkissen bedeckt, einem Material, das bis zu seiner Verwendung hier vor allem im Hallenbau eingesetzt wurde.

Die Materialien sind vor allem logisch gewählt. Beim Zentrum 013 dämpfen die weichen, mit Gummifolie überzogenen Fassaden die Musik, und der Betonsockel des Popzentrums mußte vandalismusbeständig sein. Im Grundriß der Villa Arena gibt es einige ungewöhnliche Winkeldrehungen, denen das transparente Dach so weit wie möglich folgen sollte. → 3 Mit Glas wäre das kaum realisierbar und in jedem Fall extrem teuer gewesen. Dagegen können die Luftkissen auf jede gewünschte Form zugeschnitten werden, sind einfach detailliert, sehr leicht und in großen Abmessungen verfügbar. So gesehen ist auch diese Materialwahl typisch für Benthem Crouwel, denn sie ist absolut funktional und macht, zumindest im Falle des Zentrums 013, die Funktion ablesbar. Allerdings wurden die an sich naheliegenden Materialien hier auf außergewöhnliche Weise eingesetzt, was den Gebäuden eine große Lebendigkeit verleiht. Diese Vitalisierung findet bei vielen anderen Gebäuden nicht durch die Wahl des Materials, sondern auf der Detailebene statt.

Architektonische Standarddetails

Die Fassaden von Benthem Crouwel bestehen meist aus Glas, Edelstahl, unbehandeltem Aluminium oder – sehr selten – aus Backstein. Diese Materialien haben sich in der Vergangenheit bewährt, sind beständig und werden mit der Zeit schöner, und die Entwicklung der Details ist weitestgehend abgeschlossen. Es sind viele Standarddetails verfügbar, die das Büro einfach noch architektonischer macht. Manchmal wirken die Fassaden von Benthem Crouwel auf den ersten Blick nicht besonders interessant, zu durchschnittlich und zu wenig architektonisch. Mit den Worten des Kritikers Vincent van Rossem ausgedrückt: „Die Architektur von Benthem Crouwel ist so sachlich, daß die Frage nach Schönheit nebensächlich wird."[2] Die wahre Schönheit liegt oft im Detail selbst. So zum Beispiel bei der Fassade des World Trade Centre WTC (1996) auf dem Flughafen Schiphol. Dieser Büroriegel, dessen Rastermaß von 14,4 m dem Planungsstandard nahekommt, ruht auf überdachten Parkplätzen, deren Rastermaß mehr als 3 m breiter ist. Das Problem war der Anschluß der Konstruktion des Bürogebäudes an die der Parkgaragen. Er wurde auf eine Weise gelöst, die für Benthem Crouwel typisch ist. Die Büroblöcke wurden um ein Geschoß angehoben, und indem die Betonstützen schräg unter den tragenden Fassaden plaziert wurden, konnte der Größenunterschied aufgefangen werden. → 4 Die schlanken Y-förmigen Stützen bestimmen das Bild der sonst recht neutralen Bürofassaden. Auf der Höhe des Eingangs wurde jedoch ein abgerundetes Volumen unter die Büroblöcke geschoben, bei dem diese Strategie nicht

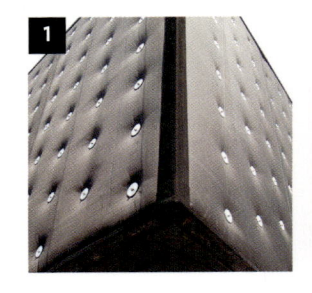

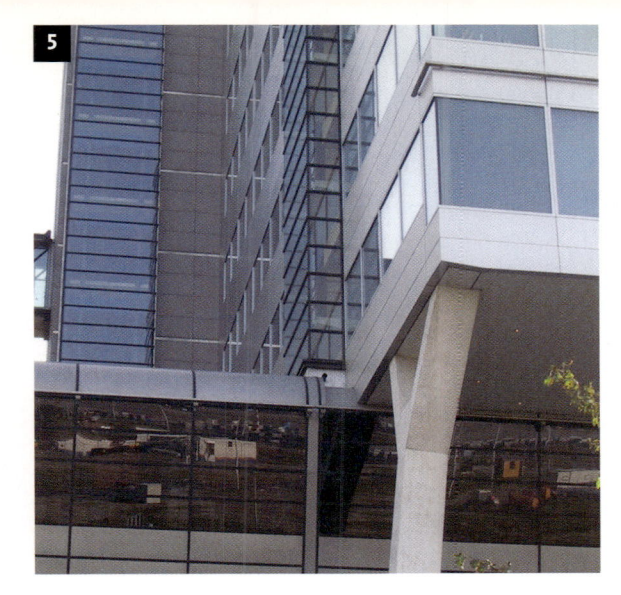

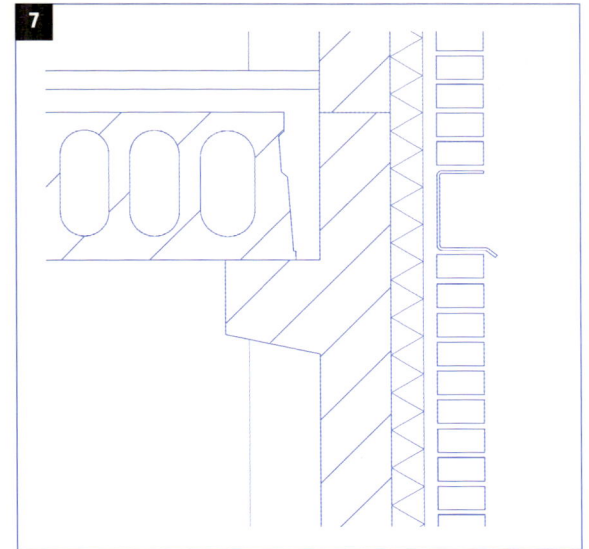

Schemazeichnung
Fassaden-U-Profil

funktionierte. Der Körper hat die Maße der Parkgarage aufgenommen. Der Dimensionsunterschied zwischen dem oberen und unteren Bauteil wurde dazu genutzt, den schwierigen Anschluß der orthogonalen Büroblöcke an das abgerundete Dach der zentralen Halle zu meistern. Hier wurde eine 1 m breite Rinne angebracht, die die beiden Baukörper voneinander loskoppelt. → 5
Diese Strategie zur Vermeidung aufwendiger Details ist charakteristisch für die Detaillierungen von Benthem Crouwel.

Indem eine unmittelbare Begegnung der Materialien vermieden wird und die Verbindung der Flächen über einen Abstand oder durch einfache Überbrückungsdetails stattfindet, erhalten die Architekten zugleich eine bessere Kontrolle über den Bauprozeß. Es wird verzichtbar, alle Details bis auf den Millimeter auszuarbeiten, denn Korrekturen sind noch während des Bauprozesses möglich. Letztendlich waren bei der Fassade des Eingangsbaus des WTC Paßstücke nötig, um das Rastermaß in das Modulsystem einzupassen. Hinter diesen 20 cm breiten Paßstreifen sind die Regenrohre versteckt. Die Detaillierung sorgt demzufolge dafür, daß die Fassaden glatt und verhältnismäßig anonym bleiben. Ein Bürogebäude an einem solchen Ort verlangt keine lauten Fassaden und Details, sondern Ruhe und Rhythmus. Ihre Befriedigung ziehen die Architekten daraus, alle Schwierigkeiten der Detaillierung in Übereinstimmung mit dem von ihnen selbst zugrunde gelegten System zu lösen. Gleichzeitig setzen sie mit kleinen, aber signifikanten Details Akzente und gliedern die Fassade. So wurde zum Beispiel die Aluminiumwand vor den Büroblöcken des WTC mit horizontalen Profilen versehen, die nicht über die ganze Breite der Fassade laufen, sondern erst dort beginnen, wo die quadratischen in rechteckige Fenster übergehen und dann aber ein Stück um die Ecke herumgeführt werden. Einerseits sorgen sie dadurch dafür, daß die Fassade mit ihren zwei verschiedenen Fensterformaten optisch nicht auseinanderfällt; andererseits verleihen sie ihr auch einen neuen Rhythmus

und verbinden Front und Seite des Gebäudes.
Auch an der Backsteinfassade des Erweiterungsbaus der Provinzverwaltung in Groningen (1996) setzen Details lebendige Akzente. Die massiven Fassaden werden mit Hilfe einfacher Rahmen aus Stahlprofilen untergliedert, die sowohl ein ästhetisches als auch ein funktionales Detail darstellen. Die Details verleihen hier der Fassade einen Rhythmus, nehmen ihr aber vor allem die Massivität. → 6, 7 Um bei einer solchen Konstruktion zu verhindern, daß die äußeren Wandschalen unter ihrem eigenen Gewicht ausbrechen, werden an den inneren gewöhnlich Stahlschuhe angebracht. Darauf ruht das Mauerwerk. Eine Kittfuge verbirgt die stählerne Hilfskonstruktion, so daß die Fassade wie eine schwere Einheit wirkt. Da hier jedoch die Stahlprofile, auf denen die Ziegel ruhen, sichtbar sind, wird deutlich, wie dünn und gleichzeitig schwach die Backsteinhaut ist. → 8 Mit anderen Worten: Diese Schale ist nicht echter als die vorgehängten Metallfassaden anderer Gebäude.
Interessant ist bei diesem Gebäude der Übergang von der Fassade zum beinahe klassischen Dachgesims. Hier treffen hölzerne Fensterrahmen, ein Streifen Streckmetall und Backstein aufeinander. Durch die Kombination dieser unterschiedlichen Materialien hätte die Fassadenkomposition optisch auseinanderfallen können. Da aber die Pfosten der Fensterrahmen in die Nähte der Metallplatten und dann in die Versteifungsprofile übergehen, die das auskragende Dachgesims tragen, entsteht dennoch eine Einheit.
Auf ähnliche Weise wie bei der Provinzverwaltung stellen Benthem Crouwel auch beim Eingang des Anne-Frank-Hauses (1999) die ‚Ohnmacht' der Backsteinfassade den Steinmauern der Grachtenhäuser gegenüber. → 9 Hier laufen die Stützen hinter der Backsteinfassade entlang. Die Backsteinmauern tragen sich nicht selbst, sondern werden sichtbar von Stahlprofilen gestützt. Auch die Backsteinfassade an der Prinsengracht weist Details auf, die ihre Massivität negieren, denn hier tragen kräftige Stahlprofile die

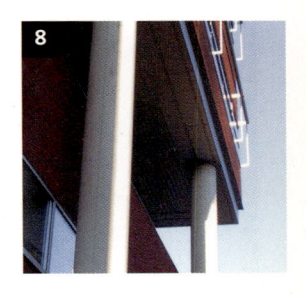

Ziegelmauern und schaffen – ähnlich dem Gesims der Provinzverwaltung – einen Übergang zum gläsernen Unterbau mit den metallenen Lamellen.

Die rhythmisch verteilten Fenster an dieser Fassade haben, ebenso wie die sehr großen Glasflächen in den beiden unteren Geschossen, zusätzlich zu den Fensterrahmen einen Metallrahmen, der leicht hervorsteht und dadurch einen Schatten auf die Lüftungsgitter wirft. → 10 Dieser Rahmen verleiht den Fenstern einen eigenen Charakter und der Fassade ein zweites Maß. Außerdem werden die Riegel der Metallfensterrahmen mit griffähnlichen Elementen betont. Mehr noch als diese Details können aber die auskragenden, plastisch gestalteten Stahlelemente auf dem Dach als moderne Ornamente betrachtet werden. Offenbar wollten Benthem und Crouwel damit einen Anschluß an die Grachtenhäuser aus dem 17. Jahrhundert erzeugen – allerdings mit auffällig zeitgemäßen Mitteln, so daß die Fassade viel mehr ist als nur eine moderne Kopie.

Detailsysteme

Mit relativ kleinen Gesten und durch den Einsatz von Details und Ornamenten gelingt es Benthem Crouwel, eigentlich neutralen Fassaden Vielschichtigkeit zu verleihen. Den entgegengesetzten Effekt, nämlich potentiell Aufmerksamkeit erregende Fassaden zum Schweigen zu bringen, erzielen sie oft bei den imposanten Glaswänden der Eingangsbauten von großen öffentlichen Gebäuden. Benthem Crouwel geben sich nicht der Versuchung hin, gerade hier tief in die detailtechnische und konstruktive Trickkiste zu greifen. Mit Hilfe feiner Zugkabel, etwas schwererer Druckstangen und schöner, vorzugsweise gegossener Knoten, wollen sie die Überfüllung vermeiden, die viele Strukturglas-Fassaden kennzeichnet und die in den Augen der Architekten das beabsichtigte Gleichgewicht der Gebäude und ihrer Detaillierung beeinträchtigen würde. Ihrem Prinzip zufolge müssen alle Details deutlich und dennoch unaufdringlich sein. So wirkt die Detaillierung ausgewogen und die Aufmerksamkeit des Betrachters wird nicht von einzelnen Details abgelenkt, sondern durch Dinge beansprucht, die Benthem Crouwel wirklich wichtig finden – wie etwa die Funktionalität des Gebäudes, die Klarheit der Grundrisse und die Raumwirkung.

Bei der Detaillierung solcher Glasfassaden bedienen sich die Architekten im Prinzip derselben Strategie wie beim Rest des Gebäudes. Anstatt sich in einer Fülle von Details zu verlieren, sucht das Büro nach übergreifenden Systemen, in denen die Details eine logische Folge des Fassadenkonzepts darstellen. Diese Systeme sind nicht nur für die Architekten, sondern auch für die Subunternehmer leicht zu handhaben. Anders als man erwarten könnte, arbeiten Benthem Crouwel längst nicht alle Details selbst aus – angesichts des Umfangs ihrer Projekte wäre das ohnehin kaum möglich. Auf der Grundlage der sorgfältig durchdachten Systeme wird dem Subunternehmer viel Freiheit gelassen, um zu eigenen Lösungen zu kommen, die lediglich in den Rahmen der Architektur passen müssen.

Die Glasfassade des Schiphol Plaza (1995), der zentralen Ankunftshalle des Flughafens, wirkt hektisch. → 11 Es gibt mehrere Eingänge, die Laufbrücke zu den Parkgaragen und dem WTC durchschneidet die Fassade auf recht unglückliche Weise, die Rolltreppen und Rampen zum unterirdischen Bahnhof stechen durch sie hindurch, sie hat einen merkwürdig skulpturalen Anbau, und die Konstruktion des Hallendaches setzt sich außerhalb des Gebäudes fort. Eine komplizierte Glasfassade hätte dieses Bild noch chaotischer gemacht. Deshalb hat das Schiphol Plaza eine einfache Konstruktion aus rechteckigen Profilen, an die sich die Glaswand lehnt. Dahinter sorgt eine unauffällige, fast banale Konstruktion mit Gitterrosten als Galerien für die notwendige Festigkeit. → 12 Weder die Profilierung noch die Detaillierung der Glaswand ist sonderlich elegant, aber sie sind neutral genug, um ohne viel Aufhebens und ohne grobe Verstöße gegen das System die Unregelmäßigkeiten abzufangen, die sich aus den zahlreichen Durchdringungen ergeben.

Dasselbe gilt für die zum Flugfeld gerichtete Glasfassade des Terminal West (1993). → 13 Wegen der Aussicht auf ankommende und abfliegende Flugzeuge, des Betriebs in den Läden und Cafés sowie der großen Passagierzahlen mußte diese Fassade sehr neutral werden. Und doch hätten die Architekten eine noch wesentlich ruhigere Fassade entwerfen können. Die Schwierigkeit bestand darin, daß die Fassade aufgehängt werden mußte, da sich die Tragkonstruktion nicht an derselben Stelle wie das Fundament befindet. Um die Stabilität zu gewährleisten, stellte man einen Unterstützungsbock aus schrägen Stützen und vertikalen Zugstangen her. Diese Stangen stehen vor den ohnehin schon schweren Fassadenpfosten und verleihen dem Konstruktionspaket allzuviel Prominenz. Die Zugstangen hätten besser in die Fassadenpfosten integriert werden können, selbst wenn dies auf Kosten der von Benthem Crouwel so geschätzten Differenzierung der verschiedenen Bauteile gegangen wäre. [3]

Subtile Glasdetails

Vor allem die älteren und kleineren Projekte von Benthem Crouwel, wie der Skulpturenpavillon im Park

Sonsbeek in Arnhem (1986), → **14** das Wohnhaus von Benthem in Almere (1984) → **15, 17** und das Wohnhaus von Crouwel in Tienhoven (1992), → **16** machen deutlich, daß das Büro in der Lage ist, auch sehr subtile Glasdetails zu entwickeln. Der Pavillon in Sonsbeek besteht nahezu komplett aus Glas. Das Dach aus Sicherheitsglas liegt auf einfachen, stählernen Fachwerkträgern, die mit Winkelprofilen am Glas befestigt sind und teils auf Glassteifen ruhen. Um zu verhindern, daß das Glas bei unvorhergesehener Spannung Sprünge bekommt, wurden Kunststoffscheiben zwischen dem Stahl und dem Glas angebracht. Auch in Benthems Wohnhaus wird das Dach vom Glas getragen. Hier wurde jedoch ein Blechdach verwendet, welches so leicht ist, daß besondere Vorsichtsmaßnahmen getroffen werden mußten, um es gegen Abheben zu sichern. Dafür entwickelten die Architekten ein geniales und einfaches Detail. Zwei Baustahl-Winkelprofile tragen das Dach und verankern es an der Fassadenkonstruktion, indem sie die Glassteifen umklammern. In dem Leerraum zwischen den Winkelträgern ist die zusätzliche Stahlkonstruktion zur Fixierung des Daches untergebracht. Diese Hilfskonstruktion besteht aus mehreren Druck- und Zugstäben, die durch Stahldrähte an zwei Punkten mit dem Fußboden verbunden sind. Dank dieser Lösung entsteht ein recht großer Raum, der nur von zwei dünnen Drahtseilen unterbrochen ist.

An Crouwels Wohnhaus wird deutlich, wie sich die Haltung der Architekten zu Details und Konstruktion im Laufe der Jahre verändert hat. Es wurde acht Jahre später entworfen als das von Benthem – und man muß bedenken, daß die Rahmenbedingungen andere waren. In Almere gab es nichts als Weideland. Das Haus wurde im Zuge des Wettbewerbs ‚Ongewoon Wonen' (Ungewöhnlich Wohnen) errichtet, mußte deshalb nicht den Bauvorschriften entsprechen und sollte eigentlich nur fünf Jahre lang stehen bleiben. Inzwischen wurde eine dauerhafte Genehmigung für das Haus erteilt. Die gläserne Erweiterung von Crouwels Haus wurde dagegen an ein 1951 von Jan Rietveld entworfenes Wohnhaus angebaut. Die Materialwahl hatte eine recht harsche Konfrontation von neu und alt zur Folge, gleichzeitig wurde alles getan, um die zwei Volumina zu einer Einheit zusammenzufügen. Der dunkle Backstein der vorhandenen Nordfassade wurde auch beim Neubau benutzt, und obwohl der Anbau doppelt so groß ist wie der Altbau, bedienten sich die Architekten des ursprünglichen Modulmaßes.

Die Konstruktion der Glasfassade von Crouwels Haus ist zurückhaltend. Keine Glassteifen, sondern einfache Stahlprofile tragen sowohl das Glas als auch das Dach. Die Dachkonstruktion verschwindet hinter Lamellen – ein Beweis für zunehmende Zurückhaltung bei der Zurschaustellung technischer Zusammenhänge. Bemerkenswert ist, daß die Stahlprofile weniger präsent sind als die dicken Glassteifen in Benthems Haus, was die beabsichtigte Transparenz überraschend verstärkt, vor allem weil dank der Stahlkonstruktion eine der Ecken rahmenlos bleiben konnte. Das Verschwinden der Konstruktion hinter der heruntergezogenen Decke macht zum einen neugierig, weil man sich – genau wie beim Terminal West – fragt, wie das Dach getragen wird, und trägt zum anderen visuell zur Ruhe bei. Nicht die Details ziehen die Aufmerksamkeit auf sich, sondern die Umgebung.

Es liegt jedoch sicherlich nicht nur an der Glasfassade, daß Benthems Wohnhaus eine vollkommen andere Ausstrahlung hat. Das Haus ruht auf einem riesigen, grünen Raumfachwerk. → **17** Der Entwurf des Tragwerks stammt im übrigen nicht von Benthem Crouwel, sondern von Mick Eekhout; Jan Benthem entwickelte die Idee, die flachen Knoten des verwendeten Konstruktionssystems der Firma Octatube in den Fußboden zu integrieren. Das Resultat war eine Verschmelzung von Unter- und Oberbau, und zudem konnte auf ein Anschlußdetail verzichtet werden. Der Entwurf gewann an Effizienz.

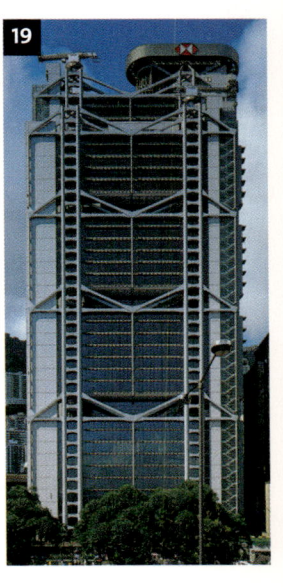

Aufgrund dieser Konstruktion, aber auch wegen der komplizierten Dachkonstruktion der Zollstation Hazeldonk (1984), → **18** des außenliegenden Skeletts des Betriebsgebäudes für die Firma Mors in Opmeer (1988) und auch wegen der Eingangskonstruktion der Stiftung für Moderne Kunst ‚De Pont' (1992), deren Raumfachwerk mit perforierten Stahlblechen verkleidet ist, zählten Benthem Crouwel fortan zu den Hightech-Architekten. Anders als die berühmten englischen Architekten Norman Foster, Richard Rogers, Michael Hopkins und Nicolas Grimshaw, die zu dieser Zeit besonders die ästhetische Qualität der Konstruktionen und Installationen hervorhoben, entwickelten Benthem Crouwel ihre aufsehenerregenden Konstruktionen vor allem aus der Funktion heraus. Ihnen zufolge ist es logisch, daß solche Gebäude große Stützweiten haben, die sich am einfachsten mit Fachwerkkonstruktionen aus Stahl herstellen lassen. Selbst die grelle grüne Farbe der Zollstation läßt sich begründen: Grün ist eine haltbare Farbe. Während Rot mit der Zeit bräunlich wird und Weiß vergilbt, wird Grün nur etwas dunkler, aber es bleibt Grün.

Logische Konstruktion

Wie das Wohnhaus von Crouwel zeigt, spielt die Konstruktion im Laufe der Jahre eine immer unauffälligere Rolle. In dieser Hinsicht können das Werk von Benthem Crouwel und seine Entwicklung mit Norman Foster verglichen werden. Bei seinen früheren Gebäuden schuf Foster noch extrovertierte Konstruktionen, wie zum Beispiel für die Renault-Vertriebszentrale in Swindon (1983) und die Hongkong and Shanghai Bank in Hongkong (1986). → 19 Danach legte er jedoch die Betonung immer mehr auf die perfekte Außenhaut, während die Konstruktion eine sekundäre Rolle im Aussehen des Gebäudes spielte und immer funktionaler wurde. Die Überschwenglichkeit von Swindon und Hongkong warf Zweifel auf, die späteren Konstruktionen hingegen, wie die des Stansted Terminal (London, 1991), des Carré d'Art (Nîmes, 1993), des Chek Lap Kok Flughafens (Hongkong, 1998) oder gar jene Gebäude, die fast ausschließlich ihre Konstruktion widerspiegeln, wie der Funkturm in Barcelona (1992), können anhand einfacher Gesetze der Mechanik erklärt werden.

Auch Benthem Crouwel wollen ihre Konstruktionen anhand mechanischer Gesetze und wie Foster aufgrund funktionaler Anforderungen erklären. Ihrer Meinung nach muß jeder Entwurfsschritt erklärbar sein. Ebenso wie die Detaillierung, muß sich Schönheit aus Logik ergeben. Die Konstruktion des Terminal West ist zum Beispiel eine der schönsten in ihrem Werk. → 20 Die schräge Anordnung der Stützen und die immer feinere Verzweigung der Konstruktion, bei der die Stützweite von 12,6 m auf Bodenniveau zunächst auf 6,3 m reduziert wird, um schließlich unter dem Dach nur noch 3,15 m zu messen, verleiht der Halle eine aufregende Räumlichkeit. Die Knoten, die die Stützen mit den Einzelfundamenten aus Beton einerseits und mit dem Raumfachwerk andererseits verbinden, unterstreichen die Raumwirkung der Konstruktion.

Die Neigung der Stützen war allerdings nicht von Anfang an geplant. Um die Bauzeit zu verkürzen, wurde das Fundament gemäß einem vorläufigen Entwurf gelegt. Während der Ausarbeitung stellte sich jedoch heraus, daß das Programm nicht in das Bauvolumen passen würde. Indem sie die ursprünglich senkrechten Stützen schräg setzten, schufen die Architekten zusätzlichen Raum. Die Form der Knoten ergibt sich aus den unterschiedlichen Richtungen, mit denen die Konstruktionselemente an diese Knoten anschließen. Die logische Lösung waren kugelförmige Knoten. Da Anschlüsse an eine geschlossene Kugel jedoch schwierig zu realisieren sind, wurden die Kugeln aus runden Scheiben konstruiert.

Auf diese Art werden alle Konstruktionen und im Prinzip auch alle Details, so reizvoll sie manchmal auch sein mögen, von Benthem Crouwel auf eine vollkommen logische Einheit reduziert, deren Ästhetik beinahe ein Nebeneffekt ist. „Die jeder Rhetorik entbehrende Nüchternheit, mit der die beiden Architekten über ihr Werk sprechen, läßt vermuten, daß wir es hier mit den letzten Vertretern des konstruktiven Rationalismus des 19. Jahrhunderts zu tun haben", schrieb der Kritiker Hans van Dijk 1997 in bezug auf das Bürogebäude Malietoren in Den Haag (1996). Gleichzeitig demaskierte er jedoch diese Haltung: „Aber in Wirklichkeit sind Benthem und Crouwel feinsinnige Ästheten." [4]

In der Tat ist die Konstruktion dieses Turms ebenso wie die einiger anderer Gebäude durchaus ästhetisch bestimmt. Der Turm wurde in Den Haag über der Autobahn nach Utrecht errichtet. Aufgrund der umliegenden Bebauung konnte das Fundament nur direkt neben dem Tunnel gelegt werden. Aus dem Fundament erheben sich zwei schwere Betonscheiben. Stabilität wird durch die Streben erzeugt, die an der Vorder- und Hinterfassade deutlich sichtbar sind. → 21 Die Glasfassade knickten Benthem Crouwel nach innen, um die Konstruktion von der Außenhaut zu lösen und umgekehrt.

Die Gestaltung und Detaillierung der Aussteifung verrät, daß die Architekten hier vor allem eine schöne Konstruktion anstrebten, die den Charakter des Gebäudes bestimmt. Die Strebenkonstruktionen sind jeweils drei Geschosse hoch und verleihen dem Gebäude die Gliederung, die den Seitenfassaden fehlt. Die Tiefenwirkung, die das Gebäude durch die Verwendung von Profilglas erhalten sollte, hält sich in Grenzen. Der Anschluß der Aussteifungskonstruktion an die Seitenfassaden aus Beton ist attraktiv gelöst und scheint wieder ein typisches Benthem-Crouwel-Ornament zu sein, → 22 denn die Verbindung verschwindet hinter einer Verblendung aus Edelstahl. Diese akzentuiert die Glätte des Turms und lenkt durch den Kontrast zwischen der grauen Farbe und dem undefinierbar graugrünen Hintergrund die Aufmerksamkeit auf den Anschluß. Benthems Erklärung, andernfalls sei die notwendige Brandschutzverkleidung sichtbar gewesen, überzeugt allerdings nicht. Insbesondere an der Hinterfassade bietet die Konstruktion einen faszinierenden Anblick. Die Windaussteifungen gehen dort in ein System aus V-

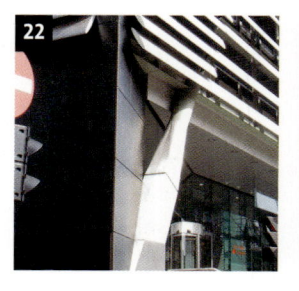

Stützen und dann in die Spirale über, die sich außerhalb des Gebäudes zur Parkgarage hinaufwindet. Vollkommen logisch erscheint das nicht unbedingt. → 23 Auch an den Gebäuden für den Flughafen Schiphol wurde die Ästhetik einiger Konstruktionsdetails stark betont. Mehrere Stützen des Schiphol Plaza sind eingespannt und mußten deshalb an der Basis versteift werden. Dafür hätten einfache Versteifungsrippen am Säulenschaft ausgereicht, aber statt dessen ersetzten Benthem Crouwel den Unterteil des Schafts durch einen stumpfen Stahlkegel und ließen daran V-förmige Versteifungselemente schweißen. → 24 Das Kräftespiel wird dadurch greifbar. Jene Stützen des Plaza, die nicht eingespannt sind und nur vertikale Kräfte aufnehmen, sind an der Basis anders detailliert. → 25 Benthem Crouwel spielen mit den Gesetzen der Mechanik, um funktionale und gleichzeitig ästhetische Konstruktionen zu schaffen, die das Kräftespiel einmal mehr, einmal weniger zur Schau stellen, und dadurch Neugier zu erwecken. Am offensichtlichsten geschieht das vermutlich in der Verladestation vom Flughafen Schiphol (1997). Die Stützweiten von 32 x 36 m werden hier durch Vierendeel-Träger gebildet, die v-förmig sind, damit die Kräfte gleichmäßiger auf die Stützen übertragen werden. Vierendeel-Träger sind schwerer als Fachwerkträger, weil sie in erster Linie zum Auffangen horizontaler Kräfte eingesetzt werden. In dieser Halle setzen sie sich aus durchgesägten IPE-Trägern und UNP-Profilen zusammen. Unter ihnen wurden die aus Rohren konstruierten Windaussteifungen befestigt. Die beiden Konstruktionssysteme hätte man vereinen können. Die hier gewählte Umsetzung schafft ein schweres Tragwerk, das zur Funktion der Halle paßt und von der Fußgängerbrücke aus betrachtet besonders dominant ist. Die Oberlichter und die halbtransparenten Wellbleche sorgen für faszinierende Lichteffekte. Das Dach der Villa Arena bietet dagegen ein völlig anderes Bild. Hier entschieden sich die Architekten für schlanke Fachwerkträger, um die exzentrische Form des Daches zu realisieren, ohne seine Transparenz durch die Konstruktion zu beeinträchtigen.

Die Arbeitsweise von Benthem Crouwel Architekten überzeugt dadurch, daß die Architekten einerseits die Risiken des Bauens stark minimieren, wodurch in der Regel qualitativ hochwertige Gebäude entstehen, andererseits den Gebäuden etwas Aufregendes zu verleihen wissen. Die Konstruktion spielt dabei eine große Rolle.

Obwohl ihr keine allzu prominente Wirkung zugestanden wird, bringt sie in beinahe alle Gebäude und Räume eine zusätzliche Erlebnisebene ein.

Denselben Effekt erzielen Benthem Crouwel mit der Detaillierung. Nicht in jeder Hinsicht sind ihre Gebäude glatt. Stattdessen setzen kleine, an den richtigen Stellen plazierte Profile und ornamentale Details Akzente, ohne allzu präsent zu werden. Die Detaillierung ist aufgrund der Freiheiten, die die Subunternehmer haben, nie perfekt. Hin und wieder geht das schief, wie zum Beispiel bei der Detaillierung des Wagon-Lits-Bürogebäudes in Amsterdam (1992), bei dem die Rundung der Fassade etwas ungeschickt wirkt. Im allgemeinen belebt jedoch die Detaillierung die Gebäude. → 26 Langweilig und fast totgeplant, wie man es manchen Gebäuden von Foster nachsagen könnte – darunter das ITN-Gebäude (1990) in London und der Büroturm auf der Halbinsel ‚Kop van Zuid' (2000) in Rotterdam –, deren Außenhaut vollkommen glatt detailliert wirkt, sind die Gebäude von Benthem Crouwel jedenfalls nie.

1. Zit. nach Hans Moscoviter, „Als het maar functioneel is. Benthem Crouwel architecten" in: Items, 2, 1993.
2. Vincent van Rossem, Benthem Crouwel Architecten, Rotterdam 1992.
3. Ed Melet, „De ingetogen machine. Terminal-West van Benthem Crouwel NACO architecten" in: De Architect, 9, 1993.
4. Hans van Dijk, „Tall bridge. Benthem and Crouwel's office building in The Hague" in: Archis, 4, 1997.

Benthem Crouwel Wohnhaus Benthem Almere 1984

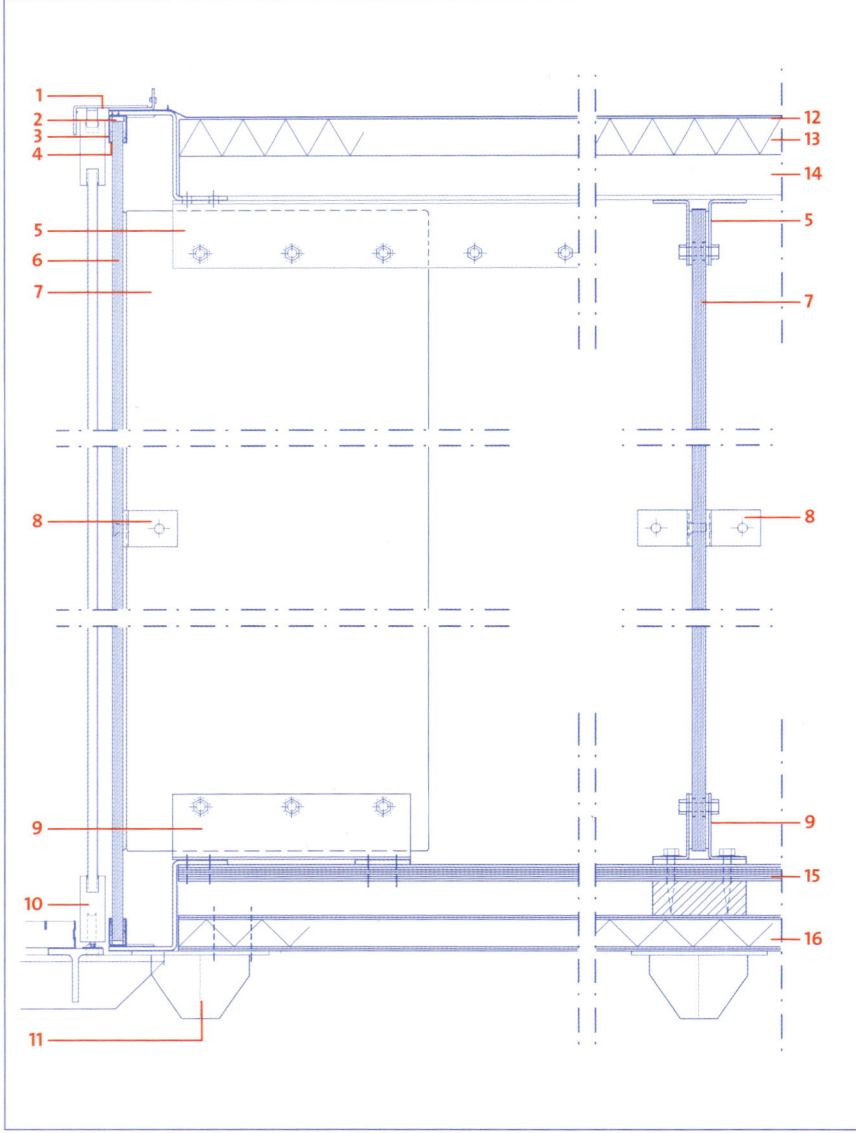

Fassadenschnitt: links Glasfront, rechts Aussteifungselement aus Glas
1 Abschlußblech mit Schiebetürschiene
2 Neopren-Schicht
3 Stahlträger UNP, 30 x 20 x 2 mm
4 Kittfuge
5 Zwei L-Stahlträger, 75 x 40 x 3 mm (Dachträger)
6 Platte aus gehärtetem Glas, 12 mm
7 Aussteifung aus gehärtetem Glas, 15 mm
8 Befestigungsstahlklemme für Aussteifungselement, 60 x 60 x 6 mm, 40 mm hoch; Bolzen in Glasplatte versenkt
9 Aussteifungsbefestigung, L-Stahlträger, 75 x 40 x 3 mm
10 Untere Schiebetürleiste mit Rollen und Schloß
11 Anschluß mit Raumfachwerkträger
12 Dachdeckung
13 Wärmedämmung
14 Dachblech
15 Multiplex-Bodenbelag
16 Wärmegedämmte Verbundplatte

Benthem Crouwel Terminal West Flughafen Schiphol 1993

Anschluß Oberlicht mit Trapezblech-Dach
1 Oberlicht
2 Aluminiumprofil
3 Abtropfrand
4 Wärmedämmung
5 Wärmedämmung
6 PE-Kunststoffolie
7 Träger Oberlicht
8 Gefalztes Stahlblech
9 Falzdach
10 Wärmedämmung
11 Wärmedämmung
12 PE-Kunststoffolie
13 Stahlplatte, Dach
14 Trapezblechdach
15 Doppel-T-Stahlträger IPE 100

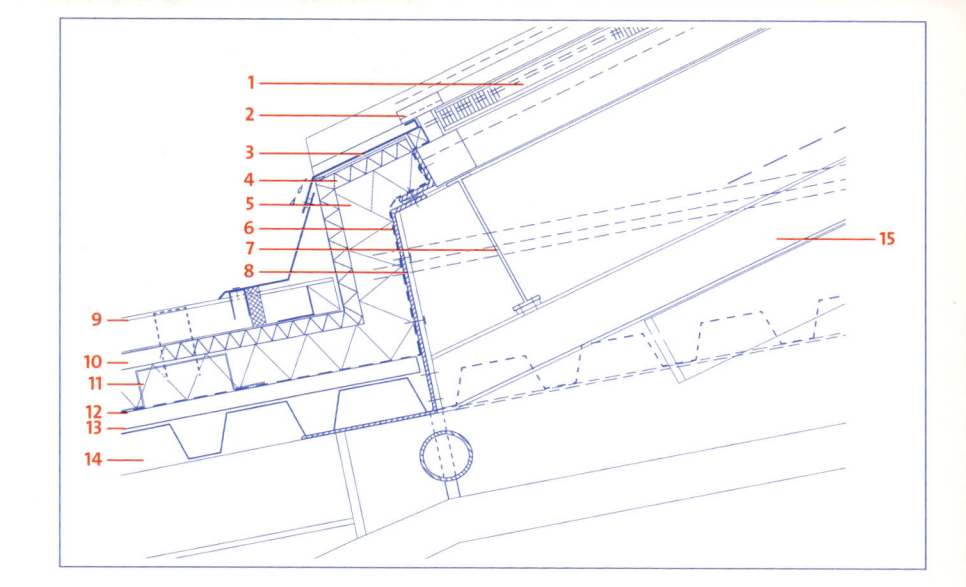

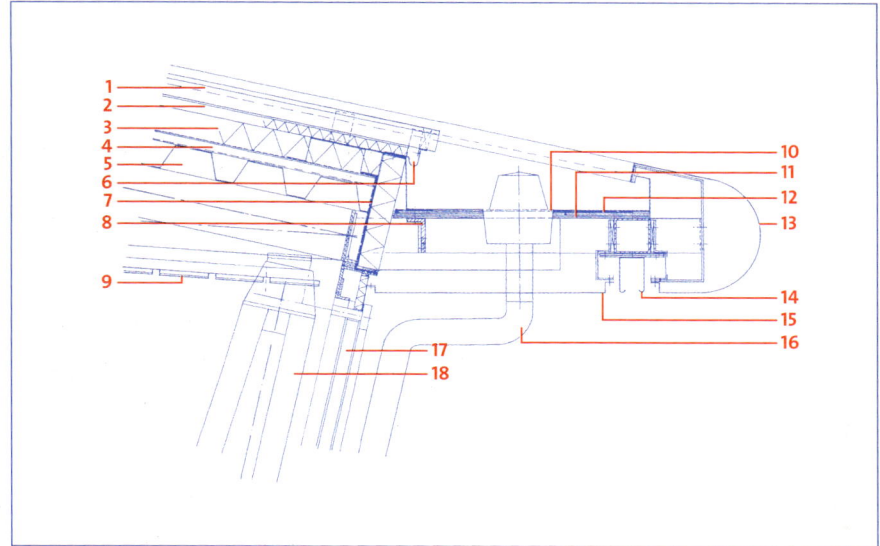

Anschlußdetail Dachrand mit auskragender Glasfassade (Flugplatzseite)

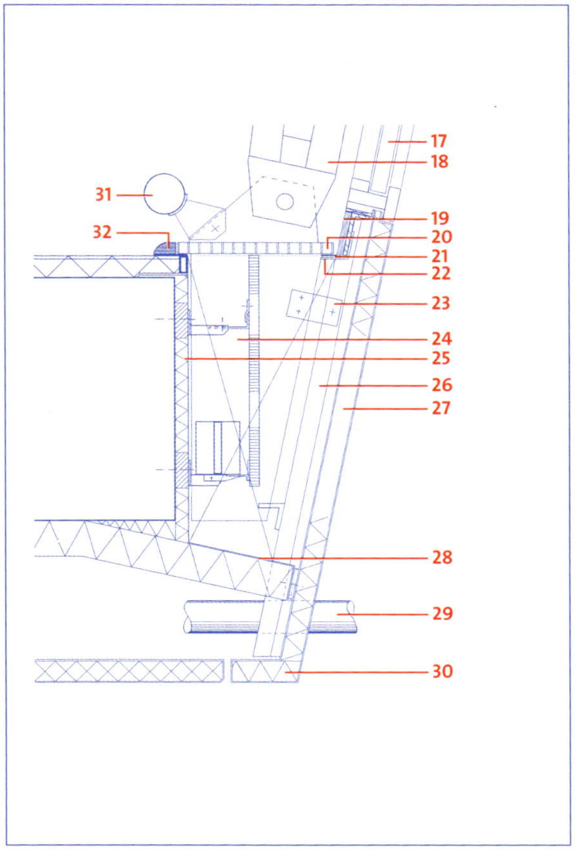

1 Trapezblechdach
2 Mineralfaserplatte, 30 mm
3 Mineralfaserplatte, 80 mm
4 Dachplatte, Stahl
5 Trapezblechdach, Stahl
6 EPDM-Kunststoffolie
7 Stahlblech
8 L-Träger, 50 x 100 x 6 mm
9 Aluminium-Lamellendecke
10 Bitumierter Klebestreifen
11 Multiplex
12 Aluminium-Regenrinne
13 Aluminiumblech, 3 mm
14 Schiene für Glasfassadenwaschanlage
15 Aluminiumblech, 2 mm
16 Regenwasserabfluß, Ø 75 mm
17 Glasfassade
18 Stahlkonstruktion
19 Edelstahl auf Multiplex-Fußbodenleiste, auf L-Träger geklebt
20 Druckluftgitter
21 Neopren-Streifen
22 Gefalztes Stahlblech
23 Befestigung Fassadenstütze an Konsole
24 Konvektorschacht
25 Wärmedämmung
26 Glasfassadenstütze
27 Fassadensystem
28 Gefalztes Stahlblech
29 Regenwasserabfluß
30 Zementgebundene Holzfaserplatte und Wärmedämmung
31 Stahlrohr als Aufprallschutz
32 Kastenprofil, Stahl mit Verankerungsstreifen

Auskragende Glasfassade (Unterseite)

Anschlußdetail Bürohaus-Fassade mit halbrundem Durchgang
1 Fassadenfront
2 Aluminium-Abtropfkante
3 EPDM-Kunststoffschoßrinne mit Schlaufe für Kondenswasser Klimafassade
4 Glaswolle
5 Eckprofil, 120 x 80 x 12 mm
6 Filz
7 Aluminium-Regenrinne
8 Verzinktes Blech, 3 mm
9 Glaswolle, 50 mm
10 Verbundplatte
11 Gefalztes Stahlblech
12 Aluminium-Abtropfkante
13 Stahlprofil, gehört zum Oberlicht
14 Oberlicht
15 Kastenprofil, 170 x 80 mm
16 Zweimal Gummiprofil
17 Wärmedämmung
18 Aluminiumverkleidung Luftraum
19 Dampfbremse
20 Profilplatte aus Stahl
21 Stahlprofil UNP 240
22 Holzklötze
23 Stellmöglichkeit für Innenwand
24 Verzinktes Blech, 2 mm
25 Sichtbeton

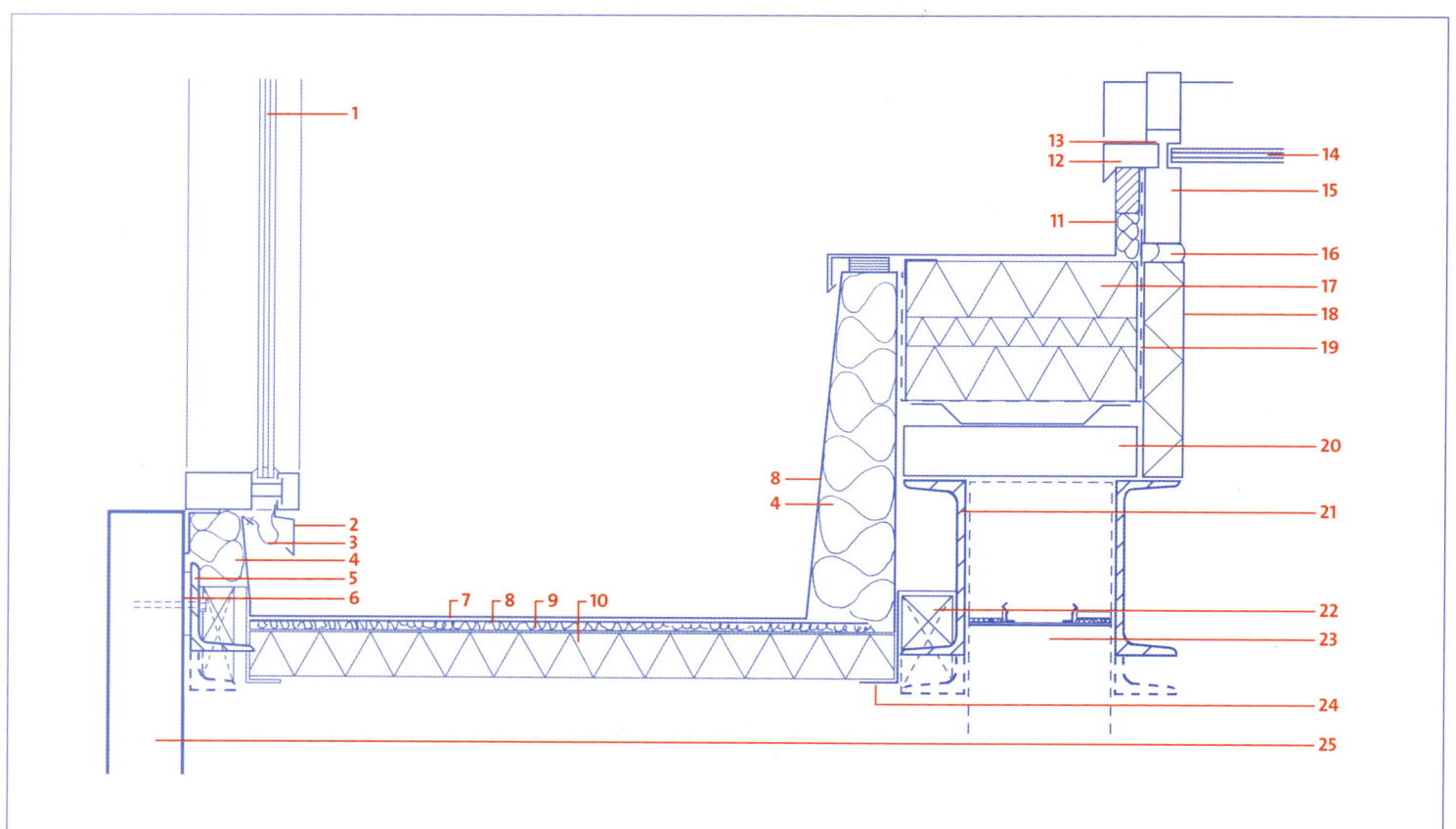

Dachrand

Benthem Crouwel Provinzverwaltung Groningen 1996

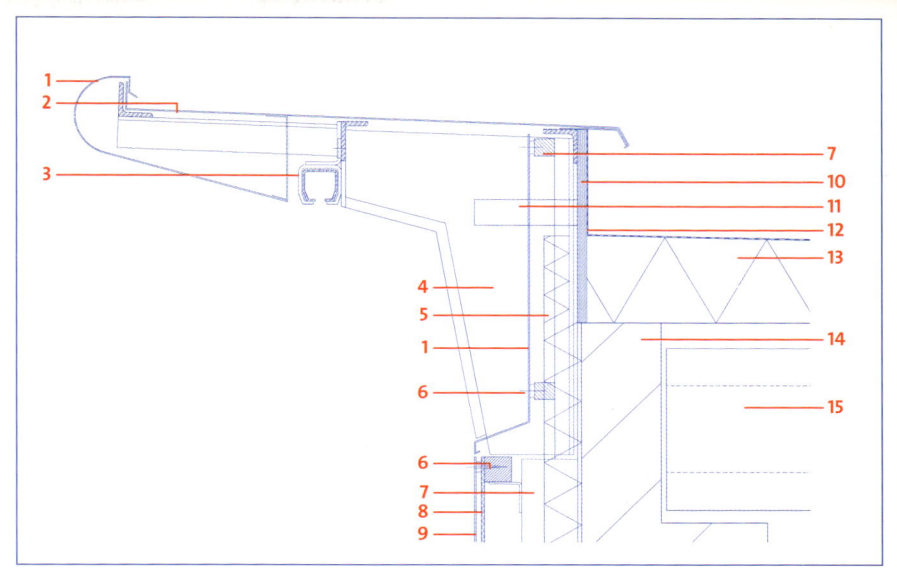

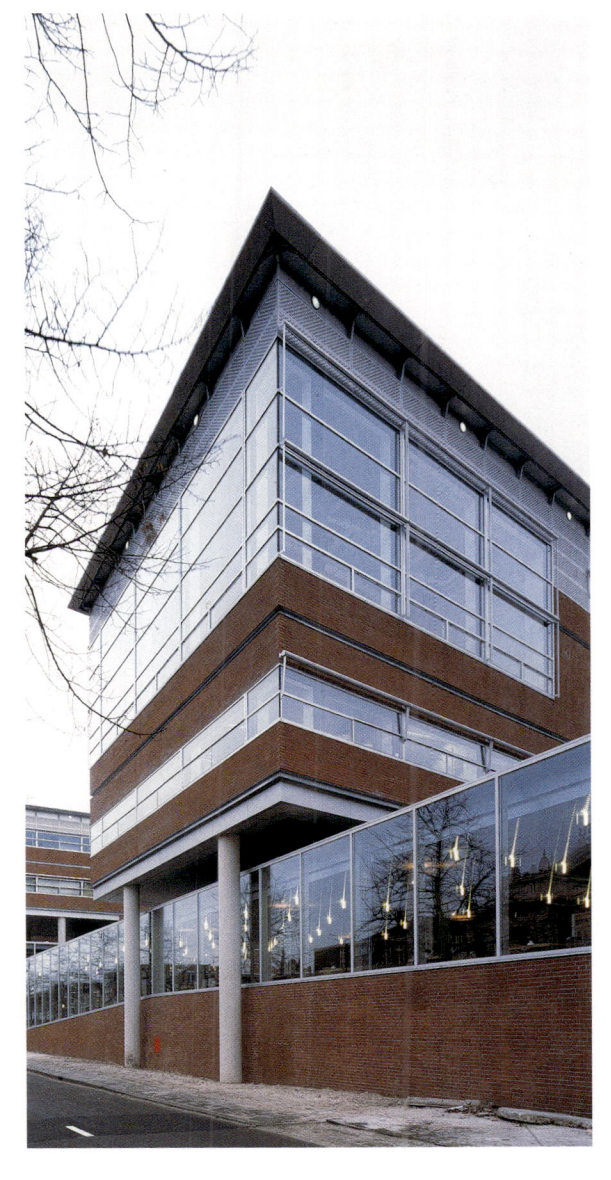

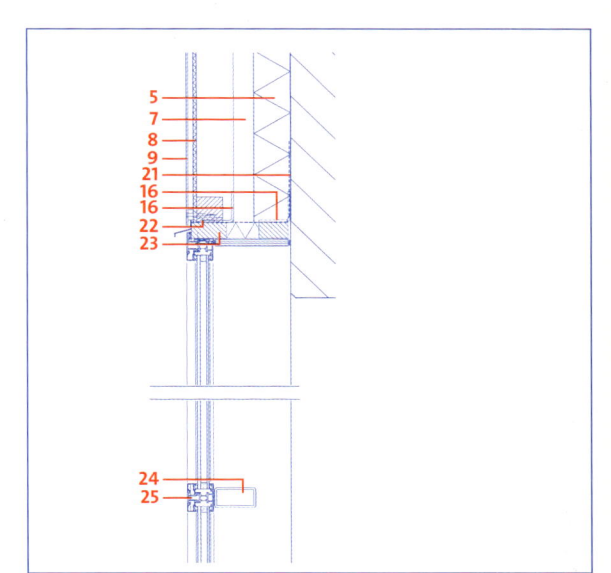

Anschlußdetail Fensterrahmen mit Edelstahlfassade

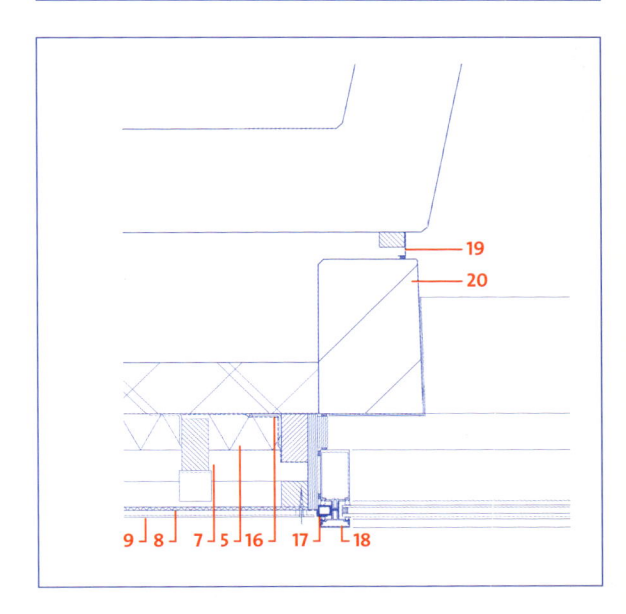

Horizontalschnitt Fensterrahmen mit Edelstahlfassade

1 Edelstahlverkleidung
2 Aluminium, Naturton eloxiert
3 Schiene für Glasfassadenwaschanlage, feuerverzinkt
4 Verzinkte Stahlkonsole
5 Mineralfaserplatte, 70 mm, einseitig kaschiert
6 Edelstahlschraube, Kopf mit Nylon-Ring versenkt
7 Holzständerkonstruktion, mit Konservierungsmittel imprägniert
8 Eternit-Spanplatte, 6 mm, schwarze Oberfläche; Stoßnähte abgedichtet
9 Perforiertes Edelstahlblech, 3 mm
10 Multiplex
11 Edelstahl-Überlauf
12 Bitumierte Dachpappendeckung
13 Mineralfaserplatte mit Gefälle
14 Innenschalung, Betonfertigteil
15 Betonhohldielendecke mit Fugenverguß
16 Feuerverzinkter Eckanker, 60 x 60 x 4 mm
17 Aluminium-Abdeckstreifen
18 Aluminiumfassade
19 Aluminiumprofil
20 Betonstütze
21 PVC-IP-Kunststoff Schoßrinne
22 Einschnitt, 10 x 50 mm, Mittenabstand 400 mm, Lüftung
23 Rohbau Fensterrahmen aus Fichte-Kantholz, 15 mm
24 Kastenprofil, 80 x 40 x 4 mm, mit liegendem Zwischenprofil verleimt
25 Liegendes Zwischenprofil

Dachrand
1 Gefalzter Aluminium-Dachrandabschluß
2 Gefalztes Aluminiumblech
3 Aluminiumschaufel, befestigt an Stahlkonstruktion
4 Tragwerk
5 Metalldecke
6 Stütze, Doppel-T-Stahlträger HE 140 A
7 Ornamentglas
8 Aluminium-Vorhangfassade mit transparenter Einfachverglasung
9 Wärmedämmung
10 Ornamentglas, klar
11 Betonfertigteil
12 Mineralfaserplatte, Decke
13 Strukturelle Isolierverglasung mit Klappfenster, Ornamentglas
14 Eingeklemmte Isolierverglasung, klar
15 Aluminium-Fensterbank
16 Putz
17 Offene Fuge

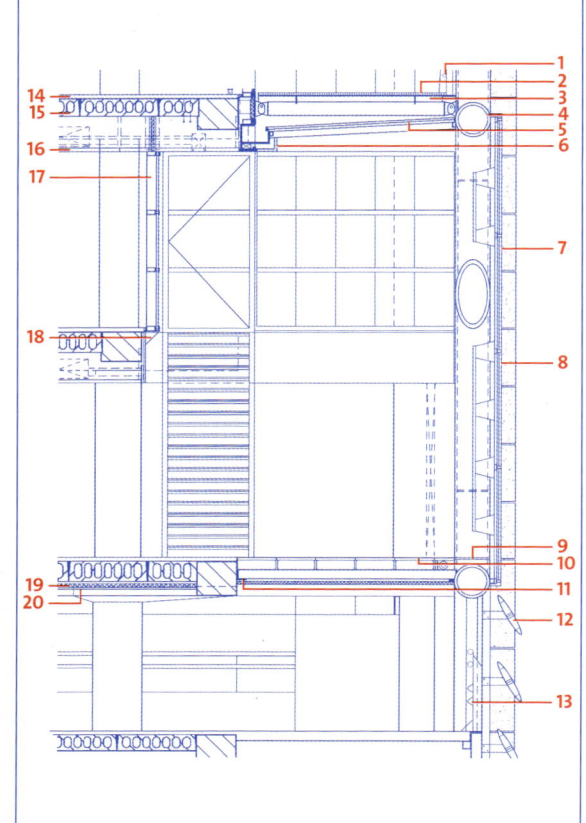

Benthem Crouwel Bürogebäude Malietoren Den Haag 1996

Fassadenschnitt mit Gitterträger
1 Brüstung
2 Laufgitterrost
3 Halber Doppel-T-Stahlträger IPE 270
4 Aussteifungsverband aus Rundrohren, Ø 460 mm, mit Isolier-Ummantelung
5 Metalldecke
6 Wärmegedämmte Regenabflußrinne
7 Isolierverglasung mit Siebdruck als Sonnenschutz
8 Verbundglas, klar
9 Konvektor-Lattenrost
10 Computerboden
11 Eckprofil
12 Aluminiumlamellen auf Stahlkonstruktion befestigt
13 Leitblech, Stahl
14 Druckschicht
15 Betonhohldielendecke mit Fugenverguß
16 Decke mit Mineralfaserplatten
17 Fassade, feuerhemmend, F60
18 Fassadenkonstruktion
19 Wärmedämmung
20 Zementgebundene Holzfaserplatte

Dachrand

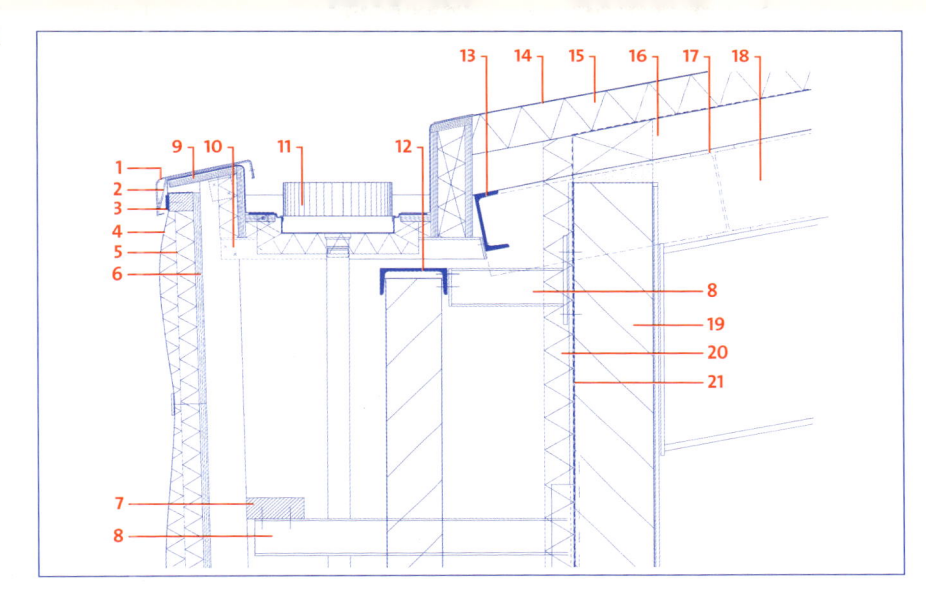

1 Gefalztes Stahlprofil, 2 mm, feuerverzinkt, überzogen mit EPDM-Kunststoffolie
2 Feuerverzinktes Haftblech
3 Aluminium-Klemmleiste
4 EPDM-Kunststoffolie, befestigt mit Musik-CD-Platten als Noppen
5 Wärmedämmung, 2 x 50 mm
6 Ausgleichsfläche, 19 mm, auf Unterkonstruktion
7 Holzbalken
8 Doppel-T-Stahlträger IPE 100
9 Ausgleichsfläche, 19 mm, auf Eckprofil
10 Eckprofil, 50 x 50 x 5 mm, feuerverzinkt, Träger für Regenrinne
11 Regenwasserabflußtrichter
12 Stahlträger UNP 180, gebogen
13 Stahlträger UNP 160, gebogen
14 EPDM-Kunstoffolie, Dachdeckung
15 Wärmedämmung, 100 mm
16 Stahlprofil-Dachplatten
17 Doppel-T-Stahlträger IPE 240
18 Doppel-T-Stahlträger IPE 550
19 Geklebtes Kalksandstein-Mauerwerk, 214 mm
20 Wärmedämmung, 80 mm
21 Dampfbremse
22 Liegender Holzbalkenträger, 59 x 156 mm
23 Luftschicht abschließen mit Ausgleichsplatten auf Holzständern
24 Doppel-T-Stahlträger HE 140 A
25 Betonfertigteil
26 Schutzschicht, 3 mm
27 PVC-Bodenbelagsplatten, 10 mm, schalldämmend
28 Eckprofil, 90 x 250 x 10 mm, feuerverzinkt

Benthem Crouwel Zentrum 013 für populäre Musik Tilburg 1998

Eckdetail EPDM-Kunststoffassade

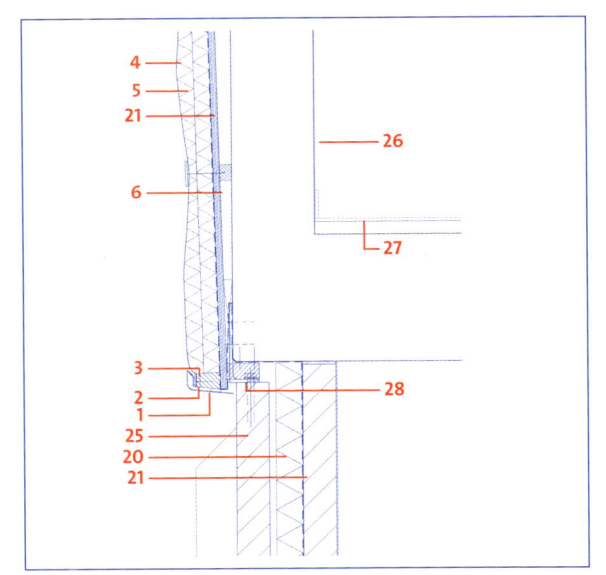

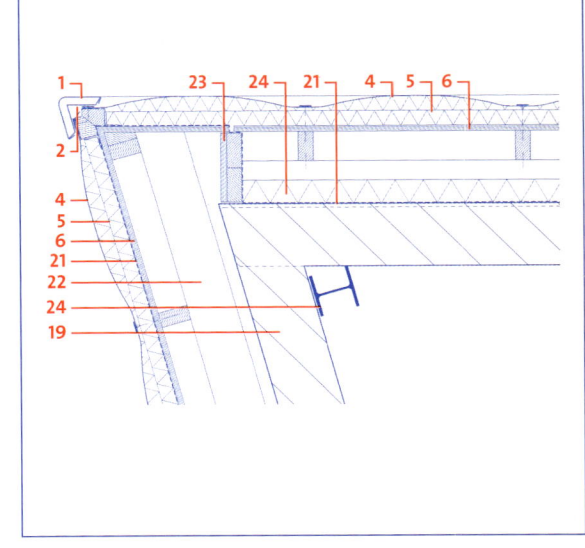

Anschluß EPDM-Kunststoffassade mit Betonfertigteilen

Benthem Crouwel Villa Arena Amsterdam 2001

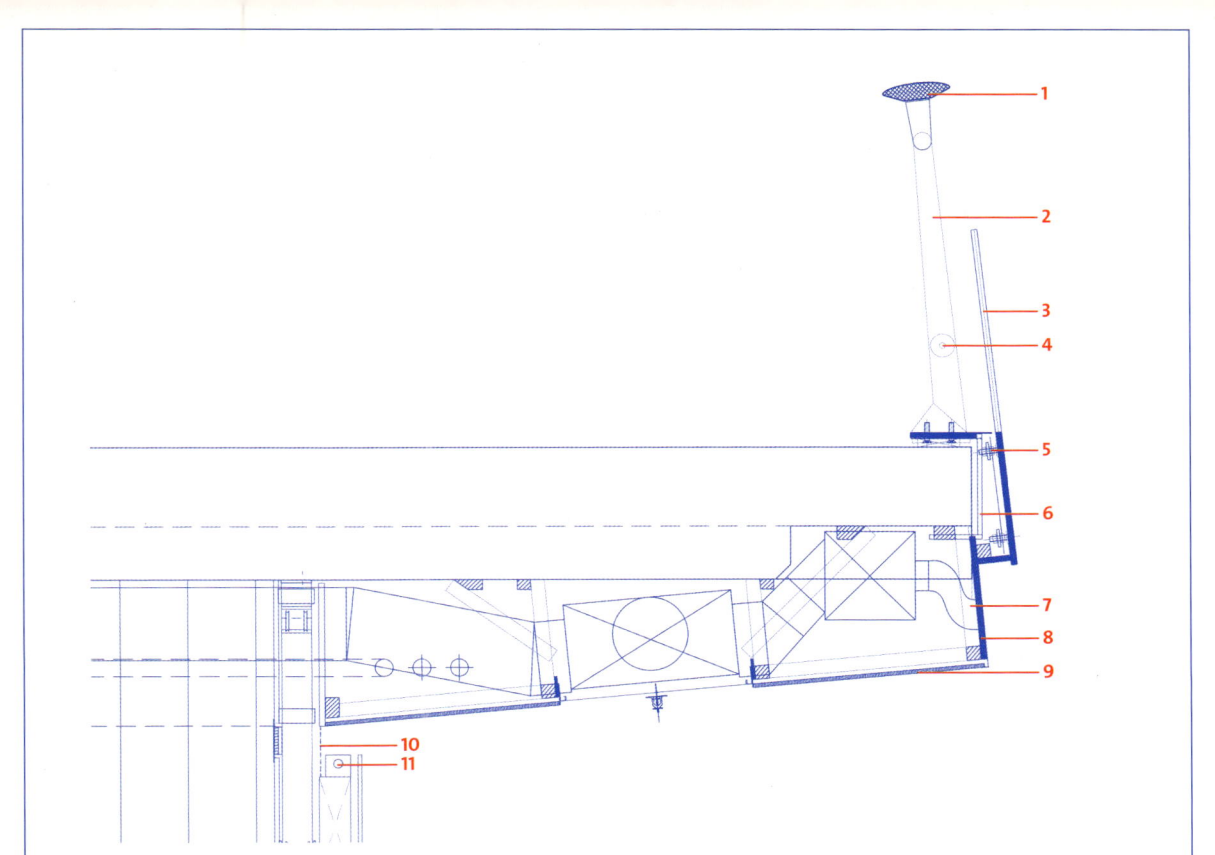

Detail Treppenabsatz
1 Geländer, Hartholz
2 Geländerstange, getrommeltes Guß-Aluminium
3 Glasplatte, teilweise undurchsichtig und mattiert
4 Glasfaser-Beleuchtung
5 Glasbefestigung
6 Durchgehender Stahlträger
7 Einblas-Lüftungsblech
8 Aluminiumblech
9 Perforierte Gipskartonplatte
10 Lüftungsblech
11 Beleuchtungsarmatur

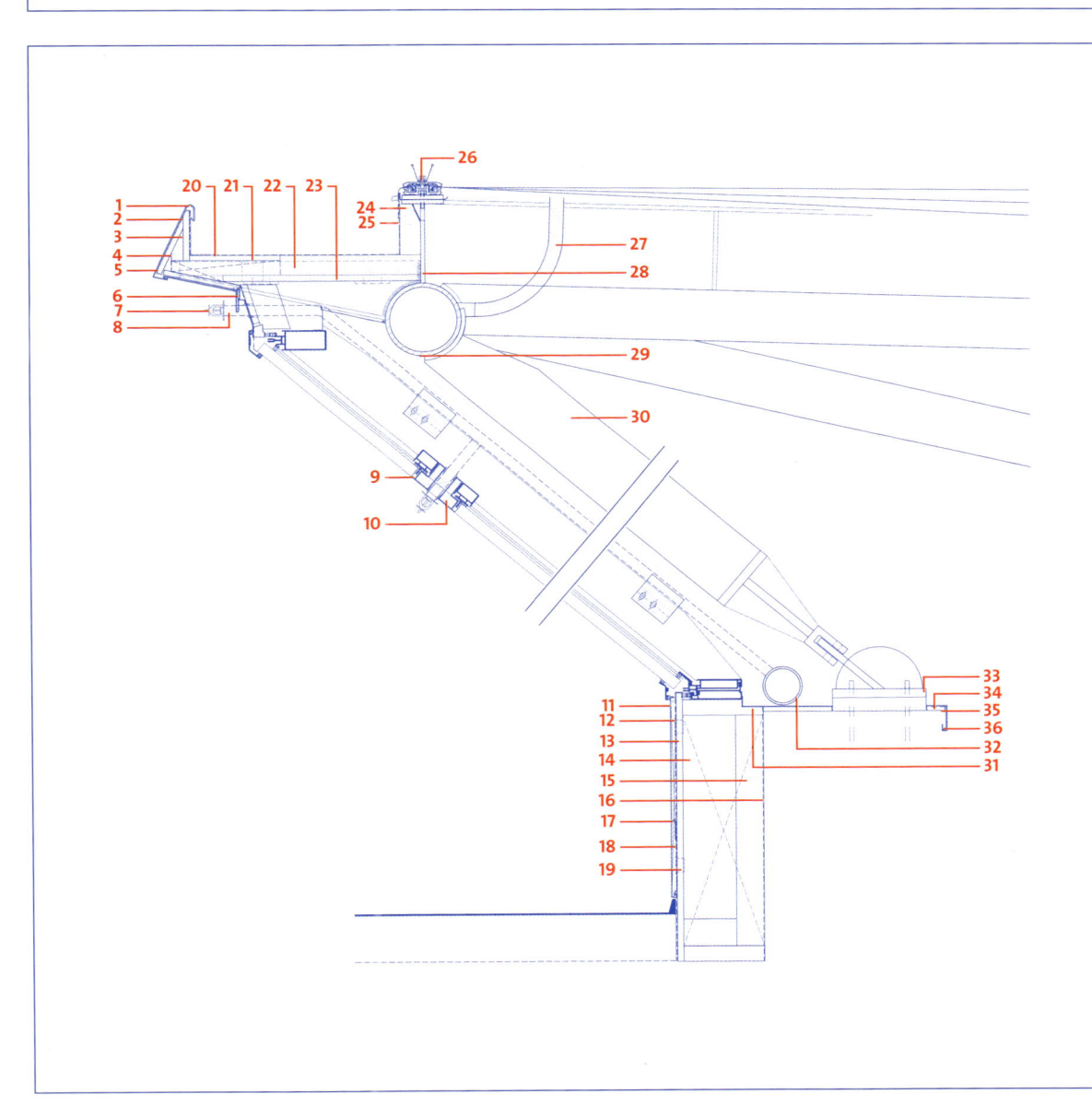

Anschluß Fassade mit Luftkissendach
1 Aluminium-Haftblech
2 EPDM-Kunststoffolie als extra wasserabweisende Folie
3 Klotz
4 Wasserfest verleimtes Multiplex
5 Aluminiumblech
6 Gleitverbindung
7 Side-wall Sprinkler
8 Wärmespirale als Gefrierschutz der Leitung
9 Aluminium-Vorhangfassade mit verleimter Glaskonstruktion
10 Verbundplatte als Wärmedämmung
11 Aluminiumblech
12 Multiplexstreifen
13 Multiplex
14 Holzständerkonstruktion
15 Wärmedämmung
16 Dampfbremse
17 Klemmstreifen
18 Wasserabweisende Folie
19 Lüftungsblech
20 PVC-Regenrinne
21 Multiplex
22 Wärmedämmungsplatten, 60 mm
23 Dampfbremse
24 Wärmedämmungsplatten, 40 mm
25 PVC-Kunststoff Schoßrinne
26 Aluminium-Klemmprofil für Luftkissendach
27 Luftleitung für Luftkissendach
28 Durchgehender T-Profil-Stahlträger
29 Stahlrohr, Ø 219 mm
30 Stahlrohr
31 Fußplatte, Stahl
32 Aluminiumplatte
33 Multiplex
34 Haftblech
35 Ringleitung für Sprinkler
36 Aluminiumplatte

CEPEZED
Neutraler weil intelligenter

In einem Vortrag vor dem niederländischen Stahlbauverband stellte Jan Pesman eine neue Maßeinheit vor: Intelligenz pro Gebäudekilo. Gebäude müssen intelligenter entworfen werden. Die Zeit der monofunktionalen Bauelemente ist ihm zufolge vorbei. Eine Konstruktion, die nur trägt, ist dumm – ebenso wie eine Fassade, die nur vor Regen, Wind, Wärme und Kälte schützt. Außerdem sollten die Bauelemente präziser dimensioniert werden. Jedes Kilo, jedes Detail zuviel ist Verschwendung. Für Pesman ist die Suche nach effizienteren Bauweisen ein kontinuierlicher intellektueller Prozeß. Die Bauten seines Büros CEPEZED, das er 1975 mit Michiel Cohen und Rob Zee gründete (letzterer verließ das Büro kurz darauf wieder), können deshalb nicht als Unikate oder Prototypen gesehen werden. Sie sind vielmehr Teile einer Serie, in der jeder Entwurf die Ideen des vorhergehenden (oder Teile davon) aufnimmt und weiterspinnt, um immer wieder technische Verbesserungen und ästhetische Bereicherungen zu erfahren. Dieses Ziel will CEPEZED mit Hilfe von vorgefertigten Bauelementen erreichen. Fertigteile bieten nicht nur den Vorteil, daß man in ihnen die Erfahrungen des vorangehenden Projekts verarbeiten und weiterentwickeln kann, um qualitativ höherwertige Komponenten zu schaffen, sondern sie sind auch weniger fehleranfällig, weil sie in der Fabrik unter kontrollierten Bedingungen hergestellt werden. Auf der Baustelle müssen die Elemente dann nur noch verschraubt oder vernietet werden. Bauen wird zum Montieren. Die Qualität des Gebäudes ist somit weniger abhängig von den Witterungsverhältnissen und dem Engagement der Ausführenden. Dennoch kann das erste Projekt des Büros, vier Wohnhäuser in Naarden (1981), nicht gerade als bautechnischer Erfolg bezeichnet werden. Das Bauunternehmen setzte die vorgefertigten Sandwichplatten aus Holz auf konventionelle Weise zusammen, woraus sich beträchtliche Maßfehler ergaben. Die dadurch notwendig gewordene große Anzahl von Blendleisten – die die beabsichtigte glatte Oberfläche beeinträchtigten – und die vielfach schlecht ausgeführten Details, aber auch die aus der Insolvenz des ersten Generalunternehmers resultierende lange Bauzeit machten Pesman und Cohen deutlich, daß nicht nur der Bau- sondern auch der Entwurfsprozeß verändert werden muß, um die Vorteile der Fertigbauweise wirklich nutzen zu können.

Seither gliedern CEPEZED ihre Entwürfe in Baubereiche, die im Prinzip mit den unterschiedlichen Bauabschnitten übereinstimmen: Fundament und Erdgeschoß (oft in konventioneller Betonbauweise hergestellt), Haupttragkonstruktion, Außenhaut (Fassade und Dach), Installationen und Innenausbau. Im Anschluß entwirft das Büro jeden dieser als Komponenten aufgefaßten Bereiche, wobei die komplexeren Elemente noch einmal unterteilt werden. Diese Zerlegung des Entwurfs ermöglicht eine größere Einsicht in die Funktion der Teile. Überflüssige Elemente können weggelassen werden, während andere im Sinne ihrer spezifischen Funktion verbessert werden. Da alle Komponenten und ihre Funktionen klar definiert sind, kann CEPEZED außerdem gezielt nach dem besten Hersteller suchen. Dieser muß nicht unbedingt aus dem Baufach kommen. Nicht die Erfahrung zählt, sondern das Produkt. So stammt zum Beispiel im Doppelhaus ‚Twee zonder een kap' (1989) in Delft jedes Element der Treppe (die Stufen, der Treppenbaum, die Handläufe, die Baluster und die Edelstahlkabel) von einem anderen Zulieferer – die Stahlkabel wurden zum Beispiel von einem Seilmacher angefertigt. → 1, 2

Während diese Produkte noch eingekauft und ohne Veränderungen übernommen wurden, entstehen in vielen Fällen aus dem Zusammenspiel der bautechnischen Forderungen und des architektonischen Konzepts von CEPEZED mit den speziellen Kenntnissen des Fabrikanten neue Produkte mit intelligenten Details. Das bekannteste Beispiel sind die selbsttragenden Sandwichplatten aus Stahl, die CEPEZED bei so gut wie allen Bauten verwenden. → 3 Sie werden von einem Kühlwagenfabrikanten gefertigt. Für diesen Hersteller entschieden sich Pesman und Cohen aus zwei Gründen: einerseits aufgrund des Widerstands der traditionellen Fassadenhersteller, die nichts von dem Produkt hielten, andererseits aber auch wegen der weitgehend übereinstimmenden Anforderungen an Kühlwagen und Wohnhäuser. Beide müssen stabil, gut isoliert, wasserdicht und dauerhaft sein. Die Kühlwagenelemente sind aus zwei Stahlplatten zusammengesetzt, zwischen denen sich eine Lage Polyurethanschaum befindet. Bereits in der Fabrik werden sie beschichtet, was eine weitere Bearbeitung an der Innen- und Außenseite überflüssig und die Platten besonders pflegeleicht macht. Kurz gesagt: Die Elemente eignen sich hervorragend für die Verwendung in der Architektur, nur die Detaillierung mußte noch angepaßt werden. Nachdem CEPEZED die Sandwichplatten jahrelang mit einer aluminiumfarbenen oder schwarzen Beschichtung versehen und so die Befestigung verborgen hatten, was zur Abstraktion der Fassade beitrug, fanden sie für die Fabrikhallen des Autoherstellers Porsche in Leipzig (2001) eine ästhetisch ansprechendere Lösung. Anstelle einer stählernen Außenplatte wurde dort Glas verwendet, was der Fassade zusätzliche Tiefe verleiht. → 4

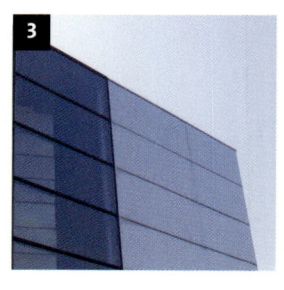

CEPEZED Neutraler weil intelligenter

Mehr noch als die Fassade zeugt der von CEPEZED entwickelte Fußboden von einer bautechnischen Evolution. Im Laufe der Jahre hat er ein immer minimalistischeres Aussehen erhalten und ist zugleich intelligenter geworden. Die ersten, einfacheren Versionen des Bodens wurden in den Wohnhäusern ‚Twee zonder een kap' und in der Schutterstraat in Delft (1996) verwendet. In beiden Gebäuden liegt auf dem Profilblech zunächst eine Lage stabilisierenden Sandes, darüber Isoliermaterial und zuletzt ein Anhydritestrich. → **5** Indem die benutzten Materialien ganz bewußt auf ihre spezifischen Funktionen abgestimmt wurden (Tragen und Trennen, Brand- und Schallschutz), wurde der Fußboden wesentlich leichter als ein konventioneller Betonboden und konnte daher einfacher und mit weniger schweren Baumaschinen verlegt werden. Aber er war noch immer nicht intelligent. In der vorläufig endgültigen Version, die im CEPEZED-Büro in Delft (1999) zum Einsatz kam, bilden u-förmige Stahlkassetten die Basis. → **6** Der Fußboden hat keinerlei Masse. Um den Schall- und Brandschutzbestimmungen dennoch nachzukommen, liegen in den Kassetten versiegelte Isoliermatten. Des weiteren kann durch den Hohlraum, den die Kassetten bilden, frische Ventilationsluft durch die Bodenroste in die Büros geleitet werden. Zudem sind sämtliche Elektroleitungen im Boden verlegt. Während bei früheren Versionen an der Unterseite das Profilblech zu sehen war und den Aufbau der Geschoßdecke verriet, sind nun nur noch die glatt beschichteten Unterseiten der Stahlkassetten sichtbar. Der Boden ist stiller geworden.

Neustrukturierung des Bauprozesses

Bei der Entwicklung solcher Produkte ist eine enge Zusammenarbeit mit den Zulieferern unumgänglich. Im niederländischen Bauprozeß, in dem der Generalunternehmer als Koordinator agiert, ist das allerdings schwer zu realisieren. Der Generalunternehmer sorgt für die Kontakte zu den Subunternehmern und kann darüber hinaus aufgrund des Gleichheitsprinzips nach anderen, oft günstigeren Herstellern suchen, die mehr oder minder dieselben Produkte mit ähnlicher Detaillierung anbieten. CEPEZED bestehen jedoch darauf, daß die Hersteller, die bei der Entwicklung der verschiedenen Teile mitgearbeitet haben, auch den Auftrag erhalten. Diese Garantie ist natürlich auch für die Hersteller attraktiv, die viel Zeit und Geld in die Entwicklung dieser neuen Produkte investieren.

Da CEPEZED mit Fertigteilen bauen wollten, mußten sie viele Aufgaben übernehmen, die normalerweise Sache des Generalunternehmers sind. So macht die lange Herstellungszeit der Bauteile es erforderlich, daß die Details bereits in einem frühen Stadium des Entwurfsprozesses vollständig ausgearbeitet sind. Zudem muß auch die Vermaßung bereits exakt feststehen, weil auf der Baustelle keine Korrekturen mehr an den Fertigteilen vorgenommen werden können. Darüber hinaus übernehmen CEPEZED auch die Planung der verschiedenen Bauabschnitte. Für alle diese zusätzlichen Arbeiten wurde das Büro nicht bezahlt, so daß Cohen und Pesman bald den logischen nächsten Schritt vollzogen: Sie übernahmen die Rolle des Generalunternehmers und gründeten die Schwesterfirma Bouwteam bv. Diese Firma stellt seitdem die Erstkontakte zu Subunternehmern her, übernimmt die Bauleitung und vergibt Aufträge an die verschiedenen Zulieferer. Zudem vereinfacht die Gliederung des Gebäudes in Baubereiche die Vergabe von einzelnen Aufträgen für die verschiedenen Komponenten. Letztlich übernimmt die Firma Bouwteam auch die Kostenkontrolle. Im übrigen arbeiten CEPEZED bei großen und/oder anspruchsvollen Projekten durchaus noch mit einem Generalunternehmer zusammen, wie zum Beispiel bei der Renovierung des riesigen Entrepot-Gebäudes (1998) in Rotterdam oder bei Projekten im Ausland.

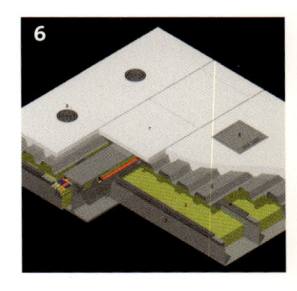

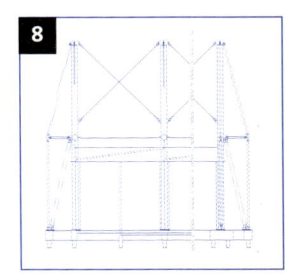

Lesbare Details

Natürlich hat das Bauen mit Fertigteilen auch Auswirkungen auf die Detaillierung der Gebäude – wenngleich dabei offen bleibt, ob das Huhn oder das Ei zuerst da war. Die Details von in Fertigbauweise hergestellten Gebäuden sind – sofern sie nicht von Blendmaterialien verdeckt werden – klar lesbar, und genau das wollte Pesman bei seinen Gebäuden und Details erreichen. Jede Gebäudekomponente und ihre Funktion sollten erkennbar sein. Zum Teil hat sich diese Entwurfshaltung im Lauf der Zeit geändert, denn die verschiedenen Komponenten sind inzwischen weniger sprechend. Während zum Beispiel bei früheren Gebäuden der Aufbau des Fußbodens deutlich ablesbar war – sowohl die Profilbleche als auch der Beton blieben sichtbar – und Installation und Konstruktion separate Elemente waren, ist der Boden nun nicht nur viel glatter und dadurch abstrakter geworden, sondern auch multifunktionaler. Die Entwicklung ist in gewissem Sinne vergleichbar mit der mancher Haushaltsgeräte, deren Komplexität sich von ihrer abstrakten Haut absolut nicht mehr ablesen läßt. Pesman bezeichnet dies als Dosierung von Information. Auf allen Ebenen untersucht er sehr genau, welche Informationen seine Gebäude übermitteln müssen. Es scheinen immer weniger zu werden. Das wird zum Beispiel an der Art deutlich, wie CEPEZED mit der Konstruktion umgehen.

Ähnlich den englischen Hightech-Architekten, hatte Pesman früher die Neigung, die Raffinesse der Konstruktionen großspurig zur Schau zu stellen. Die Betriebsgebäude in Haarlem (1986) → **7, 8** und Nieuwegein (1987) sowie das Pförtnerhaus in Rotterdam (1985) haben dementsprechend etwas vereinfachte, außen liegende Skelettkonstruktionen, die zwar gut detailliert sind, aber längst nicht so spektakulär wie Norman Fosters Renault-Vertriebszentrale in Swindon (1983) oder so subtil wie der mobile IBM-Pavillion von Renzo Piano (1984). → **9** Vermutlich ist das teilweise auf das beschränkte Budget zurückzuführen, das CEPEZED zur Verfügung stand.

Nachdem CEPEZED vor allem im Ausland Projekte mit großzügigen Budgets realisiert haben – die neue Porsche-Zentrale in Stuttgart und das Forschungszentrum der Österreichischen Akademie der Wissenschaften ÖAW in Graz (2000), hat sich Pesmans Drang gelegt, Gebäude mittels exhibitionistischer Konstruktionen zu profilieren. Weder innen noch außen präsentieren die Bauten von CEPEZED noch derart nach Aufmerksamkeit heischende Details. Durch das zurückhaltendere Design sind die Gebäude lebendiger geworden.

Wie CEPEZED die Details einsetzen wollen, verdeutlicht Pesman anhand der Unterschiede zwischen dem Flughafen Stansted (1991) von Norman Foster → **10** und der Waterloo Station (1993) von Nicolas Grimshaw → **11** in London. „Fosters Stansted halte ich für eines der schönsten Gebäude überhaupt. Es ist ruhig und logisch. Jedes Detail ist durchdacht und auf das Wesentliche reduziert. Dagegen macht Nicolas Grimshaw aus jedem Vorsprung ein wahnsinniges Detail. Das Detail wird deshalb beinahe zur Karikatur eines echten Details. Man darf einem Detail keine Aufmerksamkeit widmen, die es nicht verdient. Fosters stille Art zu detaillieren ist viel anspruchsvoller." [1]

Auch die Konstruktionen der Gebäude von CEPEZED sind immer stiller geworden. Man fühlt sich nicht länger versucht, sie mit denen der Hightech-Architekten zu vergleichen, sondern eher mit denen von Mies van der Rohe. Vor allem bei der Kindertagesstätte ‚Woeste Willem' in Rotterdam (1994) → **12** – die im großen und ganzen sicherlich nicht das beste Gebäude von CEPEZED ist – und dem Wohnhaus in Boskoop (1997) erweist sich der Vergleich als treffend. Bei diesen Entwürfen liegen die Rohrstützenkonstruktionen außerhalb des Gebäudes, aber nicht, wie bei anderen CEPEZED-Bauten, als eine Art Außenskelett, das mit seiner Raffinesse prahlt. Statt dessen sind sie einfach und zurückhaltend detailliert. Bei der Kindertagesstätte waren für die Anschlußstellen zwischen den vertikalen und horizontalen Rohren zunächst noch gußeiserne Verbindungsstücke vorgesehen, die aus Kostengründen nicht realisiert wurden. Im nachhinein betrachtet, hat dies dem Gebäude nicht geschadet. Die Anschlußpunkte zwischen den verschiedenen Teilen sind nun beinahe detaillos, so daß die Konstruktion wie aus einem Guß erscheint. Sie gewinnt dadurch an Abstraktion. Anstatt nur zu tragen, stellt die Konstruktionsstruktur eine sanfte Verbindung zwischen innen und außen her, indem sie sich auch außerhalb des Baukörpers fortsetzt. → **13** Bei ‚Woeste Willem' wird dieser Eindruck noch verstärkt, da die profilierten Dachplatten auch im von der Konstruktion umgrenzten Außenraum verwendet wurden und dort als Sonnenschutz dienen.

Selbstverständlich gibt es auch große Unterschiede zwischen CEPEZED und Mies van der Rohe. Seinen knappen Texten zufolge, strebte Mies nach einfachen und logischen Konstruktionen, die einer weiteren Ausarbeitung gegenüber offenstanden und sich für die industrielle Fertigung eigneten.[2] So betrachtet scheinen die Ideen von CEPEZED zunächst direkt von Mies abgeleitet zu sein, denn Mies wollte stille, perfekte Details – wenngleich dem Kritiker Edward Ford zufolge ein großer Unterschied zwischen dem Theoretiker Mies und seinen Gebäuden bestand: „Mies verlangte nahtlose Perfektion. Er haßte sichtbare Fugen und unverkleidete Halterungen. (...) Die konstruktivistische Tendenz zur Erhaltung der visuellen Identität des einzelnen Teils (...) fehlt bei seiner Detailbehandlung, obwohl er ihr in seiner Formensprache folgt. (...) Durch Verkleiden des Tragwerks mit einfachen nahtlosen Ummantelungen konnte er die groben Verbindungen verstecken, die Anzahl der sichtbaren Anschlüsse verringern und diese mit der gewünschten Genauigkeit ausführen. (...) Notwendigerweise betont die Verkleidung bestimmte Aspekte der Konstruktion, während sie andere unterschlägt. Mies brachte die Stützen so stark wie möglich zum Ausdruck, während er die Träger durch eine flache Putzdecke versteckte."[3]

Nicht nur diese Haltung, sondern auch die außergewöhnliche Konstruktion, die Mies für die riesige Convention Hall (1954; Modell, Innenansicht) in Chicago entwarf, belegen, daß er sich intensiv um eine Ästhetisierung der Konstruktion bemühte. → **14** Mit einem unvergleichlichen Gefühl für Proportionen schuf er wunderschöne Bauten, deren Funktionalität ihrer Ästhetik letztlich untergeordnet blieb. Dahingegen destillieren CEPEZED die Ästhetik ihrer Konstruktionen gerade aus dem Funktionalen. Die Konstruktionen sind logisch und oft ablesbar. Mies entwickelte in der Nachkriegszeit eine große Vorliebe für Stahlprofile. CEPEZED gehen in der Wahl der Profile pragmatischer vor, haben aber offenbar eine Vorliebe für Rund- und Quadratrohre, weil diese weniger prominent sind. Sowohl I- als auch H-Profile haben eine deutliche Richtung und Tiefe, was ihnen mehr Präsenz verleiht. Sie bewirken eine Skalierung. Das war es, wonach Mies suchte. Ein Rundrohr dagegen hat nur einen Umfang und ist von allen Seiten gleich. Es hat kein Gesicht. Indem man die Stärke des Rohres auf die Anforderungen an seine Festigkeit abstimmt, kann zudem der Durchmesser relativ gering gehalten werden, so daß das Rohr sich besser in den Kontext einpaßt und zudem die Aussicht weniger einschränkt. Letztlich sind auch die Anschlüsse an die Träger einfacher und mit weniger Kunstgriffen zu realisieren. Das ist deshalb wichtig, weil CEPEZED die Konstruktion anders detaillieren als Mies. Mies glättete jede Verbindungsstelle bis zur Unsichtbarkeit und schuf vor allem offene, stille Räume, in denen die Konstruktion aus abstrakten Stützen ohne Kopf und Fuß bestand. CEPEZED lassen die Verbindungen dagegen häufig sichtbar. → 15 Deshalb müssen sie logisch sein. Erst dann strahlen sie genügend Ruhe aus und entsprechen den ästhetischen Ansprüchen des Büros. Ähnlich wie bei Mies verschwinden die Anschlußstellen zwischen Balken und Säule bei Bedarf jedoch immer häufiger aus dem Blickfeld (zum Beispiel beim CEPEZED-Büro in Delft) → 16 oder werden stilisiert (wie beim ÖAW-Forschungszentrum in Graz).

Die Dachkonstruktion benutzen CEPEZED, um die Blickachsen im Gebäude zu betonen, wobei das Auge im Prinzip von innen nach außen gelenkt wird. Die roten Fachwerkträger des Gebäudes für eine Bibliothek und eine Kindertagesstätte in Delft (1992) betonen die Dachneigung und lenken den Blick auf die Glasflächen über und unter der Dreiecksform. Auf den ersten Blick scheint die diagonal im Raum und damit auf der wichtigsten Blickachse stehende Haupttragkonstruktion des Doppelhauses ,Twee zonder een kap' eine Ausnahme zu sein. Sie ermöglichte es jedoch, die Profile der Fußbodenbleche in die gewünschte Richtung zu legen und damit den Blick in das Weideland zu lenken. → 17

Durch die Positionierung und Detaillierung der Konstruktion wird also der Außenraum möglichst stark in den Innenraum einbezogen. Anders als bei Mies geschieht dies jedoch eher selten in umgekehrter Richtung.

Beziehungen zwischen innen und außen

Das Verhältnis von innen und außen wird natürlich nicht nur durch die Gestaltung der Konstruktion, sondern vor allem durch die Wahl des Fassadenmaterials bestimmt. In seinem Aufsatz *CEPEZED architecten* erläutert der Architekt und Kritiker Piet Vollaard den Unterschied zwischen dem Umgang mit der Fassade bei CEPEZED und in Mies' Farnsworth House in Plano, Illinois (1950). → 18

„Der Außenraum wird durchaus in den Innenraum einbezogen, aber umgekehrt gibt es von außen her – anders als bei Mies oder bei den fließenden Raumkonzepten von De Stijl – eine mehr oder minder feststehende Grenze (...). Es geht nicht darum, die Präsenz des Gebäudes zu verstärken, als vielmehr seine Abwesenheit zu bewirken."[4]

Während die Bauten von Mies sich häufig vollkommen offen zeigen, ist besonders die Straßenseite der Gebäude von CEPEZED meist geschlossen. Das Doppelhaus ,Twee zonder een kap', → 19 das Haus in der Schutterstraat in Delft → 20 und die Villa Beckius (2000) haben geschlossene Fassaden aus Sandwichpaneelen, mit Durchbrüchen an Stellen, die für den Benutzer strategisch günstig sind. Das Haus ,Twee zonder een kap' und die davon vollständig abgeleitete Villa Beckius haben nur einen auffälligen Glasstreifen am Eingang, und beim Haus in der Schutterstraat sind an den Seiten deckenhohe, schmale Fenster eingelassen, so daß diese Fassaden eine sehr interessante Flächeneinteilung erhalten. Hinter den geschlossenen Partien liegen die Nebenräume. Wo die Orientierung, der Ort und die Funktion Glasfassaden an der Straßenseite erfordern, reguliert Pesman das Verhältnis von Ein- und Ausblick. Die großen Glasflächen wendet er mittels unterschiedlich konzipierter Abschirmungen vor den Fenstern nach innen, so daß das Gebäude sich in sich zurückzieht. Die Glasfassade des Hauses am Rietveld in Delft (1996) → 21 wurde deshalb mit Aluminiumprofilen versehen, und vor dem Pavillon am Nieuwe Waterweg in Hoek van Holland (1994) wurden zur Abschirmung feuerverzinkte Gitterroste angebracht. Um den Pavillon in Hoek van Holland zu einem ,Nicht-Gebäude' zu machen, setzte Pesman einfach die vorhandene Linie der Böschung fort. → 22 Der so entstandene dreieckige Bau beherbergt ein Restaurant, einen Ausstellungsraum und ein Hafenbüro. Angesichts des Ortes und der Funktion war die Aussicht hier von besonderer Bedeutung, allerdings hätten große Glasflächen zu unkontrollierter Erwärmung des Gebäudes geführt. Deshalb kam man auf die relativ banalen, aber gut in die rauhe Umgebung des Nieuwe Waterweg und des Hafens passenden feuerverzinkten Gitterroste. Sie schützen vor unerwünschten Einblicken und zum Teil auch vor Erwärmung.

Beim Centre for Human Drug Research CHDR in Leiden (1995) stellte Pesman schwarze perforierte Stahlbleche vor das Gebäude. → 23 Ebenso wie die Gitterroste in Hoek van Holland, verleihen die Abschirmungen dem Bau etwas Geheimnisvolles – vor allem, weil er schmaler ist als die Stahlflächen. Mal ist das Gebäude sichtbar, mal nicht. Während die Blenden die Möglichkeiten des Einblicks in das Gebäude regulieren, schränken sie die Aussicht aus dem Inneren überraschenderweise kaum ein. Das Gebäude erscheint auffällig leicht. → 24 Deshalb hält Pesman das Loch in der Abschirmung – die

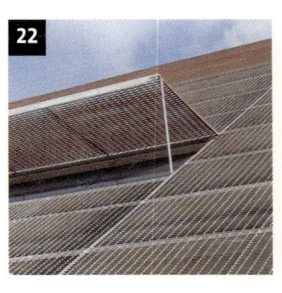

23

exakt bemessene Auslassung, aus der sich all diese Eigenschaften ergeben – für das wichtigste Detail dieses Gebäudes.

Zudem spielen die Blenden eine ungemein wichtige Rolle bei der Kontrollierung des Raumklimas. CEPEZED wollen leichte, helle Gebäude mit möglichst wenigen Installationen schaffen. Das scheint ein paradoxer Wunsch zu sein. Leichte Gebäude erwärmen sich durch das Sonnenlicht und die inneren Wärmelasten viel schneller als massive Bauten. Andererseits halten sie die Wärme aber auch weniger lange und können deshalb effizienter belüftet werden. Das Gebäude reagiert viel direkter auf das Klima. Nimmt die Außentemperatur ab, dann wird es auch innen kühler – so die Theorie. In der Praxis hat sich jedoch herausgestellt, daß diese Idee nicht besonders gut funktioniert. Das liegt vor allem daran, daß es in den Niederlanden an den Voraussetzungen für eine gute natürliche Ventilation mangelt, denn aufgrund des beinahe ständig wehenden Windes ist das Öffnen von Fenstern unangenehm. Deshalb wurde die kieferorthopädische Praxis ‚Nan' in Voorburg (1989) nachträglich mit Klimaanlagen ausgestattet, deren Form und Einpassung, wie das bei späteren Ergänzungen nun einmal ist, nicht besonders sorgfältig auf die Architektur abgestimmt sind. → 25 Die perforierten Flächen vor den Gebäuden gleichen aber den Einfluß des Windes aus. Hinter den Löchern wird der Wind in kleine Turbulenzen umgewandelt. Zwischen Schirm und Gebäude entsteht eine windfreie Zone, die einen Großteil des Jahres hindurch das Öffnen der deckenhohen Schiebefenster und somit die installationslose Belüftung der meisten Räume möglich macht.

Gewissermaßen das Positiv der schwarzen Blende mit den hellen Löchern kam bei einem Bürogebäude in Delft (1999) → 26 zum Einsatz. Dünne, perforierte Stahlbleche wie in Leiden kamen hier nicht in Frage, da der Lärm von Straßenbahnen, Zügen und Autos die Verwendung von schwererem Material notwendig machte. CEPEZED entschieden sich deshalb für eine Glasblende, die natürlich nicht perforiert ist, sondern mit einem Muster bedruckt wurde, das die Struktur der Lochbleche in Leiden nachahmt und auch im Hinblick auf Transparenz und Lichteinfall einen ähnlichen Effekt erzielt.

Dank eines neuen Fußbodensystems ist dieses Gebäude dennoch leichter als das CHDR, in dem konventionelle Betonhohldielen für die Geschoßböden verwendet wurden und Maßnahmen für eine künstliche Belüftung erforderlich machten.

Ansprechende Details

Die Glasblende hat ungewöhnliche Maße. Da das Glas erst im ersten Obergeschoß ansetzt und nicht über den Seitenflügel gezogen wurde, ist sie quadratisch. Dadurch hat das Gebäude eine reizvolle Flächeneinteilung erhalten. Die Glasplatten sind auf speziell entwickelte Halterungen mit zylindrischen Köpfen geklebt, welche wiederum auf verzinkten HE 120A Stahlprofilen angebracht wurden, die auch die Balkongitter tragen. Die Blende hat kein einziges Detail zuviel. → 27

Auf den ersten Blick gilt dasselbe für den eigentlichen Blickfang des Gebäudes, den auf der Ecke plazierten gläsernen Aufzug. → 28 In Zusammenarbeit mit dem Aufzughersteller Schindler reduzierten CEPEZED den Lift auf das Notwendigste. Die Fallsicherung und das Bedienungsfeld aus Edelstahl sind direkt am quasi immateriellen Glas befestigt. Ungeachtet dieser Immaterialität – oder gerade deswegen – zieht der Aufzug alle Aufmerksamkeit auf sich. Um diesen Effekt zu erreichen, ließen CEPEZED den Rest des Gebäudes diskret in den Hintergrund treten.

Die Glasblende und der mit Sandwichpaneelen verkleidete Seitenflügel sind neutral, still und detaillos. Dagegen ist die Fassade der Büros beinahe konventionell gehalten. Die Aluminium-Fensterrahmen an der Vorder- und Hinterfassade sind recht üppig dimensioniert und ähnlich detailliert wie Holzfensterrahmen. Auch das Dachgesims erscheint voluminös. → 29 Trotz seiner außergewöhnlichen Elemente und seines vollkommen fremdartigen Charakters, der aus den großen Glasflächen und den Metallpaneelen resultiert, fügt sich das Gebäude in seine Umgebung am Rand der historischen Innenstadt von Delft ein. Die Detaillierung, der CEPEZED bewußt keine allzu technizistische Anmutung verliehen, macht die Fassade und damit das Gebäude verständlich. Und so wägt Pesman bei jedem Detail ab, welche Informationen es übermitteln muß, um das Gebäude verständlich und dadurch attraktiv zu machen.

Intelligenz pro Kilo

Ganz anders gehen CEPEZED mit Gebäuden um, die keine direkte Umgebung haben, die also eher reine Objekte sein können. Die kieferorthopädische Praxis in Voorburg löst sich von ihrer Umgebung durch ihre dreieckige Form, die Materialwahl (nur Glas) und dadurch,

24

25

26

27

28

29

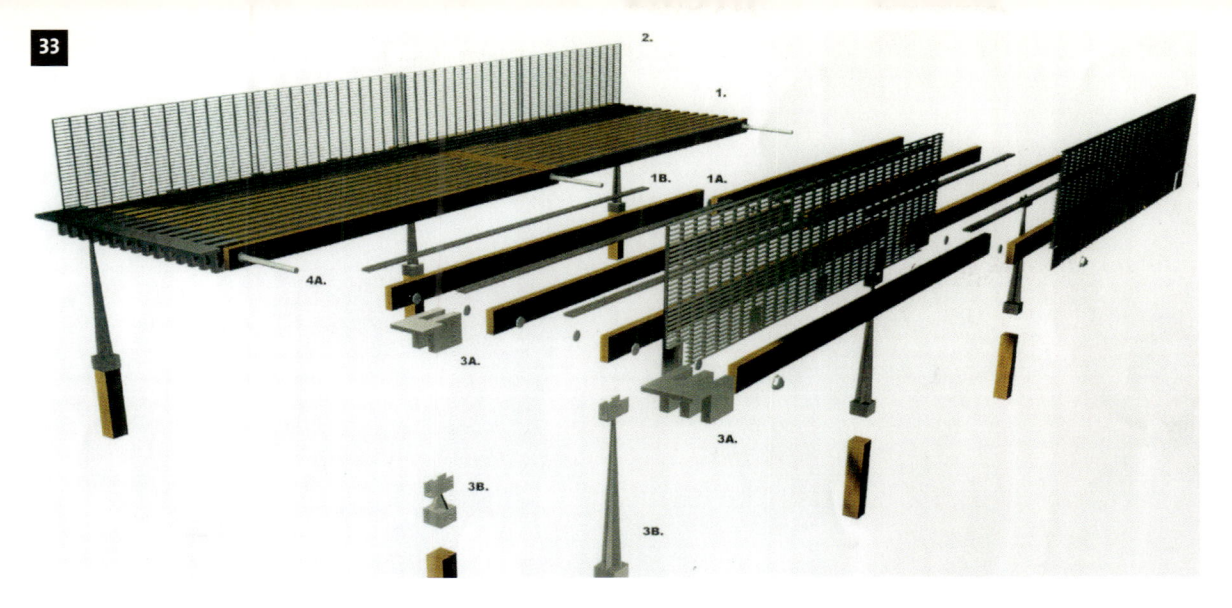

daß sie 60 cm über dem Erdboden schwebt – ein sehr pragmatisches Detail, denn so konnten alle Elektroleitungen ohne Fundamentgrube unter der Praxis verlegt werden. → 25 Die Detaillierung unterstreicht die Abstraktheit des Baukörpers, wobei vor allem das Detail der beinahe inexistenten Dachkante ins Auge fällt. → 30 Ein ähnliches Objekt ist die Wärmekoppelungsanlage in Amsterdam (2000). Ebenso wie in Voorburg bleibt das Innenleben der Station tagsüber verborgen. Die Anlage ist nur stumm anwesend. Um diese Wirkung zu erzeugen, klebten CEPEZED opake Glasplatten auf eine Stahlkonstruktion und schufen so einen kleinen, detaillosen Kubus.

Während der Vergleich mit Mies in bezug auf die Konstruktion teilweise hinkt, ist das Detaillierungsprinzip dieser Objekte – ‚less is more' – direkt von Mies' Ansichten abgeleitet. Pesman erweist sich als reiner Ästhet, der ein sauberes, architektonisches Objekt mit möglichst wenigen sichtbaren Details schaffen will. Das gilt auch für die Fälle, in denen die Funktion ein unruhiges Fassadenbild beinahe erfordert. Das ÖAW-Forschungszentrum in Graz beherbergt zum Beispiel viele relativ kleine Büroräume. Aufgrund der Form des Gebäudes – zwei ineinander geschobene Kreuze – machte es keinen Sinn, Abstraktheit mit Hilfe einer Abschirmung erzielen zu wollen. → 31 Der Rhythmus der Bürofenster ergab ein unzusammenhängendes und unruhiges Bild. Deshalb wurden die Fenster mit Paneelen versehen, die abends geschlossen werden und die Öffnungen verbergen. Dann sind die Büroflügel vollkommen geschlossene, detaillose Blöcke, die nichts über ihre Funktion verraten. Auch tagsüber, wenn die Paneele geöffnet sind, filtern sie die Informationen über die Fensteröffnungen. Während CEPEZED beim eigenen Bürogebäude die Fensterrahmen akzentuierten, verschwinden die Rahmen hier hinter den Stahlpaneelen. Die Fenster werden zu schwarzen Löchern. Trotz dieses ‚Strebens nach weniger', kann hier keine Rede von jener architektonischen Magersucht sein, unter der eine immer minimalistischer konzipierte Architektur oft leidet und vor der es Herman Hertzberger graut.[5] Es herrscht eine dauernde Balance zwischen dem, was weggelassen wird, und dem, was sichtbar bleibt. Nicht nur der auffällige Grundriß des Forschungszentrums, sondern auch die komplett gläsernen Treppenhäuser und die auffällig gläsernen Köpfe der Flügel verhindern, daß das Gebäude taubstumm wirkt. → 32 Auf ähnliche Weise und mit derselben Entwurfshaltung gestalten CEPEZED alle ihre Gebäude – so auch eine noch nicht realisierte Serie von Brücken, die lediglich aus Holzbalken bestehen. Die Balken werden mit Hilfe von Stahlkabeln zusammengehalten. → 33 Je nach Spannweite und erwartetem Verkehrsaufkommen kann die Größe und Dicke der Elemente angepaßt werden. Die Kombination des Holzes mit dem Edelstahl und die feinen, schweigsamen Details erwecken die Brücke zum Leben.

Diese Brücke, aber insbesondere die vom Büro entwickelten bautechnischen Elemente wie die selbsttragenden Sandwich-Fassadenelemente, die multifunktionalen Geschoßdecken und die perforierten Blenden beweisen, daß Erfahrung und Materialkenntnis wichtig sind, um Dinge intelligenter herstellen, neutraler sowie mit weniger Technik überfrachtet gestalten zu können und so tatsächlich die Intelligenz pro Gebäudekilo zu erhöhen. Darüber hinaus zeigt sich aber auch, daß der intelligente Einsatz dieser Mittel mindestens ebenso wichtig ist. In dieser Hinsicht scheint Pesman zunehmend bereit zu sein, als Gestalter einen Schritt zurück zu treten, um gleichzeitig als Architekt an Boden zu gewinnen. Die Ausstrahlung eines minimal und still detaillierten und somit neutralen Gebäudes scheint in dieser Zeit, in der wir einer ständigen Bilderflut ausgesetzt sind, derart auffällig zu sein, daß sie just besonders viel Aufmerksamkeit erregt.

1 Ed Melet, „Het doseren van informatie", in: De Architect, 6, 1994.
2 Franz Schulze, Mies van der Rohe. Leben und Werk, Berlin 1986.
3 Edward R. Ford, Das Detail in der Architektur der Moderne, Basel 1994.
4 Piet Vollaard, CEPEZED architecten, Rotterdam 1993.
5 Herman Hertzberger, Vorlesung in der Reihe „Een haast onmerkbaar lichte tinteling – het architectonische detail", Architekturakademie, Amsterdam 1996.

Explosionszeichnung Doppelhaus in Delft

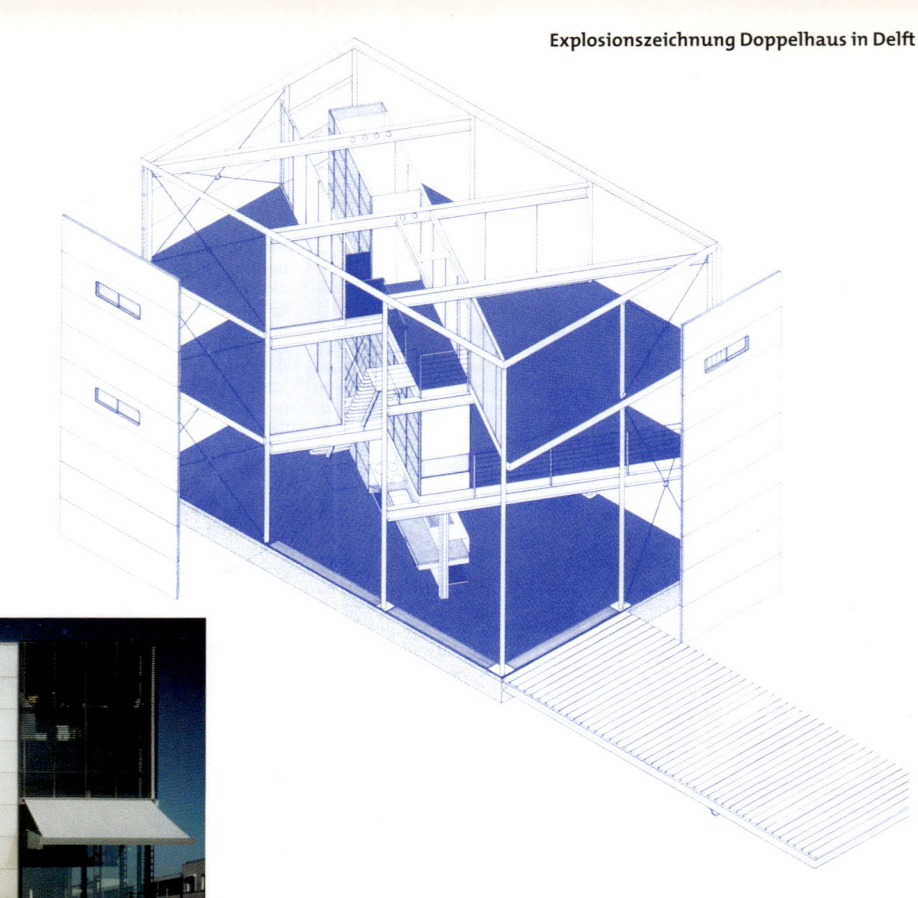

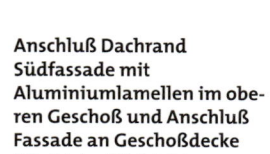

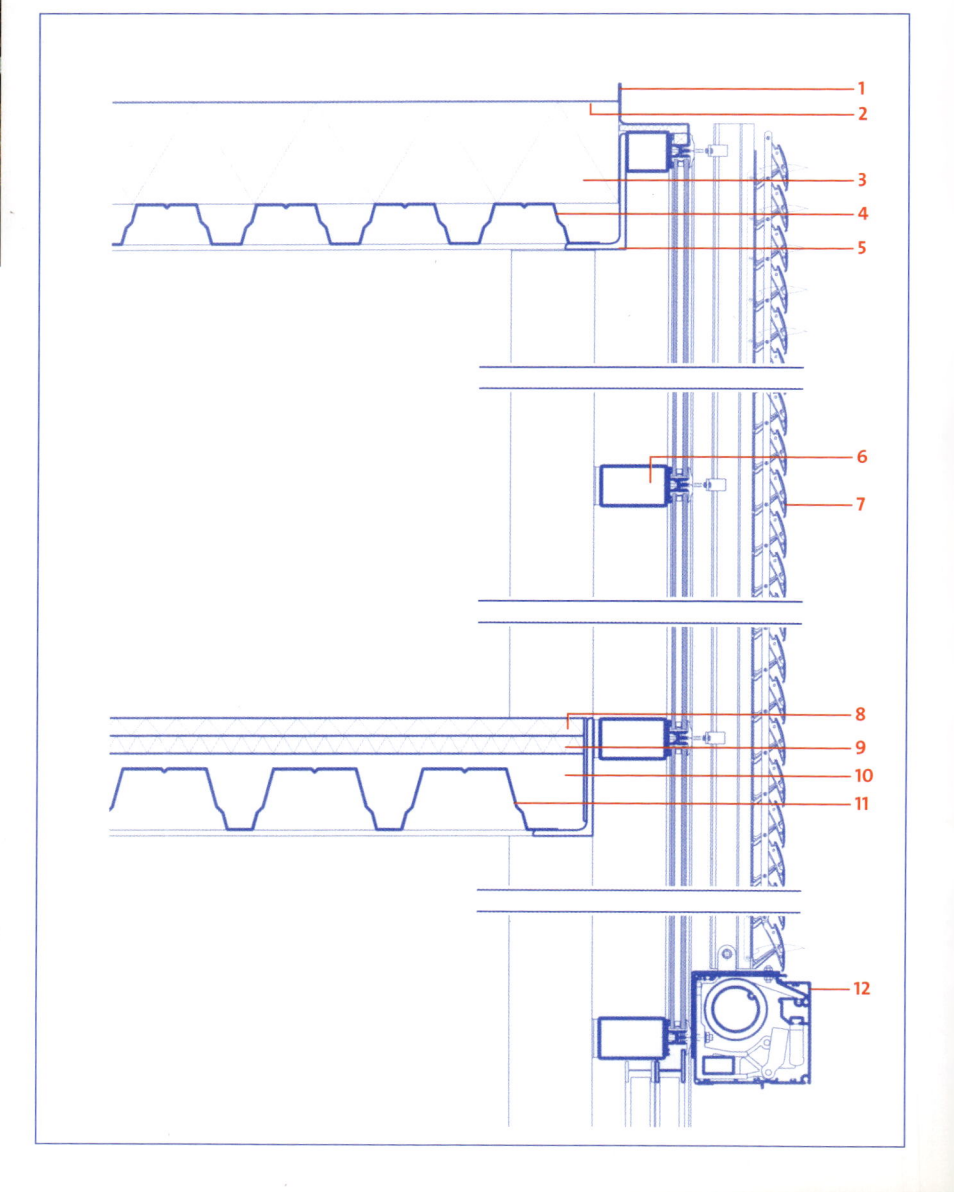

CEPEZED Doppelhaus ‚Twee zonder een kap' Delft 1989

Anschluß Dachrand Südfassade mit Aluminiumlamellen im oberen Geschoß und Anschluß Fassade an Geschoßdecke
1 Gefalzter Edelstahl-Dachrandstreifen
2 PVC-Kunststoff Dachdeckung, verklebt
3 Polystyren-Dämmplatte
4 Trapezblech-Platten
5 Eckprofil
6 Aluminium-Vorhangfassade mit Klemmleisten aus Silikongummi
7 Aluminiumlamellen als Sonnenschutz
8 Anhydritestrich
9 Mineralfaserdämmschicht
10 Sand
11 Trapezblech-Platten
12 Markise

52

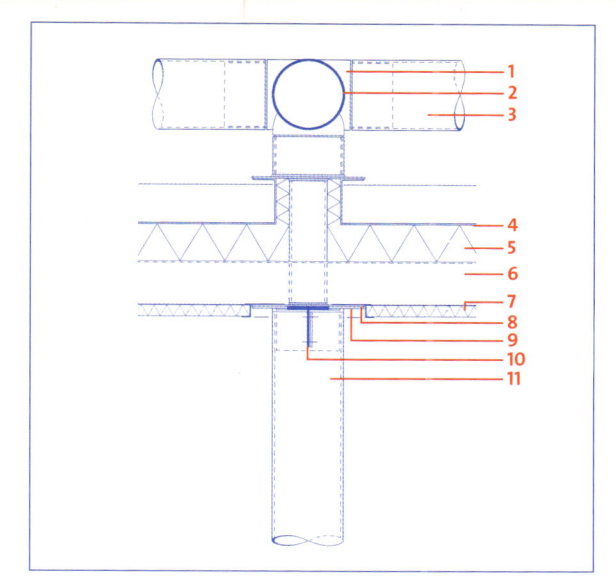

Anschluß Dachrahmenkonstruktion

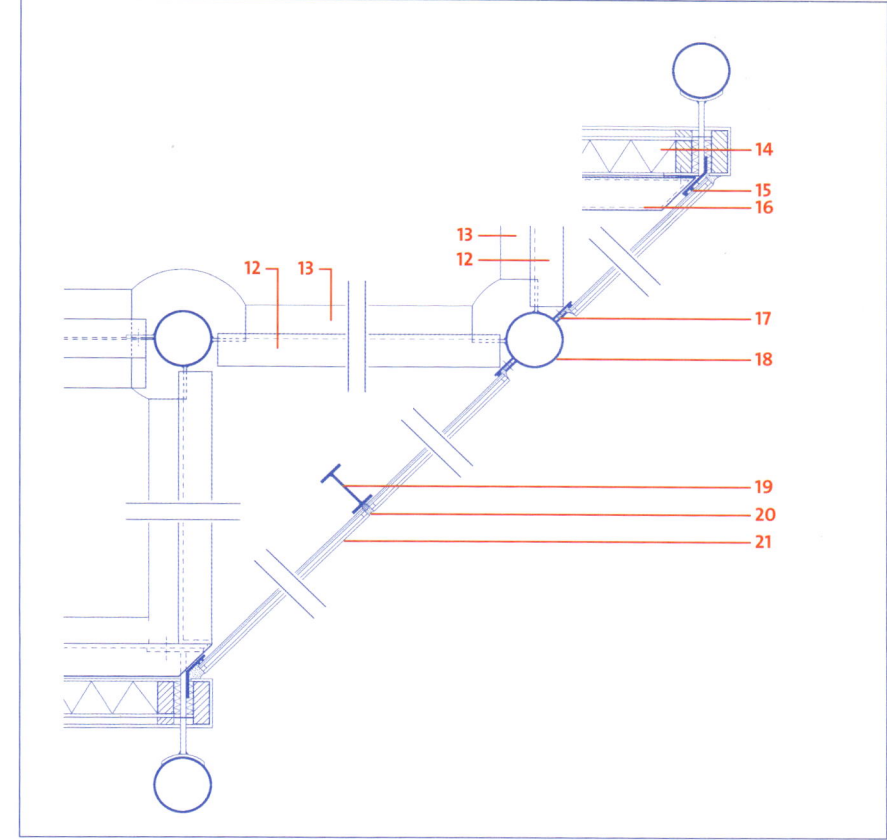

1 Knotenpunkt
2 Rohr, 168,3 x 5,6 mm
3 Rohr, 168,3 x 4 mm
4 PVC-Kunstoffolie
5 Wärmedämmung
6 Trapezblech-Platten, 106 mm hoch
7 Akustikdecke
8 Auflageband
9 Auflageschicht
10 Halber Doppel-T-Stahlträger IPE 200
11 Rohr, 168,3 x 7,1 mm, Anschluß Geschoßdecke aus Ortbeton
12 Eckprofil, 200 x 100 x 15 mm
13 Stahlblech, 200 x 15 mm, an Stütze geschweißt
14 Verbundplatte
15 Gefalztes Stahlblech
16 Kastenprofil aus Stahl, 200 x 100 x 5 mm
17 Flachstreifen und Bolzen, beide aus Nylon
18 Halbiertes Rohr, 168,3 x 7,1 mm
19 Doppel-T-Stahlträger IPE 140
20 Doppelseitiges PE-Klebeband als Haltehilfe bei Verkittung Glas und Konstruktion
21 Helles Floatglas mit 12 mm Luftschicht, gehärtetes Verbundglas

Horizontalschnitt diagonal gesetzte Glaswand (Eingang)

CEPEZED Kindertagesstätte ‚Woeste Willem' Rotterdam 1994

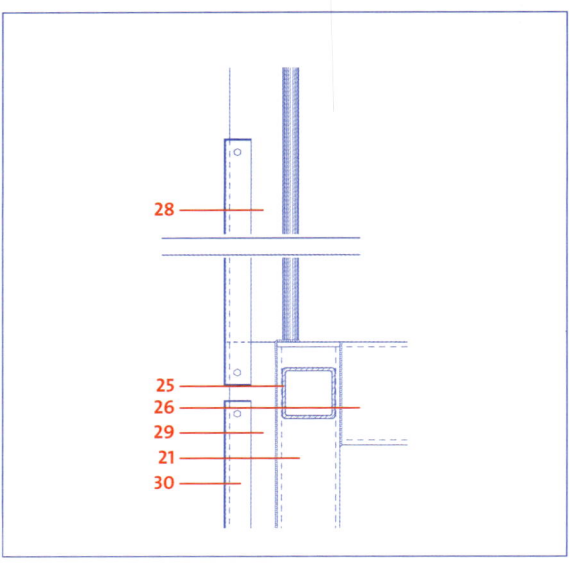

CEPEZED Centre for Human Drug Research Leiden 1995

Perforierte Stahlverkleidung

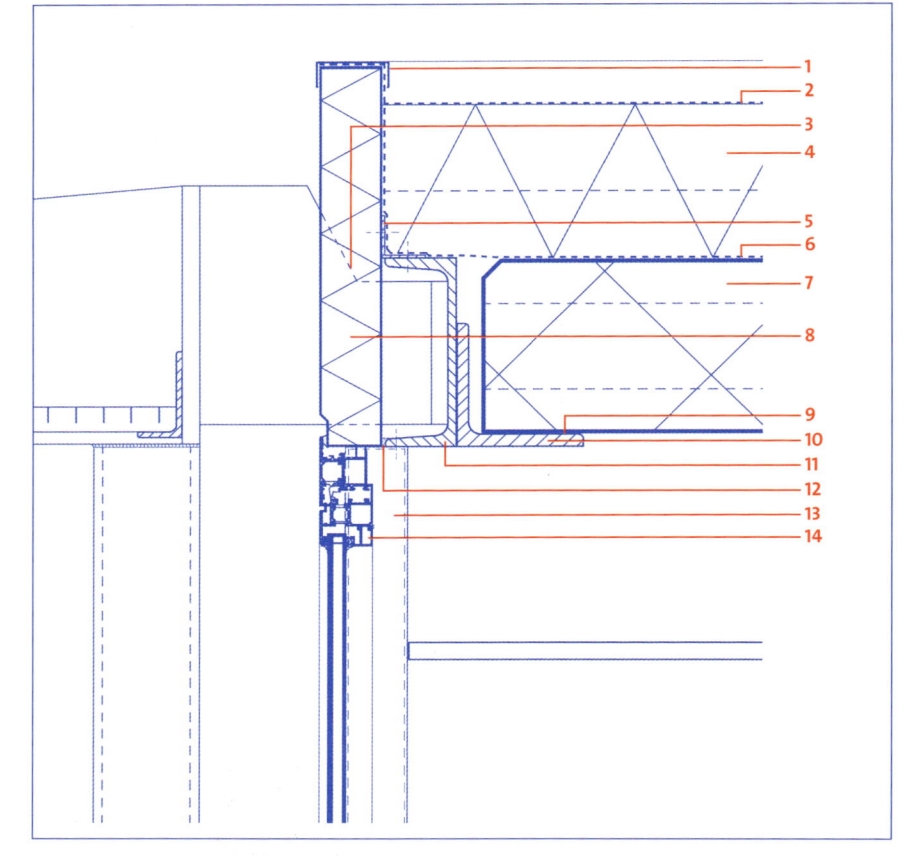

Anschluß Dachrand mit Fassade und perforierter Stahlverkleidung

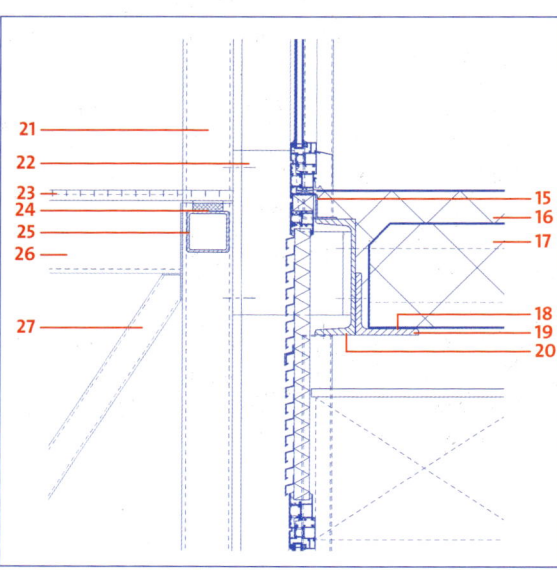

Anschluß Fassade mit Geschoßdecke

1 Aluminiumabschlußprofil
2 PVC-Kunststoffolie
3 Kältebrücke-Unterbrechung
4 Polystyrenplatten mit Gefälle
5 L-Profil, 50 x 50 x 3 mm
6 Folie als Dampfbremse
7 Betonhohldielendecke, 200 mm
8 Verbundplatte
9 Auflageband
10 L-Profil, 150 x 15 mm
11 Stahlträger UNP 220
12 Kittabdichtung
13 Kastenprofil, 70 mm
14 Fensterrahmen
15 Z-Profil, 50 x 60 x 4 mm
16 Estrich
17 Betonhohldielendecke, 250 mm
18 Auflageband
19 L-Profil, 150 x 14 mm
20 Stahlträger UNP 280
21 Kastenprofil, 120 mm
22 Stahlplatte, 200 x 400 mm, zur Verkleidungsbefestigung an Fassade
23 Gitterrost
24 Klotz, Gummi-Auflage
25 Kastenprofil, 100 mm
26 Kastenprofil, 200 x 120 mm
27 Kastenprofil, 70 mm
28 Verschweißtes Profil: Stahlblech 100 x 10 mm, Stahlrohr 30 mm
29 Stahlblech, 90 x 10 mm
30 Perforiertes Stahlblech, Stärke 1,5 mm, mit gefalzten Rändern

CEPEZED Büro CEPEZED bv Delft 1999

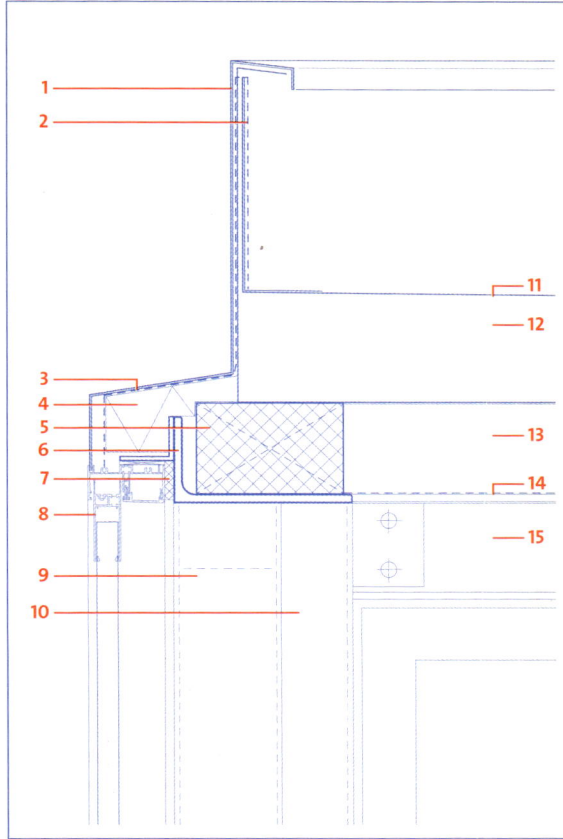

Dachrand
1 Gefalztes Aluminium-Abschlußprofil
2 Befestigung Aluminium-Abschlußprofil
3 EPDM Kunststoffolie
4 Wärmedämmung
5 Wellplatten-Abdichtung (am Kopfende)
6 Eckprofil, 200 x 100 x 10 mm, mit Coating
7 Fugenband
8 Schiebewand aus Glas
9 Kastenprofil, 120 x 60 mm
10 Kastenprofil, 200 x 6,3 mm
11 PVC-Kunststoff-Dachdeckung
12 Polystyren Dämmungsplatte mit Gefälle
13 Trapezblech-Decke, Höhe 106 mm
14 Auflageband
15 Doppel-T-Stahlträger HE 120A

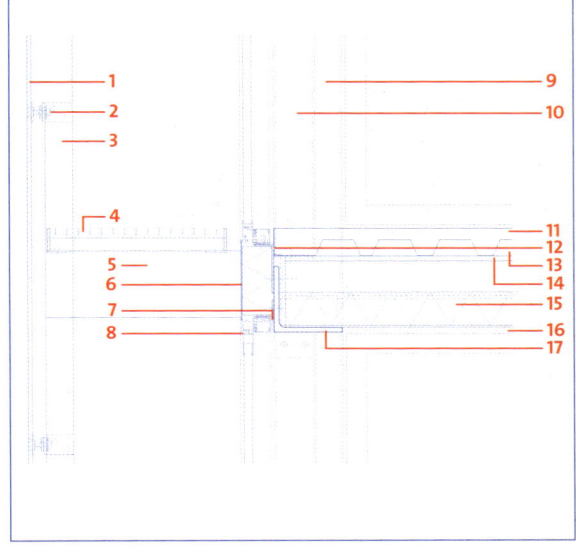

Anschluß Glas-Vorhangfassade mit Geschoßdecke
1 Gehärtetes Glas mit Siebdruck als Sonnenschutz
2 Hartglas-Befestigungselement, Stahl
3 Flachstahl, 80 x 20 mm
4 Gitterrost, 30 mm, feuerverzinkt
5 Flachstahl am Doppel-T-Stahlträger HE 120A
6 Aluminium-Verblendungsblech
7 Fugenband
8 Schiebewand aus Glas
9 Stütze, 200 x 200 mm
10 Kastenprofil
11 Anhydrit-Estrich, 35 mm
12 Verlorenes Schalungs-Randprofil für Anhydritestrich
13 Trapezblech-Decke
14 Gummistreifen als Schallisolierung
15 Mineralfaserplatte, kaschiert
16 Eckprofil, 200 x 200 x 16 mm
17 Kassettendecke aus Stahl

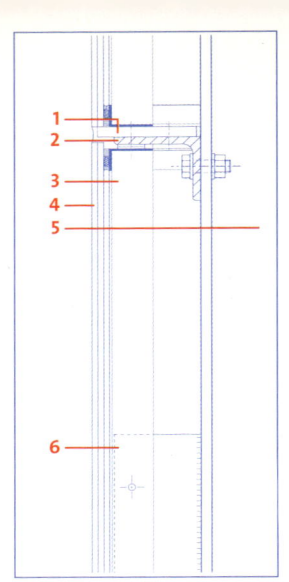

Typisches Detail Fassadenverankerung
1 Teflonstreifen, 100 x 90 x 10 mm für Glasfassadenunterstützung
2 L-Profil, 80 x 60 mm
3 Aluminium L-Profil, 40 x 20 x 2 mm, an Glas befestigt
4 Verbundglas, 5-5-4, mit matter Folie überzogen
5 Eckstütze, Doppel-T-Stahlträger HE 200A
6 Feuerverzinkter Flachstahl, 433 x 80 x 7 mm, verschweißt

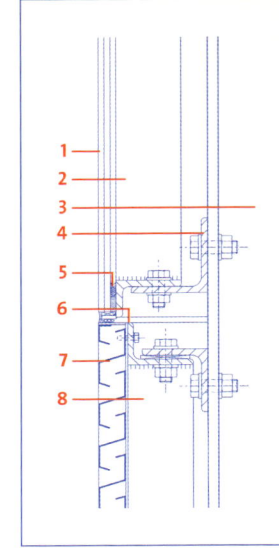

Anschluß Glasfassade mit Lüftungsblech
1 Verbundglas, 5-5-4, mit matter Folie überzogen
2 Geschweißter Stahlrahmen, 3000 x 2000 mm, als Glasfassadenaufhängung
3 Doppel-T-Stahlträger IPE 240, feuerverzinkt
4 L-Profil, 80 x 60 mm
5 Klebeband zur Verbindung Glas an dahinter liegender Konstruktion
6 Angeschweißter Flachstahl, 100 x 14 x 3 mm, als Glasfassadenunterstützung
7 Alu-Lamellenblech, Naturton eloxiert
8 Stahlrahmen für Lamellenblechbefestigung

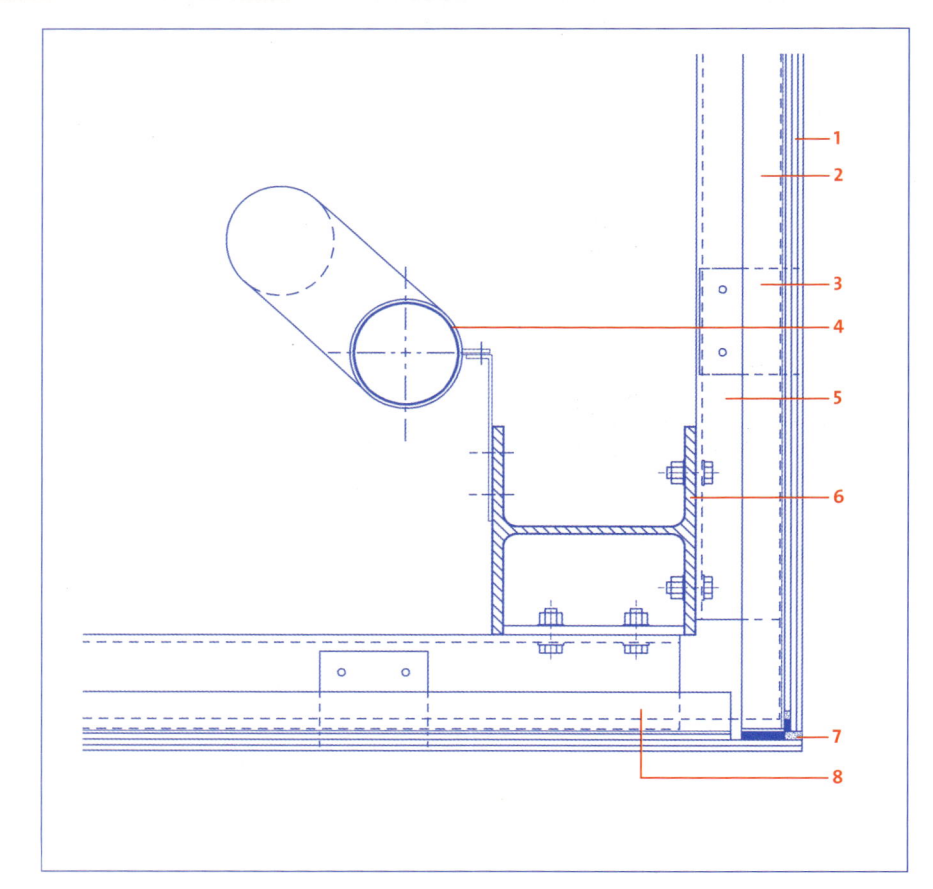

CEPEZED Wärmekoppelungsanlage Bullewijk Amsterdam 2000

Horizontalschnitt Eckdetail Glasfassade
1 Verbundglas, 5-5-4, mit matter Folie überzogen
2 Aluminium L-Profil, 40 x 20 x 2 mm, an Glasfassade befestigt
3 Teflonstreifen, 100 x 90 x 10 mm, für Fassadenverankerung
4 Regenwasserabfluß, 100 mm
5 L-Profil, 80 x 60 mm
6 Eckstütze, Doppel-T-Stahlträger HE 200A
7 Silikonkittfuge
8 L-Profil, 90 x 60 mm

CEPEZED Porsche-Fabrik Leipzig 2001

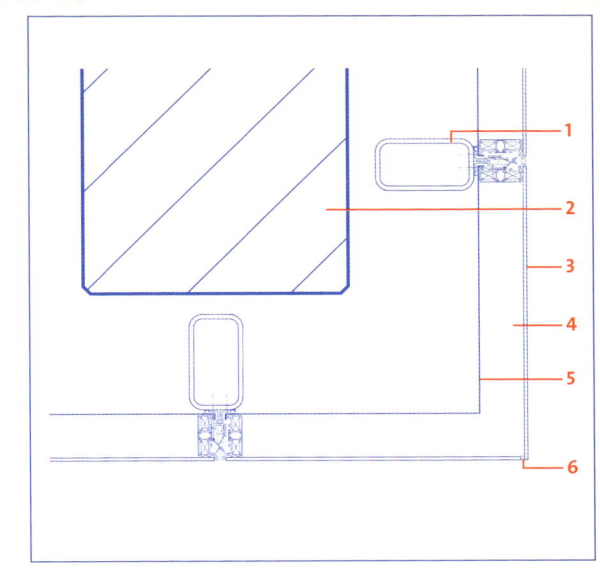

**Eckanschluß
Glasverbundplatten**
1 Kastenprofil,
220 x 120 x 10 mm
2 Betonstütze
3 Äußere Schicht
Verbundplatte aus Glas, 8 mm
4 Mineralfaserplatte, 100 mm
5 Innere Schicht
Verbundplatte aus Stahl,
0,75 mm
6 Kittfuge, grau, 8 mm

CEPEZED ÖAW Forschungszentrum Graz 2000

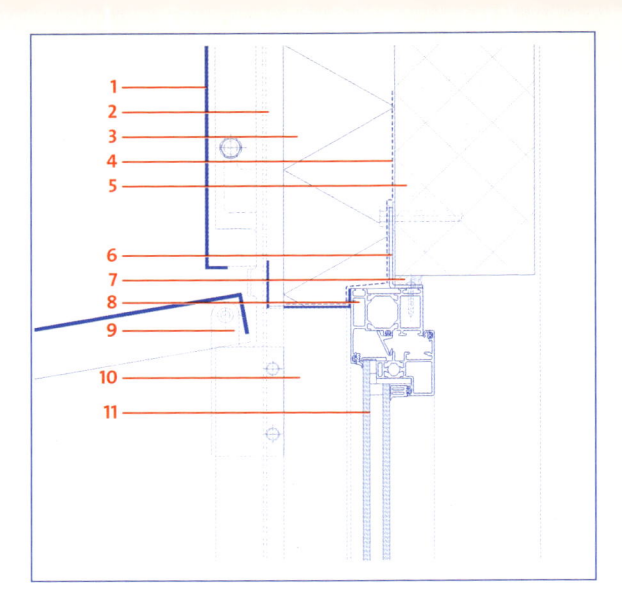

Anschluß Fassade: Fensterrahmen mit beweglichen Aluminiumpaneelen
1 Aluminiumpaneel
2 Luftschicht
3 Wärmedämmung
4 Folie als Dampfbremse
5 Betonfertigteil
6 Eckprofil
7 Kittfuge
8 Aluminium-Fensterrahmen
9 Verankerung der ausklappbaren Aluminiumpaneele
10 Ansicht Aluminium-Kastenprofil
11 Isolierverglasung

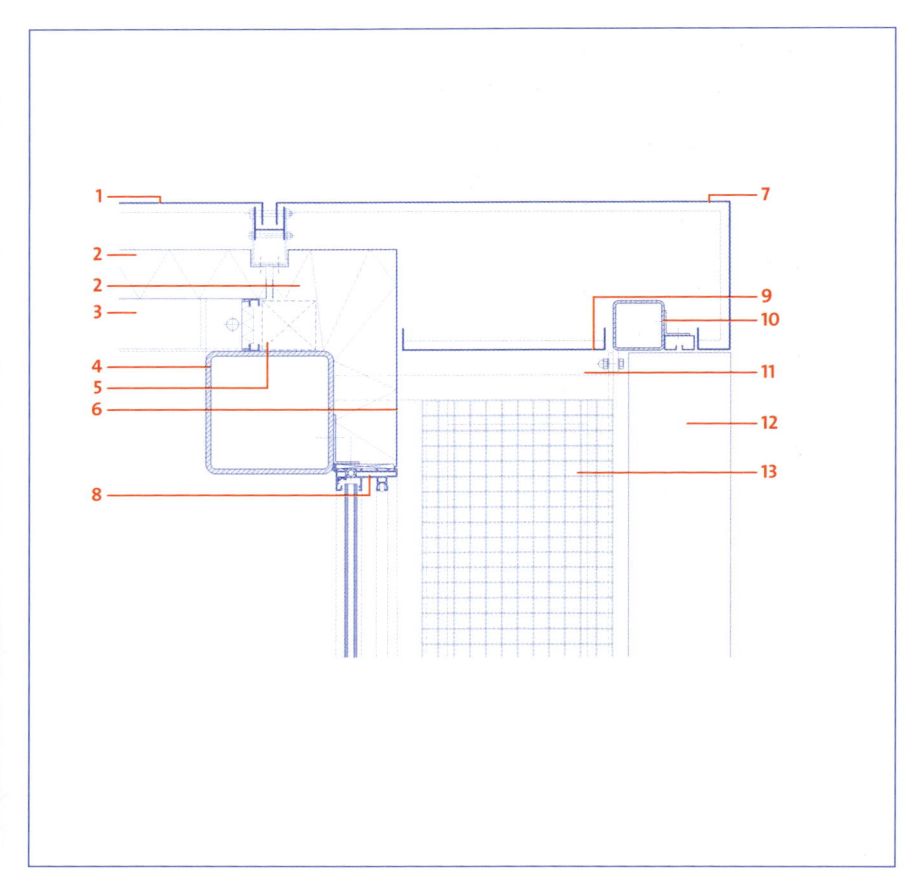

Horizontalschnitt: Anschluß Aluminiumfassade mit Seitenfront aus Glas
1 Aluminiumpaneel
2 Wärmedämmung
3 Ansicht Betonfertigteil
4 Stahlstütze, Kastenprofil, 250 x 250 mm
5 Kabelschacht
6 Aluminiumpaneel
7 Aluminiumpaneel
8 Aluminium-Schiebetür
9 Aluminiumpaneel
10 Kastenprofil
11 Kastenprofil, 100 x 50 x 4 mm
12 Aluminiumlamelle als Sonnenschutz
13 Gitterrost

CEPEZED ÖAW Forschungszentrum Graz 2000

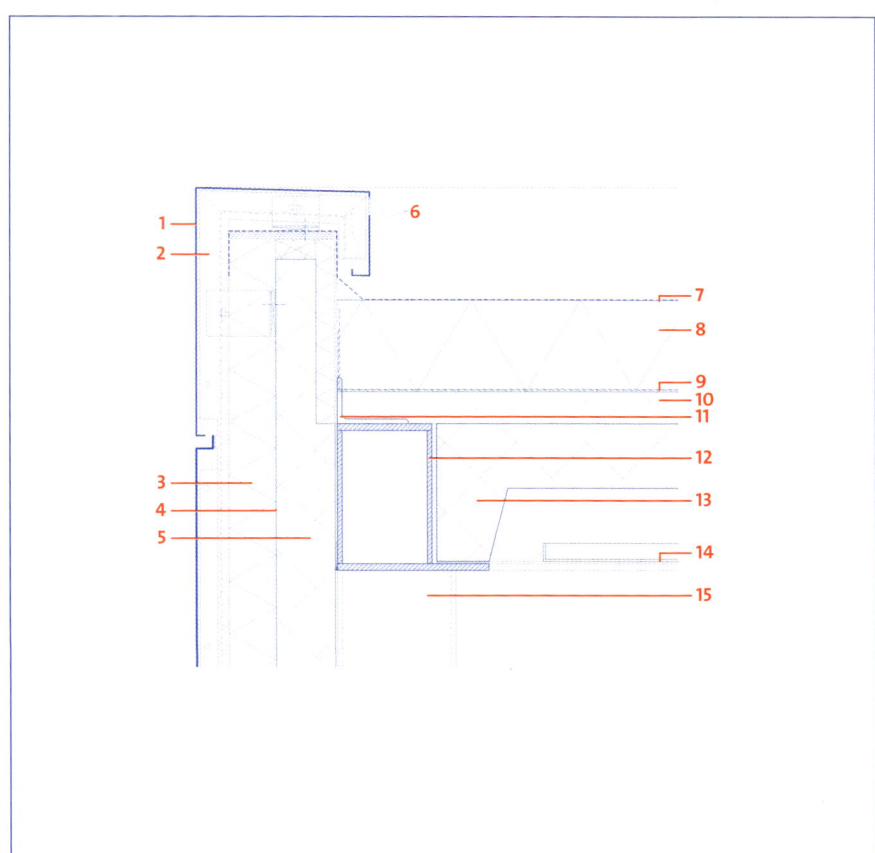

Dachrand
1 Aluminium-Abschlußprofil
2 Luftschicht
3 Wärmedämmung
4 Dampfdiffusionsoffene Folie
5 Betonfertigteil
6 Lüftung
7 Dachdeckung
8 Wärmedämmung
9 Feuchtigkeitsdichte Folie
10 Betondruckschicht mit Gefälle
11 Eckprofil
12 Randträger, 320 x 200 mm, mit angeschweißter Stahlplatte
13 Stahlbetondecke
14 Decke mit Strahlungsheizung und Akustikmembran
15 Stahlstütze, Kastenprofil, 250 x 250 mm

Erick van Egeraat
Ungewöhnlich schön

Um die Spannung zu beschreiben, die er in seinen Gebäuden erzeugen will, verweist Erick van Egeraat gerne auf eine der grausamsten Szenen in Francis Ford Coppolas Film *Apocalypse Now*. In dieser Szene wird der Protagonist von den Vietkong ermordet. Der Mord selbst geschieht allerdings außerhalb des Bildfelds. Manchmal ist das schmerzverzerrte Gesicht zu sehen, im Wechsel mit beinahe romantischen Bildern von grasenden Kühen. Im Hintergrund spielt eine fröhliche Melodie. Indem er den Mord nicht zeigt und kontrastierende Bilder einfügt, verstärkt der Regisseur den Effekt der Szene auf meisterhafte Weise.

Erick van Egeraats Gebäude sind sicherlich nicht abscheuerregend wie die Bilder des Films, aber sie erzeugen durchaus eine faszinierende, unterschwellige Spannung. Sie appellieren an die Emotionen des Betrachters. In diesem Zusammenhang lohnt ein Verweis auf den Artikel *De Eeuwige Jeugd van Mecanoo*, in dem der Kritiker Bart Lootsma die Bedeutung des Logos dieses kollektiven Büros analysiert, dem van Egeraat bis 1996 angehörte: „Die Haltung des [schwebenden] Mannes ist ausgesprochen elegant (...). Das Schweben drückt Sorglosigkeit aus, und der Badeanzug läßt an Ferien und Freizeit denken."¹ → **1** Als van Egeraat Mecanoo verließ, wählte er für sein neues Büro EEA ein Logo, das auf den ersten Blick viel Ähnlichkeit mit dem von Mecanoo hatte. Auch hier ist ein fallender Mann zu sehen, aber die Sorglosigkeit ist verschwunden. Anstelle einer stilisierten Figur ist ein (von Schmerz?) verzerrtes Gesicht zu sehen; die Haltung der Arme und Beine hat nichts mit sanftem Gleiten zu tun, sondern eher mit unkontrolliertem Fallen. → **2** Diese Veränderung findet sich auch in der Architektur. Der Kritiker Roemer van Toorn konnte 1994 noch schreiben, Mecanoo führe „einen Kampf um Qualität unter Beachtung der Spielregeln, ohne Widersprüche oder Doppeldeutigkeiten in die Projekte einzubringen". Mittlerweile ruft van Egeraat in seinen Gebäuden – ohne übrigens gesellschaftskritisch zu sein – eine Ahnung hervor, daß irgendetwas nicht ganz stimmt.²

Diese Spannung entsteht durch Gegensätze. „Diese Überzeugung, daß Architektur am besten als weder der eine noch der andere Pol verstanden werden kann, sondern als eine komplexe, vielschichtige Mehrdeutigkeit aufgefaßt werden muß, bildet den Hintergrund für Erick van Egeraats Weigerung, sich sozusagen in eine Schublade einordnen zu lassen. Er besteht auf der gleichberechtigten Verwendung verschiedener architektonischer Formensprachen und Verfahrensweisen. Er setzt nüchterne strukturelle Stahlarbeiten direkt neben reich patinierte Vergoldungen. Er kann gleichzeitig von der kühlen Strenge von Metall und der sinnlichen Verwendung von Holz schwärmen. Er ist dazu bereit, Kurven neben eine orthogonale Geometrie zu setzen."³
Da es van Egeraat gelingt, die gegensätzlichen Elemente zu einem logischen Ganzen zu verschmelzen, üben seine Gebäude eine anhaltend faszinierende Wirkung aus. Gelänge dies nicht, wären einige von ihnen einfach nur seltsam.

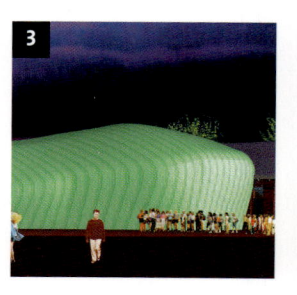

Bizarr ist zum Beispiel das Poppodium Mezz in Breda (2002), → **3** bei dem eine kupferne Muschelform, in welcher der Saal und das Foyer liegen, einer Offiziersmesse von 1899 gegenübersteht. Noch extremer ist der hängende Konferenzsaal des Gebäudes der ING Bank und der Versicherungsgesellschaft Nationale Nederlanden in Budapest (1994). → **4** Auf dem gläsernen Dach ist ein Objekt aus Zink gelandet und scheint aufgrund seines eigenen Gewichts zum Teil hineingesackt zu sein. Wie ein Zinktropfen hängt der Körper im Glas des Atriums. Auf den ersten Blick erinnert er an die Entwürfe des amerikanischen Architekten Lebbeus Woods (geboren 1940). Aber Woods zeichnet echte Eindringlinge – Objekte, die sich einen Platz in einer verwüsteten Welt erobern, oder Parasiten, die sich in die Erde eingegraben haben und dort versuchen, neue Lebensformen zu ermöglichen. (Underground Berlin, 1988) → **5** Sie sind gefährliche Wesen in einer verseuchten Welt. Erick van Egeraats Eindringlinge sind dagegen auf einem eklektizistischen Gebäude aus dem 19. Jahrhundert an der Andrássy Ut und neben einer alten Militärkaserne in Breda gelandet. Der Kontrast hätte eine überzogene Spannung oder gar eine Unvereinbarkeit zur Folge haben können. Das wäre dem Architekten jedoch zu weit gegangen: Er will Dinge, die im wesentlichen voneinander abweichen, miteinander in Einklang bringen. Deshalb sind die ‚Aliens' so schön gestaltet, daß sie sich in ihre Umgebung regelrecht einnisten. Es gibt einen signifikanten Unterschied zwischen der Detaillierung von van Egeraats Poppodium und derjenigen beispielsweise des Wasserpavillons Neeltje Jans von Lars Spuybroek (1997). In bezug auf Form und Konstruktion sind diese Gebäude einander recht ähnlich, aber während der Gebäudekörper von Spuybroek in seiner Oberfläche unregelmäßige Verformungen aufweist, und dadurch an die Entwürfe von Woods erinnert, erzielt van Egeraat mit Spritzbeton und einer Kupferhaut eine enorme Perfektion. Die amorphen Holzrippen des Konferenzsaals in Budapest wurden exakt entsprechend der Computerzeichnung hergestellt. Danach wurden sie mit einer straffen Zinkhaut verkleidet. → **6** Die stark betonten Falze verleihen der Haut – und damit dem Körper – mehr Volumen. Woods Figuren sind aus Altmetall und haben ein langes, schmerzensreiches Leben hinter sich; der ‚Alien' von Erick van Egeraat verführt durch seine Perfektion und das präzise geformte Metall gewissermaßen zum Streicheln. In dem Buch, das anläßlich der Fertigstellung des Projekts erschienen ist, wird der Aufbau zärtlich als ‚Walfisch' bezeichnet, der im Gebäude hängende Teil als sein Bauch. 4

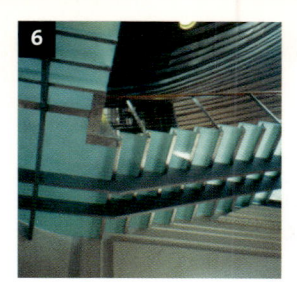

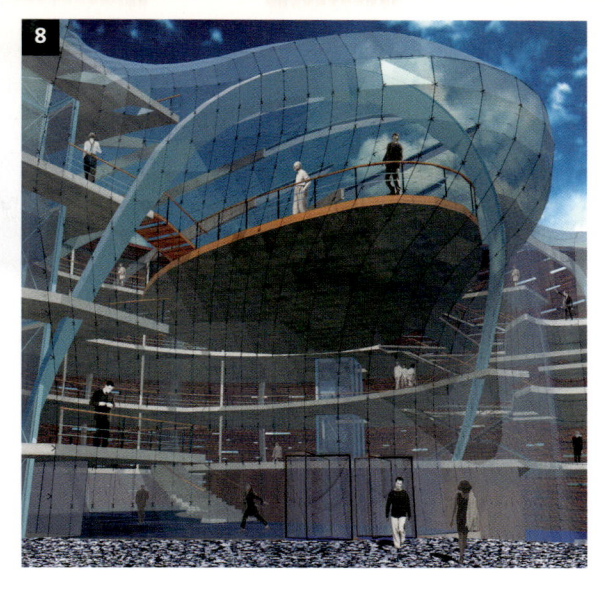

Der Konferenzraum ist in das Glasdach eingelassen, welches das Atrium überspannt. Eigentlich ist das Glas ebenso ein Fremdkörper im Gebäude wie der organisch geformte Konferenzraum selbst: Es ist straff, glatt; und da es auf gläsernen Trägern ruht – eine konstruktiv sehr innovative Verwendung von Glas –, ist es sehr transparent. Während die Nähte der Zinkplatten am Konferenzraum betont wurden, um mehr Masse zu suggerieren, sind die Unterseiten der Träger glattpoliert, um die Schichtung des Glases zu kaschieren. → 7 Eine sichtbare Schichtung hätte zuviel Unruhe verursacht. Eigentlich fand van Egeraat schon die Dachkonstruktion mit ihren Stahlprofilen, den Edelstahlstützen, in welche die Glasträger eingespannt sind, und dem Glasdach mit den schwarzen Kittfugen zu überfüllt. Doch es ist gerade die Aufmerksamkeit, welche derartigen Detaillierungen gewidmet wird, durch die es gelingt, fremd anmutende Elemente in das Gebäude zu integrieren. Mit ebensoviel Sorgfalt wurden sowohl neue und moderne als auch Imitationen von Neo-Renaissance-Elementen für den Bau hergestellt. Nach der vollständigen Entkleidung des Gebäudes wurden die ursprünglichen Details leicht modernisiert wieder hergestellt. Auf diese Weise verschmelzen sie zu einem vielschichtigen und kontrastreichen Ganzen.

Moderner Barock

Es ist auffällig, daß ausgerechnet die mehr oder minder ursprüngliche Detaillierung des Gebäudes dazu dient, eine bestimmte Atmosphäre zu erzeugen. Denn Mecanoo galt stets als eines derjenigen niederländischen Büros, die an der Formensprache der Moderne festhielten. Sie lehnten die Architektur des 19. Jahrhunderts mit all ihrer Ornamentik radikal ab. Ursprünglich war auch nicht geplant, alle Details des Interieurs wieder in ihren Originalzustand zu versetzen. Erst während eines Spaziergangs durch Dresden entdeckte der Architekt das Potential solch historischer Bauten. „Ich blickte nach oben, um die Gebäude, die mich umgaben, zu sehen. Und trotz der mitfühlenden Ungläubigkeit, die ich gewöhnlich für Vergoldungen und Engel aus dem 18. Jahrhundert sowie für die wesentlich älteren, dekorativen Wandmalereien und Sgraffiti empfand, wurde mir plötzlich klar, daß diese Wände ruhiger waren als alles moderne, architektonische Gemurmel, das mir bekannt war. Die Fassaden dieser Gebäude waren nicht laut, sondern klar und sauber. Sie waren nicht nutzlos, sondern in der Tat sehr wirkungsvoll und effizient. Diese Architektur spendete Trost. Die Gebäude sollten beeindrucken und luxuriös sein; tatsächlich boten sie dem müden Reisenden ein Kissen an, auf dem er seinen Kopf ausruhen konnte."5

Von nun an verwendete van Egeraat den Begriff ‚Moderner Barock'. Dieser Begriff trifft nicht ganz, da der Barock sich durch eine visuelle Üppigkeit auszeichnet, der eine sehr straffe, mathematische Flächeneinteilung gegenübersteht. Van Egeraat entwirft aber sehr intuitiv, und auch die Spannung, die er in seinen Bauten erzeugen will – der Barock war vor allem überschwenglich und feierfreudig; er kannte keinen echten Tiefgang –, hat mehr mit Romantik als mit Barock zu tun. Wichtiger ist jedoch, daß van Egeraat versucht, die straffen Formen der Moderne mit der Pracht von Gebäuden aus dem 18. und 19. Jahrhundert zu verbinden. „In meiner Arbeit versuche ich, die gegenwärtige Symmetrie und Ordnung hinter mir zu lassen und statt dessen Asymmetrie und Disharmonie einzuführen, jedoch von deren negativen Konnotationen befreit. Sie besteht für mich in der Spannung, die man erlebt, wann immer man etwas Unbekanntem und Undefinierbarem begegnet; die Provokation aller Regeln der Präsentation, die es ermöglicht, das nicht Darstellbare und Undefinierbare darzustellen."6

Im ING-Gebäude in Budapest sowie im Poppodium Mezz entsteht Spannung durch die Kombination mehr oder minder historischer Details mit modernen Materialien, vor allem aber durch die Integration der Fremdkörper. Im Prinzip geschieht dasselbe in seinem Entwurf für das Gebäude der NOS Fernseh- und Radiostudios in

Hilversum (1996). → **8** Hier verschmilzt der bizarre, ausgestülpte Glaskörper des Eingangs mit einem massiven Backsteinvolumen. Das verleimte Mauerwerk, das durch seine minimalen Fugen massiver wirkt als normales Mauerwerk, bildet das beruhigende Element. Aus dem Backstein tritt die amorphe Glaskugel heraus. Auf den ersten Blick wird sie von zu dünnen Stahlseilen getragen. Dieser Eindruck einer instabilen Konstruktion wird noch dadurch verstärkt, daß der langgestreckte Glaskörper zusammenzusacken scheint. In Wirklichkeit sind die Seile derart vorgespannt, daß sie sowohl Druck- als auch Zugkräfte aufnehmen können. Das intuitive Vertrauen wird durch die Detaillierung zurückgewonnen – schließlich gilt es, Gewißheiten zu untergraben, nicht aber Unvereinbarkeiten zu schaffen. An erster Stelle geschieht das konstruktiv. Die Stahlseile sind mit starken Stahlträgern verbunden, die in das Mauerwerk eingelassen sind und dort auch sichtbar bleiben. Auf diese Weise verschmilzt die schwere Backsteinmasse mit dem fragilen Glasvolumen. Auch wird die Konstruktion des gläsernen Eingangsbaus im dann folgenden Gebäude aufgenommen, dient als eine Art Vorbote für die spektakuläre Halle. Statt die Glasfassade vollständig zu glätten, wurden die Glasplatten wie Dachziegel angebracht. Die jeweils obere Platte steht etwas über die darunterliegende hinaus (was unter anderem nötig war, um die Fassade wasserdicht zu machen). Durch ihre Detaillierung erhält die Glasfassade ein fast handwerkliches Aussehen.

Rauhe Details
Die rauhe Detaillierung der Crawford Art Gallery in Cork (2000) sorgt für die Verschmelzung des amorphen Neubaus mit dem recht abgenutzten Altbau. → **9** Backsteinschalen, die einen schwungvollen Übergang zwischen Fassade und Dach schaffen, bilden hier die Fremdkörper. Indem diese Schalen zum Teil auch über die Fassade des Altbaus gezogen wurden, verbinden sie die beiden Gebäude. Die Schalen sind viel rauher ausgeführt als zum Beispiel beim ‚Walfisch' für das ING-Gebäude. Die Linienführung ist nicht straff, die Formgebung weder glatt noch stromlinienförmig. Auch der Übergang von der alten zur neuen Fassade ist nicht perfekt, aber die Detaillierung des Luftraums hinter der Glaswand verrät, daß diese Unvollkommenheit zumindest in gewissem Maße beabsichtigt ist. An dieser Stelle wurde der Beton auf dem Boden zwischen den Bewehrungsmatten regelrecht zerhackt. Übriggeblieben sind die rostigen Stahleinlagen. Auch an anderen Stellen im Gebäude finden sich imperfekte Details. So liegt das Treppengeländer lässig auf aus der Wand ragenden, groben Steinen auf, und die Durchbrüche in den Wänden sind nicht korrekt ausgerichtet. Aber da auch der Altbau viele Unvollkommenheiten aufweist, es kein Budget für eine makellose Ausarbeitung gab und zudem die kleine Straße, in der das Museum liegt, recht trostlos ist, fügen sich besonders die Backsteinschalen mit ihrer unfertigen Detaillierung gut in diese Umgebung ein. Die von ihnen erzeugte Spannung bleibt dabei erhalten; aber indem die Details die fremdartigen Elemente der Umgebung aufnehmen, macht der Entwurf die Straße sozusagen zum Vorboten des Museums. Sie wird von der Spannung des Gebäudes durchdrungen. Diese Spannung ist unterschwelliger und hält länger an. Ähnlich ist auch das Poppodium in Breda von den Wohnungen auf demselben Grundstück aus nicht vollkommen sichtbar, sondern hinter dem Schrägdach der Offiziersmesse versteckt. Diese vage Präsenz erweckt Neugier.

Die in Cork verwendete lässige Detaillierung betrachtet van Egeraat als ein Mittel, um als Architekt etwas zu verändern. In seinen Gebäuden sollen Dinge scheinbar von selbst entstehen, wenngleich sich dies oft als schwieriger erweist als Perfektion anzustreben. Während der Versuch, auf Detailniveau Ordnung ins Chaos zu bringen, oft zu manierierten Details führt, hätte die Aufgabe jeglicher Kontrolle ganz einfach schlechte Details zur Folge, was ihm wiederum zu weit geht. In Cork sind beide Arten von Details zu finden. Der Bewehrungsstahl, der im Luftraum sichtbar blieb und ein interessantes Element bildet, wurde um die Fassadenstützen herum sauber abgeschnitten. Zu einer echten Konfrontation beider Aspekte kommt es nicht. Auch die Türen haben eine sehr glatte, präzise Beschichtung, die nicht in diese rauhe Umgebung paßt. Ein konventioneller Anstrich wäre hier angebrachter gewesen. Das Chaos wird hier allzusehr gezügelt. Ebenso ist der Sturz des gewölbten Mauerwerks facettiert (weil ein gebogener Sturz zu teuer gewesen wäre), und die Fugen zwischen Mauerwerk und Fensterrahmen, die sehr unregelmäßig waren, ließ van Egeraat nachträglich korrigieren, weil sie zuviel unkontrolliertes Chaos verursachten. → **10**
Auch in der Ichthus Fachschule (2000) in Rotterdam finden sich deutliche Spuren von organisiertem Chaos. → **11** Die Brücken im Atrium etwa, die auch als Arbeitsplätze dienen, muten sehr industriell an. Die Stahlkonstruktion ist robust und sehr präsent. Zugleich aber wird die Stahlkonstruktion stilisiert, und darüber hinaus wurden die aus Brandschutzgründen notwendigen Sprinkleranlagen in die hohlen Kastenprofile integriert. Sie sichtbar zu machen – was dem Gebäude ein wirklich industrielles Aussehen verliehen hätte – ging van Egeraat auch hier zu weit. → **12**

Überlagerungen

Um auf solcherart etwas lässigere Weise bauen zu können und den Gebäuden dennoch ein makelloses Aussehen zu verleihen, müssen die Details vereinfacht werden. Dabei ist wichtig, daß die verschiedenen Materialien an den Anschlüssen nicht ineinander gefügt werden, sondern daß Stoßverbindungen hergestellt werden, an denen sie an- oder übereinander gelagert sind. Das Resultat ist eine härtere, deutlichere und oft auch spannendere Konfrontation der verschiedenen Materialien. Solche Details wurden zum Beispiel für den Wohnungskomplex am Stuivesantplein in Tilburg (1999) entwickelt. → **13** Wo es möglich war, wurden Flächen übereinander geschichtet und schwierige Verbindungen vermieden. Die Seitenfassaden aus Naturstein wurden auf Stoß an die Ober- und Unterränder aus Beton gesetzt. Dasselbe gilt für die Fassadenwände an den Laubengängen aus groben Zedernholzplanken. → **14** An den Ecken treffen Holz und Naturstein nicht direkt aufeinander, sondern das Holz endet hinter dem Naturstein. Auch an der Eingangsseite der Einfamilienhäuser wurden verschiedene Materialien aneinandergesetzt. Holz, Glas, Naturstein und selbst die Trennwände aus Beton sind eigenständige Flächen. Die Konfrontation der Materialien, die jeweils eine andere Ausstrahlung haben, ist eine der außergewöhnlichen und spannenden Facetten dieses Gebäudes. Van Egeraat beweist hier, daß die Vermeidung einer komplexen Detaillierung sich nicht negativ auf die visuelle Vielfältigkeit des Gebäudes auswirken muß.

Bei den drei Wohntürmen in Stuttgart (Haus 13 IGA, 1993) wurde diese Detailtechnik, durch die die verschiedenen Elemente nicht miteinander verbunden, sondern übereinandergelegt werden, mit einem anderen Ziel eingesetzt. → **15** Sie nimmt den verschiedenen Elementen ihre Gewöhnlichkeit. Wie gebrochene Knochen aus einem Körper, ragen grobe Stahlprofile aus den glatt verputzten Fassaden der Türme heraus. → **16** Die unabhängigen Volumina der Laufstege scheinen auf diesem Profilsystem gelandet zu sein und lose darauf aufzuliegen (im Gegensatz zu den Balkonen, die zwar auch auf hervorstehenden Profilen ruhen, deren hölzerne Bodenbalken jedoch über die Profile geschoben sind, so daß viel eher der Eindruck einer Einheit ensteht). Durch die unregelmäßigen Längen der Profile wird der Eindruck der Zufälligkeit noch verstärkt. Die an sich ganz gewöhnlichen Einzelelemente (Wohnblock und Fahrstuhl, die durch Laufstege verbunden sind) scheinen wie zufällig eine neuartige Verbindung miteinander eingegangen zu sein. Indem sie zuerst isoliert und dann wieder kombiniert werden, wirken diese an sich vertrauten Elemente fremd. Aus gewöhnlich wird ungewöhnlich, oder jedenfalls außergewöhnlich.

Profilierte Glasfassaden und geschichtetes Glas

Auch die Glasfassaden der drei Türme sind zwar nicht neu, aber ungewöhnlich. Van Egeraat hat ihnen eine zusätzliche Reliefwirkung verliehen, indem er das Innerste der Fensterfronten nach außen kehrte: Die recht flachen Klickprofile liegen in den Wohnungen, während die tieferen Versteifungsprofile an der Außenseite angebracht sind. Durch diese Maßnahme wird die Glasfassade nicht nur belebt, sondern sie erweckt auch auf sehr subtile Weise den Eindruck, daß irgendetwas nicht stimmt. → **17**

Bei der Ichthus Fachschule in Rotterdam nimmt die Profilierung der Glasfassaden beinahe bizarre Formen an. Die großen Glasplatten, die wie die Stahlplatten eines Schiffes in horizontaler Richtung befestigt sind, werden von ebenfalls extrem großen Aluminiumflügeln fixiert. Diese übertriebene Konstruktion verleiht dem Glasgebäude zunächst ein ebenso rauhes wie scheinbar verläßliches Äußeres. Allerdings wurden die Aluminiumprofile nicht über allen Glasplatten angebracht, → **18** sondern sind unregelmäßig über die Fassade verteilt. So entsteht ein grafisches Bild, aber im selben Moment regen sich Zweifel an der Zweckmäßigkeit der Konstruktion. Was zunächst aufgrund der Profile wie eine stabile Fassade aussah, macht nun, durch das Weglassen der Profile, einen sehr instabilen Eindruck. Was Vertrauenswürdigkeit ausstrahlen sollte, wird destabilisiert. Was funktional schien, wirkt nun ornamental.

Außer der Detaillierung der Fassade manipuliert van Egeraat auch das Glas selbst, um für überraschende Spannung zu sorgen. Glas spielt in seinem Werk deshalb eine wichtige Rolle; in dem Buch *Cool Medium Hot* schreibt Deyan Sudjic, daß van Egeraats Materialpalette „sehr weit am gläsernen Ende des Spektrums" liege.[7] In der Tat verwendet van Egeraat in seinen Gebäuden viel Glas, allerdings selten allein um seiner Transparenz willen.[8] Er versucht, dem Glas seine natürliche Immaterialität zu nehmen. Das erste Beispiel dafür findet sich in dem Erweiterungsbau der ING-Bank in

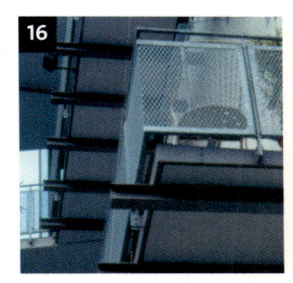

Erick van Egeraat Ungewöhnlich schön

Budapest (1997). Dieses Gebäude, das in einer Seitenstraße der Andrássy Ut an den historischen Bau mit dem Konferenzsaal grenzt, zeigt auf den ersten Blick eine Natursteinfassade, die eine Verbindung zu den anderen historischen Bauten in der Straße herstellt. Tatsächlich bestehen die Fassaden jedoch aus in Siebdrucktechnik bedrucktem Glas. → **19** Indem der Siebdruck immer etwas verschoben wurde, erhielten die Platten alle ein etwas anderes Muster, das an die Unregelmäßigkeit von Naturstein erinnert. Darüber hinaus sind auch die beiden Glasplatten der Klimafassade bedruckt, wodurch das Glas sogar mehr Tiefenwirkung hat als echter Naturstein. Die wahre Materialität ist jedoch erkennbar, da der Siebdruck so angebracht ist, daß die Fassade von der Seite betrachtet geschlossen erscheint, aber durchsichtig wird, wenn man direkt davor steht. Eine weitere Besonderheit des Glases ist, daß ständig gedämpftes Tageslicht ins Gebäude fällt.

Das Glas ist verklebt, so daß die Fassade eine vollkommen flache Detaillierung hat, die nicht nur stark an Naturstein erinnert, sondern auch den Eindruck einer gewissen Undurchdringlichkeit erweckt. Im Gegensatz zu den stark profilierten Fassaden mit Glas von der üblichen Transparenz in Stuttgart und an der Ichthus Fachschule, benötigen die bedruckten Glasfassaden keine zusätzliche Profilierung. Die Siebdrucke sorgen bereits für eine faszinierende Tiefenwirkung und Dreidimensionalität.

Für das Fachtechnische Gymnasium in Utrecht (1997) und das Naturkundemuseum (1996) in Rotterdam bediente van Egeraat sich einer anderen Strategie, um dem Glas eine dritte Dimension zu verleihen, die ihm eigentlich wesensfremd ist. Bei dem Fachtechnischen Gymnasium hatte er die Aufgabe, einem bereits entworfenen Schulgebäude das gewünschte fortschrittliche Aussehen zu verleihen. Die Grundrisse und damit auch die Fassadeneinteilung standen bereits fest. Van Egeraat entfernte die ursprünglich geplante Vormauerschale und installierte an ihrer Stelle eine Glashaut. So einfach dieser Eingriff auch sein mag, erzielt er doch den optimalen Effekt – insbesondere bei den Fassaden, bei denen hinter dem Glas nun die Steinwolle sichtbar ist. Dieses billige Material wirkt durch die Glashaut plötzlich viel edler. Umgekehrt erhält das nahezu immaterielle Glas durch die Anbringung vor der Steinwolle Farbe, Tiefe und Bedeutung. → **20** Indem er das Glas über das eigentliche Gebäudevolumen hinauszieht, verbindet van Egeraat den Himmel mit dem Gebäude, in dem der Himmel sich spiegelt. Dagegen ist der Effekt der Glasfassaden, die bei den anderen Flügeln vor den hölzernen und rot gefärbten Kalksandsteinfassaden angebracht wurden, wesentlich schwächer. Dort wirkt das Glas überflüssig und etwas fehl am Platz.

Die Konstruktion der Glashaut ist sehr einfach. Das Glas ist in Aluminiumprofile gefaßt. Zwischen den Glasplatten wurde jeweils eine 1 cm breite Fuge offengelassen, um den Hohlraum und zugleich das Gebäude zu belüften. Während die Anbringung vor opakem Material dem Glas Tiefe verleiht, bewirken die Aluminiumprofile und Spalten eine Strukturierung der Fassade. Die Einfachheit der Fassade wird beim Übergang zum Erdboden noch unterstrichen. Unter Verwendung einer sehr ähnlichen Detaillierung wurden dort Gitterroste plaziert, um die Fassade weniger verletzlich zu machen. → **21** Die Kontraste der verschiedenen Materialien (Glas, Steinwolle, Gitterroste) sorgen für ein überraschend edles Aussehen, das allerdings etwas dadurch beeinträchtigt wird, daß die Steinwolle mit der Zeit stark verschmutzt.

Die Nord- und Ostfassade des Naturkundemuseums weisen große Ähnlichkeit mit den Fassaden des Fachtechnischen Gymnasiums auf. → **22** Van Egeraat stülpte hier eine gläserne Box über größtenteils geschlossene Betonwände. Auf der Parkseite schwebt die Betonwand 1,5 m über dem Erdboden. Das Resultat ist eine spannende Ästhetik; aber erst im Ausstellungsraum, der sich im Inneren des Betonvolumens befindet, kommt die Wirkung dieses offenen Streifens voll zur Geltung. Einerseits fällt durch den Streifen indirektes Tageslicht in den Raum, andererseits ermöglicht er einen kleinen Ausblick auf den Museumspark, → **23** ohne daß einer der beiden Effekte zu aufdringlich würde. An der Ostfassade liegt die Betonwand weiter innen. Die Glashaut bildet dort eine riesige Vitrine, in der ein Walfischskelett hängt.

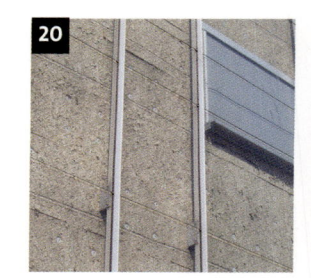

An der Oberseite wird die Glasbox von einem recht auffälligen Dachrand begrenzt, der im Verhältnis zum Glas ein Stück nach hinten verschoben ist. Auch in diesen Details zeigt sich, daß das Glas nicht benutzt wurde, um ein leichtes und transparentes Gebäude zu schaffen. Es wird lediglich als eine zusätzliche Schicht der Fassade hinzugefügt, sorgt so für Tiefenwirkung und macht neugierig. Im Gegensatz zu den geklebten Fassaden mit siebbedrucktem Glas sind diese beiden Glasfassaden nicht völlig flach detailliert. Obwohl geklebtes Glas für das Museum vielleicht angebracht gewesen wäre, wird das Glas hier durch Klickprofile fixiert.

Momente des Zweifels
Die Konstruktionen des Naturkundemuseums sind zwiespältig. Am deutlichsten wird das an den dicken Wänden, die dank des schmalen Glasstreifens über dem Boden zu schweben scheinen. Aber auch die Konstruktion der Glasfassade ist weniger logisch und verläßlich als sie auf den ersten Blick wirkt. An den schlanken Rohren befinden sich schmale Ärmchen, die die Glasprofile halten. Die Arme wirken zwar zerbrechlich, aber im großen und ganzen erscheint die Konstruktion stimmig. Erst bei näherem Hinsehen fallen die winzigen Zugseile auf, die die Rohre mit den horizontalen Profilen verbinden. Dies Detail soll offenbar sichtbar machen, wie die Glashaut getragen wird. Die Zugseile fangen die vertikalen, die Arme die horizontalen Kräfte auf. Das Skelett wird dadurch zwar begreifbarer, es ist aber weder in praktischer noch in konstruktiver Hinsicht effizient, denn dann müßte ein Element beide Kräfte auffangen können. Deshalb wirft diese Konstruktion Fragen auf. Mit dem Detail des Zugseils, weckt van Egeraat Zweifel, ob diese schlanke Konstruktion ursprünglich vielleicht zu schlank war und die Seile später hinzugefügt werden mußten. So wird verhindert, daß die Konstruktion zu selbstsicher wirkt. Wie diese Detailstrategie funktioniert, wird auch im Entwurf für das Rathaus von Alphen aan den Rijn (2002) ersichtlich, dessen unwahrscheinlich weit auskragende Eingangshalle scheinbar von einem System schräger Holzstützen getragen wird. → 24 Das ist jedoch letztlich nicht möglich: In Wirklichkeit handelt es sich um Stahlstützen, die mit Holz verkleidet sind. Aber schon hat sich die Spannung, der Moment des Zweifelns eingestellt. Außerdem verpufft die Spannung nicht gleich wieder. Dieses Detail ist so beschaffen, daß es nichts über seine eigentliche Beschaffenheit verrät. Der Zweifel bleibt bestehen. Das perfekte Detail, das die Stützen tatsächlich aussehen läßt, als bestünden sie aus Holz, sorgt dafür, daß die Wirkung noch lange anhält. Diese Konstruktionen, ebenso wie die Verwendung der Materialien, erzeugen nicht nur Spannung, sondern wecken Zweifel, und um diese Momente des Zweifels geht es van Egeraat. Irgendetwas stimmt nicht – aber was das ist, wird oft nicht klar. Die Details spielen dabei eine große Rolle. Einerseits gelingt es ihm, die seltsamsten Formen und auffälligsten Materialkombinationen ganz natürlich und selbstverständlich aussehen zu lassen. Andererseits werden die üblichen Aspekte des Gebäudes durch eben diese bizarren Kombinationen verfremdet, und die suggerierte Selbstverständlichkeit beschränkt sich auf das Äußere. Es interessiert den Architekten viel weniger, welche bautechnischen Maßnahmen notwendig sind, um diese Natürlichkeit zu erzeugen. „Bei der Architektur geht es um Geschmack, und nicht zuletzt in der Detaillierung hat sie viel mit der Kochkunst gemeinsam. In einem hervorragenden Restaurant geht es darum, wie ein Gericht aussieht und – viel wichtiger – wie es letztendlich schmeckt. Wie es gemacht wurde, will dagegen niemand wissen. Und das gilt auch für die Architektur."[9]

1. Bart Lootsma, „De eeuwige jeugd van Mecanoo. Projecten in Boedapest, Stuttgart en Rotterdam", in: De Architect, 11, 1994.
2. Roemer van Toorn, „Architectuur om de architectuur. Modernisme als ornament in het recente werk van Mecanoo", in: Archis, 11, 1992.
3. Erick van Egeraat, Deyan Sudjic, EEA. Six ideas about architecture. Sechs Anmerkungen zur Architektur, Basel, Boston, Berlin 1997.
4. Ed Melet, „De goed van het bestaande, detaillering en materiaalgebruik bij Mecanoo", in: De Architect, 11, 1994.
5. Siehe Anm. 3.
6. Siehe Anm. 3.
7. Deyan Sudjic, Cool Medium Hot, Berlin 1997.
8. Ed Melet, „Intrinsieke spanning. Techniek bij Erick van Egeraat", in: De Architect, 4, 1997.
9. Erick van Egeraat im Gespräch mit dem Autor.

Erick van Egeraat Haus 13 IGA Stuttgart 1993

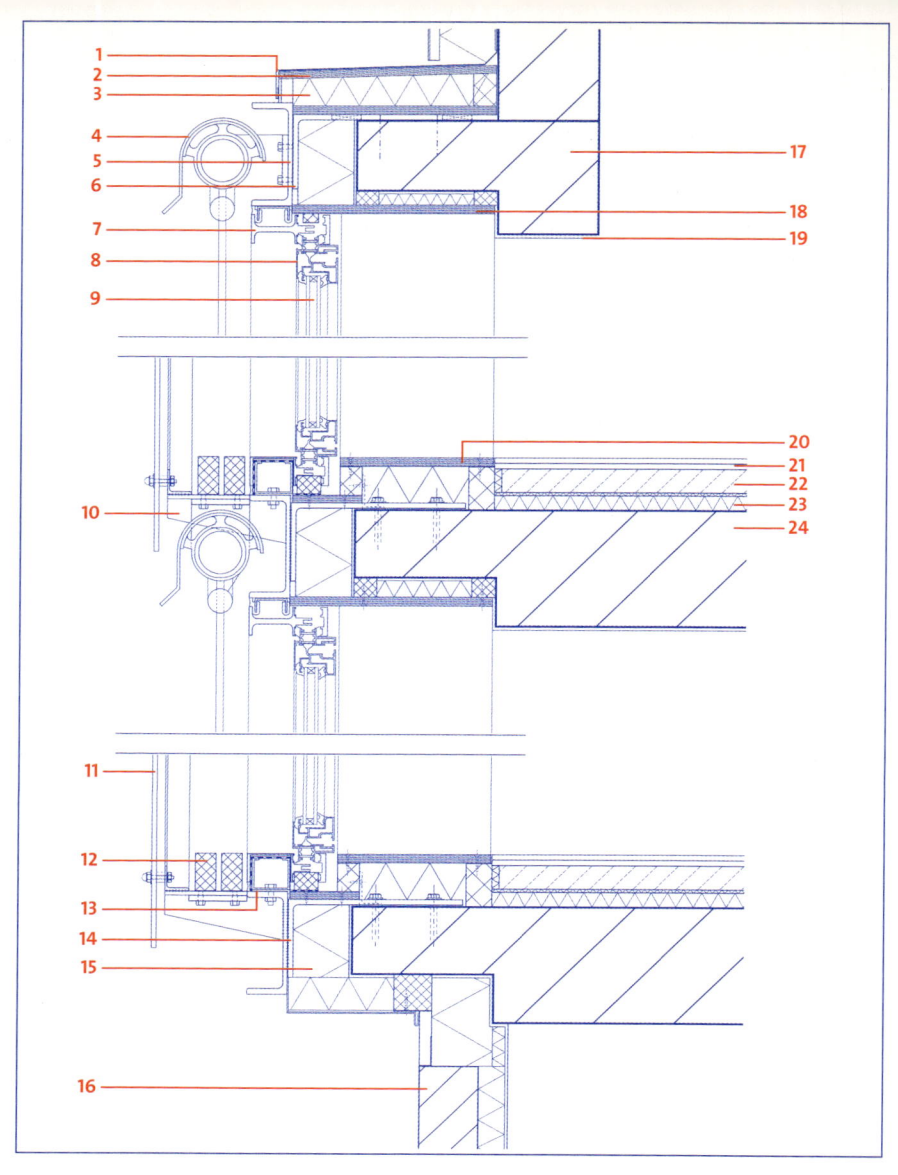

Schnitt Holzbalkon
1 Holzgeländer
2 Stahlblech, 40 x 10 mm
3 Rundstahl, massiv, Ø 16 mm
4 Zedernholztafeln
5 Gehärtetes Glas
6 Stahlblech, D = 10 mm
7 Holzdielen auf IPE-Stahlträger, mit Bolzen befestigt
8 Halber Doppel-T-Stahlträger IPE 300
9 Stahlträger UNP 200

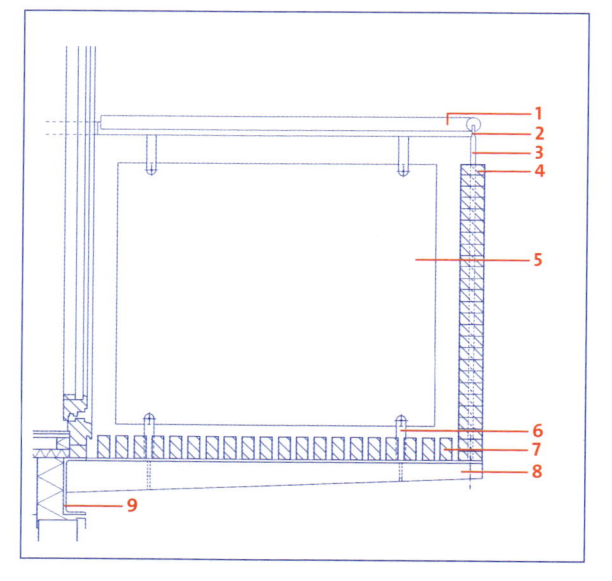

Glasfassade
1 Zinkverkleidung
2 Wasserfest verleimtes Multiplex
3 Wärmedämmung
4 Sonnenschutz
5 Stahlträger UNP 180
6 Eckprofil aus Stahl
7 Aluminium-Fassadensystem (Innenseite außen befestigt)
8 Aluminium-Fensterrahmen
9 Isolierverglasung
10 Halber Doppel-T-Stahlträger IPE 100
11 Gehärtetes Glas als Absturzsicherung
12 Holzbalken, 35 x 65 mm
13 Kastenprofil, 66 x 55 x 3 mm
14 Eckprofil
15 Wärmedämmung
16 Betonsockel
17 Betonfertigteil
18 Multiplex mit Farbanstrich
19 Innenputz
20 Multiplex, demontierbar
21 Bodenbelag
22 Estrich
23 Wärmedämmung
24 Geschoßdecke: Ortbeton auf Schalung aus Betonplatten, bewehrt

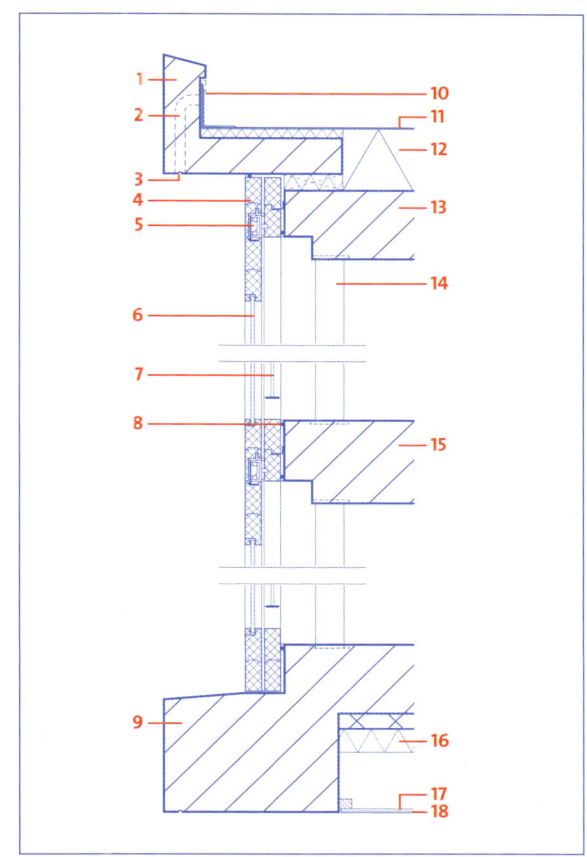

Erick van Egeraat Wohnungskomplex Stuivesantplein Tilburg 1999

Fassadendetail: Laubengang bei Dachüberstand
1 Dachrand, Betonfertigteil
2 Eingegossener Überlauf
3 Wassernase, Ø 15 mm
4 Zedernholztafeln
5 Führungsschiene, Stahl
6 Verbundglas
7 Stabgeländer
8 Kitt auf Fugenband
9 Betonfertigteil
10 Klemmprofil
11 Zweilagige Dachpappendeckung, Bitumen
12 Wärmedämmung
13 Geschoßdecke Dach: Ortbeton auf Schalung aus Betonplatten, bewehrt
14 Stütze
15 Geschoßdecke: Ortbeton auf Schalung aus Betonplatten, bewehrt
16 Wärmedämmung
17 Zementgebundene Faserplatte, 20 mm
18 Innenputz, grau

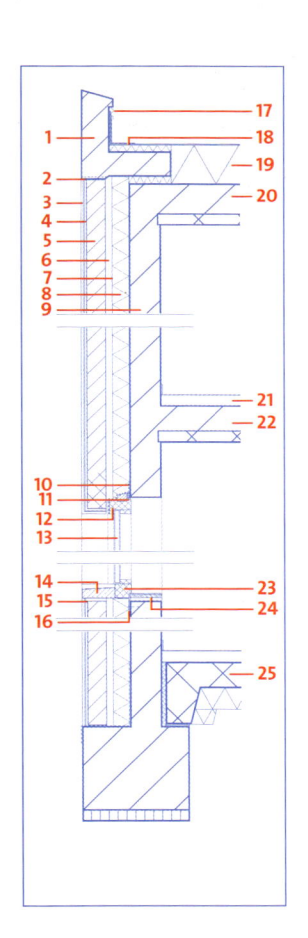

Querschnitt Natursteinfassade
1 Dachrand, Betonfertigteil
2 Falz, Achsabstand 1000 mm
3 Schieferstein, 10 mm
4 Rauhputz, 10 mm
5 Unverputztes Mauerwerk, 100 mm
6 Luftschicht, 30 mm
7 Feuchtigkeitsabweisende Folie
8 Wärmedämmung, 80 mm
9 Beton, 150 mm
10 Dampfbremse
11 Fugenband
12 Fensterrahmen aus Fichtenholz
13 Isolierverglasung
14 Schieferstein
15 Mörtelbett
16 Eckprofil aus Stahl
17 Klemmprofil
18 Zweilagige Dachpappendeckung, Bitumen
19 Dämmungsplatten mit Gefälle
20 Geschoßdecke: Ortbeton auf Schalung aus Betonplatten, bewehrt
21 Estrich, 50 mm
22 Geschoßdecke: Ortbeton auf Schalung aus Betonplatten, bewehrt
23 Fensterahmen, Fichtenholz, 67 x 80 mm
24 Fensterbank, MDF, 140 x 20 mm
25 Rippenkassettendecke

Glasdach mit ‚Walfisch'

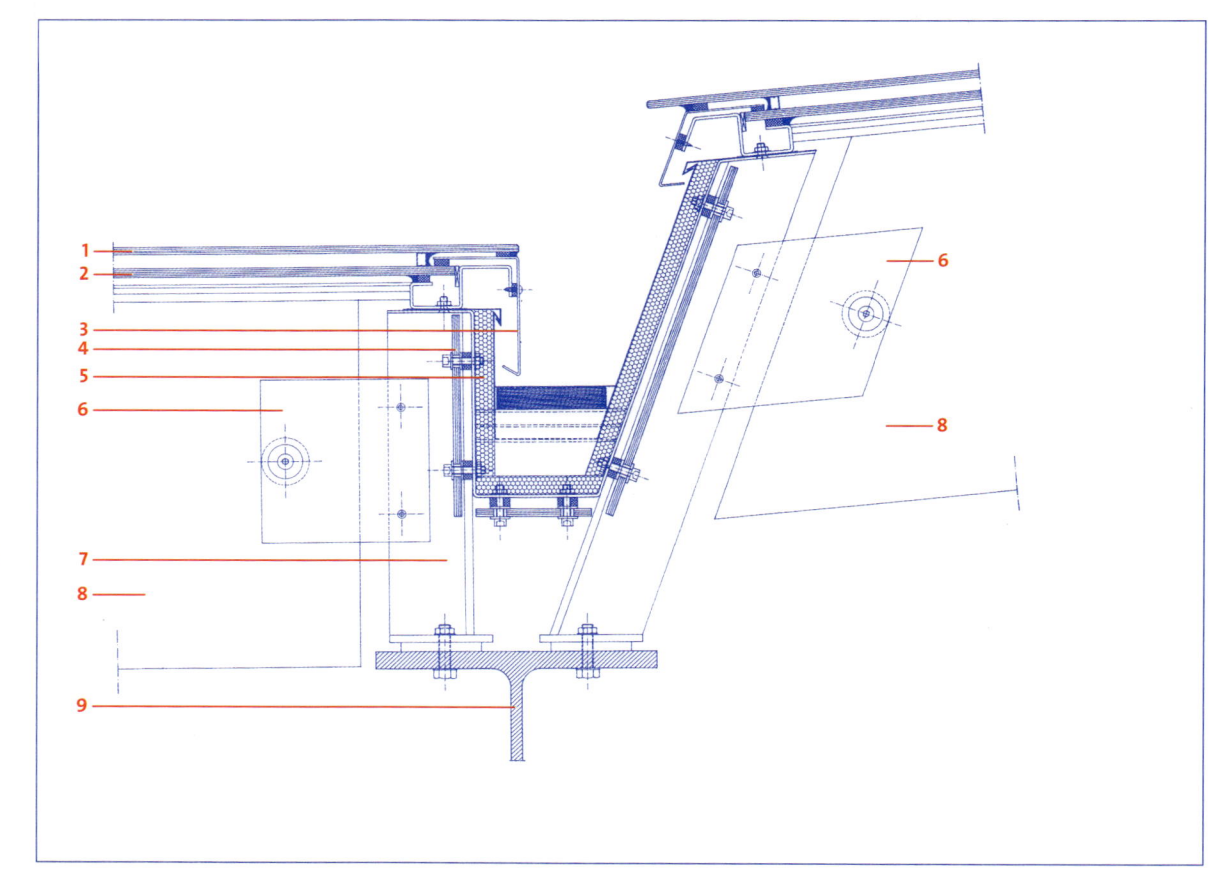

Erick van Egeraat Hauptsitz der ING Bank & Nationale Nederlanden Budapest 1994

Detail Regenrinne aus Glas
1 Gehärtetes Glas
2 Gehärtetes Verbundglas
3 Aluminiumprofil, eloxiert
4 Glas
5 Isolierte Regenrinne
6 Edelstahl Befestigungsplatten
7 Edelstahl Stützen
8 Verbundglasträger
9 Tragwerk

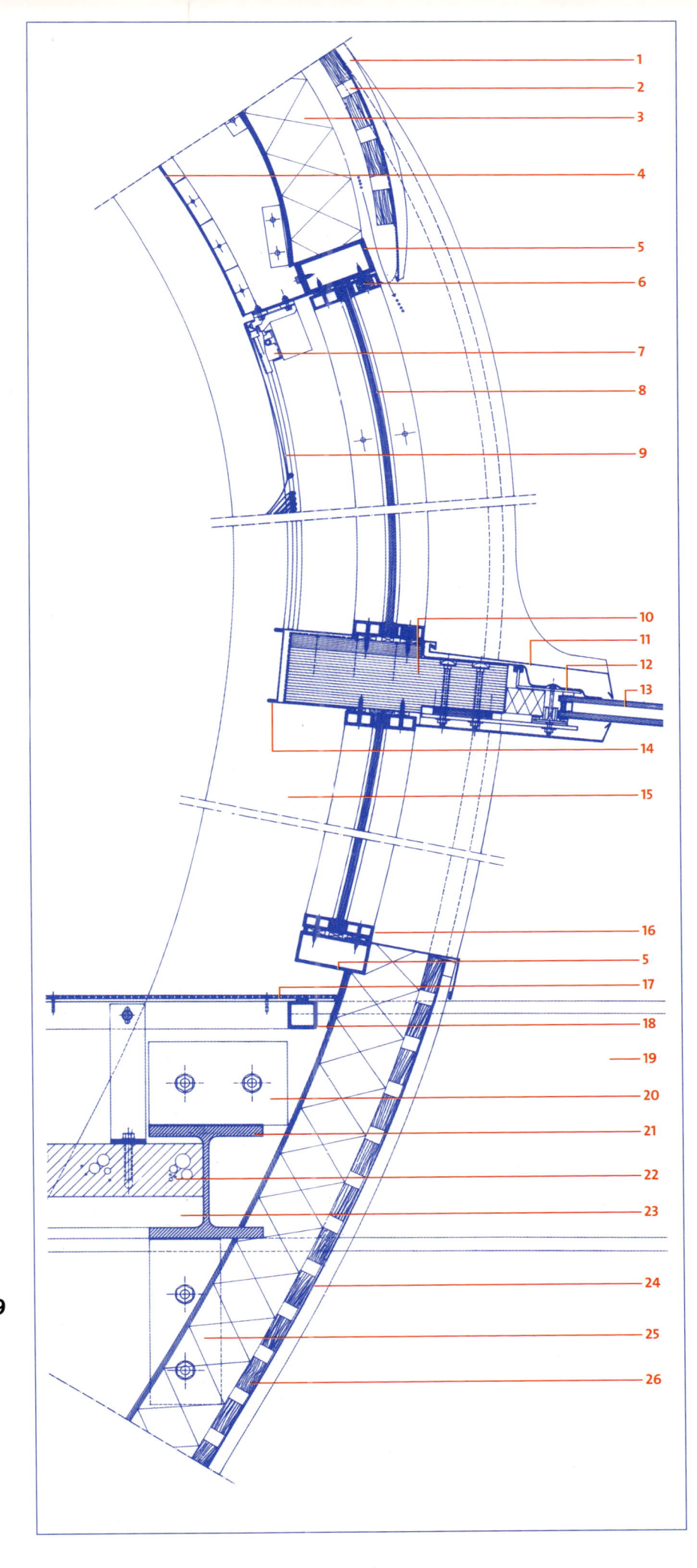

Erick van Egeraat Hauptsitz der ING Bank & Nationale Nederlanden Budapest 1994

Restaurant mit Blick auf ‚Walfisch'

Anschluß ‚Walfisch' mit Glasdach
1 Zinkblech
2 Holzständerkonstruktion zur Befestigung der Zinkplatten
3 Wärmedämmung
4 Segeltuch
5 Aluminium-Kastenprofil, 50 x 100 x 5 mm
6 Gebogenes Aluminium-Kastenprofil, 20 x 40 x 3 mm
7 Elektrisch angetriebener Sonnenschutz
8 Gebogenes, gehärtetes Glas
9 Sonnenschutz
10 Schichtholzträger, als Befestigung für Glasdach
11 Abdeckprofil, verzinkt
12 EPDM-Kunststoffolie
13 Glasdach
14 Zinkblech
15 Laminierter Dachsparren
16 Aluminiumprofile, 20 x 40 x 3 mm
17 Perforiertes Edelstahlblech
18 Kastenprofil
19 Doppel-T-Stahlträger HE 360 A
20 Befestigungsplatte
21 Doppel-T-Stahlträger HE 160 B
22 Stahlbetondecke
23 Perforiertes Stahlblech
24 Zinkverkleidung
25 Befestigungsplatte
26 Holzlattenkonstruktion

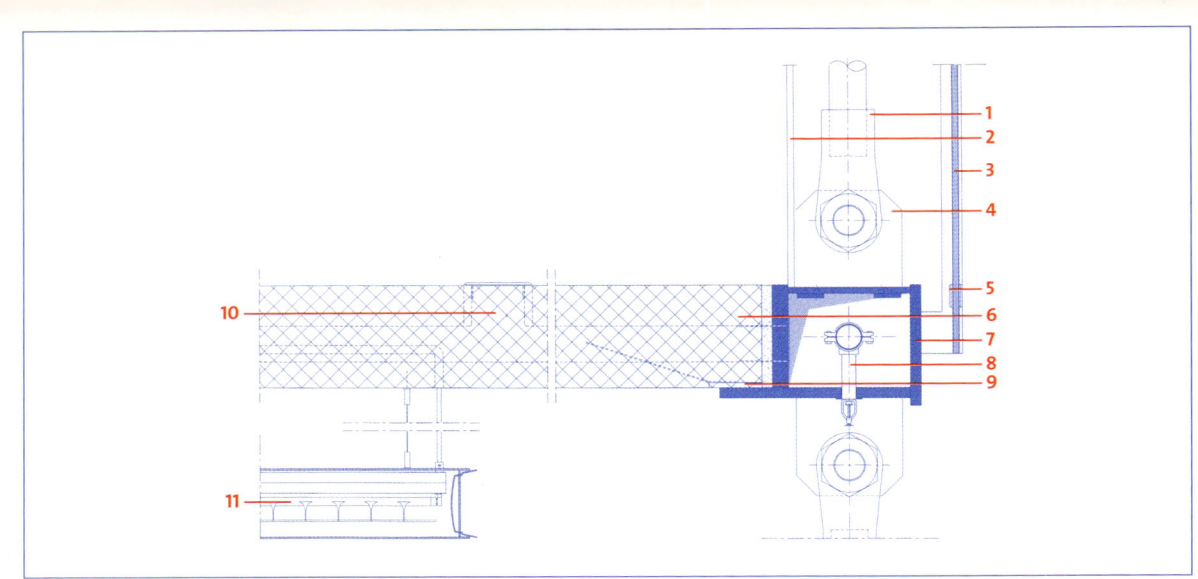

Detail Aufhängung Laufbrücke
1 Willemsanker M72
2 Brüstung
3 Verbundglas, 12 mm
4 Montageplatte
5 Glasklemme
6 Betonfertigteilplatte
7 Stahltrapezträger
8 Sprinkleranlage
9 Eingegossene Platte mit angeschweißter Bewehrung
10 Luftbeimischungsgitter
11 Neonlicht-Armatur

Erick van Egeraat Ichthus Fachschule Rotterdam 2000

Erick van Egeraat Ichthus Fachschule Rotterdam 2000

1 Dachrand-Abschlußprofil aus Aluminium
2 Stahlträger UNP 160
3 Doppel-T-Stahlträger HE 140 A
4 Justierungsmechanismus für Fassade
5 Eckprofil zur Befestigung Fassadenständer
6 Befestigung Fassadenständer
7 Klimafassade
8 Multiplex-Platte
9 Dachdeckung
10 Wärmedämmung
11 Dachblech, Stahl
12 Doppel-T-Stahlträger HE 180 A
13 Aluminium-Fassadenprofil
14 Entlüftung Klimafassade
15 Doppel-T-Stahlträger HE 240 A
16 Luftfilter
17 Stahltrapezträger für Geschoßdecke
18 Sonnenschutz
19 Luftkanal
20 Paneel in Klimafassade, ausklappbar
21 Heizung
22 Perforierte Stahldecke mit Schalldämmung
23 Bodenbelag aus Jatobaholz
24 Feuerverzinktes Gitter
25 Stahlblech
26 T-Profil als Gitterauflage
27 T-Profil
28 Betondecke
29 Wärmedämmung
30 Kunststoffballon zur Ventilationsregulierung
31 Wärmegedämmte Stahldecke, an T-Profil befestigt

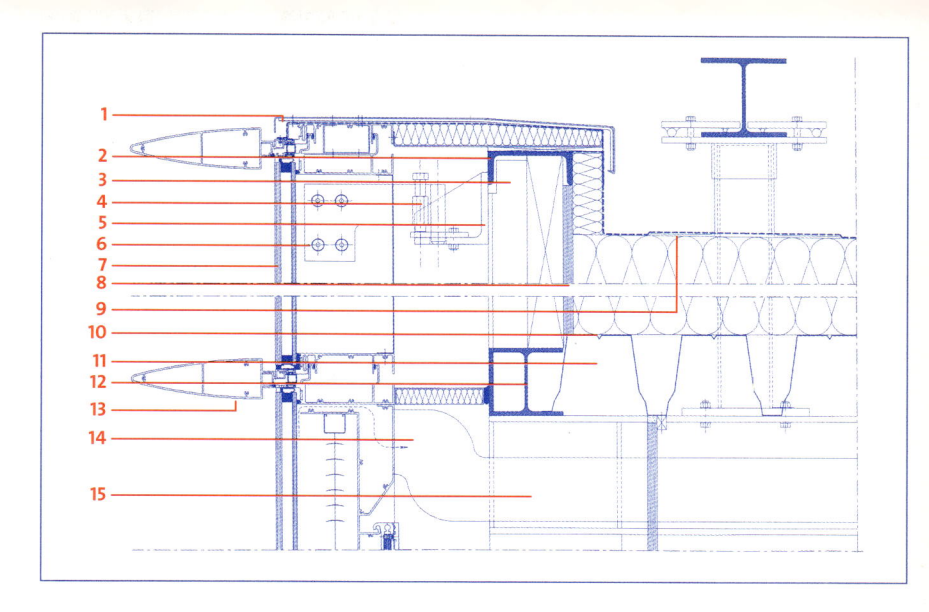

Anschluß Dachrand mit Klimafassade

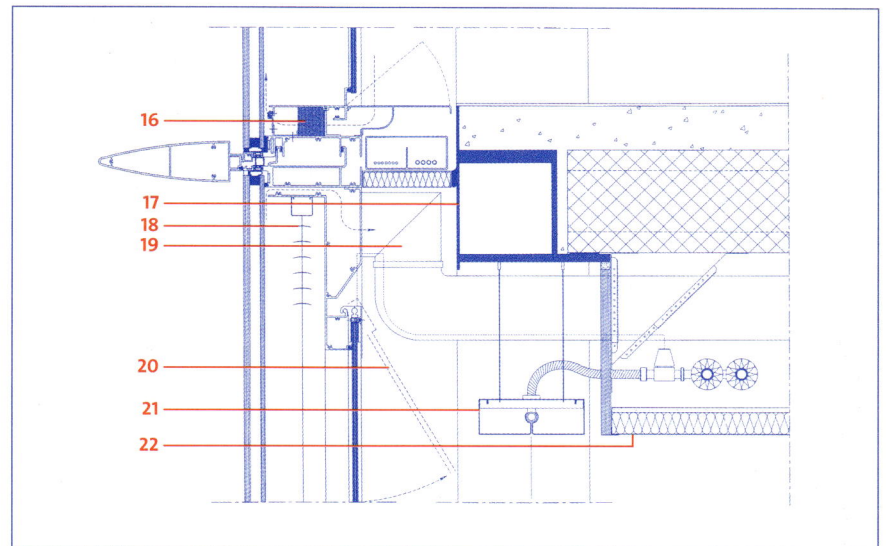

Anschluß Klimafassade mit Geschoßdecke

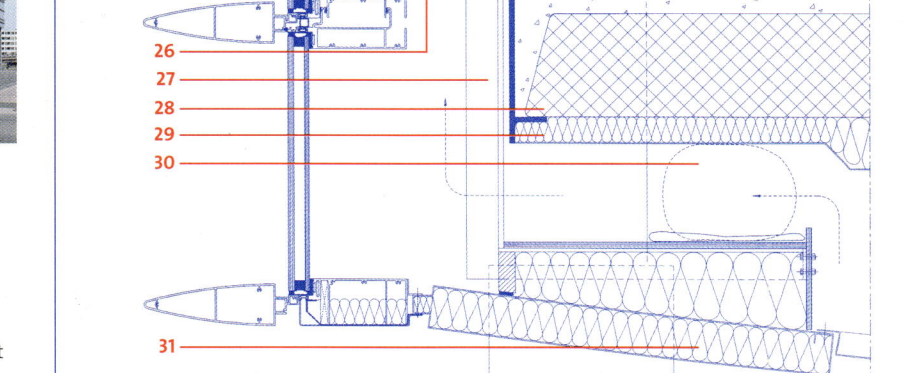

Anschluß Klimafassade bei Auskragung

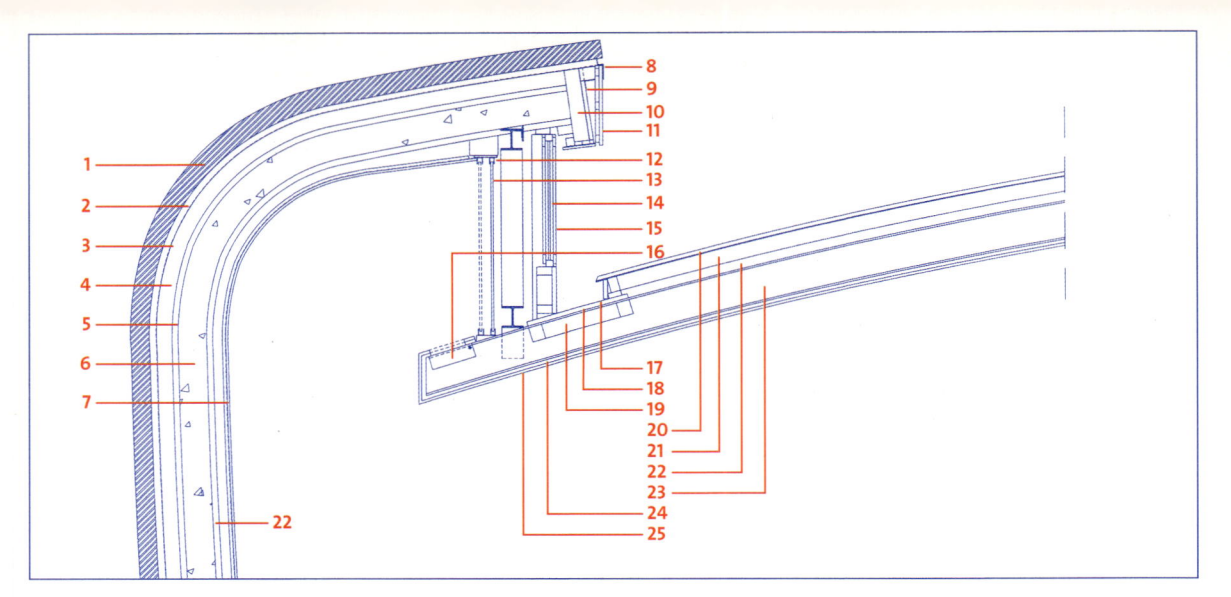

Anschluß Dachrand mit Lichtkuppel

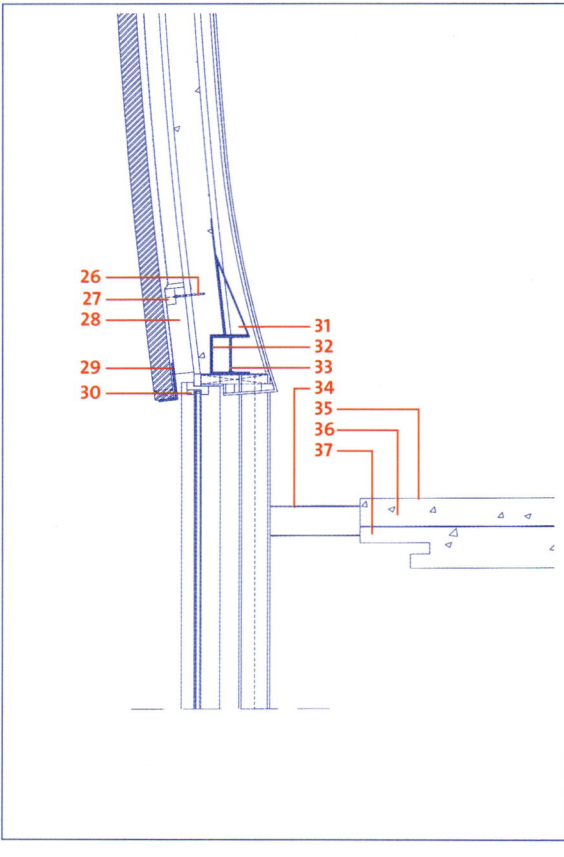

Anschluß verleimte Mauerwerksfassade mit Glaswand

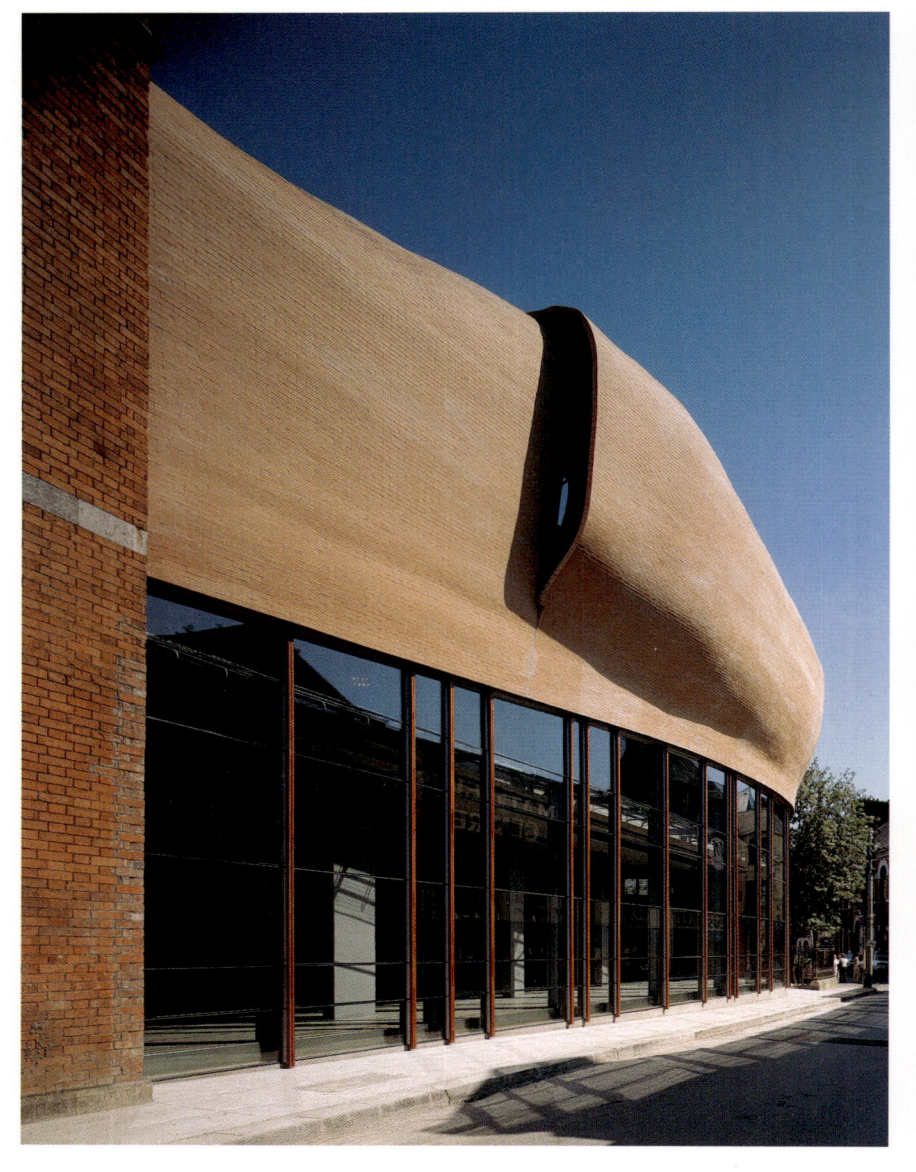

1 Verleimtes Mauerwerk
2 Luftschicht
3 Bitumen-Dachdeckung
4 Stützkonstruktion Verblendmauerwerk
5 Dachblech aus Stahl
6 Ortbeton
7 Gipskartonplatte
8 Feuerverzinktes Abdichtungsprofil
9 Eckprofil
10 Wärmedämmung
11 Putz
12 Stahlträger, U-Profil, 40 x 30 x 40 mm
13 Stahlträger, U-Profil, 35 x 25 x 35 mm
14 Isolierverglasung
15 Aluminium-Fensterrahmen
16 Lichtarmatur
17 Regenrinne aus Kupferblech
18 Wasserfest verleimtes Multiplex, 18 mm
19 Wärmedämmung
20 Vertikale Falznaht Kupferdach
21 Gebogener Schichtholzbalken
22 Trapezblech, Stahl
23 Stahlgurt, 203 x 133 x 25 mm
24 Multiplex-Latten
25 Gipskartonplatte
26 Chemischer Anker
27 Stützkonstruktion Verblendmauerwerk
28 Stützkonstruktion Verblendmauerwerk
29 Eckprofil, Stahl, 100 x 200 mm
30 Glasleiste, Holz
31 Keilplatte, Stahl
32 Angeschweißte Platte
33 Doppel-T-Stahlträger HE 200 A
34 Bewehrungseisen (im sichtbaren Bereich)
35 Geglätteter Estrich
36 Estrich
37 Betondecke

Erick van Egeraat Crawford Art Gallery Cork 2000

Erick van Egeraat Poppodium Mezz Breda 2002

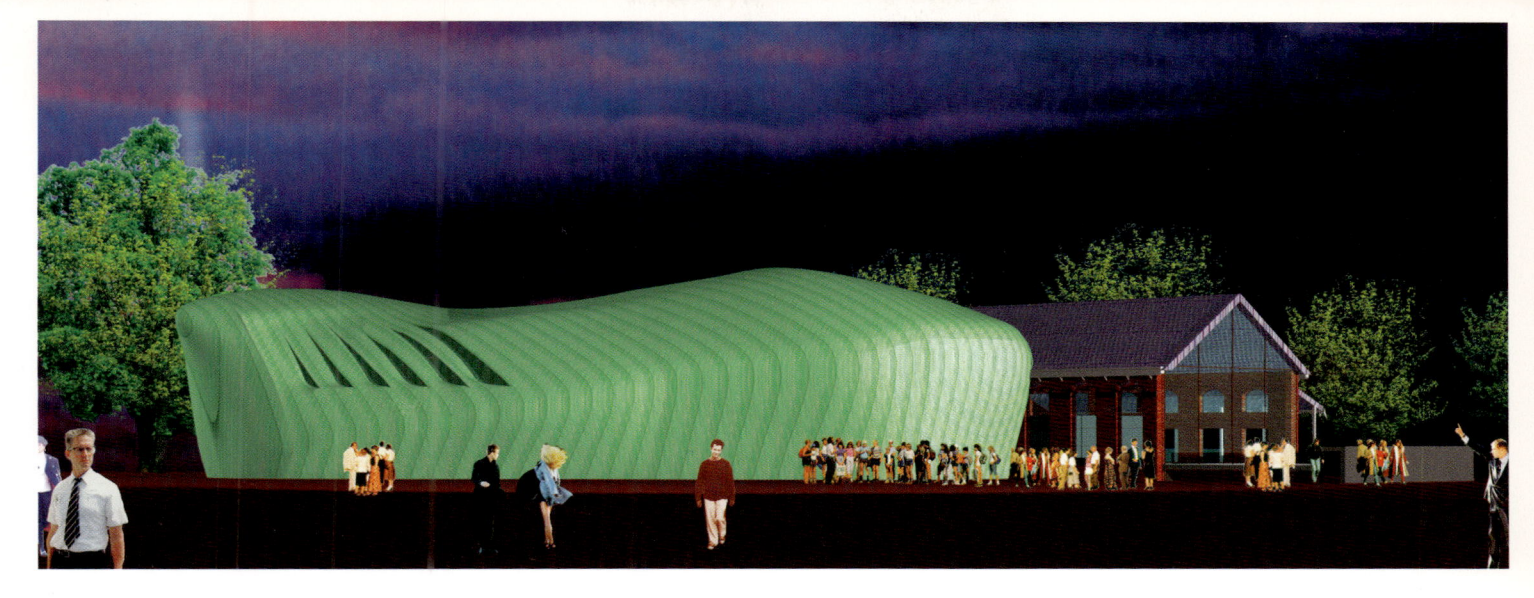

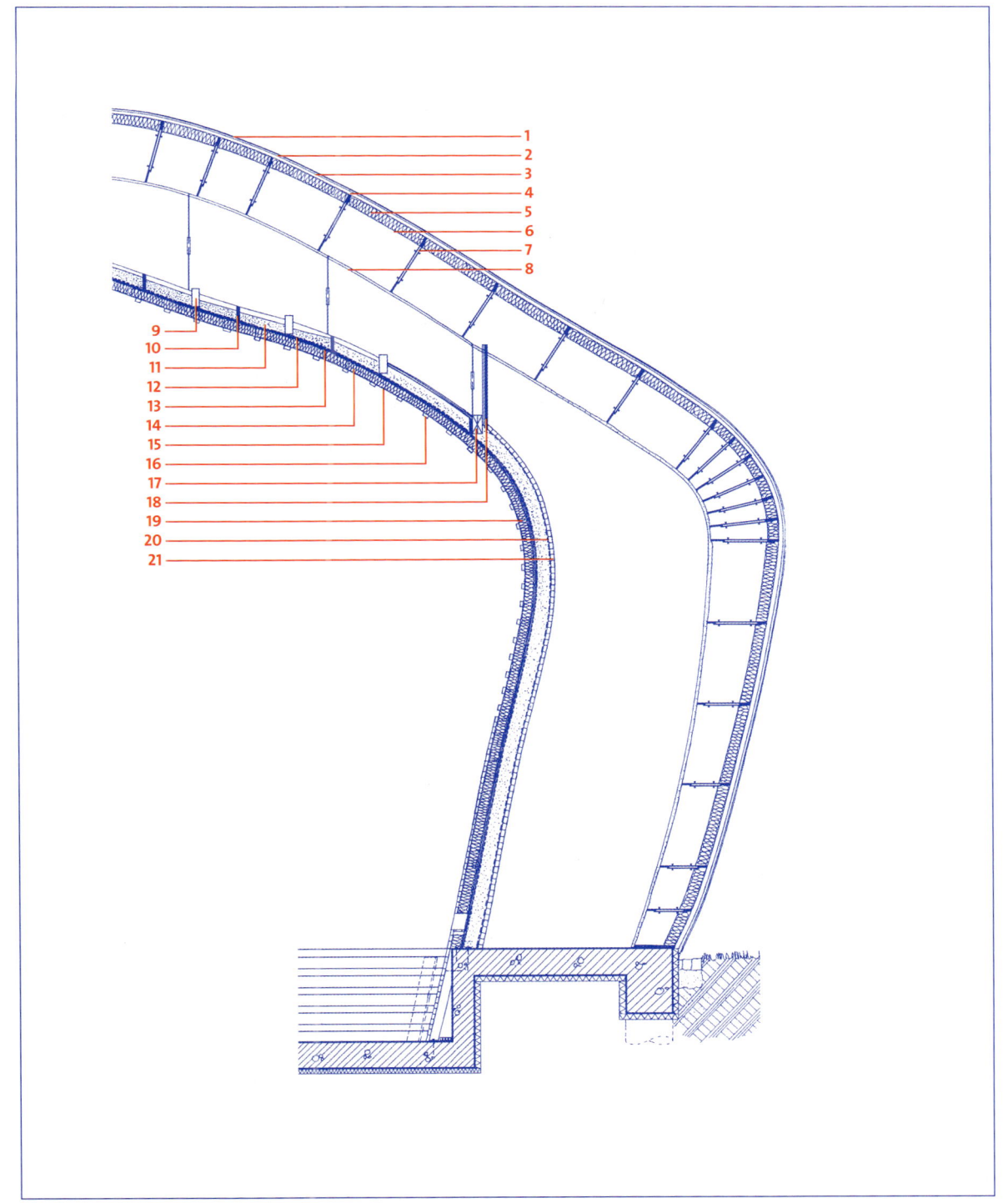

Fassadenschnitt
1 Glänzendes Kupferdach
2 PE-Kunststoffolie
3 Fichtenholzlatten, 20 x 50 mm
4 Fichtenholzlatten, 40 x 50 mm
5 Mineralfaserplatte, 100 mm
6 PE-Kunststoffolie
7 Multiplex-Balken, 25 mm
8 Spritzbeton auf Drahtgeflecht, 25-50 mm
9 Holzbalken, 75 x 200 mm
10 Ausfüllschicht
11 Sandschicht, 125 mm
12 PE-Kunststoffolie
13 Multiplex-Träger, 25 mm
14 Mineralfaserplatten als Wärmedämmung
15 Leinentuch
16 Merbau-Holzlatten, 60 x 22 mm
17 Randträger, Stahl
18 Multiplex, 40 mm, feuerhemmend, F30
19 L-Profil, 70 x 50 x 6 mm
20 Feuchtigkeitsdichte Folie
21 Merbau-Holzlatten, ohne Spalt

Erick van Egeraat Rathaus Alphen aan den Rijn 2002

Anschluß Dachrand mit Klimafassade

Anschluß Klimafassade auf Geschoßhöhe

Anschluß Klimafassade bei Auskragung

1 Aluminium-Dachrand, Abschlußprofil
2 Eckprofil, Stahl, 100 x 50 mm
3 Aluminium-Abdeckprofil
4 Stahlträger, U-Profil mit angeschweißtem Flachstahl
5 Kastenprofil mit angeschweißtem Flachstahl
6 Sonnenschutz mit Stahlkabelführung
7 Multiplex-Paneel, nach unten klappbar
8 Klimafassade
9 Ovale Stütze, Stahl, 150 x 75 mm
10 Doppel-T-Stahlträger IPE 360, mit feuerhemmender Verschalung (F 30) mit Holzfurnier
11 Kunststoff-Dachdeckung
12 Wärmedämmung
13 Folie als Dampfbremse
14 Perforiertes Trapezblech
15 Doppel-T-Stahlträger IPE 240
16 Luftschacht
17 Streckmetall Decke
18 Kabelrinne
19 Gummimatte, auf Multiplex-Verbundplatte mit Schalldämmung
20 Be-/Entlüftungskanal
21 Schiebefenster aus gehärtetem Glas
22 Sprinkler
23 Randträger, Stahl, UNP 380
24 Öffnungen
25 Bodenbelag
26 Druckschicht
27 Betonhohldielendecke
28 Wärmedämmung, schwarz kaschiert
29 Gefalztes Aluminium-Abdeckblech
30 Stahlträger, U-Profil, 50 x 50 mm
31 Aluminium-Abdeckprofil
32 Fassadenverankerung an Stahlkeil
33 Holzständerkonstruktion mit Wärmedämmung
34 Glatter Putz
35 Stahl-Profil, UNP 380
36 Eckprofil, Stahl, 110 x 110 mm
37 Eckprofil, Stahl, 110 x 110 mm
38 Parkettboden
39 Betondecke mit verlorener Trapezblechschalung
40 Doppel-T-Stahlträger HE 450 B, verjüngt

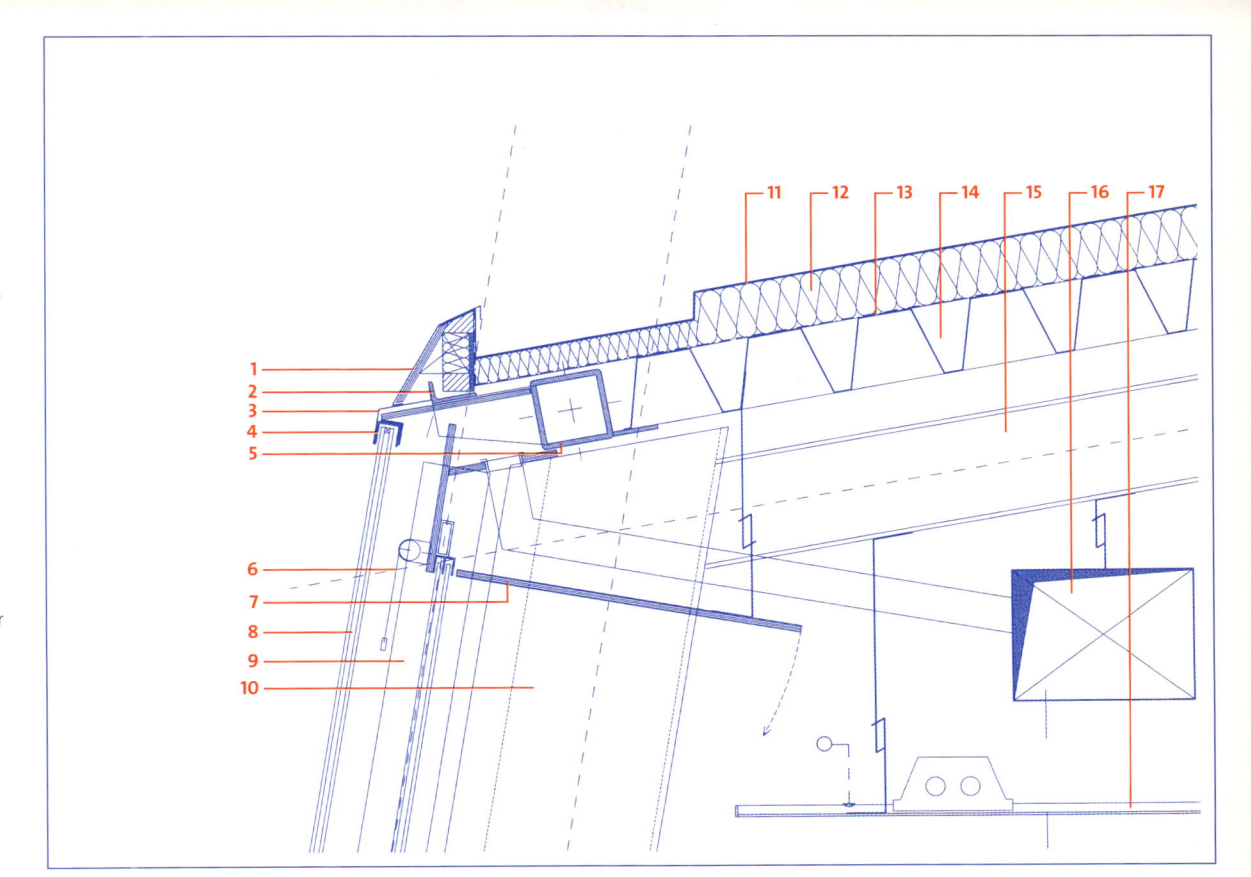

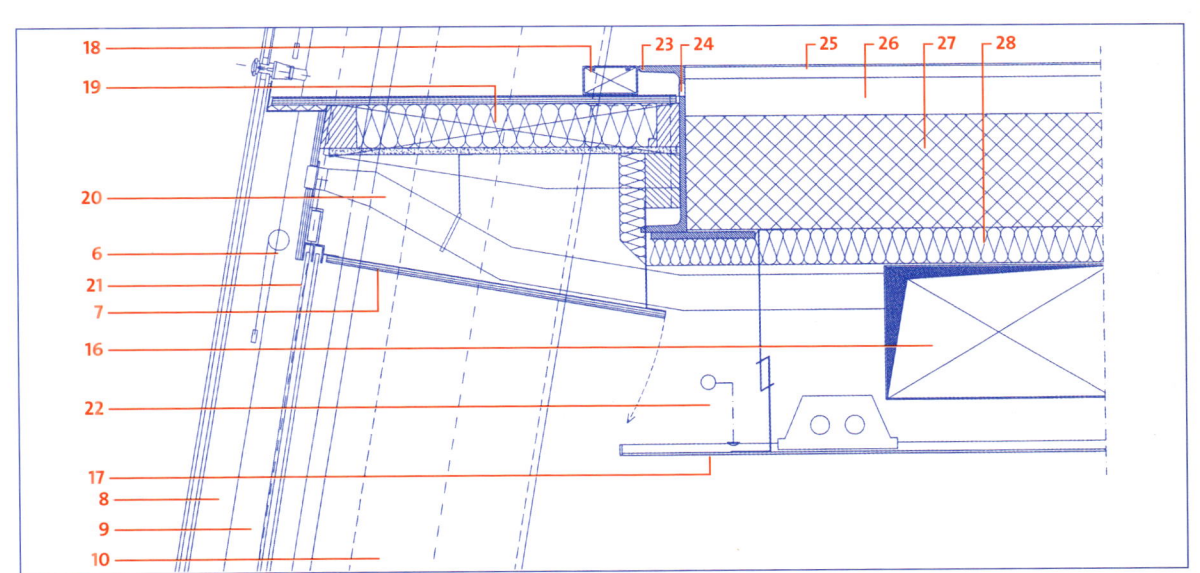

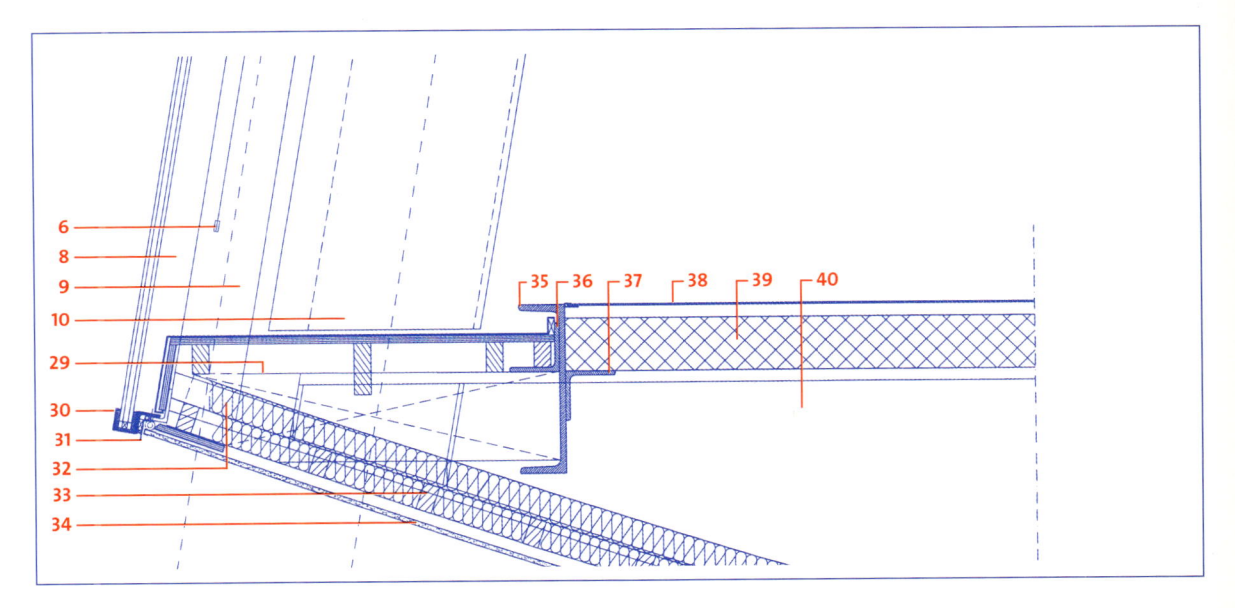

Erick van Egeraat Rathaus Alphen aan den Rijn 2002

Herman Hertzberger
Ordnungssysteme versus große Gesten

Zu Beginn der neunziger Jahre bemerkten die Architekturkritiker eine Wende im Werk von Herman Hertzberger. Mit dem Bürogebäude Benelux Merkenbureau → **1** und dem Theaterzentrum Spui → **2** (beide 1993 in Den Haag fertiggestellt) hatte Hertzberger sich vom strengen Strukturalismus gelöst, der etwa sein Gebäude für die Versicherungsgesellschaft Centraal Beheer in Apeldoorn (1972), → **3** das Musikzentrum Vredenburg in Utrecht (1978) → **4** oder, in geringerem Maße, die Apolloschulen in Amsterdam (1983) → **5** und das Ministerium für Arbeit und Soziale Angelegenheiten in Den Haag (1990) kennzeichnete. Seit jenem Bruch in seinem Œuvre geht Hertzberger mit Formen, Konstruktionen, Materialwahl und Detaillierung weniger streng um. Diese Veränderung brachte er selbst mit einer Bemerkung seiner Tochter während einer Führung durch das Ministerium für Arbeit und Soziale Angelegenheiten in Verbindung. Sie fand das Gebäude schön, meinte aber, ihm fehle ein zweites Thema. Der Begriff ‚zweites Thema' bezeichnet in der Musik das Gegenstück zum ersten Thema. Obwohl die Einführung und in manchen Fällen auch die Dominanz eines zweiten Themas Hertzbergers Komposition leichter und reicher machte sowie zu einer Lockerung der Formen führte, sind die strukturierenden Elemente seither nicht vollständig verschwunden. Allerdings verwendet er in seinen Bauten nun nicht mehr ausschließlich die Konstruktion als Strukturelement, die früher zum Teil wie ein Korsett wirkte, sondern auch andere Elemente mit freieren Formen. Dadurch tritt die Struktur und damit auch die Hand des Architekten weniger dominant in Erscheinung.

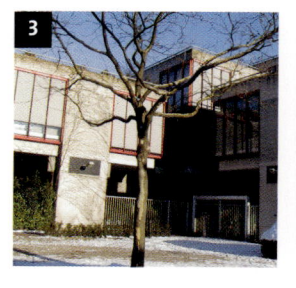

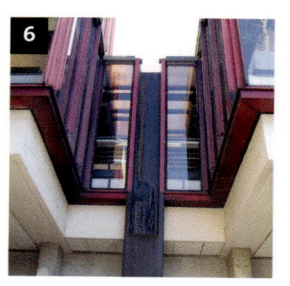

In seinen älteren Gebäuden strebte Hertzberger ein strukturales Ordnungssystem (*bouworde*) an. Diese Ordnung ergab sich seiner Meinung nach dann, wenn nicht mehr nur die Summe der Teile das Gebäude in seiner Gesamtform bestimmte, sondern wenn auch der umgekehrte Fall eintrat und die Einzelteile als logische Konsequenz aus dem Ganzen entstanden. Um diese Vorstellung umzusetzen, mußte der Architekt allgegenwärtig sein. Gleichzeitig sollte Eindeutigkeit (stellenweise) vermieden werden, weil nicht jeder Ort im Gebäude immer nur eine Bedeutung hat. Die Struktur des Gebäudes mußte deshalb derart angelegt sein, daß sie jeden möglichen Inhalt aufnehmen konnte.[1] Die Konstruktionen funktionierten als natürliche, strukturierende Bestandteile des Gebäudes. Sie waren die Kette, ihr Inhalt (die Materialisierung) war der Schuß. Das Entwerfen einer solchen Struktur war eine mathematisch komplizierte Aufgabe. Zu recht behauptet der Kritiker Herman van Bergeijk, daß Hertzbergers Denkprozeß nicht mit der Wahl des Materials für die Fassade, sondern mit der Strukturierung begann.[2] Um den Entwurfsprozeß zu gliedern, legte Hertzberger ein Raster über den Entwurf – ganz unabhängig davon, wie komplex dessen Form war. Danach entwickelte er eine Art Baukasten (*bouwdoos*), mit dessen Hilfe die Gebäudeform und die Struktur auf so praktische Weise wie möglich hergestellt werden konnten. Dieses System mußte nicht nur das Gebäude tragen, sondern diente ferner dazu, dessen Struktur sowohl innerhalb des Gebäudes als auch an der Fassade ablesbar zu machen. Die Konstruktionselemente blieben deshalb sichtbar. Das Prinzip des Baukastens und die Absicht, die Konstruktion sichtbar zu machen, legten die Verwendung vorgefertigter Konstruktionselemente nahe. Deren Betonqualität war durch die Vorfertigung ausreichend hoch, um die Fertigelemente tatsächlich sauber einpassen zu können. Das Ergebnis war eine genaue, ehrliche, unverkleidete Konstruktion. Zudem waren solche didaktisch wirkenden Konstruktionsdetails mit Fertigelementen einfacher herzustellen, als mit vor Ort geschüttetem Beton. Mit der daraus erwachsenden Detailstrategie wollte Hertzberger seine Konstruktionen und damit seine Gebäude lesbar und verständlich machen. Er war davon überzeugt, daß das Erlebnis des Gebäudes dadurch intensiver wird. Besonders die Wohnanlage für Senioren und Behinderte, De Drie Hoven, in Amsterdam (1974) und das Centraal-Beheer-Gebäude eigneten sich für die Baukasten-Methode. Die Form der Gebäude ist relativ einfach und setzt sich aus rechteckigen Elementen zusammen, die lediglich auf verschiedene Weise aneinandergekoppelt oder übereinandergestapelt sind. Dennoch wurde bald deutlich, wie schwierig es war, eine Struktur zu entwerfen, die sowohl im Gebäudeinnern als auch an den Fassaden konsequente architektonische Details generierte. Problematisch war weniger das Baukasten-Prinzip, als vielmehr die Vorstellung, daß sich die Struktur auch in der Fassade fortsetzen sollte. Denn dies bewirkte erst, daß das Gebäude von der Straße aus betrachtet verständlicher wurde und einen stetigen Übergang vom Inneren ins Äußere ausbildete. Bei der Fassade des Centraal-Beheer-Gebäudes führte das allerdings zu einer Anhäufung von Konstruktionselementen, die zusammen mit der Hülle aus grauen Betonbausteinen die Fassade undurchdringlich und rauh machten. → **6** Darüber hinaus mußten die Gebäude ständig auf zukünftige Erweiterungen vorbereitet sein und deshalb gewissermaßen unfertig bleiben – dem Kritiker Wim J. van Heuvel zufolge ein wesentliches Merkmal des Strukturalismus.[3] Die Eckstützen der Wohnanlage De Drie Hoven haben darum Auflager, die praktisch nicht benötigt werden. Beide Prinzipien haben zur Folge, daß die Gebäude auf eine etwas unvorteilhafte Weise unvollendet wirken. → 7

Für Gebäude mit komplexeren Formen erwies sich das Baukastensystem – zumindest so, wie Hertzberger es verwendete – als zu rigide. Die Einheitlichkeit und vor allem die Ablesbarkeit des Gebäudes wurde insbesondere beim Musikzentrum Vredenburg durch die allzu stringente Beibehaltung einer einzigen Struktur beeinträchtigt. Weil Hertzberger einen Übergang zwischen dem plumpen Einkaufszentrum Hoog Catherijne und der feinmaschigen Innenstadt schaffen wollte, erhielt das Gebäude eine eigenwillige Form. Aufgrund der Knicke im Fassadenverlauf war es sinnvoll, Rundstützen zu verwenden, für die Hertzberger ohnehin eine große Vorliebe hat. Dadurch konnten die Fensterfronten, ungeachtet ihrer ständig wechselnden Ausrichtung, überall auf ungefähr dieselbe Weise an diese Stützen angeschlossen werden. Um solche Anschlüsse einfacher und bautechnisch besser herzustellen, schlägt Hertzberger in seinen ‚Vorlesungen für Architekturstudenten' vor, den Stützenumfang zu erweitern.[4] Obwohl dieser Ansatz richtig erscheint, ergab die Anhäufung von dicken Rundstützen mit ihren kräftigen Stützenköpfen, deren Proportionen den Rundstützen entsprechen mußten, und von robusten Betonträgern ein übertrieben schweres Konstruktionspaket.

Des weiteren behauptet Hertzberger, Stützen könnten mehr Bedeutung erhalten, indem man sie freistellt. Wenngleich das Freistellen interessante Räume schaffen kann – was beim Musikzentrum Vredenburg durchaus geschieht –, hatte die eindimensionale Umsetzung dieser Vorstellung einige komplizierte Fassadendetails zur Folge. Das gilt zum Beispiel für die Ecken des obersten Geschosses, wo ein kleiner Streifen der Stütze hervorsteht und ein schmaler Glasstreifen zwischen die grauen Betonblöcke und die Stütze eingefügt wurde. → 8 Auch im Inneren des Musikzentrums erwies sich die Anwendung dieses Bausystems nicht als Glücksgriff. Die konsequente Auffüllung des Rasters mit dicken Stützen, Stützenköpfen und schweren Balken hätte intime Orte erzeugen sollen, machte jedoch den Raum vielmehr beklemmend.

Viele der Probleme des Musikzentrums finden sich auch im Ministerium für Arbeit und Soziale Angelegenheiten wieder, wirken dort jedoch weniger störend. → 9 Die Verteilung der Baumasse auf mehr oder weniger autonome achteckige Türme ist aus städtebaulicher Sicht eine geeignetere Lösung, und das Ordnungssystem sorgt dafür, daß das Gebäude trotz seiner eigenwilligen Form eine Einheit bildet. Die Verbindungsstellen der Konstruktion sind zwar auch in diesem Gebäude recht stark ausgeprägt, stehen aber in einem besseren Verhältnis zur Baumasse als im Musikzentrum Vredenburg. Während die Räume dort aufgrund der gedrungenen Konstruktion niedrig und bedrückend wirkten, erscheint das Ministeriumsgebäude dank seiner mit Oberlichtern versehenen Halle und den gläsernen Laufbrücken, die von einer schlanken Stahlkonstruktion getragen werden, viel freundlicher. → 10 Auch die Fassade wirkt sympathischer als die des Musikzentrums oder des Centraal-Beheer-Gebäudes. Das Glas der Brüstungen bildet ein ausreichendes Gegengewicht zum grauen Beton und zu den Betonwerksteinen. Darüber hinaus wurden die Ecken mit halbrunden Aluminiumprofilen versehen, wodurch das Gebäude sanfter erscheint. → 11 Obwohl das konsequente Ausfüllen der Struktur mit leichten Wandelementen an den Seiten der auskragenden Rauminseln zu seltsamen und unnötig komplizierten Einteilungen der Fensterfronten führte, stellt das Ministeriumsgebäude einen Höhepunkt in Hertzbergers Strukturalismus dar.

Kulturwende

Die Suche nach dem ‚zweiten Thema' war nur einer der Gründe, die Hertzberger veranlaßten, das Ordnungssystem weniger rigide zu handhaben. Auch praktische Erwägungen spielten eine Rolle. So machten die immer strengeren Anforderungen an die Wärmedämmung es nahezu unmöglich, die Konstruktion bis in die Fassade oder gar noch darüber hinaus fortzuführen, weil dabei unweigerlich Kältebrücken entstanden. Schon bei der Ausarbeitung des Ministeriums erwies sich das als Problem. Deshalb wurden die Betonstützen und ihre Köpfe an den Anschlußstellen zu den Fensterfronten eingeschnitten und mit Isoliermaterial gefüllt, um die thermische Durchlässigkeit zu reduzieren.

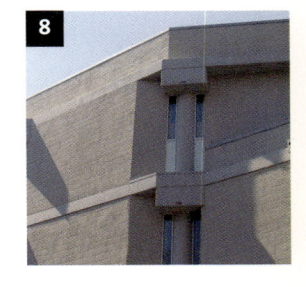

So schwerwiegend die Folgen dieser Lösung für Hertzbergers Architektur auch gewesen sein mochten – sie lag auf der Hand. Hertzberger verlegte die Konstruktion (zum Teil) nach innen. Zu diesem Zeitpunkt – während der Ausarbeitung des Gebäudekomplexes für die Bibliothek und das Zentrum für Kunst und Musik, De Nieuwe Veste, in Breda (1996) – wechselte er von Beton zu Stahl als Material für die Haupttragkonstruktion. Wie man es von jemandem erwarten darf, dessen Architektur stark von Pierre Chareaus und Bernard Bijvoets Maison de Verre (Paris, 1932) beeinflußt ist, verwendete er bereits zuvor in allen seinen Gebäuden Stahlkonstruktionen. Allerdings handelte es sich dabei immer um sekundäre Konstruktionen wie Baluster, Laufstege und Treppen oder um Accessoires wie Lampen und Bänke. → 12 Seinen Vorbildern Le Corbusier und Aldo van Eyck entsprechend bestanden Hertzbergers Hauptkonstruktionen aus Beton. Vielleicht waren Stahlkonstruktionen für den ursprünglichen Strukturalismus, der keine großen Stützweiten vorsah, ungeeignet. Große Stützweiten entsprechen ihm nicht, weil sie schwieriger zu lesen sind. Nun aber, da das nachvollziehbare Gefüge aus Trägern und Stützen nicht mehr konsequent bis in die Fassade fortgeführt werden konnte und Hertzberger selbst nach mehr Entwurfsfreiheit, nach einem zweiten Thema suchte, erwies sich das viel leichtere Material Stahl als geeigneter für die Konstruktion.

Die Detaillierung der neuen Stahlkonstruktionen war inspiriert von Henri Labroustes Bibliothèque Sainte-Geneviève (Paris, 1850).[5] → 13 Labrouste verlieh seiner Konstruktion natürliche Linien, um einen sanften Übergang der halbrunden gußeisernen Fachwerkträger, die das Dach tragen, in die schlanken Eisenstützen, die schwereren Betonfüße und letztlich in die Masse des Bodens zu bewirken. Auf diese Weise verband er die elegante Dachkonstruktion mit dem Boden. Auch stand die Konstruktion der Raumwirkung nicht im Wege. Die Räume gehen sogar ineinander über, da die Fachwerkträger nach zwei Seiten ausgerichtet sind. Am wörtlichsten übernahm Hertzberger diese Strategie in seiner Bibliothek in Breda. Hier stellte er Bündel aus schrägen Stützen auf zylindrische Betonfüße. Die Schrägstellung der Stützen – von Viollet-le-Duc ursprünglich für eine Markthalle erfunden – ist keine Frivolität, sondern ergibt eine sehr praktische Konstruktion. Die Stützen tragen nicht nur, sondern sorgen auch für die Aussteifung. Ein solches System schafft einen großen, freien Raum auf Bodenniveau, während die Dachspannweiten relativ klein sind. → 14, 15

Die Konstruktion ist einleuchtend, und vor allem die Verbindungen der Geschoßdecken mit den Stützen haben eine didaktische Wirkung: Große Haken, die an den Spannbetonträgern befestigt sind, krallen sich an aus den Stützen vorspringenden Stäben fest; auf diese Weise wird deutlich, wie und wo die Stütze die Decke trägt, während gleichzeitig Länge, Richtung und somit die Struktur der Stützen unangetastet bleiben. Wie wichtig das ist, wird an jenen Stellen deutlich, an denen die Stützen die Zwischengeschosse des Eingangs und des Lesesaals durchstoßen, aber nicht tragen. → 16 Selbst die Fassaden können dem System schräger Stützen keinen Einhalt gebieten. Auf der Straßenseite durchdringen die Stahlpfeiler die Glasfassade. Um die thermische Trennung zu gewährleisten, wurde an der Stelle des Durchstoßes ein Stahlblech eingelassen. Das mag wie ein Relikt des ursprünglichen Strukturalismus wirken, aber im Gegensatz zu Hertzbergers früheren Gebäuden verrät diese nach außen gelegte Konstruktion nichts über die innere Struktur des Baus. Sie sagt höchstens aus, wie das Gebäude, genauer gesagt das Dach, getragen wird. → 17

Bei der Erweiterung des Kaufhauses Vanderveen in Assen (1998) profitierte Hertzberger stärker von den plastischen Qualitäten einer Stahlkonstruktion. Auf dem Dach brachte er große Stahlelemente an, die mit Hilfe von Zugseilen die über den Altbau gestülpte Erweiterung tragen. → 18 Diese Stahlkonstruktion ruht auf Betonscheiben, die mittels anbetonierter Konsolen auch die Geschoßdecken der Erweiterung tragen, und wird komplett von einer Glasbox umhüllt, deren auffälligstes Detail die an beiden Seiten herausragenden Querträger sind. Sie scheinen ein ironischer Verweis auf Gebäude wie die Wohnanlage De Drie Hoven oder das Centraal-Beheer-Gebäude zu sein, wo sehr ähnliche Details eventuelle spätere Erweiterungen ermöglichen sollten. Gleichzeitig illustriert dieses Detail auch den Wandel in Hertzbergers Vorgehensweise. Früher benutzte er die Konstruktion, um spätere Anschlüsse möglich zu machen, nun verwendet er dafür die Fassadenfläche. Die Konzentration hat sich von der Konstruktion und dem Element auf die Fläche verlagert.

Während die beiden oben genannten Konstruktionen noch ablesbar waren, ermöglichte es die Trennung von Konstruktion und Struktur Hertzberger später, die Konstruktionen weniger durchschaubar zu machen. Im Chassé-Theater in Breda (1995) bestehen die Stützen einfach aus senkrechten Stäben. → 19 Ohne sichtbares Detail verschwinden sie in der Geschoßdecke. Zwar ist direkt unter der geschwungenen Decke ein Anschluß sichtbar; woran die Stäbe anschließen, bleibt hingegen unklar. Die Konstruktion des geschwungenen Daches erschließt sich nur von außen. An den Ecken ruht das auskragende Dach auf bloßgelegten, gebogenen Fachwerkträgern, und die Vermutung liegt nahe, daß sie auch den Rest des Daches tragen. → 20a, 20b Obgleich die farbigen Stützen dem seltsam geformten Foyer durchaus eine Richtung geben, ist mehr als deutlich, daß es in diesem Raum, in diesem Gebäude und auch in Hertzbergers anderen Bauten nicht mehr um die Struktur der Konstruktion geht, sondern vielmehr um die Flächen sowie den Raum zwischen ihnen.

Plastische Großformen

Das überwiegende Verschwinden der Konstruktion hinter der Fassade hat einen großen Einfluß auf das Erscheinungsbild der Gebäude. Bis zum Entwurf für das Ministerium für Arbeit und Soziale Angelegenheiten bestimmten Stützen und Träger den Rhythmus der Fassaden und Innenwände. Die Linienstruktur war hier so prägend, daß die Wahl der Materialien zwischen den verschiedenen Konstruktionselementen vor allem aufgrund ihrer Funktion getroffen werden konnte: Maßgeblich waren weniger das Aussehen des Gebäudes als die Bedürfnisse seiner Nutzer. Es spielte deshalb kaum eine Rolle, wenn für verschiedene Rasterfelder

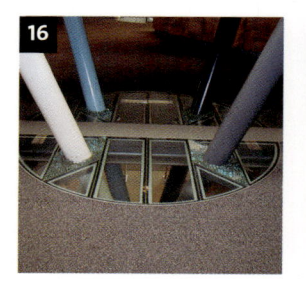

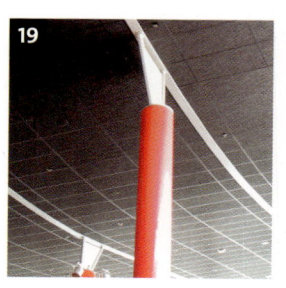

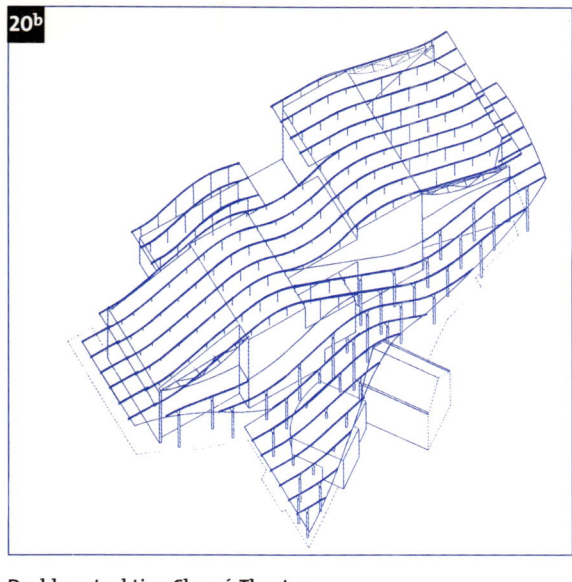

Dachkonstruktion Chassé-Theater

unterschiedliche Materialien verwendet wurden, denn die Struktur verhinderte, daß das Gebäude visuell auseinanderfiel. Mit dem Verschwinden der Konstruktion als strukturierendem Element drohte Hertzberger diese Freiheit bei der Materialisierung des Gewebes einzubüßen. Um sie wieder zurückzugewinnen, ließ er sich von Le Corbusiers Obus-Plan (Algier, 1932), vor allem vom Entwurf für das Fort L'Empéreur inspirieren. → 21 Abgesehen von Wohnungen sollten in dieses kilometerlange, über 100 m hohe Bauwerk unter anderem auch Geschäfte und Gehwege integriert werden. Das Chaos war kalkuliert, wurde aber durch ein striktes Rahmenkonzept unmittelbar wieder gebändigt. Nachdem er das Ministerium für Arbeit und Soziales abgeschlossen hatte, begann Hertzberger, mit großen und plastischen Strukturen im Stile Le Corbusiers zu arbeiten, um das (recht moderate) Chaos zu bändigen. Dabei spielt das Dach eine wichtige Rolle. Es wird zum Beispiel durch auffällige Gesimse hervorgehoben, wie bei der Bibliothek in Breda und dem Chassé-Theater, und es übernimmt eine ähnliche Funktion wie die Konstruktion in Hertzbergers früheren Entwürfen. Diese neuen Strukturen haben jedoch einen lebendigeren Charakter als die starren strukturellen Konstruktionen. Der reizvolle Holzrahmen der Montessori-Schule in Amsterdam (2000), → 22 aber vor allem das geschwungene, aufgeschnittene Dach des Chassé-Theaters machen einen sehr freundlichen Eindruck. → 23 Diese neuen Elemente ermöglichen eine freiere Fassadenkomposition. Das Fehlen der strukturalistischen vertikalen und horizontalen Linienführung erlaubt eine weitaus unabhängigere Materialisierung der Fassade und schließt selbst figurative Oberflächen nicht aus. Das Dach des Chassé-Theaters umschließt mit einer einzigen Geste sämtliche Funktionen – was darunter geschieht und wie die Fassade materialisiert wurde, spielt dank dieser kräftigen Bewegung und plastischen Struktur kaum noch eine Rolle.

Wie heikel es ist, das richtige Gleichgewicht zwischen Chaos und Struktur herzustellen, zeigt sich allerdings am Theaterzentrum Spui, einem der ersten fertiggestellten Projekte aus Hertzbergers poststrukturalistischer Periode. Die Struktur erwies sich als zu wenig ausgeprägt, um das sehr vielfältige Raumprogramm (zwei Kinosäle, Filmclub, Videozentrum, Geschäfte, Wohnungen, Café), das durch die Vielfalt der verwendeten Materialien zusätzlich betont wurde, zu bewältigen. Auch die Ausführung entsprach nicht dem Standard.

Reiche Materialpalette

Die Veränderung der Fassadengestaltung und die Akzentverschiebung vom Raster zur Fläche beeinflußten Hertzbergers Materialpalette auffallend wenig. Das Aussehen und die Wirkung der Materialien sind beinahe gleich geblieben. Auf den ersten Blick scheinen die Fassaden, ähnlich denen des Maison de Verre, noch immer in hohem Maß transparent zu sein. In Wirklichkeit sind sie eher introvertiert; gleichwohl wird der Eindruck eines offenen Gebäudes erzeugt – eines Gebäudes, das nicht an seinen Fassaden endet. Diese Offenheit macht das Gebäude verständlicher. Der Trick, mit dem dieser Eindruck von Offenheit und gleichzeitig Introvertiertheit erreicht wird, liegt in der Verwendung von Materialien mit vier verschiedenen Stufen der Geschlossenheit: transparent (Glas), semitransparent (farbiges Glas, Glasbausteine und Reglit-Profilglas), halbgeschlossen (Spiegelglas, Betonblockstein, Putz und Strukturbeton) und geschlossen (Beton, farbige Ziegel). Aus diesen Materialien komponiert Hertzberger Fassaden, die eine gewisse Vielschichtigkeit und Offenheit ausstrahlen, wobei der Grad der Offenheit von den Bedürfnissen der Benutzer abhängt. Aussicht, Einfall von Tageslicht und Privatsphäre erhalten den Vorzug gegenüber reiner Transparenz.

Beim Ministerium für Arbeit und Soziales verwendete Hertzberger Vorhangwände mit Fensterbrüstungen aus Glas, um das Permanente (die Struktur) vom Temporären zu unterscheiden. → 24 Das Isoliermaterial hinter dem Glas wurde verborgen, indem man die Rückseite des Glases weiß strich, wodurch das Glas semiopak wurde. Es hat einen anderen Effekt als die Oberlichter aus Okalux-Isolierglas, die Tageslicht eindringen lassen. Deren Glas ist semitransparent und deshalb vergleichbar mit den Glasbausteinen, die Hertzberger bei jedem seiner Gebäude verwendet, oder mit dem Reglit-Profilglas, mit dem ein Teil der Fassade des Chassé-Theaters verkleidet ist. In der Bibliothek in Breda → 25 und im Markant Theater in Uden (1996) spielt Hertzberger ein sehr subtiles Spiel mit angeblicher Transparenz und tatsächlicher Semitransparenz. Die Glasfassaden sind schräg gestellt. Aber obwohl die Glasfläche aufgrund der Schrägstellung größer ist, als wenn die Wand einfach in der normalen, vertikalen Position stünde, wirken die Gebäude nicht offener, denn die Reflektionen auf dem schrägen Glas verhindern direkte Einblicke. Dagegen ist es durchaus möglich, aus dem Gebäude hinauszublicken, da das Erdgeschoß unter dem Bodenniveau liegt und die Blickachsen der Personen im Leihraum der Bibliothek sowie im Foyer das Glas beinahe im rechten Winkel kreuzen. Senkrechte Glasscheiben hätten die Aussicht hingegen zunichte gemacht.

Ein ähnliches Spiel wie jenes mit transparentem und semitransparentem Glas spielt Hertzberger auch mit vollkommen geschlossenen und halbgeschlossenen Materialien. Daraus erklärt sich zum Beispiel seine Vorliebe für B2-Betonblocksteine. Im Gegensatz zu Backstein ist dieses Material nicht vollkommen geschlossen und deshalb weniger massiv. Zudem sind die Steine größer und neutraler als Ziegel. Die Wände haben ein weniger feinmaschiges Muster als Ziegelwände. Als sich jedoch herausstellte, daß die Blocksteine weniger haltbar als angenommen, stark umweltbelastend und aufgrund ihrer rauhen Oberfläche auch in der Handhabung nicht besonders praktisch waren, ersetzte Hertzberger sie durch Materialien, die ähnlich aussehen. Viele seiner Innenräume haben aus diesem Grund verputzte Wände (wie im Chassé-Theater, Markant Theater und in der Montessori-Schule) oder Wände aus Strukturbeton, so beispielsweise die Erweiterung des Bürogebäudes der Centraal Beheer (1995) → 26 und das Kaufhaus Vanderveen. → 27 Diese Wände wirken neutraler und edler als die grauen B2-Wände, die stets ein wenig dürftig aussahen.

Die Wirkung der Materialien wird durch die Detaillierung verstärkt. Die Unterscheidung der Struktur von Elementen mit kurzer Lebensdauer war in den früheren Werken relativ einfach. Während die Konstruktion aus grauem, schweren Beton bestand, waren die Fensterfronten schlank, leicht und schlicht zwischen die Betonelemente geklemmt. Die Farbgebung der Fensterfronten verstärkte den Kontrast zum grauen Rest des Gebäudes. Beim Centraal-Beheer-Gebäude wurde zudem die Fensterfront an der Unterseite von der Fassade gelöst, indem man die Fassade ein Stück zurückspringen ließ. → 28

Solche Details verwendete Hertzberger auch in seiner poststrukturalistischen Periode, um temporäre von permanenten Elementen zu unterscheiden. Eines der extremsten Beispiele dafür ist das Benelux Merkenbureau, bei dem die mit Spiegelglas versehenen Fensterfronten wie eine Art Erker an die (permanente) graue Struktur angefügt wurden. Inzwischen verwendet Hertzberger allerdings wesentlich subtilere Details, etwa in der Bibliothek in Breda, wo die Ober- und Seitenkanten der Fensterfront aus Aluminium ein wenig über den Beton hinausragen, während das obere Ende der Glasscheibe unter einer breiten, dreieckigen Verdickung im Strukturbeton verschwindet. → 25

Obsessive Details

Wenngleich sich am beabsichtigten Effekt der Materialien in den Gebäuden im Prinzip nicht viel geändert hat, haben die Fassaden doch eine andere Ausstrahlung. Durch die Akzentverschiebung vom Raster zur Fläche und vom Objekt zum Raum, hat die Anzahl erforderlicher Details abgenommen. Nach dem Motto ‚Stimulierung' versah Hertzberger bis einschließlich zum Ministeriums-Projekt sowohl das Gebäudeinnere als auch die Fassaden mit einer ermüdenden Menge an Details. In alle seine Gebäude integrierte er Bereiche und Details, die den Benutzer dazu anregen sollten, die Initiative zu ergreifen. Dafür entwickelte er eine Reihe von Strategien, wie zum Beispiel das Belassen mancher Teile im unfertigen Zustand, wobei die Fertigstellung dann Aufgabe des Benutzers war. Besonders bei dem Wohnungsbau in Kassel (1982) führte dies zu Aufregung, als die Benutzer ihr neues Zuhause in Besitz nahmen. Beim Musikzentrum Vredenburg ging diese Strategie hingegen schief. In dem öffentlichen Gebäude ergriff niemand Besitz von den verschiedenen Räumen oder stellte Details fertig. Die unfertigen Details blieben einfach unfertig. Darüber hinaus versah Hertzberger seine Gebäude stets mit Details, die ein bestimmtes Verhalten auslösen sollten. So sind zum Beispiel die asymmetrisch auf Betonfüßen plazierten Stahlstützen, die sich unter anderem im Bürogebäude der Centraal Beheer finden, ein für Hertzberger typisches Detail: Der Stützenfuß kann als Bank benutzt werden und dadurch zu einem selbständigen Bereich innerhalb des Gebäudes werden. In den Gebäuden der Apolloschulen, darunter insbesondere in der Montessori-Schule, ist das Mischungsverhältnis von zurückhaltender und lenkender Architektur hingegen ideal. Neben den Klassentüren stehen Vitrinen, in denen die Schüler ihre Arbeiten ausstellen können und an denen der Eintretende sofort sehen kann, welche Klasse hier arbeitet. Auch ein halbrunder Riegel in der Fensterfront ermöglicht das Ausstellen von Objekten. → 29 Dagegen regt der Architekt dazu an, die Fensterbänke leer zu lassen, denn sie sind mit kleinen Kacheln verkleidet, die von Schülern der ersten Klasse bemalt wurden. Wie in den meisten seiner Gebäude, haben viele der Türen große Glasflächen, um die psychologische Schwelle beim Betreten des Bereichs hinter der Tür zu senken. → 30 Die Offenheit der Tür war – im Prinzip genauso wie die der Fassade – ein Indikator für Zugänglichkeit.

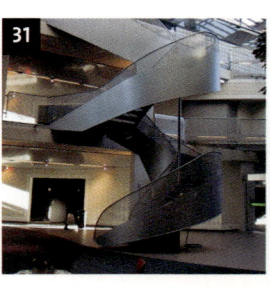

All dies macht ersichtlich, daß Hertzberger bei diesem Gebäude sehr viel Zeit und Mühe in die Materialisierung und Detaillierung investieren konnte. Heutzutage ist es jedoch aufgrund der immer geringeren Budgets und abnehmenden Autorität des Architekten beinahe unmöglich, Details derart sorgfältig auszuarbeiten. Hertzberger hat deshalb einen strategischen Rückzug angetreten. In bezug auf das Chassé-Theater stellte er fest: „Der Sinn für das Detail ist bei den Auftraggebern unglaublich degeneriert. Eine mögliche Reaktion darauf ist, die Details zu überspielen, also derart theatralische Raumelemente zu verwenden, daß man auf Details nicht mehr achtet."⁶

Als Blickfänge dienen zum Beispiel seine großartigen Treppen, Geländer und Laufbrücken. Seit der Arbeit am Centraal-Beheer-Gebäude finden sich in allen seinen Gebäuden Stahltreppen, deren Konstruktionen im Laufe der Zeit immer interessanter und gewagter wurden. Zweifellos haben dabei die hauchdünnen Treppen, die der Schmied Louis Dalbet für das Maison de Verre herstellte, den Architekten beeinflußt. Ebenso wie die konstruktive Struktur verschwunden ist, sind die konstruktiven Details solcher Blickfänge (zum Teil) unauffälliger geworden. Bei den Laufbrücken wird die Aufhängung in regelmäßigen Abständen sichtbar gemacht. Dagegen sind aus den Treppen beinahe nicht nachvollziehbare, geschwungene Skulpturen geworden, bei denen im Dunkeln bleibt, woher sie ihre Stabilität erhalten. Ihre Skulpturalität verdanken sie vor allem den ungewöhnlich geformten Balustern, die oftmals sowohl aus perforierten als auch geschlossenen Komponenten bestehen. Dieses Spiel mit geschlossenen und halboffenen Teilen verleiht der Treppe einen überraschenden Charakter. → 31 So selbstverständlich die Materialisierung solcher Elemente auch scheinen mag, gibt es vor allem bei der Materialwahl für die Baluster im Laufe des Prozesses häufig Änderungen, die auf wirtschaftlichen Erwägungen beruhen. In der ersten Zeichnung für die Montessori-Schule waren Stahlgeländer vorgesehen, dann schien Glas preisgünstiger, aber letztlich wurde doch Stahl verwendet. Die Wirkung des Elements wird dadurch nicht geschmälert, denn Hertzberger detailliert diese Elemente zunächst stets unabhängig vom Material. Die Struktur und der Rhythmus der Treppen, der Geländer und die Anschlüsse der Baluster an den Boden müssen dann bereits derart überzeugend sein, daß es keine große Rolle mehr spielt, aus welchem Material die Geländer letztlich hergestellt werden. → 32 Dieselbe Strategie wendet Hertzberger bei der Materialisierung der Räume an. Wie schon vor 1990 schafft er Raumkonzepte, die viele Möglichkeiten eröffnen. Allerdings werden diese Konzepte nicht mehr mit dem strikten strukturalistischen Raster erstellt, sondern ergeben sich vor allem aus den Räumen selbst. Der Flur der Grundschule ‚De Vogels' in Oegstgeest (2001) macht die veränderte Herangehensweise deutlich. Während es in den Apolloschulen eine große Vielfalt an Details gab, die ein bestimmtes Verhalten auslösen sollten, gab Hertzberger in der Grundschule in Oegstgeest der hölzernen Treppe mit vertieften Stufen einen Rahmen aus glatt verputzten Wänden und ließ von allen Seiten Tageslicht in den Innenraum fallen. Mehr hat er nicht verändert. Auch dieser Raum wird von den Kindern als Spiel- und Begegnungsraum benutzt, aber nun passiert dies viel mehr auf eigene Initiative, was vor allem daran liegt, daß der Raum schön und hell ist.

Die Kraft solcher Räume ermöglicht es, Farben und Verkleidungsmaterialien erst in einem späten Stadium festzulegen. Manchmal läßt Hertzberger sich dabei auf Kompromisse ein, sofern sie den Kern des Entwurfs nicht verändern, nämlich den Raumeindruck und die Wirkung, die mit den verschiedenen Räumen erzielt werden kann.

Mit dieser Art des Bauens hat Hertzberger sich in eine Position versetzt, in der er die Architektur machen kann, die er will – auch wenn der Architekt heutzutage generell weniger Autorität als früher hat. Die neueren Gebäude unterscheiden sich eigentlich nicht wesentlich von seinen älteren Entwürfen. Noch immer will er Räume schaffen, die den Benutzer dazu anregen, die Initiative zu ergreifen. Inzwischen versucht er allerdings nicht mehr, alles im voraus zu choreographieren, sondern läßt Raum für Unvorhersehbares. → 33 Deshalb sind die Flächen neutral und haben deutlich weniger Details als früher, ohne daß die Qualität des Gebäudes dadurch beeinträchtigt würde. Es sind einfach weniger Details notwendig. Die Laufbrücken und Treppen in den großen Räumen betonen nicht mehr nur die horizontale und vertikale Räumlichkeit, sondern sind auch ein idealer Ort für Begegnungen. Das schwungvolle zweite Thema mit den freundlicheren Materialien, den lockereren Konstruktionen und den immer raffinierteren Stahltreppen und Laufbrücken hat das erste, schwere Thema überflügelt. Die Gebäude sind dadurch interessanter, vor allem aber lebendiger geworden.

1. Herman Hertzberger, Lessons for students in architecture, Rotterdam 1991.
2. Herman van Bergeijk, Deborah Hauptmann, „Structuur en gebaar. Recent werk van Herman Hertzberger", in: De Architect, 2, 1994.
3. Wim J. van Heuvel, Structuralism in Dutch Architecture, Rotterdam 1992.
4. Siehe Anm. 1.
5. Herman Hertzberger, „Henri Labrouste. La réalisation de l'art", in: Techniques et Architecture, 375, 1987-1988.
6. Peter van Assche, „Het verhaal van het onverwachte. Het Chassé-Theater in Breda van Herman Hertzberger", in: Archis, 1, 1996.

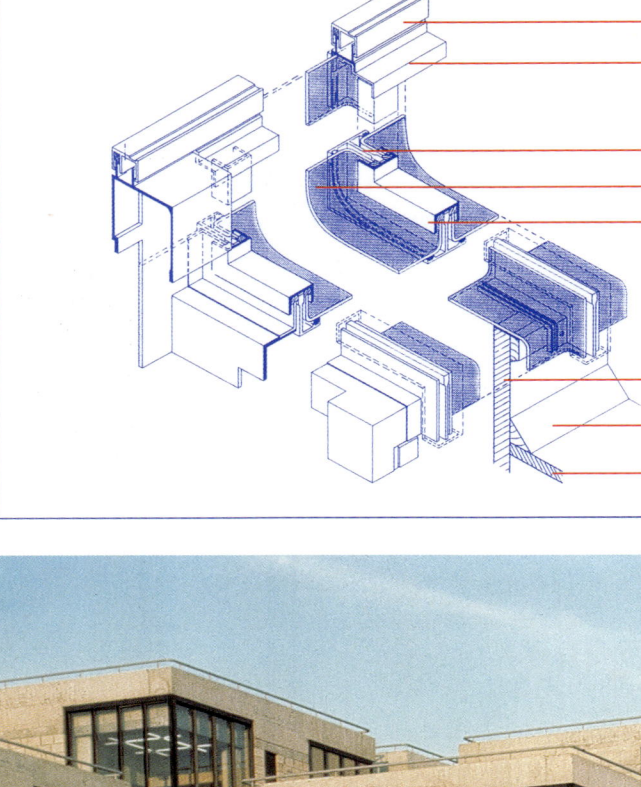

Anschluß Oberlicht mit Regenrinne
1 Aluminium-Abschlußprofil
2 Aluminium-Abtropfkante
3 Aluminiumprofil
4 Dachfenster mit Kunststoffkuppel
5 Holzverkleidung
6 Regenrinne

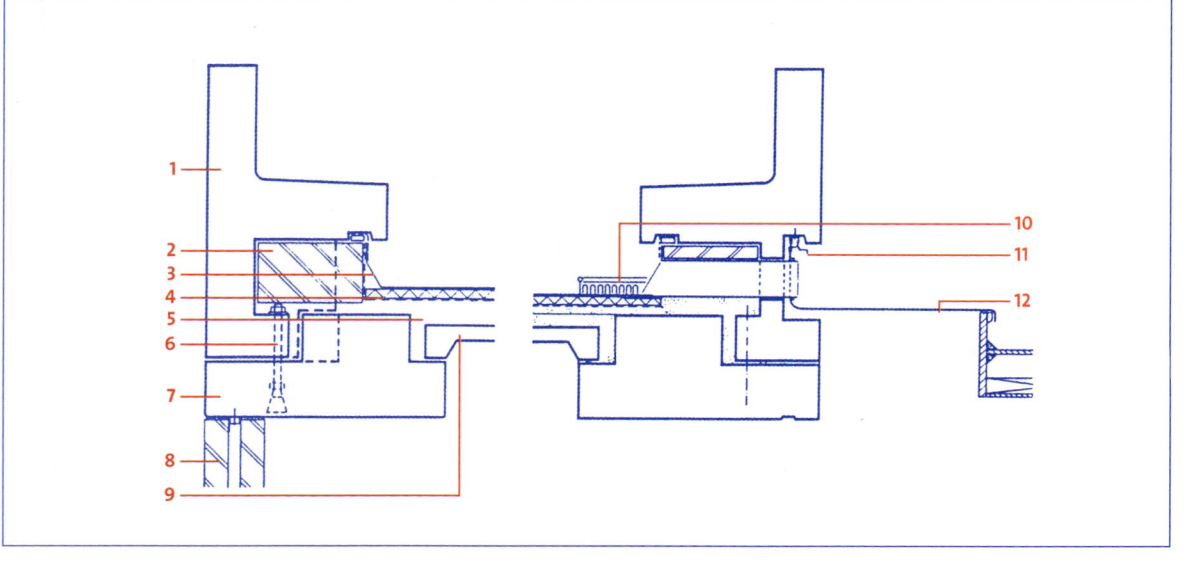

Herman Hertzberger Bürogebäude Centraal Beheer Apeldoorn 1972

Anschluß Dachrand mit Dachfenster
1 Dachrand, Betonfertigteil
2 Mauerwerk
3 Dachpappendeckung
4 Wärmedämmung
5 Ortbeton
6 Verankerung Dachrand an Träger
7 Träger, Betonfertigteil
8 Verblend-Betonziegel
9 Betonträger
10 Kiesleiste
11 Aluminium-Klemmprofil
12 Kunststoff Oberlicht

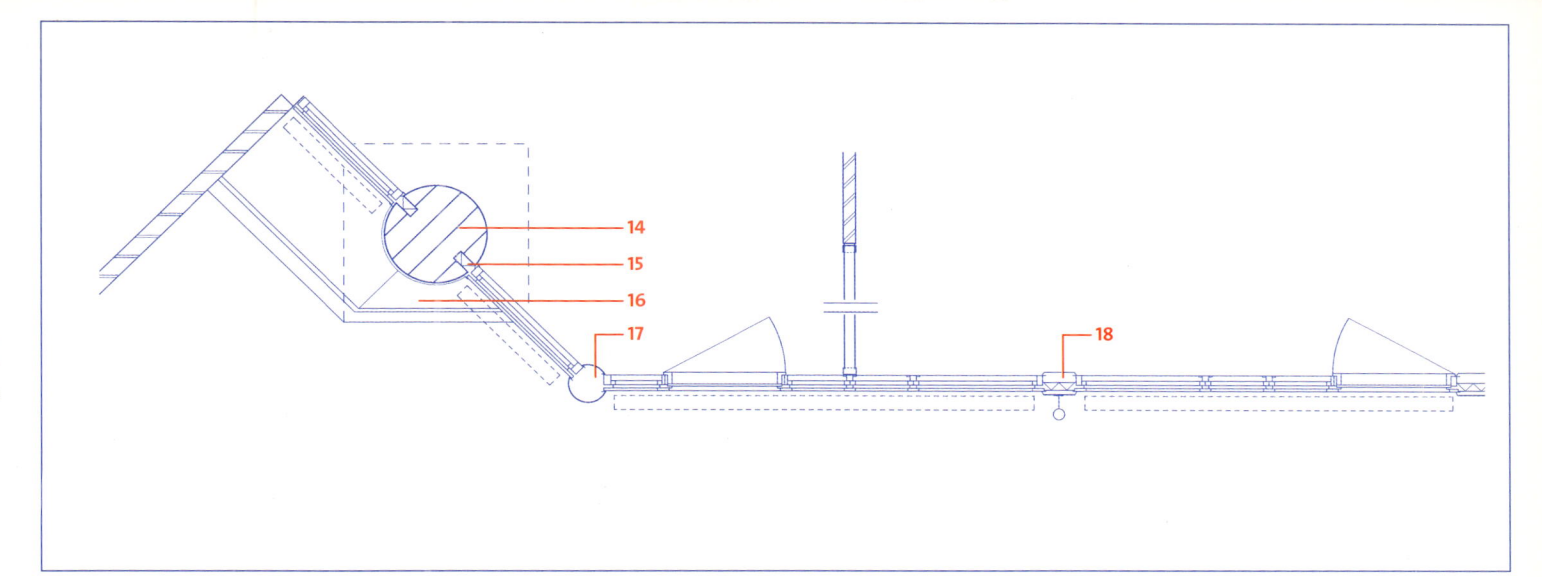

Herman Hertzberger Ministerium für Arbeit und Soziales Den Haag 1990

Horizontalschnitt Vorhangfassade

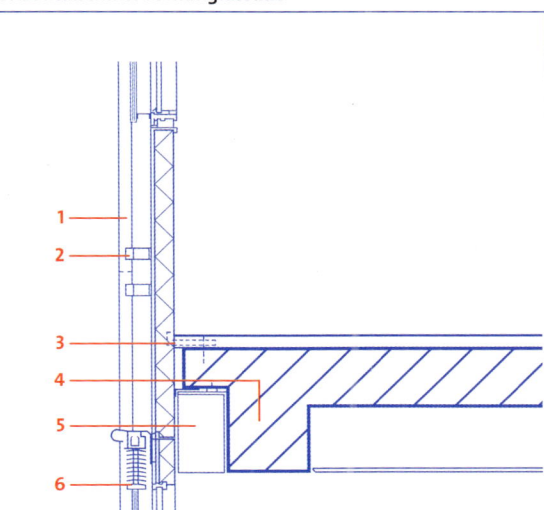

Vertikalschnitt Vorhangfassade

1 Rohr mit eingebauter Notbeleuchtung, Ø 60 mm
2 Abstandshalter für Rohr
3 Stahlkonsole als Fassadenverankerung
4 Fassadenträger, Betonfertigteil
5 Aussparung für Leitungen
6 Sonnenschutz, automatisch und individuell steuerbar
7 Führung Sonnenschutz
8 Kapillarglas zur diffusen Streuung des Tageslichtes
9 Emaillierter Fensterrahmen aus Aluminium
10 Gummiklemmprofil für Isolierverglasung, nur bei Fenster
11 Isolierverglasung
12 Eingebaute Relaissteuerung, welche das Lüftungssystem bei Fensteröffnung ausschaltet
13 Verbundplatte; innere Schicht: emaillierte Stahlplatte; äußere Schicht: Ornamentglas, matt, an der Innenseite gefärbt
14 Stütze, Betonfertigteil, Ø 550 mm
15 Kunststoffprofil als Kältebrücke-Unterbrechung
16 Stützenkopf, Betonfertigteil
17 Eckabdichtungsprofil, Ø 220 mm
18 Emailliertes Aluminium Abdeckprofil in der Mitte

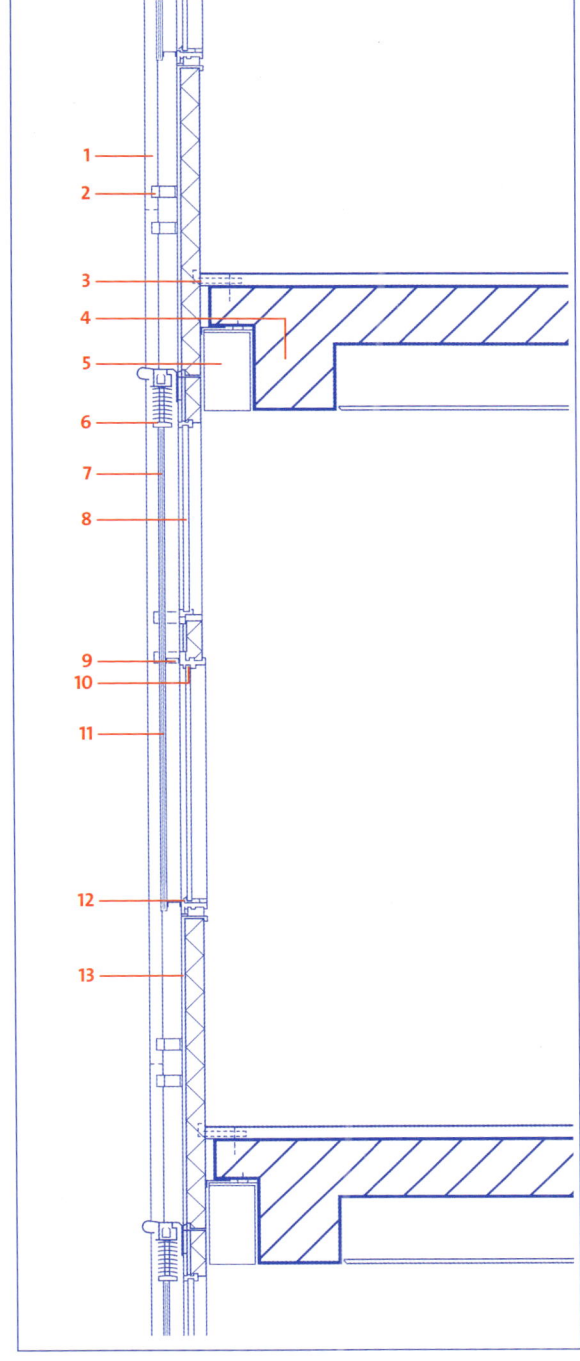

Herman Hertzberger Chassé-Theater Breda 1995

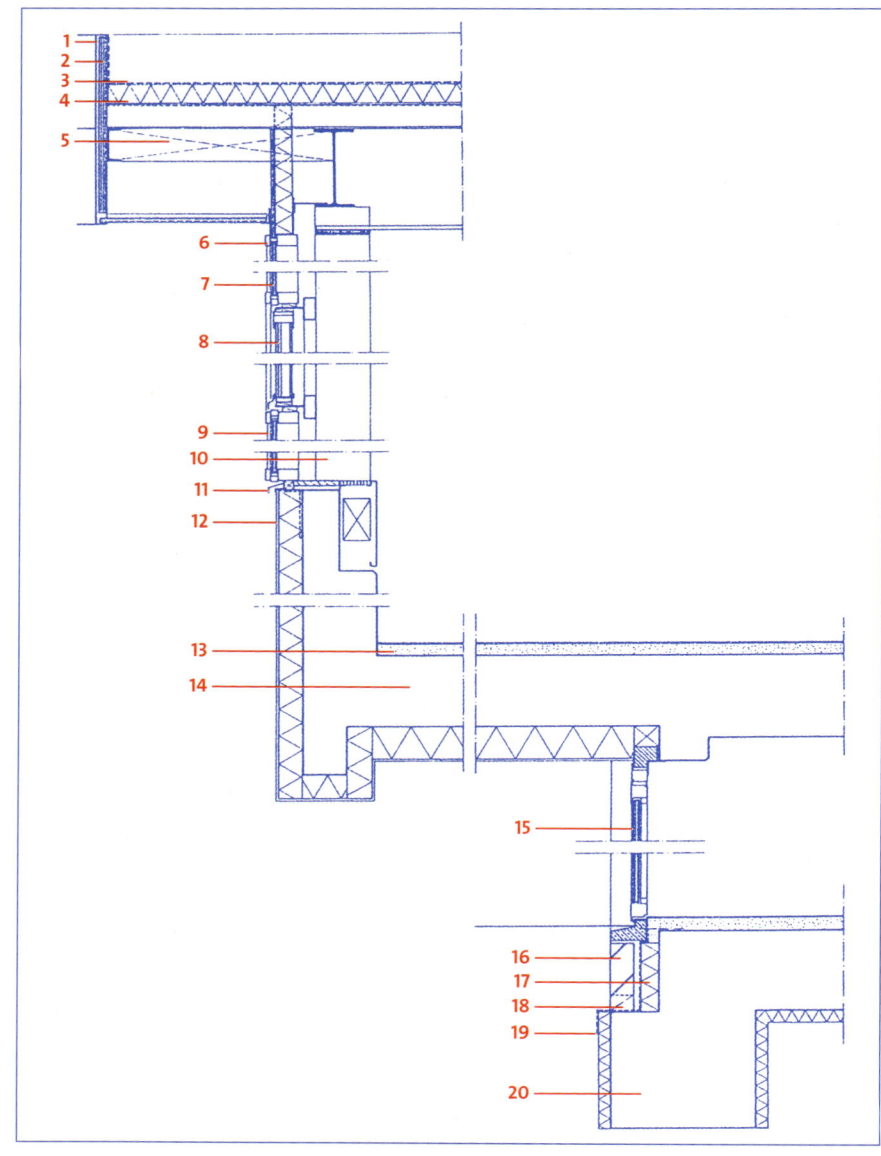

Fassadenanschluß mit aufgesetztem Dachrand und Glasprofilen
1 Dachrand mit Aluminium-Abschlußprofilen
2 Wasserfest verleimtes Multiplex
3 Dachdeckung
4 Wärmedämmung
5 Stahlkonstruktion
6 Aluminium-Fassadensystem
7 Isolierverglasung
8 Glasträger, U-Profil
9 Isolierverglasung
10 Stütze
11 Abtropfkante
12 Thermoputz
13 Estrich
14 Betongeschoßdecke
15 Glasfassade
16 Mauerwerk
17 Wärmedämmung
18 Offene Stoßfuge
19 Folie
20 Betonfundamentstreifen

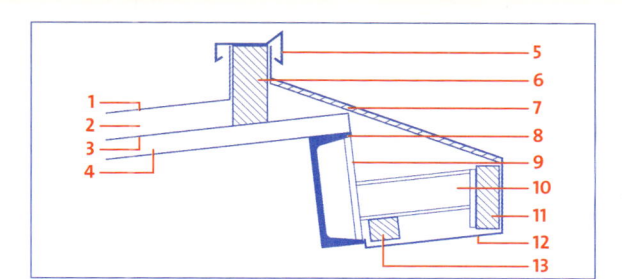

Dachrand bei auskragendem Dachaufbau
1 Dachdeckung
2 Wärmedämmung
3 Dampfbremse
4 Trapezblech
5 Aluminium-Dachrandprofil
6 Klotz
7 Schalldämmung
8 Stahlträger UNP 220
9 Stahlblech
10 Stahlträger UNP 80
11 Holzklotz
12 Gefalztes Aluminiumblech
13 Holzklotz

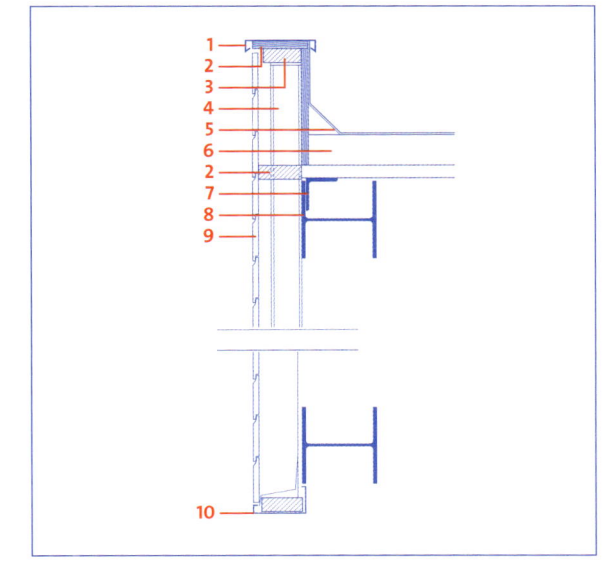

Herman Hertzberger Montessori-Schule Amsterdam 2000

Detail Holzrahmen
1 Aluminium-Dachrandprofil
2 Wasserfest verleimtes Multiplex
3 Holzklotz
4 Stahlkonstruktion
5 Dachdeckung
6 Trapezblechdach
7 Eckprofil zur Befestigung Trapezblechdach
8 Doppel-T-Stahlträger HE 240 A
9 Nut- und Federbretter
10 Aluminiumblech 2,5 mm

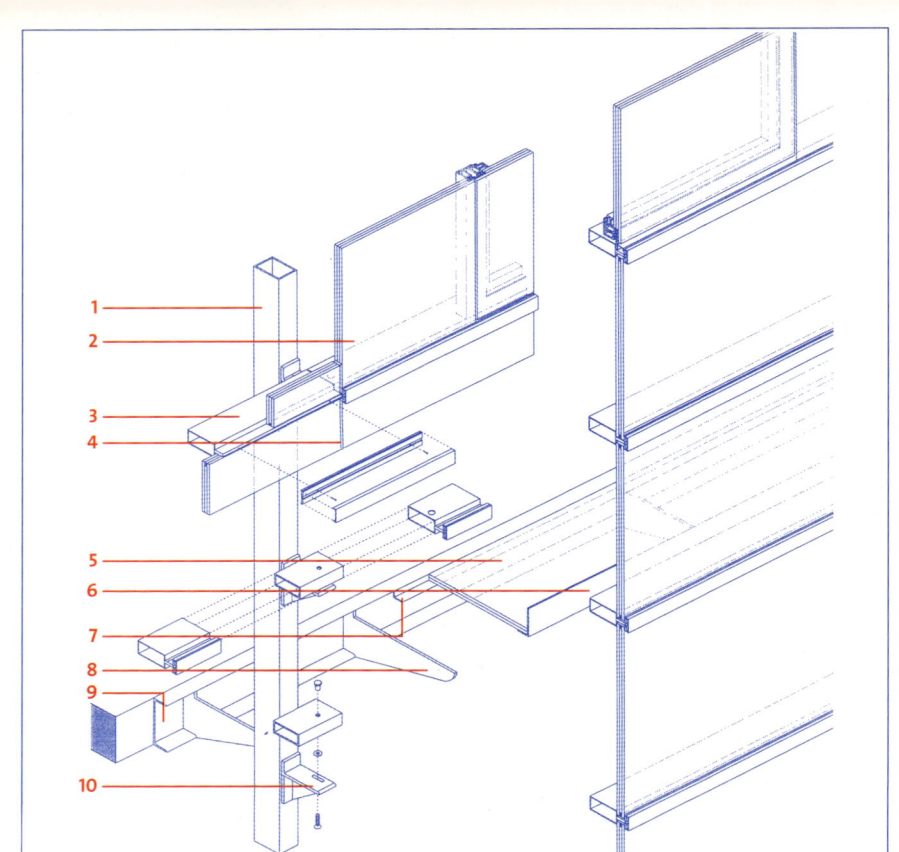

Glasfassade
1 Kastenprofil, 80 x 120 x 10 mm
2 Glasscheibe, 6-12-5
3 Aluminiumprofil
4 Konstruktive Kittfuge
5 Verbundglas
6 Eckprofil, 50 x 100 mm
7 Eckprofil, 50 x 50 mm
8 Stahlkonsole, 10 mm
9 Stahlträger UNP 200
10 Eckträgerprofil, 60 x 180 x 10 mm

Herman Hertzberger Erweiterung Kaufhaus Vanderveen Assen 1998

Konstruktionsprinzip
1 Geschweißter Stahlträger aus Stahlplatten und Doppel-T-Stahlträgern
2 Zugstange, Ø 76 mm
3 Betondecke auf verlorener Trapezblechschalung, liegend auf Doppel-T-Stahlträgern HEA 140
4 Doppel-T-Stahlträger HE 300 B
5 Stahlkabel, M 30
6 Betonscheibe, Ortbeton, Stärke 400 mm
7 Betonhohldielendecke mit Fugenverguß auf Doppel-T-Stahlträger HE 280 A
8 Betondecke, 350 mm
9 Betondecke, 60 mm
10 Zugstange aus Stahl

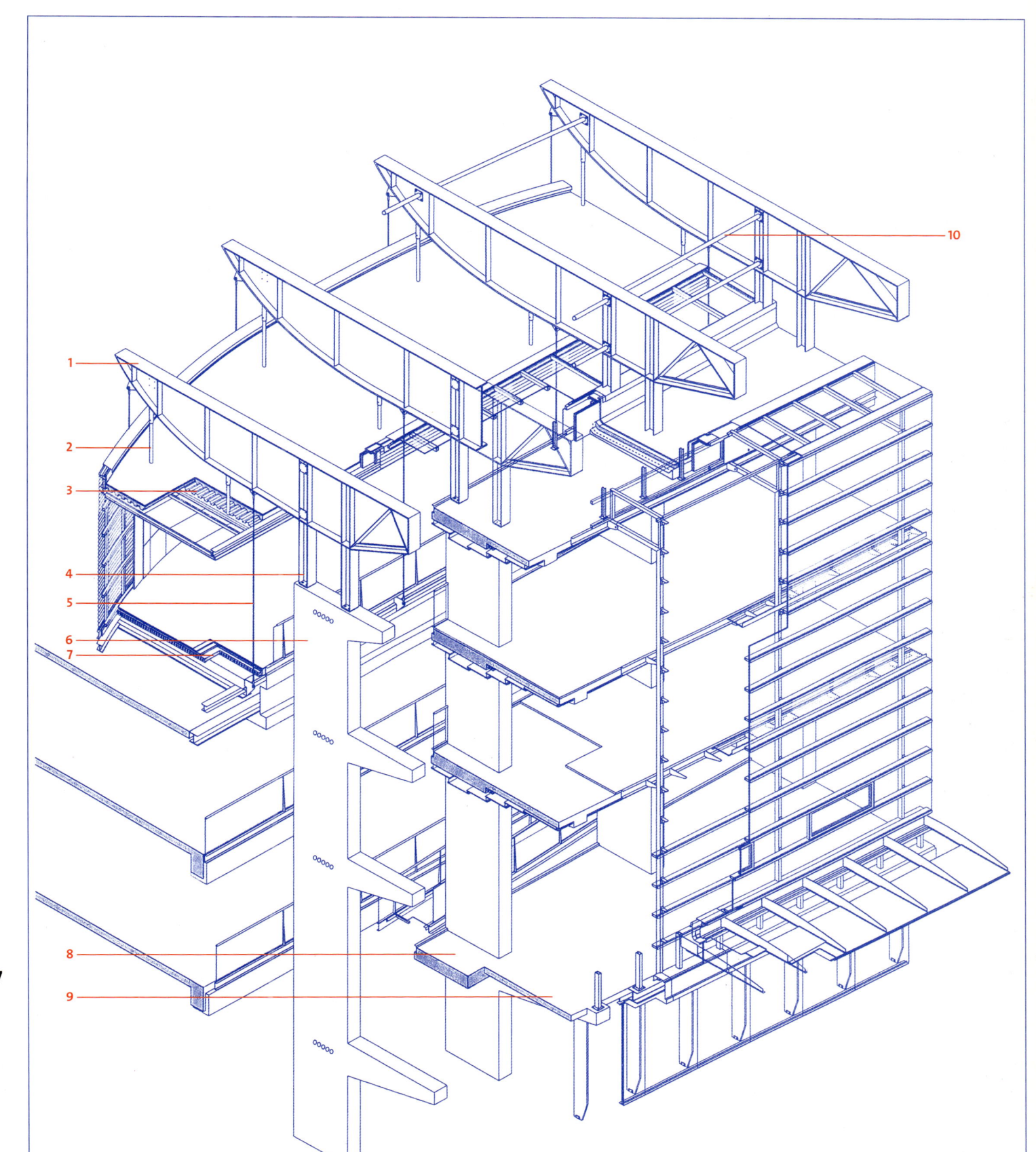

Herman Hertzberger Erweiterung Kaufhaus Vanderveen Assen 1998

Mecanoo
Begehrenswerte Details

Anläßlich seiner Verabschiedung als Dozent an der Technischen Universität Delft organisierte Rem Koolhaas 1990 ein Symposium mit dem Titel *Wie modern ist die niederländische Architektur* und setzte damit eine Diskussion über die Modernität niederländischer Architekturbüros in Gang.[1] Als Reaktion auf diese Frage und zur Legitimation der Art und Weise, mit der niederländische Architekten in der Baupraxis geradezu gezwungen würden, sich mit dem Erbe der Moderne auseinanderzusetzen, prägte der Kritiker Hans van Dijk den Begriff ‚vorbildlicher Modernismus'.[2] Eine Forderung des Architekten Herman de Kovel aufgreifend, der bereits 1980 meinte, die moderne Architektur müsse sich von idealistischen Absichten, Technikfaszination und gesellschaftlichem Engagement befreien,[3] vertrat van Dijk die Ansicht, daß zwar das Erbe der Großen Modernen für die niederländischen Architekten durchaus Bedeutung habe, die Ideologien der Heroischen Modernen jedoch weit in den Hintergrund getreten seien. Zum Teil führte er dies auf die komplizierten Infrastrukturen im Bauwesen zurück (Gesetze, Regeln, Instanzen), denen die niederländischen Architekten bei ihrer Arbeit begegneten. Damals führte van Dijk Mecanoo, das kollektive Büro, das 1984 von Roelf Steenhuis, Chris de Weijer, Erick van Egeraat, Francine Houben und Henk Döll gegründet wurde, als Beispiel dafür an, wie es einem Büro gelinge mittels einer unbefangenen Akzeptanz und Aneignung dieser Infrastruktur deren einengende Wirkung zu überwinden.[4]

Van Dijk bezog seine positive Kritik auf Mecanoos Projekte für den sozialen Wohnungsbau. Die Höhepunkte unter diesen Projekten bilden der Wohnkomplex für Jugendliche am Kruisplein in Rotterdam (1985) und das Wohnhochhaus Hillekop, ebenfalls in Rotterdam (1989). Mecanoo stellte unter Beweis, daß mit den grundsätzlich zu niedrigen Budgets, die für solche Projekte zur Verfügung standen, dennoch gut ausgeführte Gebäude errichtet werden konnten. Außergewöhnlich waren an diesen Projekten die raffiniert ineinander geschobenen, flexiblen Grundrisse, die Einbettung der Bauten in den Stadtzusammenhang sowie die Art und Weise, in der die Architekten sich den öffentlichen Raum aneigneten, der die Gebäude umgab, und ihn als Teil des Komplexes mitgestalteten. Bewunderung fanden sie auch wegen der auffälligen Materialisierung und der ungewöhnlichen Perfektion dieser sozialen Wohnungsbauten. So hat der Komplex am Kruisplein teilweise verputzte Fassaden. →1 Aus städtebaulicher Sicht war dies bemerkenswert, denn der Komplex steht in einem etwas heruntergekommenen und chaotischen Viertel Rotterdams zwischen mehreren Backsteinbauten aus der Vorkriegszeit. Diese Technik wurde damals selten verwendet. Während im Ausland in der Nachkriegszeit die Fassaden von Wohnhäusern häufig verputzt wurden, baute man in den Niederlanden Wohnhäuser aus Backstein. Mecanoo entschied sich für verputzte Fassaden, zum einen um dem Komplex einen höheren Abstraktionsgrad zu verleihen – nicht die einzelnen Wohnungen, sondern der Block als Ganzes sollte die Aufmerksamkeit auf sich ziehen, und zum anderen, wegen der bautechnischen Vorteile von Putzfassaden. →2 Mit Hilfe dieser Endbeschichtung konnten die oft schlecht und unregelmäßig gemauerten Wände des sozialen Wohnungsbaus, ihre dicken Fugen und die auffallend groben Details überdeckt werden. Obwohl der Komplex zu recht gelobt wurde, weil er eine neuartige Frische ausstrahlte und vom Drang der Architekten zeugte, alles bis zur Perfektion beherrschen zu wollen, trägt das Gebäude am Kruisplein viele Zeichen eines Erstlingswerks. Die Autonomie der Fläche und des Volumens, die Mecanoo auch in ihren heutigen Gebäuden noch anstreben, wurde bei diesem Komplex durch die Verwendung allzu vieler verschiedener Elemente zunichte gemacht. Die Fensterfront der Wohnungen setzt sich zum Beispiel aus zahlreichen kleinen Fenstern sowie einer Tür zusammen und wurde ferner mit Trespa-Platten in verschiedenen Größen aufgefüllt. →3 Dadurch ist sie zu unruhig, um wirklich als grafisches Element zu wirken. Darüber hinaus wurde bei der Detaillierung der Fensterfronten der Geschäftsräume nicht ausreichend bedacht, daß Läden Reklameschilder anbringen wollen. →4 Folglich sieht dieser Teil des Gebäudes ein wenig unordentlich und unzusammenhängend aus.

Der Wohnkomplex Hillekop stellt eine logische Weiterentwicklung des Komplexes am Kruisplein dar. →5 Er besteht aus einem kleinen, blauen Wohnblock, einem gelb verputzten, geschwungenen Gebäudeband und einem Wohnturm. Vor allem bei letzterem zeigt sich eine wesentlich bessere Beherrschung der Materialisierung. An der Vorderseite ist der Turm facettiert, um allen Bewohnern die Aussicht auf den Hafen zu ermöglichen. Wie man an der sauberen, runden Betonform der Rückseite erkennen kann, war die Facettierung der Fassade kein Kompromiß seitens der Architekten, sondern eine bewußte und starke architektonische Entscheidung. →6 Die Fassade erhält dadurch eine interessante vertikale Struktur und ein robustes Aussehen, das mit der Hafenumgebung in Einklang steht. An zwei Stellen springt die Betonfassade auf ungezwungene, naheliegende Weise zurück und offenbart die Putzfassade. Dadurch scheint es, als sei das Volumen aus zwei dünnen Scheiben zusammengesetzt und die Betonscheibe sei wie eine Maske vor die Putzfassade geschoben. → 7 Die geringe Stärke der Fassaden wird auch im kleinen Maßstab betont. So hat beispielsweise die Putzschicht in den Laibungen eine andere Struktur als an den Fassaden, und an den Ecken sind die Betonwerksteine abgekantet.

Japanische Einflüsse

Noch während sie am Plan für den Hillekop-Komplex zeichneten, arbeiteten Mecanoo einen Entwurf von Alvaro Siza für das Schilderswijk-Viertel in Den Haag aus (1986-87). Francine Houben und Erick van Egeraat unternahmen zur gleichen Zeit eine Studienreise nach Japan. Beides scheint die folgenden Werke von Mecanoo wesentlich beeinflußt zu haben. Von Siza lernten sie nicht nur einen feinsinnigen Materialgebrauch, sondern auch einen freieren Umgang mit Grundrissen. Während Mecanoo vor dieser Zusammenarbeit stets so lange an den Grundrissen arbeiteten, bis sie die Form eines Rechtecks hatten, lernten sie von Siza, daß ein Volumen durchaus vielförmig sein darf, und daß ein festgelegter Stil einengend ist und es zudem unmöglich macht, auf jede Situation angemessen zu reagieren. In Japan kamen van Egeraat und Houben mit einer anderen Methode der Komposition von Flächen und Räumen in Berührung. Anstelle harter Trennungen zwischen Gebäude und Umgebung einerseits sowie zwischen den verschiedenen Räumen im Gebäude andererseits, sind die Übergänge in japanischen Gebäuden sanfter. Vor allem die Überleitung von der Wohnung in den Garten wird so nahtlos wie möglich gestaltet. Transparente und transluzente Wandschirme sorgen für visuelle Verbindungen und verleihen den Gebäuden trotz ihrer häufig geringen Größe eine bemerkenswerte Räumlichkeit. Darüber hinaus entdeckten die Architekten in Japan, welche Möglichkeiten natürliche und unbehandelte Materialien eröffnen. Auch mit Details ging man dort anders um: Details werden nicht ausschließlich als funktionale Elemente betrachtet, sondern erlauben es, neue Kompositionen in kleinem Maßstab zu schaffen. Dadurch gewinnen die Gebäude an Vielschichtigkeit. Erweist sich der Hillekop-Komplex bei näherer Betrachtung noch als recht uniform, so eröffnet das Wohnhaus mit Studio in Rotterdam (1991) – das erste und wohl auch konsequenteste Beispiel einer freieren Entwurfsmethode von Mecanoo – dem Betrachter eine zusätzliche Ebene, nämlich die der Detailkomposition. → 8 Die Bedeutung dieser Ebene offenbart sich auch in der Weise, wie das Wohnhaus in Veröffentlichungen und Vorträgen präsentiert wird. Neben den üblichen Architekturfotos werden stets auch Detailaufnahmen gezeigt, die ihrer traditionellen Bedeutung als Teil des Ganzen enthoben werden. → 9, 10 Anstatt ihren funktionalen Zusammenhang zu definieren, wird ihre Schönheit hervorgehoben.

Ihr Ziel, Räume optisch ineinander übergehen zu lassen, setzten die Architekten im Wohnhaus mit Studio hervorragend um, ebenso wie die Strategie, unbehandelte Materialien zu benutzen. Sie kombinierten sehr günstige Materialien (unbehandelten Beton) mit teuren Materialien (Teakholz) – was beiden eine besondere Ausstrahlung verleiht –, und sie suchten nach einer Kombination von leichten und schweren Elementen, um einen ähnlichen Kontrast zu erzeugen sowie das Verständnis des Details als eigenständige Komposition zu unterstreichen. Große Glasfenster verbinden Innen- und Außenraum. Die Detaillierung verleiht den verschiedenen Glasfassaden einen jeweils eigenen Charakter. Jene zwischen dem Studio und dem japanischen Garten wurde durch die Detaillierung beinahe aufgelöst. Leisten aus Teakholz halten das Glas und wurden in den Beton eingelassen. → 10 Diese Kombination von Holzleisten mit glattem Beton (innen) und rauhem Beton (außen), in dem Schalungsankerlöcher sichtbar sind, ist hinsichtlich der sorgfältigen Komposition ein typisches Detail. Durch die Detaillosigkeit und Immaterialität der Glasfassade gewinnt der Garten an Präsenz und wird zu einem Teil des Hauses, in dem auch sonst auf sichtbare Details verzichtet wurde. Die Materialien schmiegen sich aneinander oder überlagern sich scheinbar ohne feste Verbindung. Ferner treten die Türen (da jedes Zimmer zwei Eingänge hat, gibt es davon einige) nicht als solche, sondern vielmehr als geschoßhohe, bewegliche Wandpaneele in Erscheinung.

Auch im Obergeschoß besteht die Fassade aus einer einzigen großen Glasfläche. → 11 Der vor der Glasfläche plazierte Baluster wirkt dem Eindruck von Immaterialität jedoch entgegen. Die schmalen Profile des Balusters rahmen die Aussicht auf den Kralingse Plas ein, und aus der Ferne betrachtet bilden Baluster und Glas optisch eine Einheit. Das Resultat ist ein betont räumlicher Fassadeneindruck.

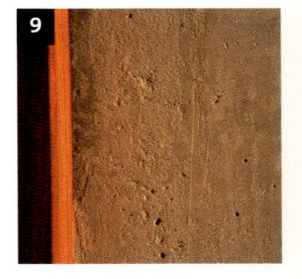

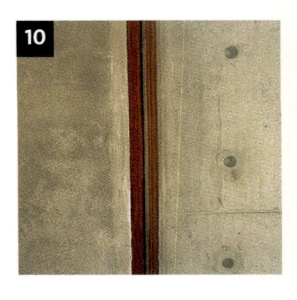

Während die Detaillierung innen ruhig und zurückhaltend ist, wirkt sie außen sprechender und weist Einflüsse des frühen Werks von Koen van Velsen auf. Das Metalldach, dessen Tragkonstruktion sichtbar ist, kragt zum Beispiel weit über das Gebäudevolumen aus und wirkt wie ein Rahmen, in den das Haus eingefügt wurde. In der Dachfläche befindet sich eine Aussparung, durch welche das Tragwerk hindurchläuft – ein Detail, das die Präsenz der tragenden Profile verstärkt und in vielen Gebäuden von Mecanoo wiederkehrt. → 12 Ein weiterer Verweis auf Koen van Velsen, insbesondere auf seine Bibliothek in Zeewolde (1989), ist die dunkle und deshalb schwer erscheinende Fläche aus Padukholz, die knapp über dem Boden endet. In seiner Bibliothek akzentuiert van Velsen die schweren Betonfassaden ebenfalls, indem er sie über dem Boden schweben läßt. → 13

Ästhetischer Pragmatismus

Die Kritiken zu den nachfolgenden Projekten wiesen bereits Anzeichen einer Art Mecanoo-Müdigkeit auf. Obwohl die Grundrisse klar blieben, die Gebäude schön materialisiert und (im allgemeinen) gut detailliert wurden, kritisiert Roemer van Toorn, daß „die Textur des Materials, das zweckmäßige Detail und die unbefangene Aufrichtigkeit immer mehr zum feierlichen Ornament werden".[5] Auch Hans van Dijk, der Mecanoo einst als leuchtendes Beispiel des ‚vorbildlichen Modernismus' angeführt hatte, kritisiert nun, daß ihre Architektur zu sehr auf einen visuellen Genuß ausgerichtet und eines der besten Beispiele einer ‚harmlosen' Architektur sei. „Jede Frage nach der tieferen Bedeutung von Architektur und danach, wie sie innerhalb der Gesellschaft wirken sollte, ist in dieser Entwurfshaltung geschwunden."[6] Diese Haltung, die er als „ästhetischen Pragmatismus" bezeichnet, charakterisiert van Dijk folgendermaßen: „Die Materialität, die Berührbarkeit, das Haptische wird durch die besondere Aufmerksamkeit unterstrichen, die Texturen und Farben gewidmet wird [und dadurch, daß "die Materialien möglichst natürlich behandelt werden,]. Die voneinander unabhängigen Flächen betonen die Eigenständigkeit der Elemente und machen unmißverständlich klar, daß das Gebäude aus ihnen ‚zusammengefügt' wurde. Die so entstandenen Kompositionen machen deutlich, daß es hier um ein konstruiertes Objekt geht und nicht darum, intellektuelle oder abstrakte Konzepte darzustellen. Sinnliche Wahrnehmungen sollen zur Schau gestellt und nicht Beweise für theoretische Positionen geliefert werden, die sich in Worten nicht mit der gleichen Beweiskraft darlegen lassen. Und schon gar nicht geht es darum, die Rolle der Architektur innerhalb eines veränderten gesellschaftlichen Kontextes grundlegend in Frage zu stellen."[7] Van Dijk zufolge gelingen Mecanoo deshalb „die raffiniertesten, sogar die schönsten Bauwerke innerhalb dieser Bewegung", weil sie in den achtziger Jahren eine gründliche typologische Studie für den sozialen Wohnungsbau durchführten und umfangreiche praktische Erfahrungen sammeln konnten. „Es sind Erfahrungen, auf die Mecanoo heute unbesorgt zurückgreifen kann. Dadurch werden Kräfte frei, und sie können sich stärker auf die visuelle Präsentation ihrer Bauwerke und den Ausbau ihres stilistischen Repertoires konzentrieren."[8]

Tatsächlich weist die Bibliothek in Almelo (1994) eine große Materialvielfalt auf, → 14 die der Kritiker Herman Kerkdijk allerdings ermüdend findet. „Die Menge sichtbarer Details resultiert aus dem Bestreben, das Gebäude nicht nur aus der Ferne, sondern auch aus der Nähe zu einem eindrucksvollen Erlebnis zu machen. (...) Diese Informationsintensität auf jeder Ebene hat eine gewisse Irritation zur Folge: Es gibt sehr viel zu sehen, aber wenig zu erleben. (...) Jedem Detail wurde Aufmerksamkeit gewidmet, auf sehr beherrschte und professionelle, aber auch auf so sichtbare Weise, daß das Gebäude zu ermüden scheint. Manchmal sehnt man sich nach einem schlampigen Detail."[9]

Im Vergleich dazu machen manche Gebäude von Norman Foster in ihrer glatten Detaillierung einen eher frostigen Eindruck. Während er mit Stahl und Glas nicht gerade lebendige Materialien verwendet, weist die Bibliothek in Almelo eine Vielfalt an vitalen Materialien auf, die im Laufe der Zeit schöner werden (Zink und Kupfer) oder verwittern – und, sofern sie gut detailliert sind, dadurch ebenfalls schöner werden (Beton) – oder aber unverändert bleiben (blaues Colorbel-Glas und schwarzer Backstein). Die Materialien verhindern somit – ebenso wie die große Anzahl Details, die aufgrund der vielen Flächen und Elemente erforderlich sind –, daß das Gebäude in Perfektion erstarrt und leblos wirkt. Ob diese Vielfalt an Materialien notwendig war, ist fraglich. Henk Döll wollte dadurch jedes Funktionselement an der Fassade ablesbar machen. Vor diesem Hintergrund macht die Materialisierung der Bibliothek, die abgesehen von Bücherregalen und Depots auch einen Radiosender, ein Café, ein Informationszentrum und ein kleines Theater beherbergt, durchaus Sinn.

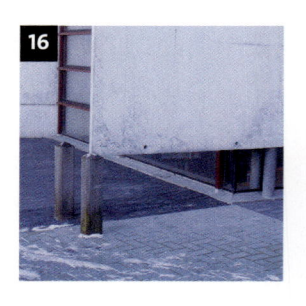

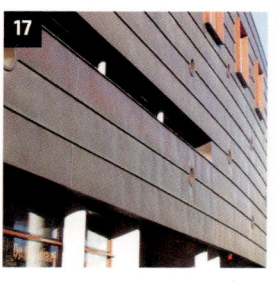

Ähnlich wie beim Wohnhaus mit Studio in Rotterdam, erweckten Mecanoo mit ihrer Detaillierung auch hier den Eindruck, es seien separate Blöcke zusammengefügt worden. Die verschiedenen Elemente scheinen einander zufällig zu begegnen; nirgends findet in den Details eine Verschmelzung der aufeinandertreffenden Materialien statt. Auf diese Weise werden einerseits problematische Details vermieden, andererseits bleibt die Unabhängigkeit der Flächen gewährleistet. Die Blöcke haben in sich eine straffe Detaillierung. Schön sind die sehr dünnen ausfächernden Betonscheiben, die über das Dach und die Seitenwände hinauskragen und etwas über dem Boden schweben. → **15, 16** Zudem wurde die Glasfront weit zurückgezogen. Durch das Zusammenspiel aller Elemente entsteht eine Dynamik; gleichwohl wäre es schöner gewesen, wenn die Stahlstützen, auf denen die dünnen Betonscheiben ruhen, verborgen wären. Die Einschnitte in das schwarze Mauerwerk sind hart, und die Loskoppelung der gebogenen, kupferumkleideten Scheibe funktioniert hervorragend. Sowohl das riesige Fenster mit den tiefen Laibungen als auch die wie zufällig verstreuten Lochfenster haben eine große Wirkung. Sie betonen die auch an den Seiten suggerierte Stärke der Scheibe und bewirken einen reizvollen Kontrast zu ihrer Aufständerung. → **17** Dagegen machen der dritte Fenstertyp und das auskragende Fenster in der Ziegelfassade in dem variationsreichen Gebäude einen fast trivialen und wenig überzeugenden Eindruck.

Van Dijks Beschreibung trifft auf viele weitere Gebäude von Mecanoo zu. Die verwendeten Materialien und Detaillierungen haben oft einen Bezug zur Umgebung. Der am Wasser liegende Pavillon für das Restaurant ‚Boompjes' in Rotterdam (1990) hat ein gewelltes, holzverkleidetes Dach und Sonnenblenden, die wie Segel gehißt werden müssen. → **18, 19** Für die Fassade des Isala College in Silvolde (1995) wurden Ausschußziegel aus einer nahegelegenen Ziegelfabrik verwendet. → **20** Die Verwendung von viel Holz ist in einer waldreichen Umgebung naheliegend, und der Einsatz von Zink kann als Verweis auf den Fluß IJssel betrachtet werden. Die Fassaden des Labors der botanischen Fakultät in Wageningen (1992) bestehen aus grauem Backstein und Holz; beides findet sich in Wohnhäusern der Umgebung wieder.

Darüber hinaus versuchen die Architekten, aus den verschiedenen Flächen eigenständige Objekte zu machen. Ihre großen Glasfassaden teilen sie durch eine eigentümliche, oft schräge Anordnung von Pfosten und Riegeln – Francine Houben bezeichnet sie als musikalische Akzente – so ein, daß die Aufmerksamkeit von der einzelnen Fensterscheibe auf die gesamte Fläche gelenkt wird. Sowohl das Restaurant ‚Boompjes' als auch die Glasfassade der Bibliothek der Technischen Universität in Delft (1997) werden auf diese Weise als Einheit präsentiert. → **21** Für Ziegelfassaden bedienen sich Mecanoo derselben Strategie. Die Fassade des Labors in Wageningen hat ungewöhnlich schmale Stoßfugen, so daß die einzelnen Steine optisch zu einer einheitlichen Fläche verschmelzen. → **22** Beim Isala College sieht die Ziegelfassade aus, als sei sie von einem Betrunkenen gemauert worden; aber auch dieser Verband wirkt aus der Distanz wie eine nahtlose Einheit. „Der Ziegelverband und die Farbe, die Kontur und Komposition der Fugen haben einen größeren Einfluß auf die plastische Qualität der Mauer als der Steintyp."[10] Wie van Dijk andeutete, bleiben die Flächen möglichst unabhängig voneinander. In einem der Gebäude in Wageningen beispielsweise laufen die scheinbar lässig abgelängten Holzplanken ein kurzes Stück über die Fassade hinaus. → **23** Der Anschluß der plastisch geformten, mit Holzplanken verkleideten Sporthalle des Isala College an die Zinkverkleidung der Aula erweckt den Eindruck, die Sporthalle könne in die Aula geschoben werden. In anderen, weniger prägnanten Fällen ragen die Fassaden knapp über die Seitenwände hinaus oder werden durch Glasstreifen voneinander getrennt.

Von der Fläche zum Körper

Steenhuis, van Egeraat und De Weijer haben im Laufe der Jahre das kollektive Büro verlassen und ihre eigenen Büros gegründet. Döll und Houben schenken der Kritik von van Dijk und Kerkdijk keine Beachtung. Perfektion betrachten sie als ein Markenzeichen von Mecanoo und haben wenig Verständnis für Architekten, die das Konzept wichtiger finden als ein perfektes Gebäude. Denn Bauherren erhoffen sich nicht gerade Gebäude mit interessanten Konzepten und bautechnisch schwacher Ausführung. Auch halten Houben und Döll an der ungewöhnlichen Materialverwendung fest, die den Sinnen schmeicheln und Atmosphären kreieren soll. Dennoch veränderte sich die Handschrift von Mecanoo deutlich. Dies zeigt sich am Isala College, dem Gebäude für die Fakultät für Wirtschaft und Management FEM in Utrecht (1995) und den danach entworfenen Gebäuden. Die Baukörper setzen sich nicht mehr aus weitgehend eigenständigen Flächen zusammen, sondern gewinnen an Plastizität und sind häufig mit einem einzigen, durchgehenden Material verkleidet. In diesem Zusammenhang sind vor allem die Eckdetails von Bedeutung. Während beim Isala College Konfrontationen verschiedener Materialien noch vermieden wurden, sind beim FEM-Gebäude die

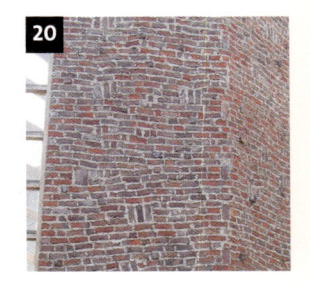

Mecanoo Begehrenswerte Details

Vorder- und Seitenfassade durch ungewöhnliche, wenngleich einfache Eckdetails miteinander verbunden. Beispielsweise führen rechtwinklige Profile die Aluminiumplatten um die Ecken, und für die Holzfassaden des Zen-Gartens wurden elegante Eckdetails entwickelt, die fast an Möbel erinnern. → 24, 25

Im übrigen besteht das Gebäude aus einer Reihe einfacher Details, die wiederum praktische Funktionen haben und nicht mehr ausschließlich der Schaffung schöner Verbindungen oder Kompositionen dienen. Dadurch gewinnen die Fassaden an Ruhe. Das FEM-Gebäude erhielt Blendfassaden aus verschiedenen Materialien, hinter denen sich die eigentliche wind- und wasserabweisende Fassade befindet. Dadurch konnte das sichtbare, bildbestimmende Fassadenmaterial überall auf die gleiche Weise, mittels einem einzigen Detailprinzip an den Stahlprofilen der eigentlichen Fassade befestigt werden. Dank der Blendfassade verschwindet die bautechnische Fassade hinter Flächen aus Holz, Metall oder Aluminium. Entsprechend den Absichten Mecanoos ziehen nicht die Fensteröffnungen oder die Abschlüsse die Aufmerksamkeit auf sich, sondern die Gesamtkomposition der Fassaden, von denen jede – sowohl die nach außen gewandten als auch die zum Patio orientierten – gleichzeitig eine ganz eigene Ausstrahlung hat. Die Bibliothek der Technischen Universität Delft und das Eingangsgebäude des Niederländischen Freiluftmuseums in Arnhem (2000) sind logische Weiterentwicklungen des FEM-Gebäudes. Die Bibliothek in Delft sollte eigentlich ein ‚unsichtbares' Gebäude werden. Sie liegt hinter dem von van den Broek und Bakema errichteten historischen Auditorium, mit dem Mecanoo sich nicht messen wollten und deshalb auf die Idee kamen, den Boden zu öffnen und Raumfunktionen unter dem Erdboden unterzubringen. Wie aber kann eine solche Idee materialisiert und detailliert werden, ohne daß das Ergebnis zu aufwendig wirkt? Im Hinblick auf dieses Gebäude äußerte der Kritiker Herman Kerkdijk die Hoffnung, daß es ohne Details auskommen möge.[11] Das konnte sich nicht erfüllen, denn Mecanoo entwerfen keine detaillosen Bauten. Allerdings ist die Materialisierung des Gebäudes verglichen mit anderen Werken des Büros ausgesprochen nüchtern. Obwohl für die Fassaden ausschließlich Glas verwendet wurde, wirken sie keineswegs immateriell. → 26 Die wie zufällig verteilten horizontalen schwarzen Profile sorgen dafür, daß diese drei Glasfassaden als Flächen erfahrbar werden. → 27 Zudem reflektieren die Fassaden durch ihre Aufstellung in unterschiedlichen Neigungen die Umgebung: Die Glasfläche wird zum Feld, zum Himmel oder zur Straße – aber sie ist nie oder nur selten transparent. Erst wenn die Lichter angehen, strahlt das Innere nach außen. Die Rasenfläche auf dem Dach wird von einem Metallrahmen streng umgrenzt und kragt an der Schoemakerstraat weit über die Glasfassade aus. Ein breiter Einschnitt, der mit Beton verkleidet ist und nach innen immer schmaler wird, bildet den wirkungsvollen Eingang des Gebäudes, → 28 der dem Eintritt in die metallverkleidete, schräg ansteigende Halle etwas Dramatisches verleiht. Natürlich handelt es sich hier um architektonische Effekthascherei, aber die Wirkung ist schön.

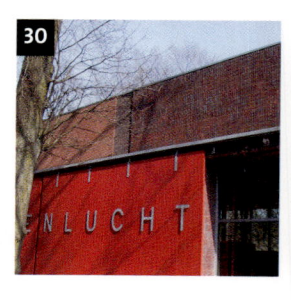

Eine ähnliche Wirkung erzielt die 143 m lange Mauer, die das Freiluftmuseum von seiner Umgebung trennt. → 29 Mecanoo hatten beschlossen, frei nach Alvar Aalto ein riesiges Mosaik aus 40 Backsteinsorten und noch mehr verschiedenen Verbands- und Fugentypen zu schaffen. Die Wand zitiert anhand der Backsteine Werke von Berlage, Staal, Neutelings sowie von Mecanoo selbst und funktioniert wie ein Tarnmuster: Jeder Stein und jeder Verband reflektiert das Licht auf seine Weise, so daß die Dimensionen der Fassade weniger mächtig erscheinen. Eine sehr große Schiebetür wurde in die Mauer eingelassen. Ihre Schienen wurden sichtbar am Backstein befestigt, und die leuchtend rote Tür wurde an weiß gestrichenen Stahlstreifen aufgehängt. Dadurch bildet sie ein eigenständiges Element und zieht mehr Aufmerksamkeit auf sich als die lange Mauer. → 30 Hinter der Mauer befindet sich ein Pavillon, für den Glas verwendet wurde, um die Aussicht auf den Park möglichst wenig einzuschränken. Holzpfosten fixieren die Scheiben und sind an der zum Park gelegenen Seite sehr stark betont. Die vollkommen transparente Fassade erscheint infolgedessen geschlossen, wenn man das Gebäude aus einem schrägen Winkel betrachtet. Die dicken, schwarzen Rahmen sind etwas vom Beton abgerückt. Die daraus resultierende Fuge betont die Pfostendicke und ist aus bautechnischer Sicht ein intelligentes Detail, denn für die Pfosten wurde leichtes und daher nicht sehr resistentes Lärchenholz verwendet. Auch an der Detaillierung des Dachs, das weit auskragt, sich aber dennoch nicht vom Volumen löst, wird die Absicht, dem Gebäude eine ruhige Ausstrahlung zu verleihen, offensichtlich. Die Holzbretter, mit denen die Decke innen verkleidet ist und hinter denen sich der Großteil der notwendigen Infrastruktur verbirgt, wurden auch außen weitergeführt. Da das Glas regelrecht durch die Holzbretter hindurchläuft, entsteht eine starke Beziehung zwischen innen und außen, so daß die Glasfassade beinahe unsichtbar wird. Auch das Eckdetail, oder vielmehr sein Nichtvorhandensein, wirkt überzeugend: Die Pfosten haben einen großzügigen Abstand von den Ecken, die somit nur aus Glas bestehen und die größtmögliche Transparenz erhalten.

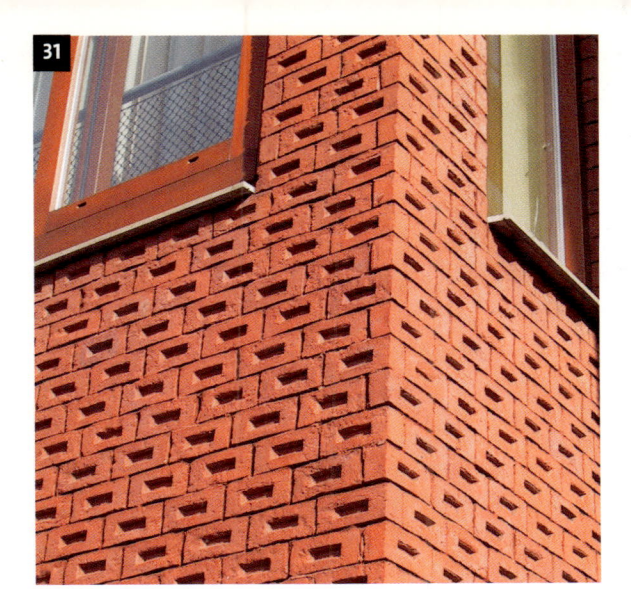

Während der Materialgebrauch für das Freiluftmuseum, die Bibliothek in Delft und ferner für das Doppelwohnhaus an der Brouwersgracht in Amsterdam (1998) → **31** zurückhaltender erscheint, wird an der Kapelle St. Maria der Engelen (2001) auf dem Friedhof Sint Laurentius in Rotterdam deutlich, daß Mecanoo durchaus noch üppige Materialien verwenden – wenn es, wie in diesem Fall, einer Funktion und einer Konvention angemessen erscheint. → **32** Im Hinblick auf Form und Materialisierung schließt die Kapelle an die Sporthalle des Isala College und auch an das kupferverkleidete ‚HollandRama'-Gebäude im Freiluftmuseum an sowie an den Konferenzsaal des ING-Gebäudes in Budapest (1994), der zum Werk von Erick van Egeraat zählt, den er aber entwarf, als er noch zu Mecanoo gehörte. Die amorphe Wand der Kapelle ist mit glänzendem Kupfer verkleidet. Da auch die Türen mit Stahl verkleidet sind, entsteht der Eindruck einer einzigen, durchlaufenden und geschwungenen Wand, die über dem Boden schwebt. Dieser Eindruck wird dadurch verstärkt, daß einige der schlanken Stahlstützen, die sowohl oben als auch unten aus der Wand herausragen (auf diese Weise tragen sie das auskragende, vom Volumen losgelöste Dach), den Türen als Drehscharniere dienen. → **33** Im übrigen haben die Wände kaum weitere Details. Im Gegensatz zu anderen organisch geformten Gebäuden von Mecanoo, die tatsächlich oder scheinbar einheitlich verkleidet sind, bildet das Dach der Kapelle ein eigenständiges Element: Zwischen Dach und Wand wurde ein Glasstreifen eingefügt, und die Unterseite des Daches ist goldfarben gestrichen. → **34, 35**

Daß das Gebäude dennoch nicht kitschig erscheint, liegt vor allem daran, daß die Details nicht überdesignt und als Kontrast besonders einfache Elemente verwendet wurden. Die Lichtschalter und Türklinken stammen offenbar aus dem Standardsortiment eines Baumarktes, und es wird nicht versucht, dies zu vertuschen. → **36**

Auch mit den bautechnischen Details wird im Vergleich zu früheren Gebäuden lockerer umgegangen. Es muß nicht mehr alles glatt und perfekt sein. Die Details gehen im Volumen auf, so daß ein Material nahtlos ins nächste übergeht. Losgelöste, nach Aufmerksamkeit heischende Details scheinen aus dem Werk verschwunden zu sein. Alles deutet darauf hin, daß Mecanoo erwachsen geworden sind. Sie schaffen angenehme Gebäude, die eine gewisse Atmosphäre ausstrahlen. Details spielen – in architektonischem, nicht in bautechnischem Sinne – eine untergeordnetere Rolle, wodurch die Gebäude weniger ermüdend wirken. Die Baukörper bestehen nicht mehr aus zusammengefügten Elementen, sondern bilden nun tatsächliche Volumina. Ob sie dem ‚vorbildlichen Modernismus' oder dem ‚ästhetischen Pragmatismus' angehören, spielt eigentlich keine Rolle und wird auch von den Architekten selbst nicht als wichtig empfunden. Sie wollen vor allem schöne und ansprechende Gebäude machen.

1. Bernard Leupen, Wouter Deen, Christoph Grave (Hg.), Hoe modern is de Nederlandse architectuur?, Rotterdam 1990.
2. Hans van Dijk, „Het onderwijzersmodernisme", in: Archis, 6, 1990.
3. Herman de Kovel, „De moderne architectuur leeft", in: Hilde de Haan, Ids Haagsma (Hg.), Wie is er bang voor nieuwbouw…, Amsterdam 1981.
4. Hans van Dijk, „Dutch Modernism and its Legitimacy", in: Ruud Brouwer, Bernhard Colenbronder, Hans van Dijk (Hg.), Architecture in the Netherlands. Yearbook 1991-1992, Rotterdam 1992.
5. Roemer van Toorn, „Architectuur om de architectuur", in: Archis, 11, 1992.
6. Hans van Dijk, „On stagnation and innovation. Commentary on a selection", in: Ruud Brouwer, Bernhard Colenbrander, Hans van Dijk (Hg.), Architecture in the Netherlands. Yearbook 1994-1995, Rotterdam 1995.
7. Ebenda.
8. Ebenda.
9. Herman Kerkdijk, „Afscheid van een uitputtende architectuur", in: Archis, 7, 1995.
10. Elwin Koster, „De aaibaarheidsfactor van architectuur", in: Architectuur/Bouwen, 9, 1992.
11. Siehe Anm. 9.

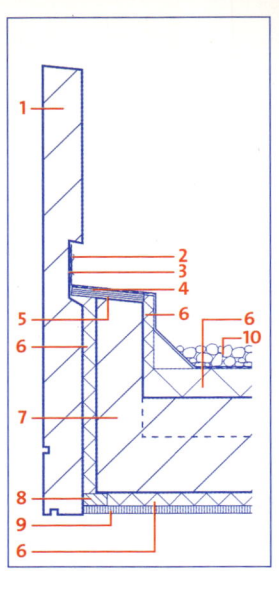

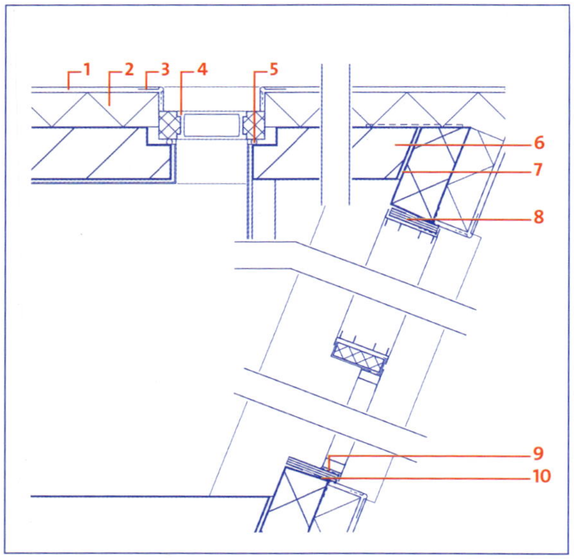

Mecanoo Wohnhochhaus Hillekop Rotterdam 1989

Dachranddetail
1 Dachrand, Betonfertigteil
2 Klemmsteifen
3 Abweiseblech
4 Dachdeckung
5 Wasserfest verleimtes Multiplex
6 Wärmedämmung
7 Dachplatte, Beton
8 Klotz
9 Zementgebundene Holzfaserplatte
10 Kies

Eckanschluß Fassade
1 Putz
2 Wärmedämmung
3 Stuckabschlußleiste
4 Glasbausteine
5 Kitt auf Fugenband
6 Kalksandstein
7 Schrumpffester Mörtel
8 Rohbaufensterrahmen
9 DPC-Kunststoffolie
10 Fugenband

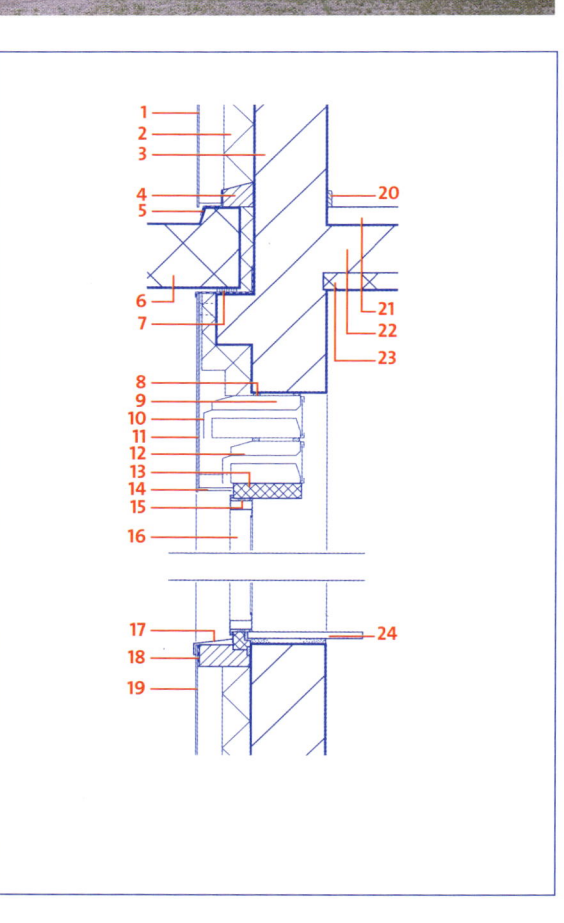

Fassadendetail Übergang von innen nach außen beim Balkon
1 Zementgebundene Fassadenverkleidung
2 Wärmedämmung
3 Betonkonstruktion, Ortbeton
4 Klotz
5 Abweiseblech
6 Balkonplatte, Betonfertigteil
7 Auflagefilz
8 Kitt
9 Schalldämpfer als Abdichtung
10 Gewebestreifen
11 Zementgebundene Fassadenverkleidung
12 Schalldämpfer
13 Holzbalken, 45 x 90 mm
14 Stahlgitter
15 Mavotex, Schaumband als Abdichtung
16 Aluminium-Fensterrahmen
17 Abtropfkante
18 Abtropfgummi-Profil zwischen Fassadenplatte und Holzlatte
19 Zementgebundene Holzfaserplatte
20 Fußbodenleiste
21 Estrich
22 Systemdecke aus Betonelementen und Ortbeton
23 Putz auf Wärmedämmung
24 Fensterbank

Anschlußdetail Fassade mit Terrasse und Bambus-Verkleidung

1 Glasplatte auf T-Profilen, 60 x 30 x 5,5 mm
2 Stütze, Stahlstab
3 Zwei halbe Stahlträger UNP 140
4 Stahlträger UNP 180 mit angeschweißtem Schraubgewindestab
5 Isolierverglasung
6 Zwei halbe Stahlträger UNP 140
7 Gleitschiene für elektrisch bediente Bambus-Verkleidung
8 Kastenprofil, 20 x 50 mm, befestigt an Flachstreifen
9 Kastenprofil, 20 x 50 mm
10 Bambusstäbe, befestigt mit Schneideschrauben
11 Perforiertes Aluminiumblech
12 Holzbalken
13 Eckprofil, 25 x 40 mm
14 T-Profil, 60 mm
15 Doppel-T-Stahlträger IPE 120
16 Flaches Haftblech
17 Dachdeckung
18 Kies
19 Wärmedämmung
20 Gefälleschicht
21 Zink auf wasserfest verleimtem Multiplex
22 Wärmedämmung
23 Betondachdecke
24 Doppel-T-Stahlträger IPE 220
25 Putz auf Gipskartonplatte
26 Wärmedämmung
27 Parkett
28 Druckschicht
29 Betonfußbodendecke
30 Doppel-T-Stahlträger IPE 240
31 Stütze

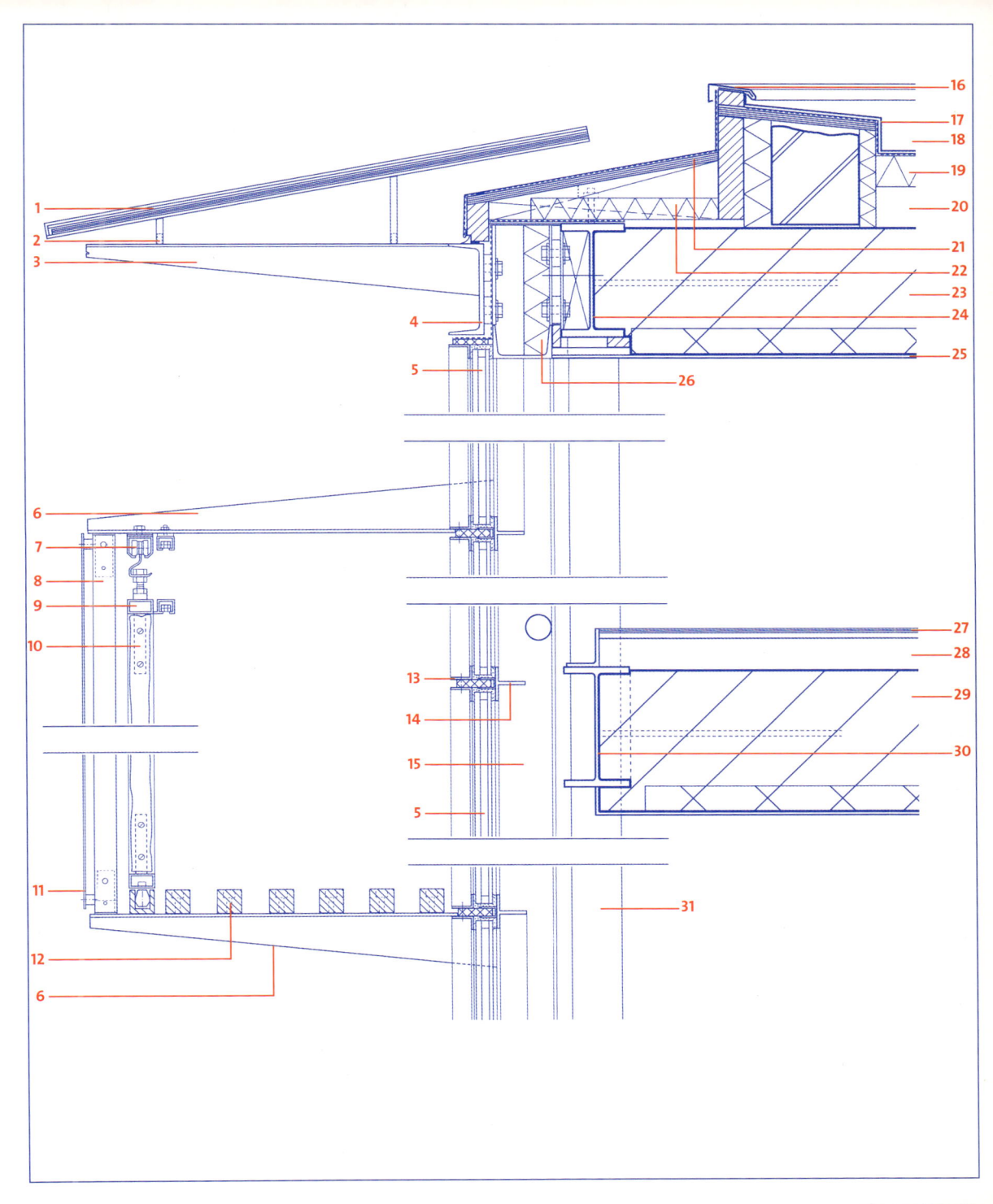

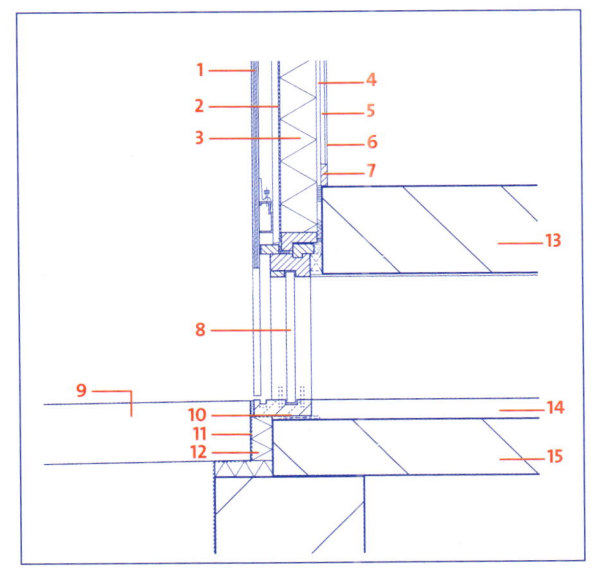

Mecanoo Wohnhaus mit Studio Rotterdam 1991

Anschlußdetail Schiebefensterfront Rückseite mit Betontreppe

1 Wasserfest verleimte Holzfassadenplatten
2 Feuchtigkeitsabweisende Folie
3 Wärmedämmung
4 Dampfbremse
5 Zwei Gipskartonplatten
6 Stuck
7 Naturstein Abschlußleiste
8 Schiebefenster
9 Boden, Ortbeton
10 Hartstein
11 Bitumen
12 Wärmedämmung
13 Treppe, Betonfertigteil
14 Estrich
15 Wärmegedämmter Systembetonboden

Mecanoo Bibliothek Almelo 1994

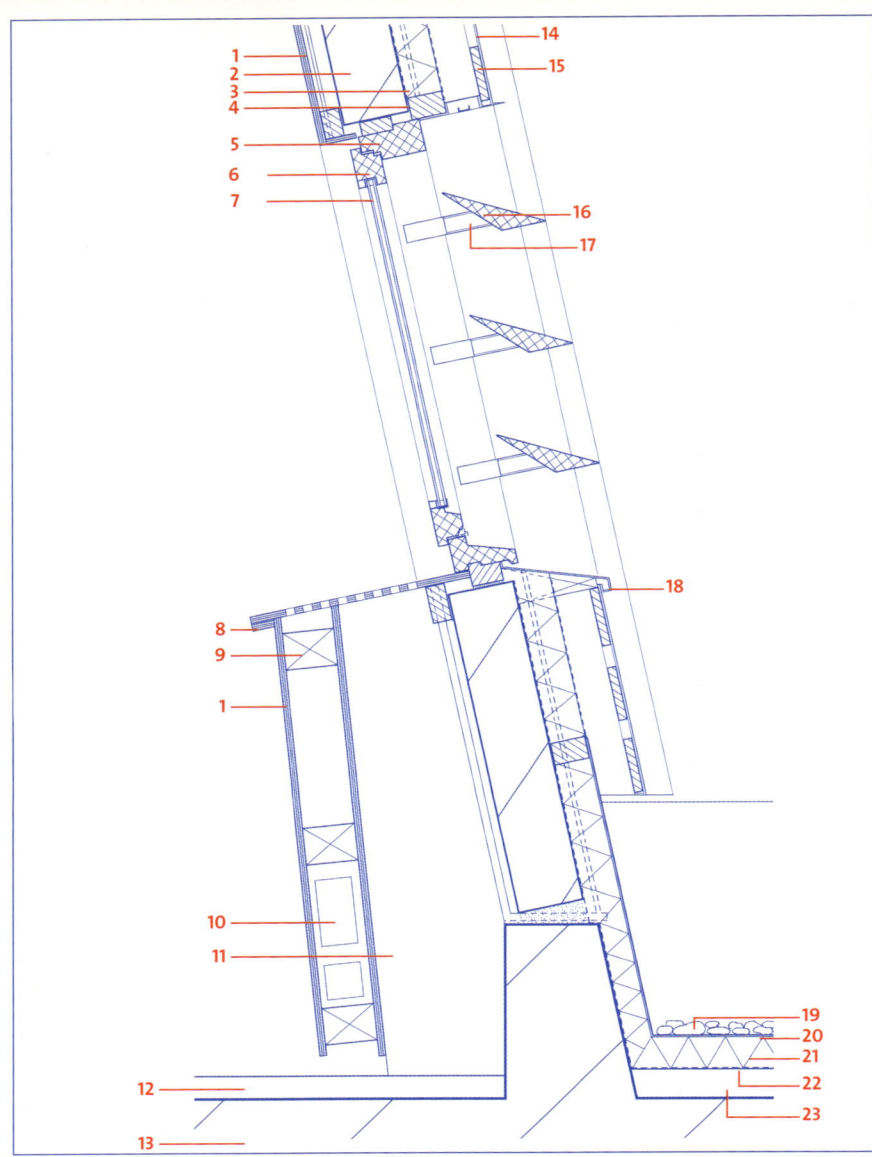

Anschlußdetail Zinkdachaufbau und Oregon-Pine Holzlamellen als Sonnenschutz
1 Birkenholz-Multiplex
2 Gasbeton
3 Wärmedämmung
4 Dampfbremse
5 Oregon-Pine-Holz, 67 x 139 mm
6 Oregon-Pine-Holz, 56 x 90 mm
7 Isolierverglasung
8 Fensterbank, MDF (2x), 19 mm mit Nut
9 Klotz
10 Konvektorheizung
11 Lufteinblas-Schacht
12 Zementestrich
13 Beton
14 Zinkverkleidung
15 Holzständerkonstruktion
16 Oregon-Pine-Lamellen
17 Edelstahl-Befestigungsschuh
18 Abtropfblech, Zink
19 Kies
20 Dachdeckung
21 Wärmedämmung
22 Dampfbremse
23 Schicht mit Gefälle

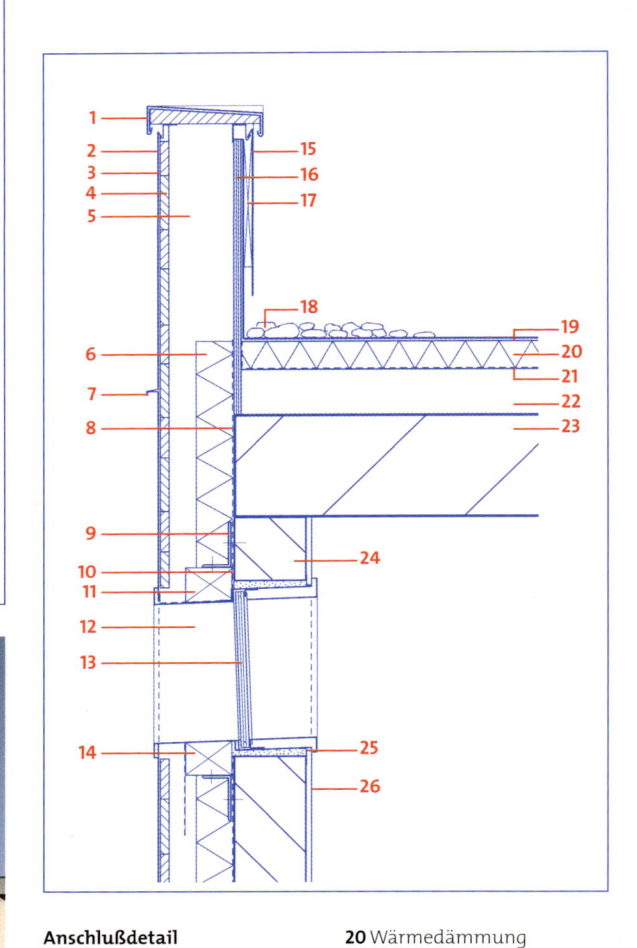

Anschlußdetail Kupferplattenfassade bei Lochfenster
1 Kupfer-Abschlußprofil
2 Kupfer-Fassadenverkleidung
3 Bitumierte Glasmatte
4 Holzplanken, 25 x 114 mm
5 Holzbalken, 67 x 129 mm
6 Wärmedämmung
7 Kupferverbindung mit einfachem Eckfalz
8 Dampfbremse
9 Eckprofil, Stahl
10 DPC-Kunststoffolie
11 Klotz
12 Kastenprofil, Kupfer
13 Isolierverglasung
14 Klotz
15 Kupferblech
16 Wasserfest verleimtes Multiplex
17 Lüftung
18 Kies
19 Dachdeckung
20 Wärmedämmung
21 Dampfbremse
22 Schicht mit Gefälle
23 Beton
24 Kalksandstein
25 Stuckabschlußleiste
26 Stuck

96

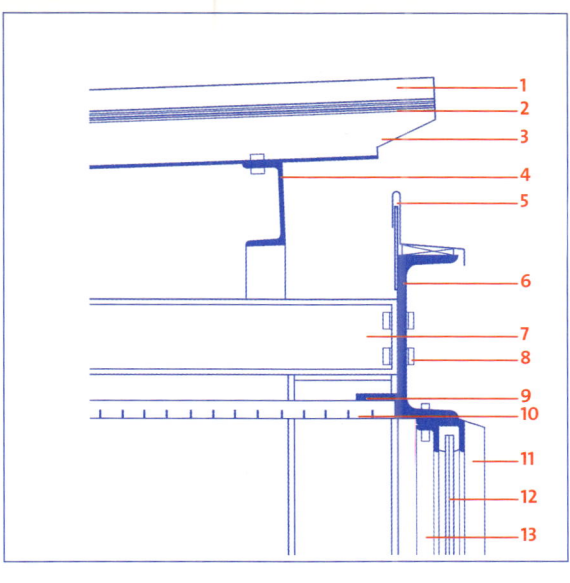

Mecanoo Fakultät für Wirtschaft und Management Utrecht 1995

Anschluß Dachrand mit Verbindungsgang aus Glas
1 Abdeck-Blechstreifen
2 Verbundglas
3 Träger, 100 mm
4 Stahlträger UNP 120
5 Abtropfblech
6 Stahlträger UNP 240
7 Doppel-T-Stahlträger 120 A
8 Edelstahl-Bolzen
9 Angeschweißter Flachstahl
10 Gitterrost
11 Flachstahl, 120 x 8 mm
12 Verbundglas
13 Eckprofil aus Stahl, befestigt an Flachstahl und Stahlträger UNP 240

Anschlußdetail Nordfassade mit Glasdach und Grasdach
1 Aluminium-Abschlußprofil
2 Wasserfest verleimtes Multiplex
3 Klotz
4 Mineralisierter Stuck, 15 mm, auf Wärmedämmung, 100 mm
5 Überlauf
6 Zementgebundene Holzfaserplatte
7 Sockelprofil
8 Stuckabschlußleiste
9 Aluminium-Abschlußblech mit Abtropfkante
10 Abdeck-Blechstreifen
11 Isolierverglasung
12 Kastenprofil Glasdach
13 Stuckabschlußleiste
14 Holzpfosten
15 Holzlatten
16 Dampfbremse
17 Ausgleichsfläche, Holzplatten
18 Regenrinnenboden, Titanzinkblech
19 Profil für Regenrinne-Sammelbecken
20 Betonziegel
21 Dach-Grasschicht
22 Dachdeckung
23 Wärmedämmung
24 Dampfbremse
25 Dachkonstruktion

Horizontaler Schnitt Ostfassade mit Aluminiumlamellen
1 Aluminiumlamellen
2 Fensterrahmen aus Holz
3 Stützkonstruktion und Ständer für Lamellen
4 Kalksandstein
5 Feuchtigkeitsabweisende Folie
6 Wärmedämmung
7 Zementgebundene Holzfaserplatte
8 Dampfdichte Schicht
9 Metallkonstruktion
10 Ausfüllplatte
11 Flachstahl, 50 x 6 mm
12 Fugenband als Abdichtung
13 Kalksandstein
14 Wasserabweisende Schicht
15 Zementgebundene Holzfaserplatte
16 Holzlatte
17 Fensterbank
18 Abtropfblech

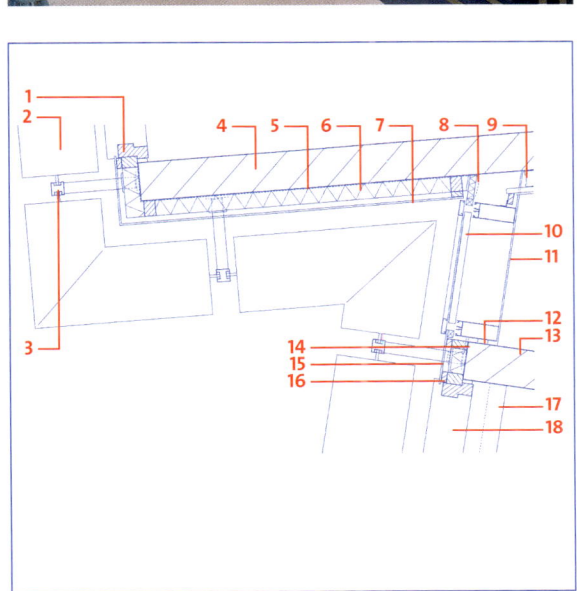

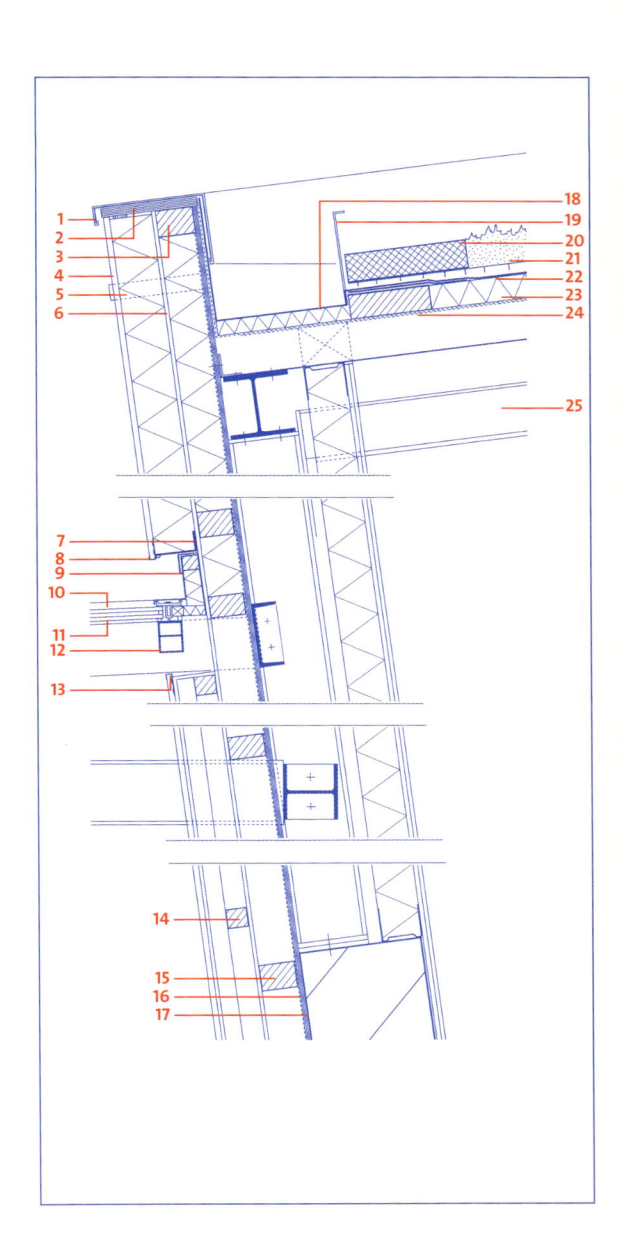

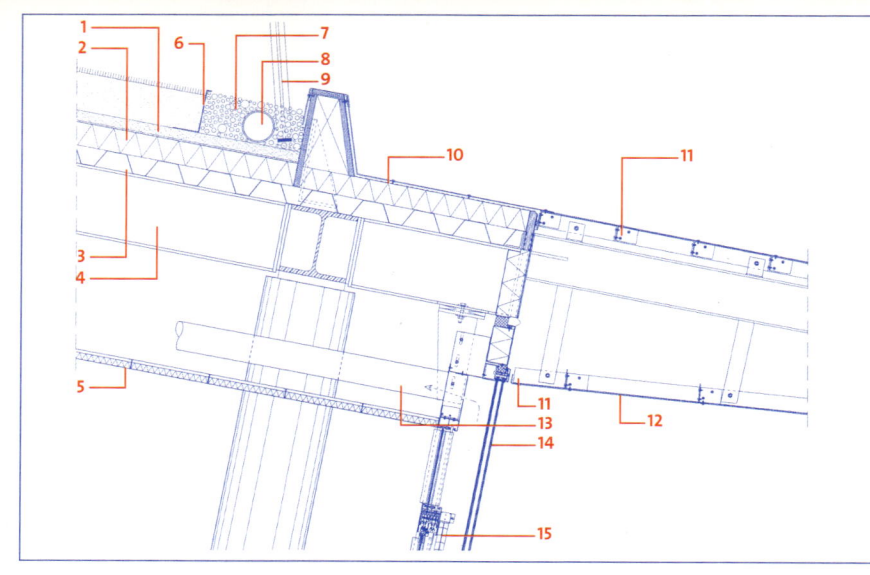

Mecanoo Bibliothek der Technischen Universität Delft 1997

Anschluß Grasdach mit Klimafassade
1 Grasdach (Aufbau siehe unten)
2 Wärmedämmung, 90 mm
3 Trapezblech
4 Stahlkonstruktion
5 Akustikdecke
6 Eckprofil, Cortenstahl, 90 x 80 x 20 mm
7 Kies, schwarz
8 Dränage, Regenwasserabfluß
9 Stahlbrüstung
10 Gefalztes Aluminiumblech
11 Aluminium T-Profil
12 Perforiertes Aluminiumblech
13 Außenschale Klimafassade
14 Entlüftung Klimafassade, verbrauchte Luft
15 Sonnenschutz

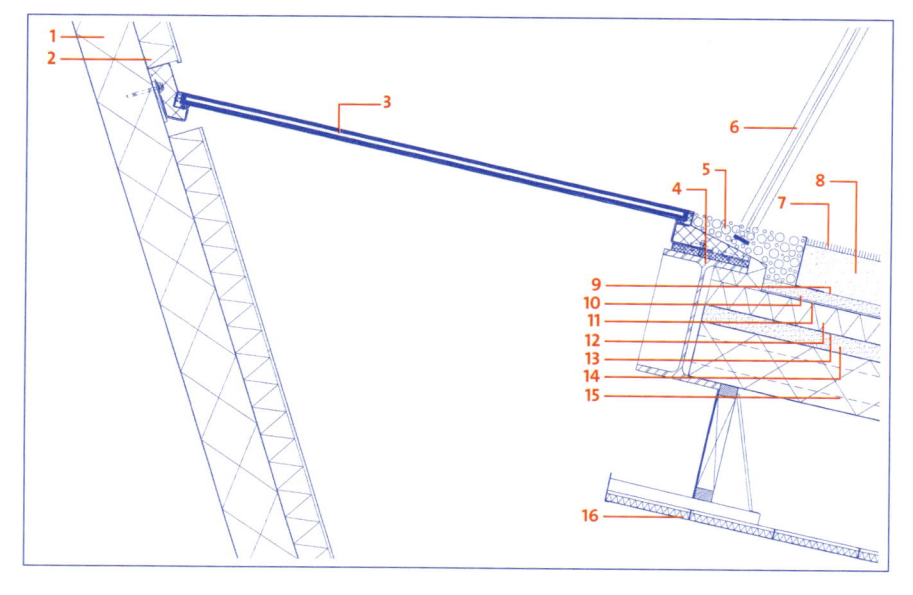

Anschluß Grasdach mit Kegel aus Beton
1 Kegel, Betonfertigteil
2 Putz auf Wärmedämmung
3 Gehärtetes Verbundglas
4 Doppel-T-Stahlträger HE 450 A
5 Kies, schwarz
6 Stahlbrüstung
7 Rasenplagge
8 Substrat
9 Filtermembran
10 Gebrochene Lehmsplitter
11 EPDM-Kunststoffolie
12 Wärmedämmung, 90 mm
13 PE-Folie, Dampfbremse
14 Ausgleichsfläche für Grasdach
15 Betonhohldielendecke mit Fugenverguß
16 Akustikdecke

Mecanoo Bibliothek der Technischen Universität Delft 1997

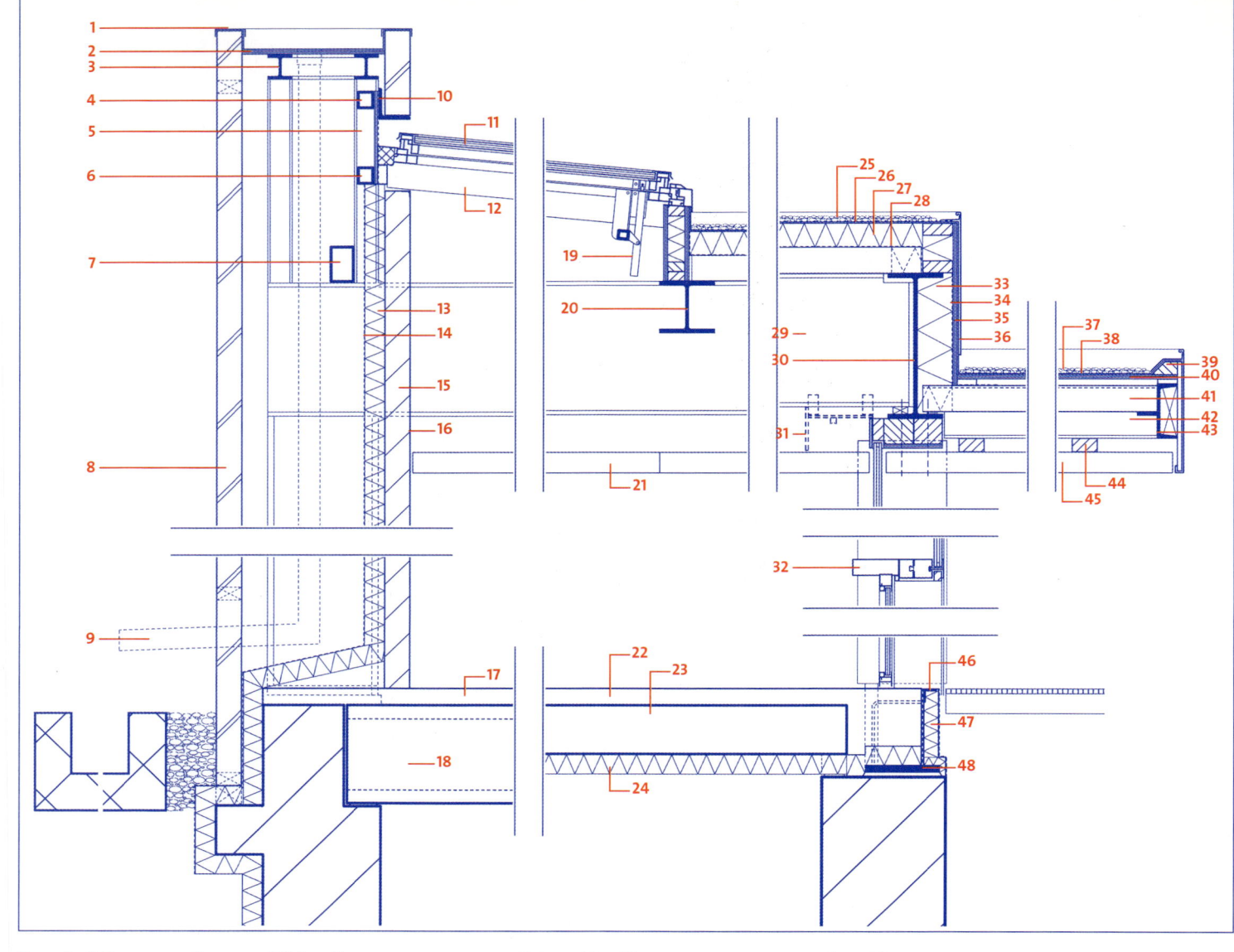

Mecanoo Eingangsgebäude des Niederländischen Freiluftmuseums Arnhem 2000

Querschnitt Eingangspavillon
1 Abschlußprofil, Zink
2 Wasserfest verleimtes Multiplex
3 Doppel-T-Stahlträger HE 100 A
4 Kastenprofil, 70 x 70 x 5 mm
5 Geschweißter Doppel-T-Stahlträger HE 100 A
6 Kastenprofil, 70 x 70 x 5 mm
7 Kastenprofil, 150 x 100 x 6 mm
8 Mauerwerk, unterschiedliche Verbände
9 Überlauf
10 Eckprofil, 120 x 120 x 10 mm
11 Verbundglas
12 Oberlichtkonstruktion
13 Wärmedämmung
14 Dampfdichte Folie
15 Kalksandstein
16 Lehmputz
17 Druckschicht, Ortbeton, geglättet
18 Betonhohldielendecke, ohne Wärmedämmung
19 Spindelrotor, öffnet Oberlicht
20 Doppel-T-Stahlträger HE 220 A
21 Aufhängesystem für abgehängte Decke
22 Druckschicht, Ortbeton, geglättet
23 Betonhohldielendecke mit Fugenverguß
24 Wärmedämmung
25 Kies
26 Dachdeckung
27 Wärmedämmung
28 Dampfdichte Folie
29 Doppel-T-Stahlträger IPE 550
30 Doppel-T-Stahlträger IPE 600
31 Vorhangschiene
32 Fensterfront
33 Wärmedämmung
34 Dampfdiffusionsoffene Folie
35 Wasserfest verleimtes Multiplex
36 Zinkblech
37 Kies
38 Dachdeckung
39 Mastixklotz
40 Wasserfest verleimtes Multiplex
41 Trapezblech
42 Doppel-T-Stahlträger HE 220 A
43 Stahlträger, UNP 220 mit angeschweißtem Flachstahl
44 Latte
45 Oregon-Pine, ungehobeltes Kantholz
46 Abgeschliffener Doppel-T-Stahlträger IPE 100
47 Wärmedämmung
48 Montageplatte, Stahl

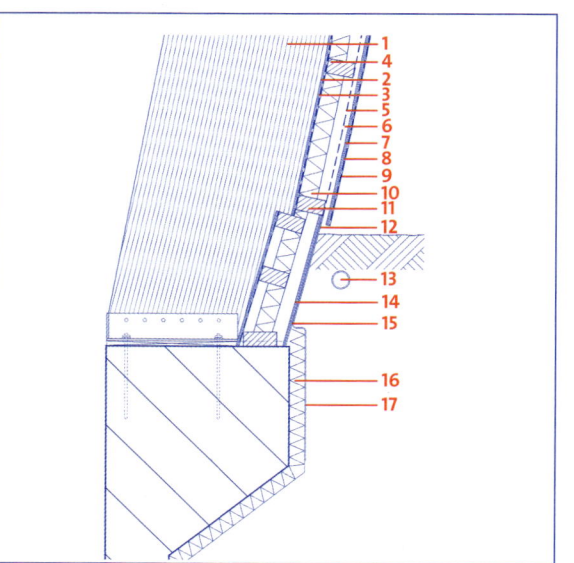

Unteres Anschlußdetail ‚Kupfer-Ei' nahe Erdoberfläche
1 Laminierter Fichtenholzsparren
2 Gipskartonplatte, 12 mm
3 Dampfdichte Folie
4 Gebogene, laminierte Fichtenholzpfette
5 Feuchtigkeitsabweisende Dampfdiffusionsoffene Folie
6 Latten, 20 mm
7 Multiplex, 10 mm, in zwei Schichten
8 Bitumenschicht
9 Kupferblech, 0,7 mm
10 Wärmedämmung
11 Holzpfette, Fichte
12 Kupferblech, 0,7 mm
13 Dränage
14 Wasserfest verleimtes Multiplex, 18 mm
15 Dachdeckung
16 Hartschaumplatte
17 Dachdeckung

Horizontales Anschlußdetail Fassade mit Tür
1 Stuck, blau angestrichen
2 Zementgebundene Gipsplatte, 10 mm
3 Dampfbremse
4 Wärmedämmung, 120 mm
5 Balken
6 Feuchtigkeitsabweisende Folie
7 Horizontale Holzlattenkonstruktion
8 Vertikale Holzlattenkonstruktion
9 Verzinktes Kupferblech als Fassadenverkleidung
10 Gefalztes Kupferblech über Laibung
11 Kupferblech
12 Zugluft Abdichtung
13 Kupferblech
14 Multiplex Holzverkleidung
15 Stahlstütze
16 Scharnier mit Kugellagerung

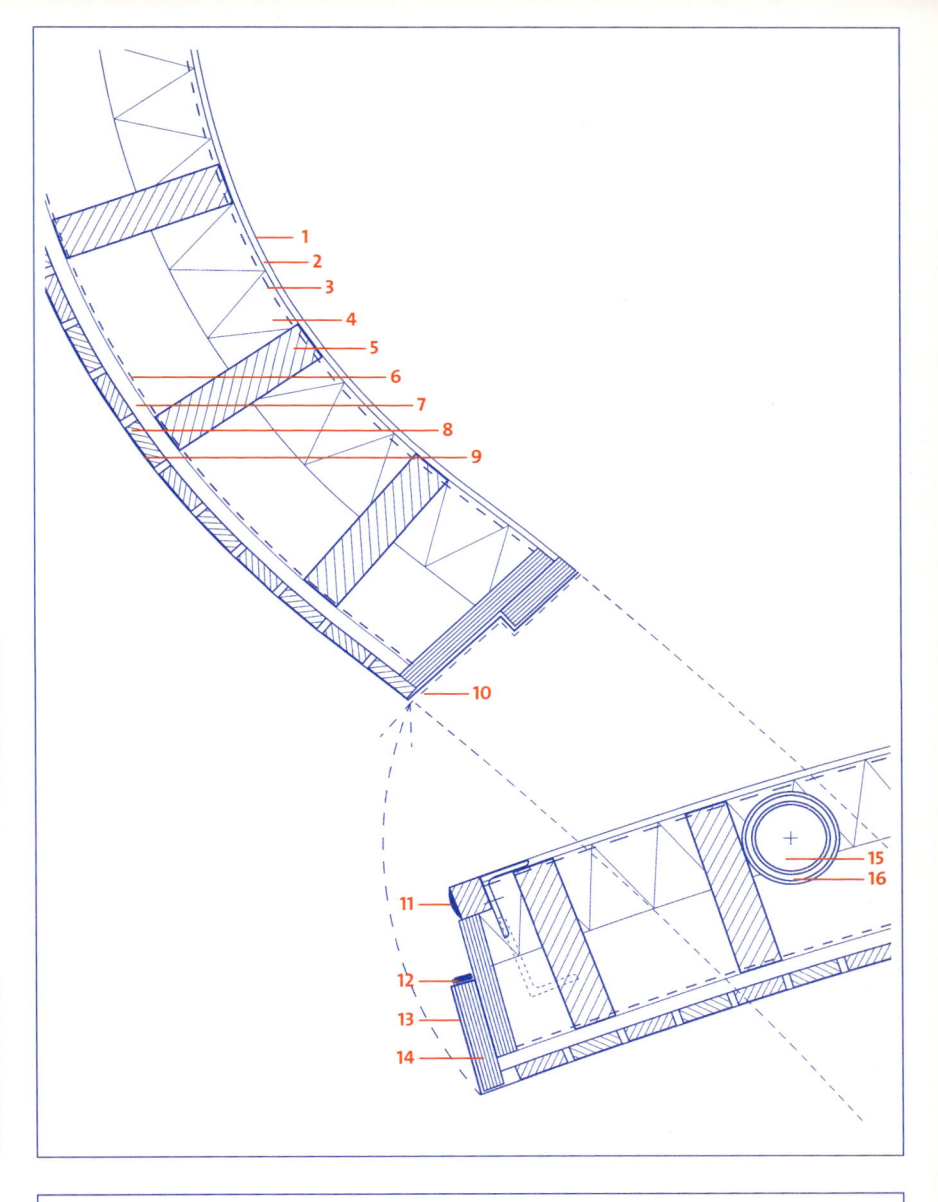

Mecanoo Kapelle St. Maria der Engelen Rotterdam 2001

Anschlußdetail Kupferblechdach bei der Auskragung
1 EPDM-Kunststoffolie
2 Wärmedämmung
3 Ausgleichsschicht, Holzplatten, 19 mm
4 Trägerkonstruktion aus Holz und Stahl
5 Doppel-T-Stahlträger IPE 400
6 Mineralfaserplatte
7 Dampfbremse
8 Holzlattenkonstruktion
9 Zementgebundene Gipsplatte, 10 mm
10 Putzschicht, 6 mm, gold gestrichen
11 Montageplatte aus Stahl, an Stütze geschweißt
12 Gebogenes Isolierglas
13 Abtropfkante
14 Mauer-Stahlträger UNP 220
15 Putzschicht, blau gestrichen
16 Zementgebundene Gipsplatte, 10 mm
17 Dampfbremse
18 Holzbalken
19 Mineralfaserplatte, 120 mm
20 Wärmedämmung bei Glasfläche
21 Aluminium Stuckabschlußleiste
22 Gebogene Glasleiste
23 Stahlstütze
24 Abtropfblech
25 Feuchtigkeitsabweisende Schicht
26 Horizontale Lattenkonstruktion
27 Vertikale Pfostenkonstruktion
28 Verzinktes Kupferblech Fassadenverkleidung
29 Luftschicht abdecken mit perforiertem Kupferblech

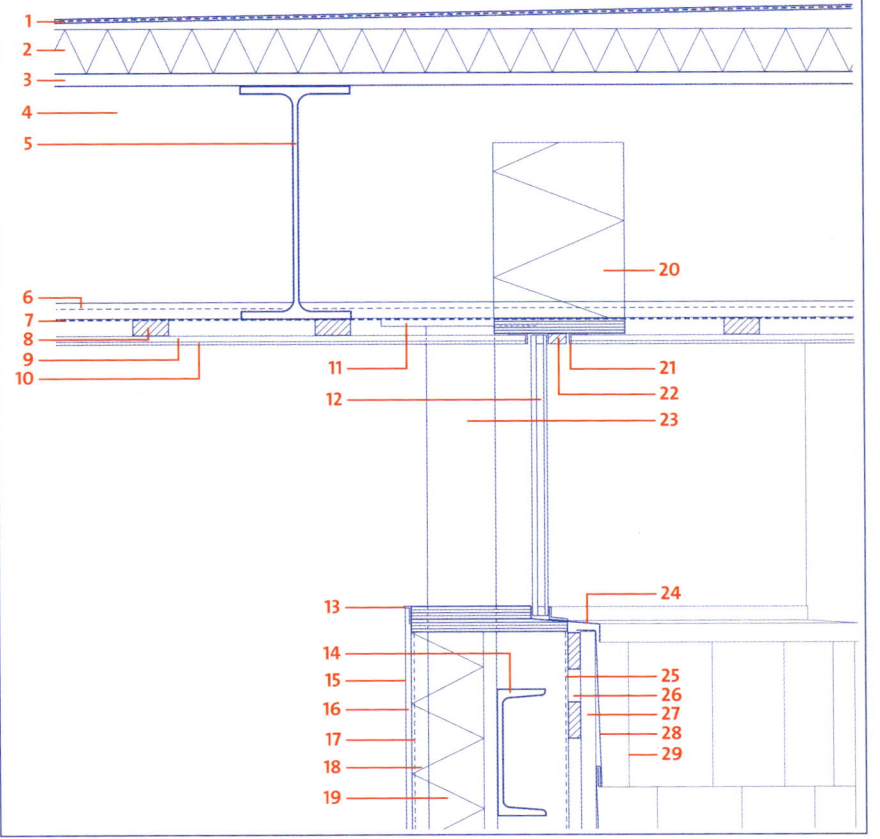

MVRDV
Akzentuierung der Effekte

MVRDV entwickeln surreale Gebäude. Auf den ersten Blick, etwa im Vorbeifahren, wirken sie oft ganz normal. So sehen die drei Pförtnerhäuser im Nationalpark Hoge Veluwe (1996) zunächst wie konventionelle Häuschen mit Satteldach aus, → 1 die Villa VPRO im Mediapark in Hilversum (1997) → 2 wie eine zeitgenössische, aufgeblasene Variante der Villa Savoye in Poissy (1929) von Le Corbusier, die Rückseite des Seniorenwohnkomplexes WoZoCo in Amsterdam (1997) wie ein gewöhnliches Appartementhaus → 3 und der Pavillon für die Expo in Hannover (2000) wie ein Stapel grober Deckenplatten oder wie ein Wohnblock. → 4 Bei näherem Hinsehen stellt sich jedoch schnell heraus, daß mehr hinter diesen Gebäuden steckt. Es scheint, als sei an den Enden der steinernen, metallenen und hölzernen Volumina der drei Pförtnerhäuser vorsichtig gezogen worden, so daß ungewöhnliche plastische Formen entstanden, die durch die Benutzung desselben Materials für Dach und Fassade unterstrichen werden. Die Villa VPRO erweist sich als durchlaufende, skulpturale Betonscheibe, die von einem Wald aus Stützen getragen wird und an verschiedenen Stellen ausgehöhlt ist, um Tageslicht einfallen zu lassen. An den Laubengängen des WoZoCo sind große, bizarr erscheinende, auskragende Holzboxen befestigt, in denen komplette Wohnungen liegen. Der Expo-Pavillon besteht aus verschiedenen, übereinander geschichteten Landschaften; im vierten Obergeschoß wurde sogar ein Wald angelegt.

Nicht nur ihr surreales Aussehen kennzeichnet die Gebäude von MVRDV, sondern auch ihre Formen, die wie große, beinahe dramatische Gesten wirken. Dabei geht es den Architekten jedoch nicht oder jedenfalls nicht ausschließlich um den Effekt. Winy Maas, Jacob van Rijs und Nathalie de Vries untersuchen mit ihren Gebäuden die Möglichkeiten durchgehender Flächen, und sie erkunden die Grenzen dessen, was gerade noch ein Gebäude ist oder eines sein könnte: Gebäude, die fast schon Städte sind und Städte, die fast Gebäude sind; Gebäude, die Landschaften beinhalten; Landschaften, die gebaut werden. Details spielen eine große Rolle für die Verstärkung des angestrebten Effektes und zur Definition der Volumina.

Während Winy Maas, der nicht nur Architekt, sondern auch Landschaftsarchitekt ist, wohl der starke Einfluß der Landschaft zu verdanken ist, ist die Aufmerksamkeit, die der Materialisierung und Detaillierung der Gebäude zuteil wird, offenbar auf Nathalie de Vries zurückzuführen. Maas und Van Rijs arbeiteten früher für OMA, wo in erster Linie Konzepte analysiert wurden und die Detaillierung der Gebäude eine untergeordnete Rolle spielte. De Vries arbeitete vor der Gründung von MVRDV einige Jahre lang für Mecanoo in Delft. In die Entwicklung neuer Konzepte wird dort weniger Zeit investiert, dafür werden die Gebäude sehr sensibel materialisiert und detailliert. Eine solche Aufgabenteilung gibt es bei MVRDV nicht. Aus der (oft unberechtigten) Kritik am Umgang OMAs mit Detaillierungen lernten Maas und Van Rijs, daß durch eine architektonisch schwache Detaillierung die Aufmerksamkeit vom Gebäude abgelenkt wird. Sowohl De Vries als auch Maas und Van Rijs sind sich – ebenso wie Rem Koolhaas seit der Realisierung des Nederlands Danstheaters – der Kraft des Details bewußt. Details können die Wirkung des Gebäudes und seines Konzeptes akzentuieren, eine unausgereifte Detaillierung hingegen kann die Idee unterminieren.

Die anspruchsvolle bautechnische Ausführung ihrer Gebäude kann zum Teil auf die Zusammenarbeit mit den Ingenieurbüros Bureau Bouwkunde und ABT zurückgeführt werden. Nachdem MVRDV den Wettbewerb für das VPRO-Gebäude in Hilversum gewonnen hatten, wurde ihnen vom Auftraggeber auferlegt, die technische Ausarbeitung des Entwurfs dem Bureau Bouwkunde anzuvertrauen. Zu dieser Maßnahme sahen sich die Bauherren aufgrund der Unerfahrenheit der Architekten veranlaßt, und vielleicht auch wegen des Hintergrundes von Maas und Van Rijs als ehemalige OMA-Mitarbeiter. Seitdem arbeiten MVRDV häufig mit diesem Büro zusammen. Die bautechnischen Aspekte ihrer Details liegen damit in guten Händen, und auch mit den ständigen Veränderungen und Verschärfungen der Baubestimmungen müssen sie sich nicht allzu intensiv auseinandersetzen. Noch immer können die Entwürfe mit echter oder vorgetäuschter Unbedarftheit ausgearbeitet werden. Hinter diesem Wunsch nach technischer Unbefangenheit steht die Vorstellung, daß entsprechende Kenntnisse wie Ballast auf den Entwurfsprozeß wirken und die Spontaneität und kreative Freiheit einschränken. Gerade weil sie ihre technischen Kenntnisse nicht vertiefen, können MVRDV weiterhin architektonische Konzepte entwickeln, die zunächst nicht ausführbar zu sein scheinen, aber gleichwohl ernst gemeint sind und die technischen Berater herausfordern, das Unmögliche möglich zu machen. Jeder Lösungsvorschlag, der das ursprüngliche Konzept verändert, wird zunächst diskutiert. Dann entwickeln MVRDV selbst Alternativen, die ihrem Konzept wieder näherkommen. Oft sind auch diese Entwürfe technisch nicht ausführbar, aber auf diese Weise sind die Ingenieure gezwungen, von den bekannten Wegen abzuweichen und Ideen zu entwickeln, die neu und erfrischend wirken. Es stellt sich immer heraus, daß mehr

MVRDV Akzentuierung der Effekte

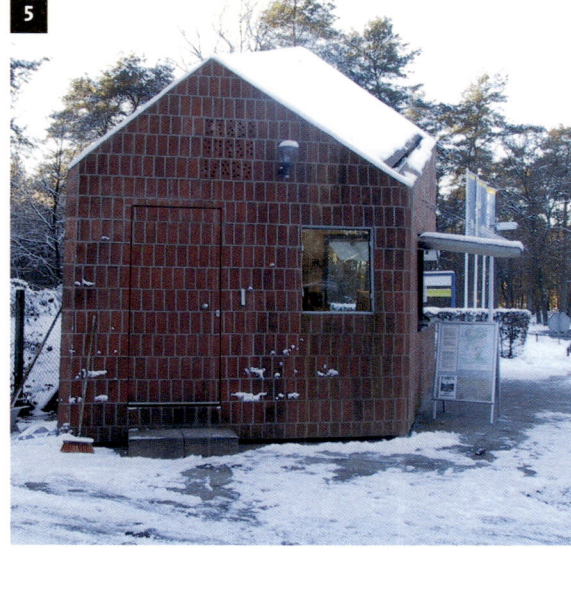

machbar ist, als man auf den ersten Blick dachte. MVRDV arbeiten ihre Entwürfe demnach auf eine andere Art aus als beispielsweise Neutelings Riedijk, die sich ebenfalls als reines Entwurfsatelier verstehen und die technische Ausarbeitung der Entwürfe dem Bureau Bouwkunde überlassen. Da ihrer Ansicht nach Architekten jedoch eher Ingenieure als Designer sein sollten, diskutieren Neutelings Riedijk auf der Basis ihres technischen Wissens. MVRDV hingegen versuchen ihre Ingenieure zum äußersten zu bewegen, manchmal gar zu reizen. Gleichzeitig übertragen sie ihnen viel Verantwortung. Diese Arbeitsweise wird in der Detaillierung der Gebäude ersichtlich. Neutelings Riedijk entwerfen fast alle Details selbst, zumindest aber deren Konturen, und lassen sie hinterher technisch ausarbeiten. MVRDV hingegen vermitteln viel eingehender, was sie wollen und welche Atmosphäre geschaffen werden soll, und entwerfen dann nur die zentralen architektonischen Details selbst. Sogar bei Gebäuden, die dem Anschein nach sehr komplex sind, wie zum Beispiel die Villa VPRO, entwerfen MVRDV nur wenige Details. Diese dienten als Vorlage für alle weiteren, die dann abschließend auf ihre Tauglichkeit überprüft werden.

Der Bau als Skulptur

Die präzisen architektonischen Details ihrer Gebäude beweisen, daß die Strategie von MVRDV funktioniert. Das erste realisierte Projekt des Büros, die drei Pförtnerhäuser im Nationalpark Hoge Veluwe, verrät darüber hinaus, daß MVRDV durchaus über fundierte bautechnische Kenntnisse verfügen. Die drei Häuschen, die zwar klein, aber gleichwohl technologisch anspruchsvoll sind, wurden von MVRDV selbst detailliert. Dabei waren einerseits hohe Anforderungen an die thermische Behaglichkeit, die Sicherheit und den Tageslichteinfall zu berücksichtigen, andererseits wollten die Architekten auch die besondere Funktionsmischung des Parks – beispielsweise befindet sich dort das Kröller-Müller Museum – zum Ausdruck bringen. Deshalb ist jedes Pförtnerhaus quasi eine Kreuzung aus einem konventionellen Haus, wie es auch im Park zu finden ist, und einer Skulptur. Die bautechnischen Schwierigkeiten resultierten nicht nur aus der Verformung des Baukörpers, sondern vor allem aus dem architektonischen Anspruch, den gesamten Baukörper in einem einzigen Material auszuführen, um den skulpturalen Charakter der kleinen Häuser zu betonen. Zunächst entwarfen MVRDV ein Gebäude aus Stein, eines aus Holz (beides Materialien, die sich aus der Ausgangssituation ergaben) und dann eines aus Glas (was weniger logisch war). Aus dem letzteren Material ergab sich ein Bau, der vollkommen in seiner Umgebung aufging. Erschwinglich wurde der Glaskörper, weil die niederländische Post (KPN) zu dieser Zeit beschloß, ihre Filialen freundlicher zu gestalten und das kugelsichere Glas zwischen Angestellten und Kunden zu entfernen. Diese Eigenschaft entsprach einer Anforderung seitens der Bauherrschaft der Pförtnerhäuser. Rob Nijsse, Tragwerksplaner im Adviesbureau ABT, arbeitete nicht nur die vollkommen gläserne Konstruktion aus, sondern entwickelte auch ein raffiniertes System offener Fugen zwischen dachziegelartig angebrachten Glasplatten, das für eine ausreichende Ventilation gesorgt und eine übermäßige Erwärmung des Glaskörpers verhindert hätte. Letztlich entschieden sich die Auftraggeber aufgrund zu großer Exponiertheit der Angestellten sowie aus Sorge, daß sich das Glasvolumen doch zu sehr aufheizen könnte und zu anfällig für Vandalismus wäre, gegen diesen Entwurf. Stattdessen ist das dritte Häuschen nun mit Cortenstahl verkleidet.

Wahrscheinlich wäre das Glashaus das faszinierendste der drei Pförtnerhäuschen geworden, aber es hätte auch zahlreiche auffällige Details gehabt, denn Glas macht viele Verbindungen erforderlich. Gerade die scheinbare Detaillosigkeit macht die nun realisierten Häuser sowohl architektonisch als auch technisch interessant. Beinahe nahtlos umhüllt das Material die Volumina, die Detaileffekte werden unterdrückt. Dies wird durch das Zusammenfügen der verschiedenen Materialien zu einer möglichst glatten Oberfläche und durch das Verbergen möglichst vieler technischer Aspekte erzielt, wie in den meisten Entwürfen des Büros. Im Hinblick auf das Ziel, durchgehende Flächen zu schaffen, ist das logisch, denn jeder Schatten würde die Kontinuität unterbrechen. Mit ihrem Entwurf für den Nationalpark Hoge Veluwe wollten die Architekten allerdings weniger ein Kontinuum als vielmehr eine Skulptur entwickeln. Für den Umgang mit den Details bedeutete dies keinen Unterschied. Das Material paßt sich dem Übergang von der Fassade zum Dach genau an, die Backsteine mußten beispielsweise exakt auf das richtige Format zugeschnitten werden. → 5 Außerdem wurden die archetypischen Häuschen von charakteristischen bautechnischen Elementen wie zum Beispiel Regenrohren befreit, die

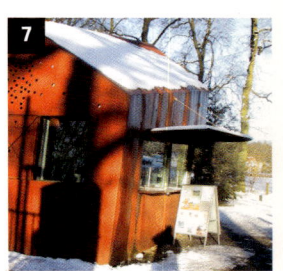

Dachrinnen wurden eingebaut, und die Fassadenöffnungen alle mit demselben Material abgedichtet. → 6, 7 Im geschlossenen Zustand suggeriert die nahtlose Detaillierung ein massives Volumen aus Stein, Stahl bzw. Holz. Erst wenn die Fenster, Türen und Schalter geöffnet sind, wird deutlich, daß die Häuser funktionale Objekte und keine Skulpturen sind. Die Öffnungen wirken dann wie zusätzliche plastische Elemente, die wie ein Origami-Kunstwerk gefaltet sind.

Inkonsequente Details

Während die Detaillosigkeit den Pförtnerhäuschen einen skulpturalen Charakter verleiht, soll die glatte Holzfassade der ‚hängenden Wohnungen' des WoZoCo in Amsterdam den dramatischen Effekt der sehr großen, scheinbar am Laubengang hängenden Holzboxen hervorheben. → 8 Zu diesem Zweck wurden die Kuben auch an der Unterseite mit Holz verkleidet und die Regenrohre in ihre Hohlmauer integriert, wodurch der Eindruck von massivem Holz entsteht, obwohl natürlich so leicht wie möglich konstruiert wurde. → 9, 10
Die Boxen sind fast detaillos, nur ihre Befestigung an der Betonscheibe ist sichtbar und bringt ihr wahres Wesen zum Vorschein, das außen so sorgfältig kaschiert wird. Das erscheint inkonsequent. Seltsamerweise trägt dieses Detail jedoch gerade zur Verstärkung des Effekts bei. → 11
Die großen Stahlträger, an denen der Kubus hängt, werden nicht in die Fußböden der Laubengänge integriert, sondern ihre Konturen werden sichtbar gemacht. Dadurch gewinnt dieses Bauteil an Präsenz. Im Gegensatz zur glatten, anonymen Haut entsteht ein Aufwand im Detail, der auf den Kraftaufwand verweist, den die Aufhängung der Boxen erfordert.
Das leichte Stahlskelett wurde mit Holz, feuerbeständigen Gipsplatten und Isoliermaterial verkleidet, um die Brandsicherheit und Lärmisolierung der Kuben zu gewährleisten. Im Gebäudeinneren hätten MVRDV das Stahlskelett gerne sichtbar gemacht, um das Interieur zu bereichern und gleichzeitig den suggerierten Hängezustand in den Wohnungen visuell spürbar zu machen. Die feuerbeständige und lärmisolierende Verkleidung der stählernen Fachwerkträger wäre für das soziale Wohnungsbauprojekt allerdings zu teuer gewesen. Deshalb ist der verkleidete Stahl nun nur in einigen Wohnungen zu sehen, die im rechten Winkel zum Hauptvolumen hängen.

Das Detail als Datascape

Die Pförtnerhäuser im Park Hoge Veluwe und die Holzbalkone des WoZoCo wurden von außen nach innen materialisiert und detailliert, um ihre Wirkung zu intensivieren. Bei der Villa VPRO geschah es genau umgekehrt. → 12 Ein einziger durchlaufender Betonboden sollte in einem kompakten Volumen geschaffen werden, freie Teilbarkeit herstellen und verschiedene Atmosphären ermöglichen. Obwohl das Gebäude im Mediapark in Hilversum liegt und von großen Bürobauten umgeben ist, grenzt es zugleich an eine grüne Umgebung, was MVRDV dazu inspirierte, das Gebäude als Kontinuum anzulegen und die Grenzen zwischen Gebäude und Umgebung möglichst vage zu definieren. Die Trennung von innen und außen geschieht daher durch einen Abstand, die thermische Trennung wird durch Luftvorhänge bewirkt.
Daran wird das Niveau deutlich, auf dem MVRDV bautechnische Diskussionen beginnen. In keiner der Fassaden ist das Konzept einer durchlaufenden Fläche wirklich zur reinen Umsetzung gekommen, und eigentlich wußten die Architekten schon im Vorfeld, daß diese Idee nicht realisierbar war. Abgesehen davon, daß die Baubestimmungen eine solche Lösung verbieten, hätte ein Luftvorhang auch unverhältnismäßig viel Energie verschlungen. Das Büro pokert hoch, um letztlich mehr durchzusetzen.
Da die Luftvorhänge nicht realisierbar waren, entwickelten MVRDV ein Detail, welches hervorgehoben hätte, daß das Volumen an willkürlichen Stellen regelrecht abgeschnitten wurde. Die Glasfassade wäre vor den grob abgekappten Betonscheiben entlanggelaufen und hätte den Bodenaufbau offenbart. Da eine unkontrollierbare Verschmutzung zwischen Glas- und Betonfläche und infolgedessen ein verwahrloster Eindruck des Gebäudes zu befürchten war, wurde auch dieses Detail verworfen – zum Bedauern der Architekten, die der Meinung sind, daß gerade aufwendig zu unterhaltende Elemente besondere Aufmerksamkeit erregen und um so sorgfältiger gepflegt werden. Auf städtebaulicher Ebene realisierten MVRDV diese Vorstellung in einem Plan für einen Gewerbepark bei Eindhoven. Dort wurden die einzelnen Gebäude regelrecht aneinander geschoben und haben deshalb keine Hinterseiten mehr, die ohnehin häufig verwahrlost wirken. (‚Flight Forum', 1998-2003) → 13 Die Anlieferung und Abholung von Waren geschieht deshalb an der repräsentativen Vorderseite, der in der bautechni-

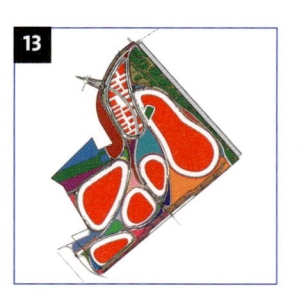

MVRDV Akzentuierung der Effekte

schen Ausarbeitung mehr Aufmerksamkeit gewidmet wurde und deren Räume zudem sorgfältiger unterhalten werden, weil sie für das Image der Firma, die in dem Gebäude ihren Sitz hat, von großer Bedeutung sind. Das Detail, das schließlich in der Villa VPRO realisiert wurde, zerstört den Eindruck einer durchlaufenden Oberfläche. → 14 Möglicherweise war dies bei der endgültigen Detaillierung der Fassade sogar beabsichtigt. Insbesondere die Glaswahl zeigt, daß die Strategie im Laufe des Prozesses verändert wurde. Während die ersten beiden Entwürfe möglichst unauffällige Fassaden vorsahen, haben MVRDV das Gebäude letztlich, unter anderem wegen der bauphysikalischen Anforderungen, mit Glas in 35 Farben und 35 Transparenzstufen verkleidet. An jenen Stellen, an denen die Sonneneinstrahlung am stärksten ist und die Balkone mit dem auffälligen Sonnenschutz aus Gummi aus architektonischen Gründen nicht realisiert werden konnten, ist das Glas opak. → 15 Wo hingegen die Sonneneinstrahlung schwächer ist, verwendeten die Architekten transparentes Glas. Zwischen diese beiden Extreme wurde eine Haut aus goldenen, grünen, blauen und roten Glasscheiben gewebt. Vor allem das undurchsichtige Glas wirkt sehr massiv und macht das Volumen visuell nicht nur viel geschlossener, sondern auch viel schwerer, als es ursprünglich sein sollte. Vor diesem Hintergrund wirkt der allzu markante Anschluß zwischen den Schiebeglaswänden und den Betonplatten gar nicht mehr störend. → 16 Die hohen Schienen der Schiebetüren beeinträchtigen den Eindruck einer durchlaufenden Fläche; mit einer in den Beton eingelassenen Schiene hätte hingegen ein viel flacherer Übergang erzielt werden können.

Die Komposition aus farbigem Glas hat zwei besondere Nebeneffekte. In ihrem Buch *Farmax* bemerken MVRDV: „Die Fassade setzt sich nun aus fünfunddreißig Glassorten zusammen, da die verschiedenen Höhen und Positionen zu unterschiedlichen Wärmelasten führen und die Glaselemente einen Kühlungseffekt haben müssen. (...) Die Fassade ist zum Ergebnis geworden, zu einem Datascape aus Anforderungen."[1]

Des weiteren verleihen die farbigen Glasscheiben den verschiedenen Feldern innerhalb des Kontinuums, das an der Fassade durch ein vorgefertigtes Betonband sichtbar wird, eine Identität. Sehr ähnliche Akzente wurden an der einheitlichen Fläche der Hinterfassade des WoZoCo gesetzt, für die eine solche Maßnahme viel notwendiger war. Während die Villa VPRO durch ihren durchlaufenden Fußboden bereits interessant aussieht, drohte die Fassade des WoZoCo wie eine etwas langweilige Wohnblockfassade zu wirken. Indem die Tiefe und Breite der Balkone, vor allem aber die Farbe der Brüstungsplatten aus Polykarbonat ständig variiert, erhält nicht nur die Fassade eine starke Dynamik, sondern auch die Wohnungen erhalten – wenngleich nur von innen erfahrbar – eine jeweils eigene Identität. Da die Holzfassade lediglich von scheinbar willkürlich plazierten Fenstern sowie Balkonen mit geschoßhohen Türen unterbrochen wird, ist die genaue Einteilung des Blocks für Passanten von der Fassade nicht ablesbar. Dieser Variationsreichtum in der Fassade verleiht dem Seniorenwohnkomplex die Identität eines riesigen Blocks.

(Un)bewältigte Fülle

Im Silodam (2002), einem umfangreichen Wohnungsbauprojekt im ehemaligen Silogebiet des Amsterdamer Hafens, erzielen MVRDV den Effekt der Individualisierung des Blocks, indem sie eine große Bandbreite an Materialien wie Holz, Stahl, Beton, Wellblech und Backstein verwenden. → 17 Jede Wohnung und Funktion erhielt ihr eigenes Material, so daß die Fassade wie ein seltsamer Flickenteppich aussieht. Aus architektonischer Sicht erscheint diese Maßnahme zu drastisch, um das ursprünglich beabsichtigte Bild eines straffen Volumens erzeugen zu können. Detaillierten MVRDV ihre anderen Gebäude, um stärkere Effekte zu erzielen, so haben die Details vom Silodam auf die Kakophonie der vielen Materialien einen dämpfenden Einfluß. Alle Materialien wurden möglichst in derselben Ebene angeordnet und nur durch ein schmales Profil voneinander getrennt. → 18, 19 Die unterschiedlichen Materialstärken werden dabei weitgehend von der Hohlmauer aufgefangen. Durch diese Strategie verschmelzen die zahlreichen Materialien optisch zu einem einzigen und verlieren ihren spezifischen Charakter. Spezifisch bleibt nur die Textur, aber die Haut ist straff. Auf diese Weise erreichen MVRDV ihr Ziel: Die Texturen kennzeichnen die unterschiedlichen Wohnungstypen, machen die Plazierung individueller Wohnungen in dem Block erkennbar und verleihen ihnen Identität. Gleichzeitig bewirkt die Detaillierung, daß der Komplex nicht in eine Vielzahl kleiner Einheiten zerfällt. Ungeachtet der manchmal bizarren Formen und der

MVRDV Akzentuierung der Effekte

Materialvielfalt gelingt es MVRDV, die Fassaden ihrer Gebäude sorgfältig zu einer Einheit zusammenzuschmelzen. Allerdings scheinen sich die Architekten bei der Detaillierung ihres bisher wichtigsten Interieurs, dem der Villa VPRO, vergriffen zu haben – und das nicht nur wegen der Klagen über die schlechte Akustik. Die überwältigende Vielfalt an verschiedenen Elementen beeinträchtigt die beabsichtigte Offenheit des kompakten Volumens erheblich. → 20 Das Volumen wird von einem Wald aus Stützen, Aussteifungskreuzen und Schächten, die keine tragende Funktion haben, sondern dem vertikalen Verlegen von Leitungen dienen, sowie einer großen Anzahl von Fluchtwegen verbaut, die sich wie grüne Schlangen durch das Gebäude ziehen. Zudem wurden innerhalb des Betonvolumens unterschiedliche Materialien für nahezu gleiche Funktionen verwendet. Kunststoffgeländer finden sich unmittelbar neben oder gegenüber von Geländern aus Stahlseilen, gewöhnliche, an Stahlseilen hängende Holzstangen neben Handläufen aus Stahl und sogar abgesägte Baumstämme wurden als Handläufe eingesetzt. Darüber hinaus hat jeder VPRO-Mitarbeiter seinen eigenen Platz erhalten und ihn auf seine Weise eingerichtet. Dem Auge wird keine Sekunde der Ruhe gegönnt. Das liegt auch an dem ‚kontrollierten Bombardement', mit dem das Gebäude aufgebrochen wurde, um Patios zu schaffen. Diese sorgen nicht nur für den Einfall von Tageslicht, sondern schaffen zusätzliche Außenräume mit einer eigenen, freundlichen Atmosphäre. Das Haus ist eigentlich zu dynamisch für ein Bürogebäude, in dem gearbeitet werden soll.

Lärmende Dichte

Die Entscheidung der Architekten für das Übermaß in der Villa VPRO resultiert nicht so sehr aus ihrer Unerfahrenheit – denn zu diesem Zeitpunkt waren sie schon nicht mehr so unerfahren –, sondern vielmehr aus dem Expo-Pavillon in Hannover. Dieser Entwurf kann als das Manifest von MVRDV betrachtet werden. Der Pavillon besteht aus ‚gestapelten' Landschaften: Im Erdgeschoß Dünen, auf dem Dach ein riesiger Teich und in der Mitte ein Wald. Die intensive Nutzung erlaubte es, das 9000 m² große Grundsück weitgehend unbebaut zu lassen. Der Pavillon hat keine Fassaden – wie MVRDV es ursprünglich auch für die Villa VPRO planten. Die gebaute Natur wurde in Hannover lediglich durch einfache Geländer von dem Ausstellungsgelände getrennt. Neben der Intensivierung des Raums und der Schaffung kontinuierlicher Flächen ist der Beweis, daß Natur hergestellt werden kann und vielleicht sogar muß, der dritte wichtige Aspekt in diesem ‚Manifest' von MVRDV. Im übrigen scheint der Pavillon, der kaum Details aufweist, wenig oder gar nichts mit der Villa VPRO gemeinsam zu haben. Er besteht aus gestapelten, ungeheuer faszinierenden, beinahe gefährlichen Konstruktionen, die aber im kleinsten Maßstab, auf der Detailebene, wenig ausgearbeitet sind.

In der mittleren Ebene, dem Waldgeschoß, wird durch die grobe Detaillierung vieles klar. Mitten im Wald befinden sich vollkommen offensichtlich ein Feuerwehrschlauch, Notausgangsschilder und Sprinklerköpfe, ohne daß auch nur der Versuch unternommen wurde, sie in den Entwurf zu integrieren. Die Anschlußstellen der tragenden Baumstämme machen die Absicht der Architekten noch deutlicher. Auf den ersten Blick wirken die Stämme wie Teile des Waldes, die zufällig so gewachsen sind, daß sie die darüber liegenden Geschosse tragen. Aber die Illusion einer organischen, natürlichen Konstruktion wird durch die Detaillierung aufgehoben. → 21, 22 Um die Fußanschlüsse herum ist die Erde abgetragen, so daß die stählerne Hilfskonstruktion, mittels derer die Baumstämme an den Betonplatten befestigt sind, deutlich sichtbar wird. Auch der Kopfanschluß wurde ins Blickfeld gerückt. Alle diese Elemente, dieser Lärm, zeigen, daß der Wald kein echter Wald ist; der Wald wird zum Gebäude, und der Effekt der Verwunderung über einen Wald, der 15 m über dem Erdboden in einem Baukörper liegt, wird verstärkt. Vielleicht muß auch der ‚Lärm' der Villa VPRO auf diese Weise verstanden werden. Die Villa ist kein gewöhnlicher Bürobau und war nie als solcher gedacht. Im VPRO-Gebäude sitzen Menschen zusammen, die früher in mehreren über Hilversum und Amsterdam verstreuten Villen arbeiteten, deren besondere Atmosphären das neue Gebäude reflektieren sollte. Es gleicht deshalb mehr einer sehr kleinen Stadt als einem großen Bürogebäude. Die Details, die Komplexität, die Dynamik scheinen wie auf eine Stadt zugeschnitten zu sein. Gleichwohl herrscht in diesem Gebäude zuviel Lärm auf kleinem Raum.

Inzwischen scheinen MVRDV aus der Erfahrung mit der Villa gelernt zu haben. Zwar verrücken sie weiterhin die Grenzen des Machbaren und schaffen spannende Konzepte, aber die Entwürfe erscheinen ausgewogener. Bei Gebäuden mit bizarren Formen ist die Materia-

MVRDV Akzentuierung der Effekte

lisierung nunmehr etwas zurückhaltender, wie zum Beispiel beim Appartementgebäude ‚3-D Garden' in Hengelo (begonnen 1999). Jeder Bewohner erhält dort einen Balkon mit einer Fläche von 100 m², der auf scheinbar unmögliche Weise am Baukörper hängt. → **23** Auf einigen Balkonen gibt es sogar einen Swimmingpool. Die weit auskragenden Balkone haben eine so starke Wirkung, daß die Materialisierung des Wohnturms – er soll mit Holz verkleidet werden – zurückhaltender sein konnte. Bei den Wohnungen in Ypenburg (2001) liegt der Akzent hingegen gerade auf der Materialisierung. → **24** Selbst MVRDV konnten bei den strikten Vorgaben des Ergänzungsberichtes (Vinex) zur Raumordnung in den Niederlanden für Vinex-Siedlungen nicht viel mehr als einige wenige Zentimeter Architektur herausholen. Die Häuser erhielten die Form eines Daches und sind mit einem einzigen Material verkleidet. Die Bewohner konnten aus einer Reihe von Materialien auswählen: spritzgegossenes Polystyren, traditionelle holländische Dachpfannen oder Begrünung. Da jeder kleine Vorsprung den Eindruck einer kontinuierlichen Umkleidung zerstört hätte, waren Dachrinnen, selbst eingebaut, architektonisch nicht akzeptabel. Detailtechnisch war diese Ausgangssituation komplizierter als bei den Pförtnerhäusern, da die Wohnhäuser dauerhaft leicht zu unterhalten sein mußten. MVRDV überzeugten in der Diskussion mit dem Vorschlag, das Haus tatsächlich wie ein Dach zu detaillieren. Das Regenwasser wird deshalb durch einfache Dachrinnen abgeführt, die am Fuß des Daches, also am Boden, angebracht sind. Die Zustimmung zu dieser ungewöhnlichen Lösung erhielt das Büro, weil sie einfacher und preiswerter zu realisieren war als eingebaute Dachrinnen. → **25** Die Entwicklung im Œuvre von MVRDV läßt sich ebenfalls in den verschiedenen Entwürfen für die Hochschule in Nijmegen (1997-2001) erkennen. → **26a, 26b** Zunächst wollten die Architekten in der zentralen Halle mit Hilfe von Stützen Orte mit eigener Identität schaffen. Der Statiker Rob Nijsse wurde mit der Entwicklung einer großen Anzahl unterschiedlicher Stützen beauftragt, und es entstanden einige Serien aus ungewöhnlichen Materialien (Glas, Autoreifen) sowie solche, die einzustürzen scheinen. → **27** Das Interieur drohte anekdotenhaft zu wirken. Statt dessen erscheint die Schule nun wie ein sehr großer Block, der sorgfältig ausgehöhlt wurde. Dieser Eindruck wird durch die Verkleidung aller Oberflächen mit dem gleichen Material unterstützt. Über dem Beton ist eine Lage Polyurethan angebracht, die mit einem hellblauen Kunststoff abgedeckt wird. Durch das Blau soll das Gebäude wie ein Himmel aussehen, und die Fassaden sollen wie Wolken wirken. Zu diesem Zweck sollen anstelle einer flachen Detaillierung die Laibungen möglichst tief sein, das Polyurethan und der Kunststoff auch in den Nischen durchlaufen und die Fensterrahmen in der gleichen Farbe gestrichen werden. Wie dieses Gebäude ausgesehen hätte – eine Realisierung ist sehr unwahrscheinlich –, kann man in kleinerem Maßstab bei einem Wohnhaus mit Studio in Amsterdam (‚Thonik Studio', 2001) sehen: einem kleinen, ausgehöhlten, von einer Schicht in sehr leuchtendem Orange überzogenen Kubus. Selbst der Briefkasten ist nur als Schlitz in der Fläche detailliert. → **28** Bautechnisch ist diese Detaillierung ebenso anonym wie die der hängenden Holzboxen des WoZoCo. Sowohl die Hochschule als auch das Wohnhaus mit Studio vermitteln den Eindruck eines massiven Volumens und betonen gleichzeitig die plastische Formung ihrer Fassaden. Alle diese Beispiele zeigen, daß MVRDV den surrealen Charakter ihrer Gebäude stets mit nur zwei oder drei relativ kleinen architektonischen Details akzentuieren. Während beispielsweise Neutelings Riedijk skulpturale Gebäude entwickeln, die mit viel rauheren Details realisiert werden können, schaffen MVRDV fremdartige Gebäude, die die Wirklichkeit herausfordern und bei denen technische Genauigkeit notwendig ist. Nur weil sie architektonische Details, die zuweilen lärmen, hinsichtlich des Ortes als auch der Form mit großer Präzision einsetzen, gelingt es MVRDV, die Illusion des Bizarren in ihren Gebäuden zu wahren.

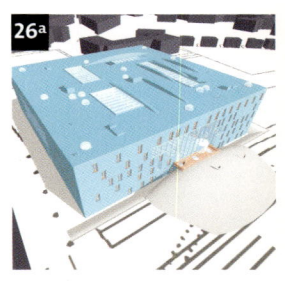

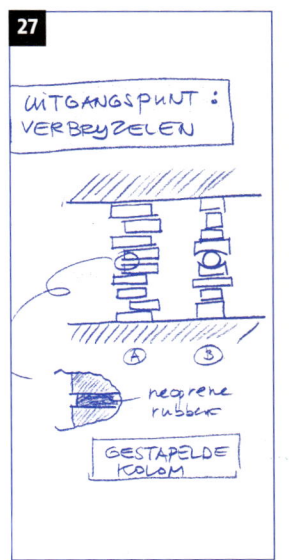

1. Winy Maas, Jacob van Rijs, Richard Koek (Hg.), Farmax. Excursions on Density, Rotterdam 1998.

**Querschnitt
Mauerwerkswand, Otterloo**
1 Betonfertigteil, 150 mm
2 Wärmedämmung
3 Mauerwerk
4 Transparenter Kunststoff
5 Zink-Regenrinne
6 Hydraulisch gesteuerter Arm
7 Fensterladen mit Mauerwerksverkleidung
8 Isolierverglasung

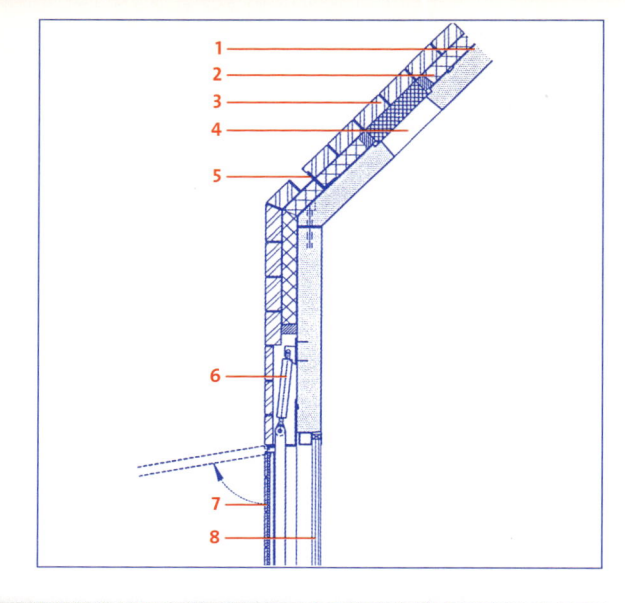

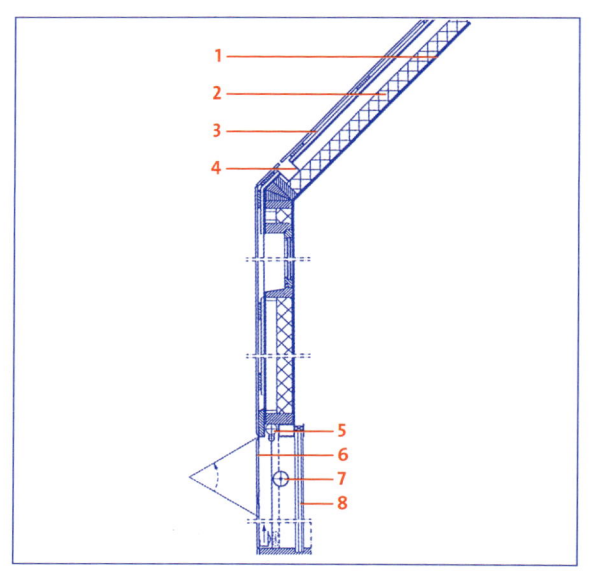

Querschnitt Holzwand, Arnhem / Rijzenburg
1 Holzrahmen
2 Wärmedämmung
3 Zedernholz
4 Zink-Regenrinne
5 Neonlicht
6 Fensterladen aus Holz
7 Motor
8 Isolierverglasung

MVRDV Pförtnerhäuser im Nationalpark Hoge Veluwe 1996

Fassadenquerschnitt Stahlkonstruktion, Hoenderloo
1 Holzrahmen
2 Wärmedämmung
3 Corten-Stahl, 3 mm
4 Dachdeckung
5 PVC-Regenrinne
6 Hinterlüftung
7 Hydraulisch gesteuerter Arm
8 Fensterladen aus Corten-Stahl
9 Isolierverglasung

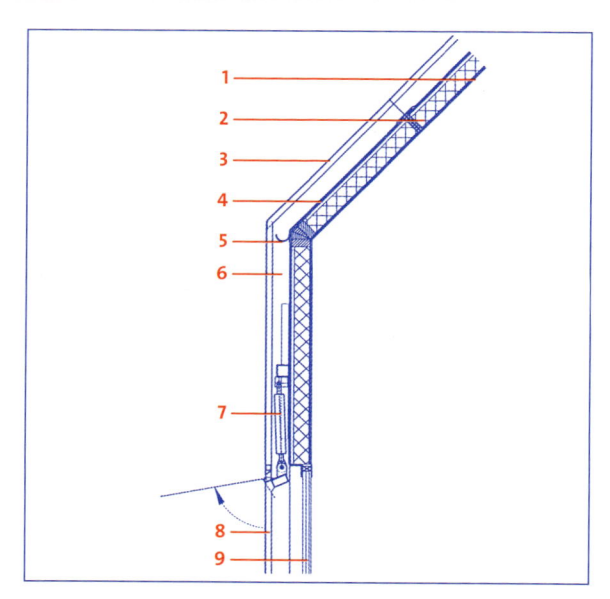

MVRDV Seniorenwohnkomplex WoZoCo Amsterdam 1997

Querschnitt auskragende Holzvolumen

1 Dachabschlußprofil aus Aluminium
2 Zweilagige Dachdeckung
3 Zedernholz-Schalung
4 Wärmedämmung mit Gefälle
5 Trapezblech
6 Regenschutz
7 Wärmedämmung
8 Doppel-T-Stahlträger HE 160 A
9 Feuerbeständige Verkleidung
10 Holzlattung, unabhängig von Stahlkonstruktion
11 Dampfbremse
12 Gipskartonplatte, 2 x 12,5 mm
13 Fermacel, Gipsfaserplatte, 2 x 10 mm
14 Mineralfaser-Wärmedämmung, 100 mm
15 Ausgleichsschicht
16 Betonhohldielendecke mit Fugenverguß
17 Wärmedämmung, 50 mm
18 Gipskartonplatte, 12,5 mm auf Holzlatten; Holzlatten auf Filz befestigt
19 Dreh-/Kippfenster aus Aluminium
20 Regenwasserabfluß-Rohr
21 Brüstung, Stahl
22 Wasserfest verleimtes Multiplex
23 Tragwerk für aufgehängte „Holzkisten" an der Laubengangseite
24 Doppel-T-Stahlträger IPE 200
25 Doppel-T-Stahlträger HE 260 B
26 Feuerbeständige Verkleidung
27 Wärmedämmung
28 Multiplex
29 Betonstütze
30 Zedernholzschalung auf Lattenkonstruktion

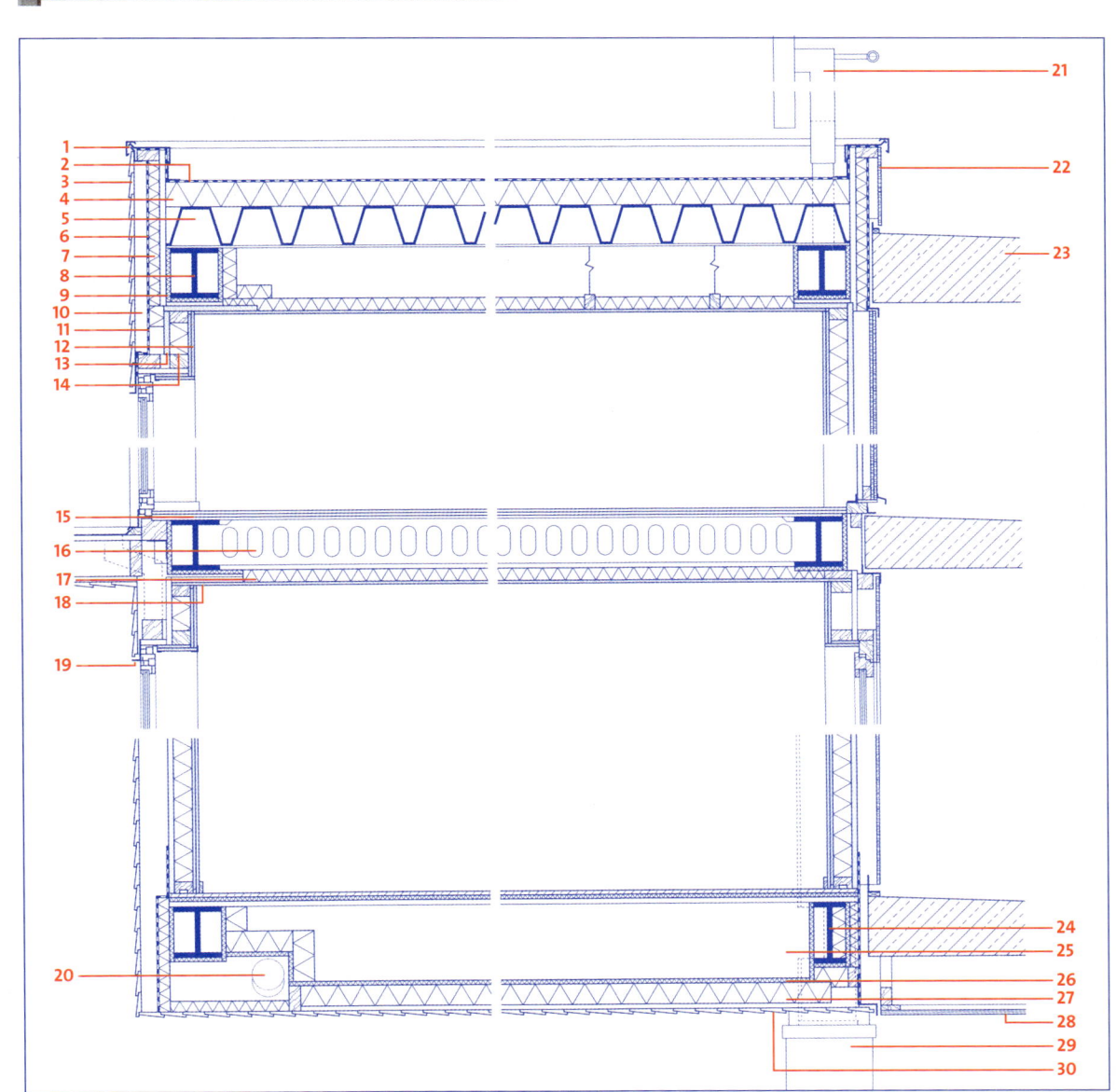

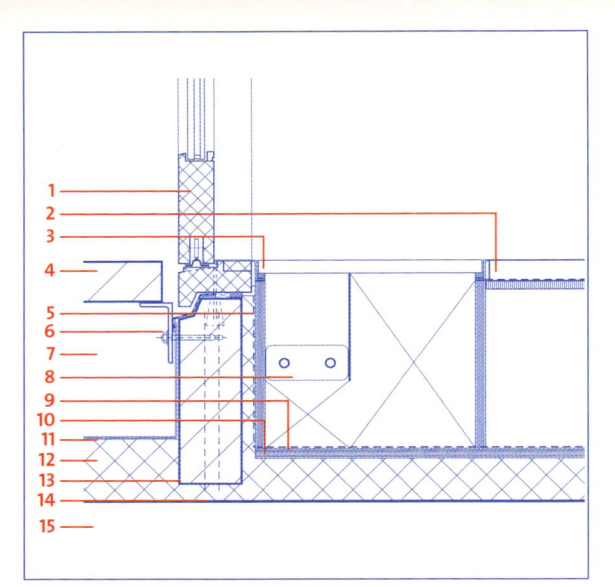

Anschluß Holzfassade mit Patio
1 Hartholz-Schiebefenster
2 Anhydrit-Boden über Systemplatte (einschließlich Trittschalldämmung)
3 Hartholz-Rost, mit Randprofil-Fassung
4 Betonziegel
5 Dampfdichte Folie
6 Verzinktes Eckprofil
7 Sickermöglichkeit für Wasser
8 Konvektor
9 Dampfdichte Folie
10 Multiplex
11 Zweilagige Dachdeckung
12 Wärmedämmung, 120 mm
13 Betonfertigteil-Platte
14 Wärmedämmung um Zentrierstifte
15 Ortbeton

MVRDV Villa VPRO Hilversum 1997

MVRDV Villa VPRO Hilversum 1997

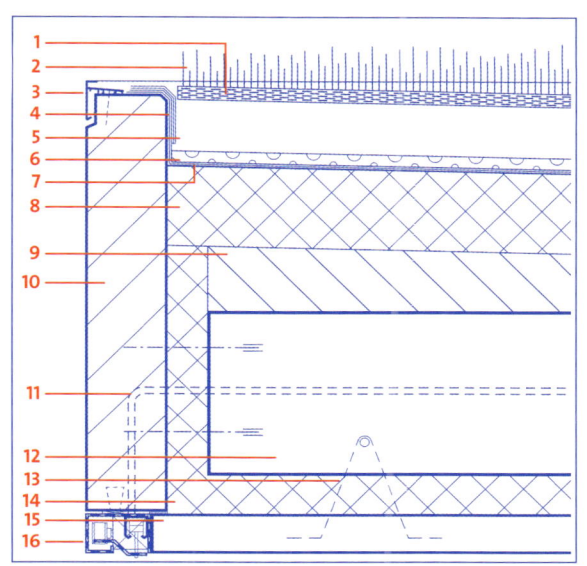

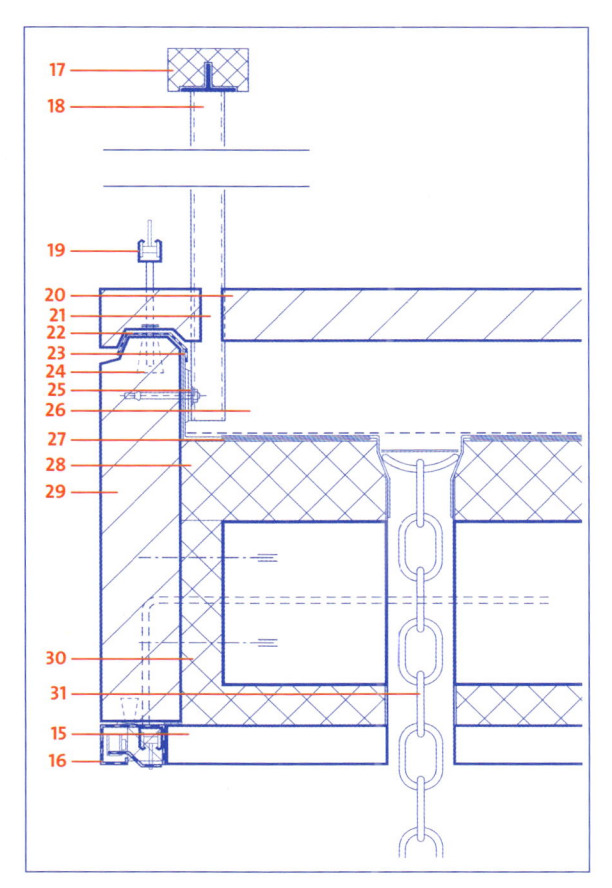

Anschluß Grasdach an Fassade mit Sonnenschutz bei einer der Trittflächen
1 Grasmatte
2 Gras
3 Dachabschlußprofil aus Aluminium
4 Abweiseblech
5 Substrat-Träger, 80 mm
6 Dränagematte, 17 mm
7 Zweilagige Dachdeckung
8 Hartschaumplatte
9 Schicht mit Gefälle
10 Rand, Betonfertigteil
11 Eingegossene Elektro-Leitung für Sonnenschutzregulierung
12 Ortbeton
13 Edelstahlverankerung
14 Hartschaumplatte, 60 mm
15 Betonplatte, Ortbeton
16 Obere Schiene für Sonnenschutz; bei Ostfassade elektrisch
17 Türgriff aus Hartholz
18 T-Profil, 80 x 40 x 5 mm
19 Untere Schiene für Sonnenschutz
20 Betonziegel
21 Bohrungen, Ø 30 mm
22 Auflage-Gummistreifen
23 Abweiseblech
24 Eingegossener Klotz
25 Gummistreifen
26 Sickermöglichkeit für Wasser
27 Dachdeckung in drei Schichten
28 Wärmedämmung mit Gefälle
29 Rand, Betonfertigteil
30 Hochwertige Wärmedämmung, 60 mm
31 Regenwasserabfluß über Kette

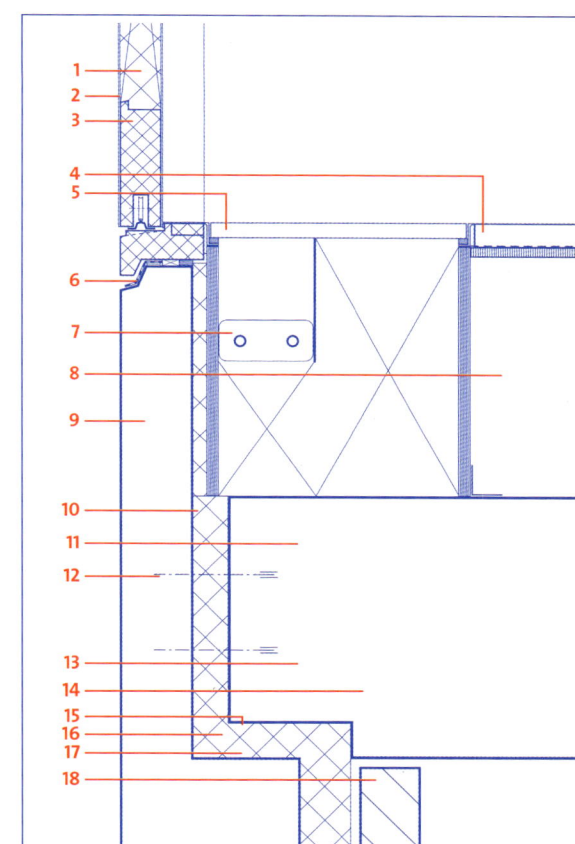

Anschluß Fassade bei Erdoberfläche
1 Holzständer, 56 x 67 mm
2 Aluminiumverkleidung
3 Schiebefenster aus Holz
4 Anhydritdecke auf Systemplatte
5 Hartholz-Rost, mit Randprofil-Fassung
6 Abweiseblech
7 Konvektor
8 Deckenhohlraum
9 Ortbeton-Randplatte
10 Hartschaumplatte
11 Ortbeton
12 Edelstahlverankerung
13 Glaswolle-Wärmedämmung, 85 mm, zweiseitig mit Glasvlies als Bewehrung
14 Kalksandstein, 100 mm
15 PE-Kunststoffolie
16 Wärmedämmung
17 Örtliche Auflagenocken
18 Kalksandstein; mit Federn verankert

Fassadendetail bei Regengardine
1 Gerüststütze
2 Feuerverzinktes Abdeckblech
3 Flachstahl aus Edelstahl
4 Filter
5 Gefalzte Rinne aus Edelstahl
6 Regenwasserabfluß
7 Regengardine
8 Wasserleitung für Regengardine
9 Teichrand, Ortbeton
10 Feuerverzinktes Stahlblech
11 Kastenprofil, Stahl, 150 x 100 mm
12 Stahlträger mit Spritzbetonbeschichtung
13 Wasserzufluß für Regengardine
14 Stahlkabel für Wasserabfluß
15 Filter
16 Scharnier
17 Rinnenhalter, Stahl
18 Feuerverzinktes Kastenprofil, 50 x 100 mm
19 Halter für Kastenprofil
20 Teich
21 EPDM-Kunststoffolie
22 Zementestrich
23 Betonhohldielendecke mit Fugenverguß

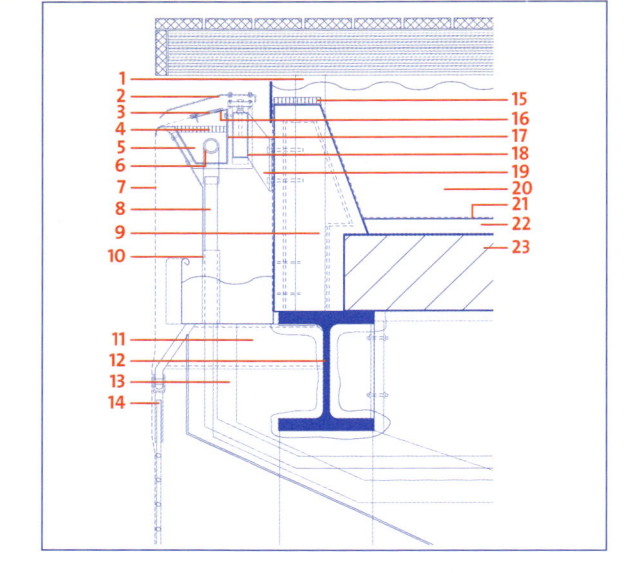

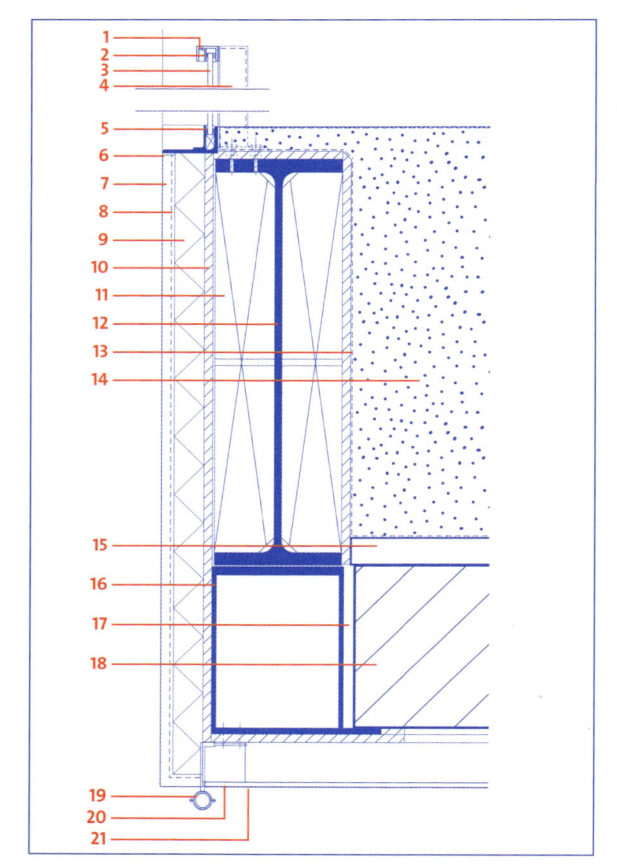

MVRDV Niederländischer Pavillon für die Expo 2000 Hannover

Fassadendetail Waldgeschoß
1 Feuerverzinktes U-Profil, 50 x 37 x 5 mm
2 Feuerverzinktes L-Profil, 15 x 30 x 3 mm
3 VSG-Glas, 12 mm
4 Feuerverzinktes Kastenprofil, 70 x 70 x 4 mm
5 Glasbefestigungs-Klemmprofil
6 Kittfuge
7 Geflockter Spritzbeton, 30 mm
8 Drahtgeflecht
9 Feuerhemmender PS-Schaum, 70 mm
10 Feuerbeständige Verkleidung, 20 mm
11 Klötze
12 Randträger aus Stahl
13 Wasserdichte Schicht
14 Humus
15 Druckschicht
16 Stahlträger
17 Schrumpffester Mörtel
18 Betonhohldielendecke mit Fugenverguß
19 Rohrprofil
20 Wasserabweisende Gipskartonplatte
21 Putz

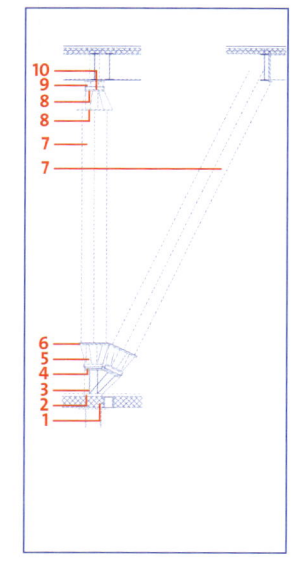

Waldgeschoßebene: Baumstämme als Stützenkonstruktion
1 Vorgespannte Betonhohldielendecke mit Fugenverguß
2 Stahlplatte, 705 x 705 x 50 mm
3 Aussteifungsplatte, 10 mm
4 Stahlplatte, 650 x 650 x 50 mm
5 Stahlplatte, 25 mm
6 Stahlplatte, 705 x 705 x 50 mm
7 Ansicht Baumstamm
8 Stahlplatte, 705 x 705 x 50 mm
9 Stahlplatte, 650 x 650 x 50 mm
10 Elastomer

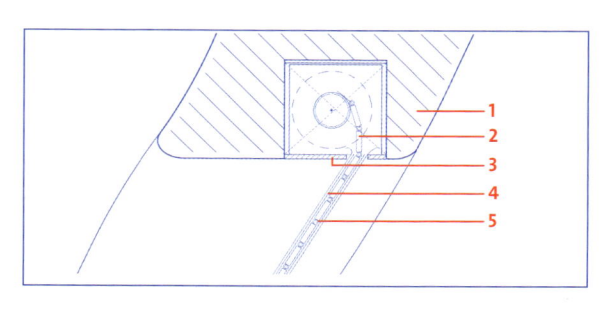

Anschluß feuerbeständige Luke bei Betondüne
1 Spritzbeton
2 Feuerbeständige Luke
3 Feuerbeständige Verkleidung
4 Führungsschiene
5 Rolladen-Profil

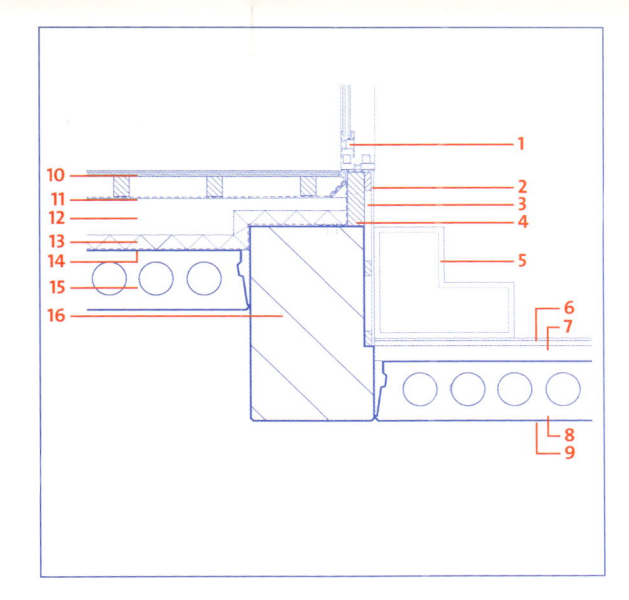

Vertikales Anschlußdetail Aluminium-Schiebefensterfront mit Terrasse
1 Zweiteilige Aluminium-Schiebefensterfront
2 Holzparkett
3 Holzlattung
4 Holzbalken
5 Treppe, Betonfertigteil
6 Weiße amerikanische Eiche
7 Zementdecke
8 Betonhohldielendecke mit Fugenverguß
9 Unterseite Betonhohldielendecke mit Fugenverguß mit Öllasur
10 Robinia-Dielen (als Terrasse)
11 PU-Kunststoff-Dachdeckung
12 Zementdecke mit Gefälle
13 Wärmedämmung
14 Dampfbremse
15 Betonhohldielendecke mit Fugenverguß
16 Betonbalken

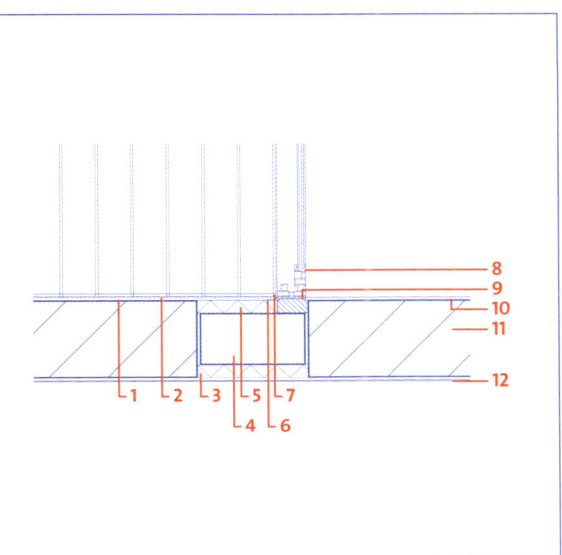

Anschluß Aluminium-Schiebefensterfront mit orangefarbener Wand
1 Putz mit Glasvlies als Bewehrung
2 Fassadenverkleidung aus PU-Kunststoff
3 Wärmedämmung
4 Stütze als Teil der umgekehrten Vorhalle aus Beton
5 Wärmedämmung
6 Stuckabschlußleiste
7 Kitt auf Fugenband
8 Zweiteilige Aluminium-Schiebefensterfront
9 Gummistreifen, 5 mm
10 Putz mit Glasvlies als Bewehrung, 10 mm
11 Porenbeton, 300 mm
12 Fassadenverkleidung aus PU-Kunststoff

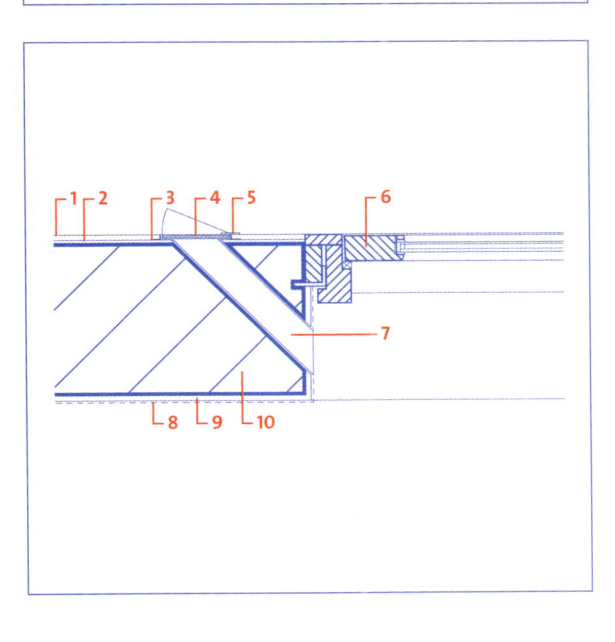

Horizontales Anschlußdetail Fassade mit Briefkasten
1 Obere Putzschicht
2 Untere Putzschicht
3 Stuckabschlußleiste aus Edelstahl
4 Glasklappe mit Feder, abschließbar
5 Scharnier, flächenbündig
6 Fensterrahmen aus Holz, gleiche Farbe wie PU-Kunststoff
7 Innenseite Briefkasten, beschichtet mit PU-Kunststoff
8 Fassadenverkleidung aus PU-Kunststoff
9 Putz mit Glasvlies als Bewehrung
10 Porenbeton, 300 mm

MVRDV Wohnungsbau Silodam Amsterdam 2002

Anschluß Mauerwerksfassade mit Betonfertigteil-Fassade
1 Mauerwerk: äußere Laibung
2 MDF-Platte, 12 mm
3 Abtropfblech aus Aluminium
4 Gipskartonplatte
5 PE-Kunstoffolie
6 Holzständer-Konstruktion
7 Wärmedämmung
8 Verleimte Holzspanplatte, 10 mm
9 Armierte perforierte Folie
10 PUR-Schaum
11 Abweiseblech
12 L-Profil
13 Offene Stoßfuge
14 Befestigung L-Profil an Betonkonstuktion
15 Außenschale Verbundplatte aus Beton
16 Wärmedämmung in Verbundplatte
17 PUR-Schaum
18 Innenschale Verbundplatte aus Beton
19 Anhydritboden
20 Befestigung Fassade an Betonkonstruktion

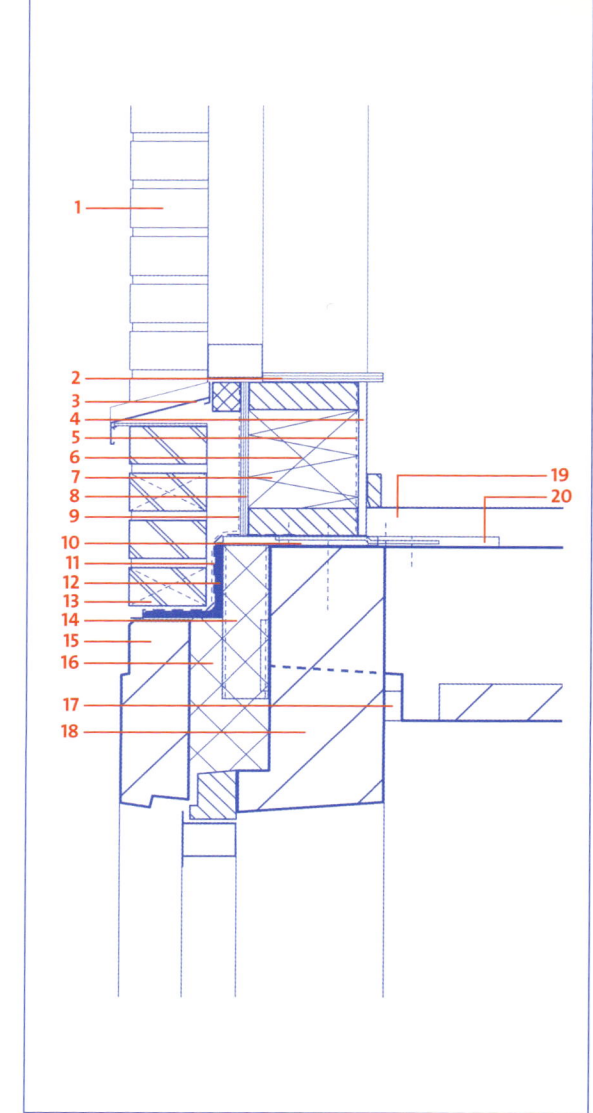

Anschluß Holzschalen-Fassade mit aluminiumverkleideter Fassade
1 Klappfenster, isoliert
2 Fensterrahmen aus Holz
3 Absturzsicheres Glas
4 MDF-Platte, 12 mm
5 Aluminiumprofil
6 Verleimte Holzspanplatte, 10 mm
7 Betonfertigteilplatte
8 Verankerung an dahinterliegender Konstruktion
9 Wärmedämmung
10 Ortbeton
11 Armierte perforierte Folie
12 L-Profil
13 Gitterträgerdecke mit Aufbeton
14 Gipskartonplatte
15 PE-Kunstoffolie
16 Wärmedämmung, 140 mm
17 Holzständer-Konstruktion
18 Verleimte Holzspanplatte, 10 mm
19 Gefalztes Aluminiumpaneel
20 Abweiseblech
21 MDF-Platte, 12 mm
22 Aluminiumfassade
23 Fußleiste
24 Verankerung Betondecke
25 Anhydritestrich

MVRDV Wohnungsbau Silodam Amsterdam 2002

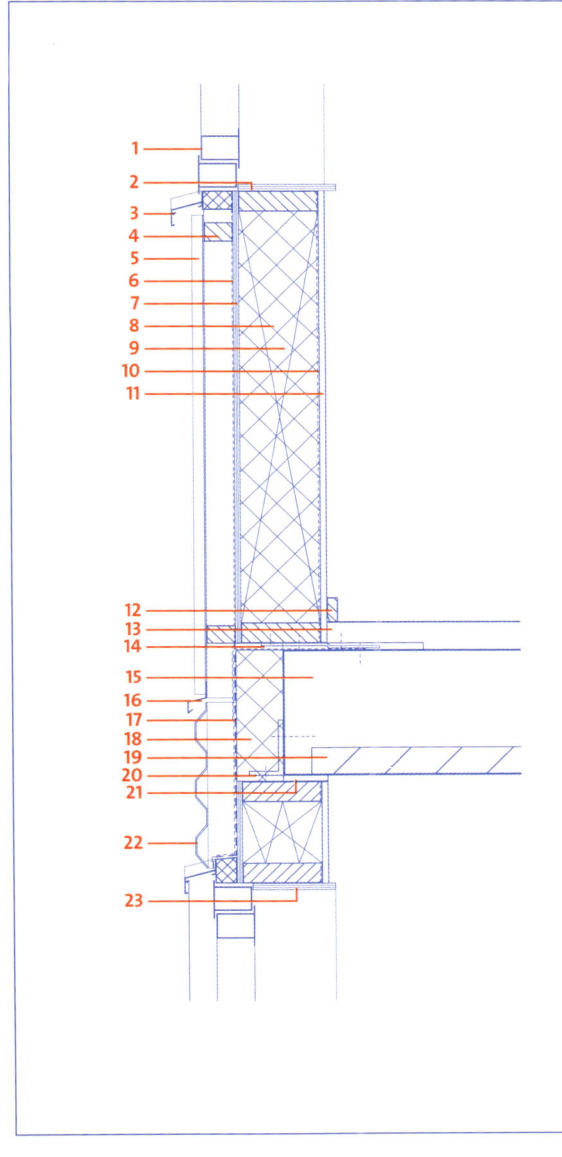

Anschlußdetail Fassade: vertikales mit horizontalem Aluminium Trapezblech
1 Fensterrahmen aus Aluminium
2 MDF-Platte, 12 mm
3 Abtropfkante aus Aluminium
4 Klotz zur Befestigung Trapezblechplatte
5 Vertikales Trapezblechwandprofil aus Aluminium, 42 W-960
6 Armierte perforierte Folie
7 Verleimte Holzspanplatte, 10 mm
8 Wärmedämmung, 140 mm
9 Holzständer-Konstruktion
10 PE-Kunststoffolie
11 Gipskartonplatte, 12,5 mm
12 Fußbodenleiste
13 Anhydrit-Estrich, 50 mm
14 Verankerung Fassade an Betonkonstruktion
15 Ortbetondecke
16 Aluminiumprofil
17 Dampfdichte Abdichtungsfolie
18 Wärmedämmung
19 Gitterträgerdecke mit Aufbeton
20 L-Profil
21 PUR-Schaum
22 Horizontales Trapezblechwandprofil aus Aluminium
23 MDF-Platte, 12 mm

OMA
Von der Detaillosigkeit zum „Nicht-Detail"

„Kein Geld, keine Details, nur Konzept."[1]
„Jahrelang haben wir uns auf das Nicht-Detail konzentriert. Manchmal gelingt es uns – es ist weg, abstrahiert; manchmal scheitern wir – es ist immer noch da. Details sollten verschwinden – sie gehören in die alte Architektur."[2]
Diese Zitate von Rem Koolhaas verdeutlichen, wie sich das Denken über Details in seinem Büro Office for Metropolitan Architecture (OMA) verändert hat. Nicht-Details (No-Details) sind Koolhaas zufolge abstrahierte Details, in denen ein Material nahtlos in das andere überzugehen scheint und präzise abgegrenzte Volumina entstehen. Diese Details sind am schwierigsten zu entwickeln und zu bauen. Detaillosigkeit bedeutet hingegen keine ausgeführten, oder vielmehr gar nicht erst entworfene architektonische Details. „Kein Geld, keine Details" war Koolhaas' Antwort auf die Kritik an der Ausführung seines Nederlands Danstheater in Den Haag (1987). → 1 Zahlreiche niederländische Kritiker hatten ihn angegriffen, weil ein Architekt ihrer Überzeugung nach Materialauthentizität anstreben sollte, die Detaillierung in einem architektonisch bedeutenden Gebäude die Handschrift des Architekten tragen müsse und deshalb keine Standarddetails benutzt werden dürften.

Tatsächlich können nur wenige Details am Gebäude für das Danstheater als Akzente bezeichnet werden. Das Budget (etwa 18 Millionen Gulden für 54 000 m3) reichte nicht aus, um allen Details eine architektonische Bedeutung zu verleihen, zudem mußte das Gebäude innerhalb kurzer Zeit entworfen und realisiert werden. Hinzu kam, daß OMA, wie Koolhaas später zugab, das Bauen noch nicht vollkommen beherrschte. So gering das Budget, die Zeit und die Erfahrung auch waren, sind im Nederlands Danstheater doch bereits Spuren der späteren Detailstrategien des Büros zu finden. An jenen Stellen, an denen die Kontrolle der Architekten größer war, hat das Gebäude keine Details. Es scheint aus drei weitgehend unabhängigen Elementen zu bestehen, die ohne sichtbare Verbindungen nebeneinander gesetzt wurden: die skulpturale schwarze Halle, → 2 die davor plazierten feierlichen Fassaden am Spui → 3 und der goldfarbene Kegel, der das Danstheater mit dem Musiktheater von van Mourik Vermeulen Architecten → 4 verbindet. Ihre größte Wirkung hat die Detailstrategie bei der Fassade mit dem Kunstwerk von Madelon Vriesendorp. Aufgrund ihrer Dimensionen und wegen der unsichtbaren Anschlüsse zu den Seitenfassaden wirkt sie weniger als Fassade, sondern vielmehr als unabhängiges Kunstwerk oder bewegliches Accessoire.

An anderen Stellen scheinen die Ausführenden hingegen erhebliche Probleme mit der angestrebten Detaillosigkeit gehabt und ihre Zuflucht in konventionellen Lösungen gesucht zu haben. So hat zum Beispiel der goldene Kegel einen verspielten Dachrandstreifen erhalten, und die groben Fenster in der Seitenfassade assoziieren sozialen Wohnungsbau. An einigen Stellen innerhalb des Gebäudes hätte die Architektur nach unverwechselbaren Details verlangt, beispielsweise in der Skybar. Sie scheint auf einem Rohr zu balancieren und durch einen Zugstab und ein Stahlseil gehalten zu werden. Während der Anschluß des Zugstabs an den Boden weitgehend überzeugend gelöst ist, wurden das Rohr und die Decke, in die es eingelassen ist, auf recht grobe und ungeschickte Weise zusammengegipst und der Eindruck des Balancierens dadurch zunichte gemacht. → 5
Dessen ungeachtet ist die interessante Konstruktion der Skybar so raffiniert wie alle Konstruktionen im Werk von OMA. Sie dienen dem Ziel, die Atmosphäre der verschiedenen Räume zu bestimmen.
Insbesondere die Ausbauten und die Haustechnik, in geringerem Maß das Tragwerk, nehmen viel Raum in einem Gebäude ein, auf den der Architekt lange Zeit keinen oder kaum Einfluß hatte. „Es ist doch erstaunlich, daß ein Teil eines Baus, der beinahe ein Drittel des Querschnitts und manchmal bis zu 50 % der Bausumme verschlingt, sich dem Architekten und dem architektonischen Denken regelrecht entzieht."[3] In seinen Gebäuden gelingt es Koolhaas, aus den Ausbauten und Konstruktionen Instrumente der Architektur zu machen.

Bautechnik und Architektur
Wahrscheinlich war das Streben nach Integration von Technik und Tragwerk einer der Gründe, warum Rem Koolhaas eine intensive Zusammenarbeit mit dem Tragwerksingenieur Cecil Balmond vom Ingenieurbüro Ove Arup suchte. Koolhaas wollte, daß aus dieser Zusammenarbeit ein neues Büro entsteht; kein Architektur- oder Ingenieurbüro, sondern etwas dazwischen. Die gegenseitige Inspiration von Architekten und Ingenieuren sollte völlig neue Gebäudetypen, Konstruktionen und Ausbauten generieren. Allerdings fand dieser weitreichende Zusammenschluß nicht statt, weil die Leitung von Ove Arup den Verlust der eigenen Identität befürchtete.[4]
Aber auch ohne dies hat die Zusammenarbeit zwischen OMA und den Ingenieuren, die bereits während der Entwicklung des Gebäudekonzepts intensive Besprechungen beinhaltet, eine Reihe interessanter Konstruktionen hervorgebracht. Jedes Gebäude hat ein neu entwickeltes und ungewöhnliches Konstruktions-

OMA Von der Detaillosigkeit zum „Nicht-Detail"

prinzip. In Gebäuden, die mehrere Funktionen umfassen, erhält sogar jeder Raum eine andere Konstruktion. Daß die Konstruktion nicht nur trägt, sondern auch die Atmosphäre bestimmt, ist logisch. Jeder Saal der Kunsthalle in Rotterdam (1992) ist unterschiedlich konstruiert. Dasselbe gilt für das Educatorium in Utrecht (1997), dessen auffälligste Konstruktion die des großen Vorlesungssaals ist. Dort windet sich die Bewehrung aus der Betonplatte heraus. → 6 Im Gebäude für die niederländische Botschaft in Berlin (2001) wird die Strategie der atmosphärischen Konstruktion subtiler angewandt. Sie besteht aus weitgehend autonomen Betonscheiben, die sich locker – wie die Karten eines Kartenhauses – gegenseitig stützen. Dadurch erhalten die Räume zum Teil große Stützweiten, während die Konstruktion vergleichsweise ruhig und vertraut erscheint, weil ein vertrautes Prinzip benutzt wurde. Der Unterschied zur Kunsthalle könnte nicht größer sein. Dort sind beispielsweise vom Ausstellungssaal aus die Betonstützen des darunter liegenden Auditoriums zu sehen, des weiteren die Zugstäbe, die den Balkon tragen, sowie die orangefarbenen Windverbände, die die Träger des größten Saals miteinander verbinden. Zweifellos trägt die Konstruktion der Kunsthalle zum Eindruck eines orchestrierten Chaos bei, ebenso wie der sehr große orangefarbene Stahlträger auf dem Vordach. → 7

Orchestriertes Chaos

Die Kritiker Bart Lootsma und Jan de Graaf behaupten zu recht, die Konstruktion des Vordaches könne als Hommage an Mies van der Rohes Nationalgalerie in Berlin (1968) gesehen werden.5 → 8 Nicht so der orangefarbene Träger. Mies' Konstruktionen bestimmten mit großer Präzision den Rhythmus seiner Gebäude. Dagegen läßt Koolhaas den Träger mindestens fünf Meter auskragen. Er ist nicht genau auf Maß geschnitten, sondern wirkt wie ein etwas nachlässiges Detail. Diese chaotische Anmutung wurde jedoch bewußt herbeigeführt. Das gleiche gilt für viele andere Details der Kunsthalle, mit der Koolhaas den Ruf zerstreuen wollte, daß das Büro nicht bauen könne. Zur gleichen Zeit waren die Architekten damit beschäftigt, neue Detailstrategien zu entwickeln und bewußter als bei der Ausarbeitung des Gebäudes für das Danstheater nach neuen Bedeutungen des Details zu suchen. Zunächst mußte das Detail nicht per definitionem perfekt sein. „Ich denke, daß der Welt derzeit mit Perfektion nicht gedient

ist. Deshalb wollen wir sie selbst in unseren besten Detaillierungen vermeiden."6

OMA zufolge ist Perfektion nur als Ausdruck von Zeitgeist interessant, ansonsten aber langweilig, da sie alles Unerwartete ausschließt, das doch gerade eine große Spannung in sich tragen kann. Mit einer konventionellen Detaillierung hätte man zweifellos verhindern können, daß das Regenwasser das Dach der Rampe herunter zum Eingang der Kunsthalle und dort über die Köpfe der Besucher zu laufen droht. Ein kleiner Absatz am Eingang zur Unterführung hätte das Wasser zu einem ungefährlicheren Ort leiten können, würde jedoch die Abstraktion des Kubus' beeinträchtigen. Letztlich war ein solcher Absatz auch gar nicht erforderlich, da das Wasser vollkommen harmlos entlang der Betonstützen nach unten strömt.

Überall finden sich Details, die nicht perfekt sind. Manchmal wurde Perfektion absichtlich vermieden, aber manchmal hätte die ungewöhnliche Einpassung der Details in das architektonische Konzept durch etwas mehr Präzision mehr Aufmerksamkeit erlangt. Das betrifft beispielsweise den Eckanschluß des Betons an den Travertin oder die Stelle, an der die Rampe die Laufbrücke kreuzt. → 9 „Die Detaillierung der Kunsthalle öffnet die Augen für andere Aspekte, etwa dafür, wie der Boden gelesen wird, sowie für Abstraktionen, Transparenz und Transluzenz, Beton und Gegebenheiten selbst. Für eine Wahrnehmung des Ganzen anstelle einer Fixierung auf Knotenpunkte und Zusammenstöße."7

Wenngleich die verschiedenen Materialien wahrscheinlich noch glatter in einer Fläche hätten angeordnet werden können – derzeit beeinträchtigen konventionelle Fensterbänke die Glasfläche –, erwecken die Fassaden der Kunsthalle auch so den Eindruck, daß der Gebäudekörper recht willkürlich ausgeschnitten wurde. Darüber hinaus wird auf ungewöhnliche Weise mit den Fassadenmaterialien Beton und Travertin gespielt. Durch ihre unterschiedlichen Anschlüsse an das Glas erscheinen sie an manchen Stellen sehr dünn – insbesondere dort, wo die verschiedenen Materialien in einer Ebene liegen und dadurch optisch die Tiefe von Glas erhalten –, während an anderen Stellen die Fassade als Masse betont wird. → 10 Zum Museumspark wird zum Beispiel die Tiefe der Travertinfassade besonders akzentuiert, und hier scheint der schwere Naturstein über der riesigen Glasfläche zu schweben. → 11 Was aus der einen Perspektive wie eine sehr dünne Fläche und deshalb gewichtslos aussieht, wirkt an anderer Stelle besonders schwer. Die Details verstärken den jeweiligen Effekt, lösen ihn aber von den traditionellen Eigenschaften der Materialien, indem unterschiedliche Materialien eine ähnliche Detaillierung erhalten. Umgekehrt erhalten gleiche Materialien durch unterschiedliche Detaillierung eine völlig andere Ausstrahlung. Weniger durch den

Materialgebrauch, als vielmehr durch die Detaillierung akzentuieren OMA die Schwere und erzeugen den Eindruck einer verschnittenen Form.8

Junkspace-Details

Für das Grand Palais in Lille (1994), das ein Kongreßzentrum, eine Halle für Popkonzerte und einen Ausstellungssaal umfaßt, war Koolhaas gezwungen, sich einer anderen Strategie zu bedienen. Die riesigen Dimensionen des Gebäudes, seine Lage im städtebaulichen Plan von OMA, das Budget und die in dem Aufsatz *Bigness* formulierten Ideen über den Entwurf solch riesiger Projekte, verlangten nach einer anderen Materialisierung und Detaillierung.9 Das Grand Palais ist ein typisches Beispiel dafür und muß als riesiger Container betrachtet werden. Es reagiert nicht auf die Umgebung, sondern beherbergt in seiner Hülle eine Art Stadt. → 12 Da ein Container nicht mit edlen Materialien realisiert werden muß, und weil auch die von der Gebäudeschale aufgenommene Infrastruktur grob sein darf, wurde viel Sichtbeton verwendet, dessen betonte Fugen nur in der Konzerthalle ästhetisiert wurden; eine der Fassaden besteht hauptsächlich aus Kunststoff und Aluminiumwellblech, wobei das Profil der Bleche den Proportionen des sehr hohen Gebäudes entspricht und auch aus der Dinstanz wie Wellblech und nicht wie flache Platten aussieht. Diese Materialien, die industriell anmuten oder an Ingenieurbau erinnern, wurden mit passenden Details kombiniert.

Die Detaillierung kann nicht als grob bezeichnet werden. Sie wirkt vielmehr so, als sei sie gar nicht entworfen worden – wie bei industriellen Projekten. Die Schönheit ergibt sich hier nicht aus Lösungen, die der Architekt im Vorfeld entwickelt hat, sondern aus ‚natürlichen‘ und unerwarteten Lösungen, die sich während des Bauens ergeben haben. Allerdings hat die Detaillierung des Grand Palais einen doppelten Boden. Aufgrund der industriellen Detaillierung entsteht der Eindruck, das Gebäude könne sehr einfach demontiert werden. Alles, was nicht zur Struktur und damit zum Dauerhaften gehört, ist sichtbar an den Beton montiert. Es scheint, als sei das Grand Palais als *junkspace* detailliert, den Koolhaas in einem viel später entstandenen Text beschreibt: „Wo die Detaillierung einmal suggerierte, daß ungleiche Materialien vielleicht auf ewig zusammengehören, handelt es sich nun um eine vergängliche Paarung, die darauf wartet, gelöst, auseinander geschraubt zu werden; es geht nicht länger um das orchestrierte Aufeinandertreffen von Verschiedenheit, sondern um eine Sackgasse, das abrupte Ende eines Systems."10

So scheint beispielsweise das elliptische Dach nicht mit den verschiedenen Fassaden verbunden zu sein, sondern nur lose auf ihnen zu liegen. → 13 Dieser Eindruck wird zunächst durch die Auskragung des Daches über die Fassade erweckt, vor allem jedoch dadurch, wie die Wellblechfassaden und die Dachplatten aneinander befestigt sind. OMA verwenden dafür ein Stahlprofil, so daß der Eindruck entsteht, das Dach könne hochgehoben und einfach entfernt werden. Die Wellbleche mit ihren groben Bolzen sind einfach zu demontieren. Auch innen finden sich zahlreiche Beispiele für Details, die Demontierbarkeit signalisieren. So wurden für die Baluster und Podeste der Treppen schlichte T-Profile verwendet, die auf einfache Weise, nämlich mit einem simplen Eckprofil, am Beton befestigt sind. Selbst die üppige Holztreppe ist als losgelöstes Element detailliert, das auf der tragenden Betonplatte liegt. → 14

Außer der industriellen Atmosphäre und den weiten Räumen, die dem Gebäude etwas Unaufgreifbares verleihen, hat das Grand Palais auch einige ‚weiche' Stellen, etwa die Glasfassade des Kongreßzentrums. Durch die Anbringung schmaler Glasplatten in unterschiedlichen Winkeln entstehen verschiedene Reflektionen und eine plastische Wirkung.

Auch innerhalb des Gebäudes werden dem Besucher weiche Orte geboten. Beispielsweise hat der kleine Kongreßsaal eine gepolsterte blaue Vinylwand, und in dem größten Kongreßsaal befindet sich hinter einer transparenten Verkleidung eine Wand aus Glaswolle. In diesem Saal fällt auch die ungewöhnliche Decke aus transparentem Wellplastik auf. Die Platten sind so angebracht, daß die Geräusche in die Richtung des Besuchers gelenkt werden. → 15 Die Detaillierung dieser weichen Elemente ist ebenso direkt und bodenständig wie im übrigen Gebäude.

Auf dem Weg nach Bordeaux

Inzwischen sind OMA aus den Budgets des Danstheaters, der Kunsthalle und des Grand Palais herausgewachsen und bauen überall auf der Welt Objekte mit hohem Prestigewert. Momentan wird in Porto die Casa da Música fertiggestellt, in Chicago bauen OMA das neue Studentenzentrum auf dem Campus des Illinois Institute of Technology, in Seattle eine riesige Bibliothek, in Berlin ein Botschaftsgebäude, und in Córdoba hat das Büro den Wettbewerb für ein Auditorium gewonnen, den es nun ausarbeitet. Es stellt sich die Frage, ob das kurze, aber intensive Chaos, das Koolhaas dem Kritiker Michael Speaks zufolge in seinen Gebäuden zuläßt und das ihnen zum Teil ihre Faszinationskraft verleiht, auch in diese prestigereichen Objekte einfließen wird.11 Hinzu

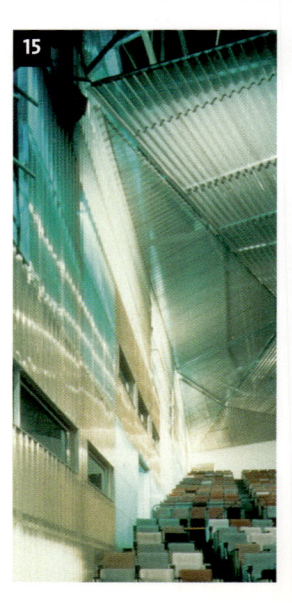

OMA Von der Detaillosigkeit zum „Nicht-Detail"

kommt, daß die Auftraggeber große Budgets zur Verfügung stellen, für die sie ein architektonisch interessantes, aber auch bautechnisch perfektes und leicht zu unterhaltendes Gebäude erwarten.

Am Educatorium in Utrecht wird ersichtlich, wie schwierig es ist, die richtige Balance zwischen dem Konzept – das so überzeugend ist, daß eine zwanglose, gemäßigte Unvollkommenheit ihm nicht entgegenwirkt – und dem Wunsch des Auftraggebers nach einem perfekten und schönen Gebäude zu finden. → **16** Beinahe alles im Educatorium zeugt von dem Bestreben, jede Facette zu kontrollieren und zu gestalten, wie es für das Büro eigentlich untypisch ist. Es ist zweifellos das bisher vollendetste Gebäude von OMA. Es schadet dem Gebäudekonzept (einem umkleideten Volumen, geformt durch eine Biegung in einer ansteigenden Linie) keineswegs, daß aus jeder Ecke etwas besonderes gemacht und jedes Detail gestaltet wurde. Dennoch ist das Resultat des Unerwarteten weniger sublim als in der Kunsthalle oder im Grand Palais. Sowohl die Materialisierung als auch die Detaillierung sind architektonisch fragwürdig. So hat die Travertinverkleidung des Betonbandes, das das Konzept des Gebäudes in der Fassade zum Ausdruck bringt, keinerlei Bedeutung. → **17** Dem steht die Botschaft in Berlin gegenüber, wo an der Fassade Aluminiumstreifen verwendet werden, um ein Kontinuum zu markieren. Dort sind allerdings auch die Innenwände der durchlaufenden Struktur mit Aluminium verkleidet. Falls beim Educatorium die Fassade als Schnittkante eines Volumens aufgefaßt werden sollte, hätte ein Betonband dies viel stärker zum Ausdruck gebracht. Außerdem läßt sich an der Innenseite des Bogens ablesen, woraus er hergestellt wurde, da die Holzverkleidung aufgeschnitten ist, und diese Ehrlichkeit zerstört die Kraft des Raumes, weil sie ablenkt. → **18** Natürlich hat auch dieses Gebäude seine faszinierenden Räume. Besonders der sehr hohe Korridor zwischen den beiden Hörsälen ist geheimnisvoll schön, vielleicht gerade, weil die Wand dort nicht fehlerlos betoniert wurde. Kiesnester tragen zur außergewöhnlichen Atmosphäre bei. → **19**

Die Villa in Bordeaux (1998) weist ein stärkeres Gleichgewicht zwischen Konzept, Vollkommenheit und Unvollkommenheit auf. → **20** Das Gebäude wurde außen kaum bearbeitet. Das Konzept ist rauh, aber zugleich äußerst raffiniert. Das Bild wird von einem sehr großen, schweren braunen Betonkubus bestimmt, der auf einem Glasvolumen zu ruhen scheint. → **21** Um die Schwere des Betonkubus zu unterstreichen, wurde der große Durchbruch am Kopf des Volumens mit einem Betonelement abgedeckt, das ebenso tief wie die Wand ist. Ein raffiniertes System aus einer Achse und Zahnrädern sorgt dafür, daß sich dieses Fenster trotz seines Gewichts leicht öffnen läßt. → **22** Auch die Rundfenster in der Längswand sind detaillose Öffnungen, die nur scheinbar vollkommen willkürlich verteilt sind und keine konventionelle Fassadenkomposition ergeben. Die Durchbrüche sollen den dahinter liegenden Räumen Tageslicht oder Aussicht verschaffen. Auch bei diesen Öffnungen ist die Dicke des Betons spürbar. Bei der Fertigung dieser Elemente lief im übrigen das Harz, das die Öffnungen wasserdicht machen sollte, versehentlich am Beton hinunter und verursachte unentfernbare Flecken. Das Konzept erwies sich jedoch als so tragend, daß diese unvorhergesehene Unvollkommenheit, die Koolhaas faszinierend findet, den Eindruck nicht schmälern konnte.

Natürlich sollte die Detaillierung der Glasfassade den Eindruck einer schwebenden Masse verstärken. Deshalb wurden große Glasscheiben verwendet, die fast alle durch Schieben geöffnet werden können. Schiebeglastüren haben weniger sichtbare Details als Elemente mit Gelenken. Das wirkungsvollste Detail ist jedoch die Versetzung einer der Glasfassaden um ein kleines Stück vor das Betonvolumen. Daß Beton und Glas sich nicht berühren, wird auf diese Weise noch deutlicher. In bautechnischer Hinsicht war dies sehr kompliziert. Der Beton hätte sich aufgrund der großen Spannweite und des Gewichtes des Obergeschosses zweifellos durchgebogen. Deshalb berührt das Glas den Beton nicht, und dessen Bewegung wird mittels eines einbetonierten Stabs und eines auf das Glas geleimten Stahlblechs aufgefangen. Mindestens ebenso raffiniert und für die Funktion viel wichtiger ist die bewegliche Plattform, die für den gehbehinderten Eigentümer entworfen wurde und nach dessen Autounfall weitgehend seine Welt geworden ist. → **23** Mit Hilfe des ‚beweglichen Zimmers' kann er sich ständig in einer anderen Konfiguration (Arbeitszimmer, Wohnzimmer) wiederfinden. Außerdem kann er sich auf dieser Plattform in jedes Geschoß begeben. Dieses Objekt hätte den Abstraktionsgrad der Geschosse erheblich mindern können, denn aus Sicherheitsgründen mußte es mit Geländern versehen werden. Jedoch verschwinden die Glasgeländer, wenn sie nicht benötigt werden, auf raffinierte Weise im Fußboden und klappen bei Bedarf wieder hoch.

Perfektion und Unvollkommenheit

Das Gebäude der niederländischen Botschaft in Berlin und die Casa da Música machen die Entwicklung deutlich, die das Büro von Rem Koohaas in den letzten Jahren durchlaufen hat. Die abstrakten Details finden in Porto ihren vorläufigen Höhepunkt. Die Form der Casa da Música hat etwas von einem Diamanten, der an jenen Stellen ausgehöhlt wurde, wo funktionale Räume benötigt werden. → 24, 25 Sie sieht aus wie ein solitärer Baukörper, dessen Fenster – wie messerscharfe Einschnitte – vollkommen detaillos sind. Die Schwierigkeit bestand darin, auch den Anschluß des Daches an die Fassaden detaillos zu gestalten, denn das Dach mußte, anders als die Fassaden, wärmeisoliert werden, um den Innenraum kühl zu halten. Außerdem mußten die Ausdehnung des Betons berücksichtigt und eine Regenrinne untergebracht werden. Um die Wirkung des Baukörpers als skulpturale Form zu erhalten, wurde eine große Betonscheibe vor das Isoliermaterial gesetzt und nur an wenigen Punkten befestigt. Dadurch kann sich der Beton in alle Richtungen ausdehnen. Die eingelassene Regenrinne fungiert dabei als breites Verbindungselement, das den Bewegungen des Betons zusätzlichen Raum gibt.

Die zwei großen Giebelfassaden der Casa sind mit Wellglas verkleidet, das eine akustische Funktion hat. Auch für diese komplizierten Fassaden wurde eine Detaillierung entwickelt, die den Beton beinahe nahtlos in das Glas übergehen läßt. Die Profile werden entweder in den Beton integriert oder hinter der Fassadenverkleidung verborgen. Problematisch war dabei, daß die gewellten Glaselemente (zum Teil) zu öffnen sein müssen und daß Vorhänge zur Verdunkelung des Saales notwendig sind. Während Vorhänge im Danstheater, in der Kunsthalle und im Grand Palais die Rolle eines Blickfangs spielten, wurde die Innenfassade hier so detailliert, daß sie durch kleine, automatisch zu öffnende und schließende Türen in Wandnischen verschwinden. Dies erinnert an die Art, wie in Bordeaux die Geländer aus dem Blickfeld entfernt werden.

Die Architekten schaffen mit ihren Details immer öfter eine zusätzliche, überraschende Ebene, die solche funktionalen Elemente zu umgehen hilft und die Gebäude noch abstrakter macht. Dieselbe Strategie wird für das Botschaftsgebäude in Berlin verwendet, → 26 in dem ein ‚Trajekt' zur Erschließung aller Räume im Gebäude dient. Ebenso wie beim Educatorium, sind die Kontinuität der Geschoßböden aus Beton und die durch sie geschaffene Struktur an der Fassade ablesbar. Die Architekten kennzeichneten sie mit einem Aluminiumband und beschlossen zudem, für diesen Raum einen anderen Fassadentyp als für den Rest des Gebäudes zu schaffen. Während das Gebäude sonst eine Klimafassade mit auffallenden gespaltenen Pfosten hat, wurde dieses Kontinuum mit einer Strukturglasfassade versehen. Die Spaltung der Pfosten ist weder ein Detail um seiner selbst willen noch eine Methode, um der Fassade einen Rhythmus zu verleihen, und deshalb auch nicht als Ornament zu betrachten. An der Innenseite des Doppelpfostens befindet sich eine Tür, über die die Benutzer Kontakt mit der Außenwelt aufnehmen können. Im Gegensatz zu konventionellen Klimafassaden, in denen die zu öffnenden Elemente den Fassadenrhythmus zerstören und eine Anzahl zusätzlicher sichtbarer Details zur Folge haben, verhindert der Entwurf dies wirkungsvoll. → 27

Auch in dem Berliner Botschaftsgebäude werden perfekte Nicht-Details angestrebt. Die Aluminiumplatten, mit denen ein Teil der Wand verkleidet wird, sind mit großer Präzision detailliert. Alle Elemente, die üblicherweise die Abstraktion der Wände mindern, werden in die Wände integriert. So sind die Handläufe der Treppen und die Türgriffe Negativformen, die hinter den Aluminiumplatten liegen.

Es bleibt die Frage, ob durch diese präzise Ausarbeitung auch die Unvollkommenheiten verschwunden sind. „Wir

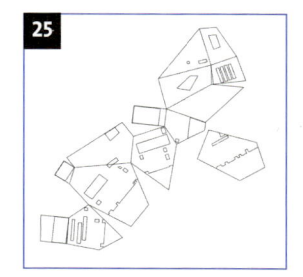

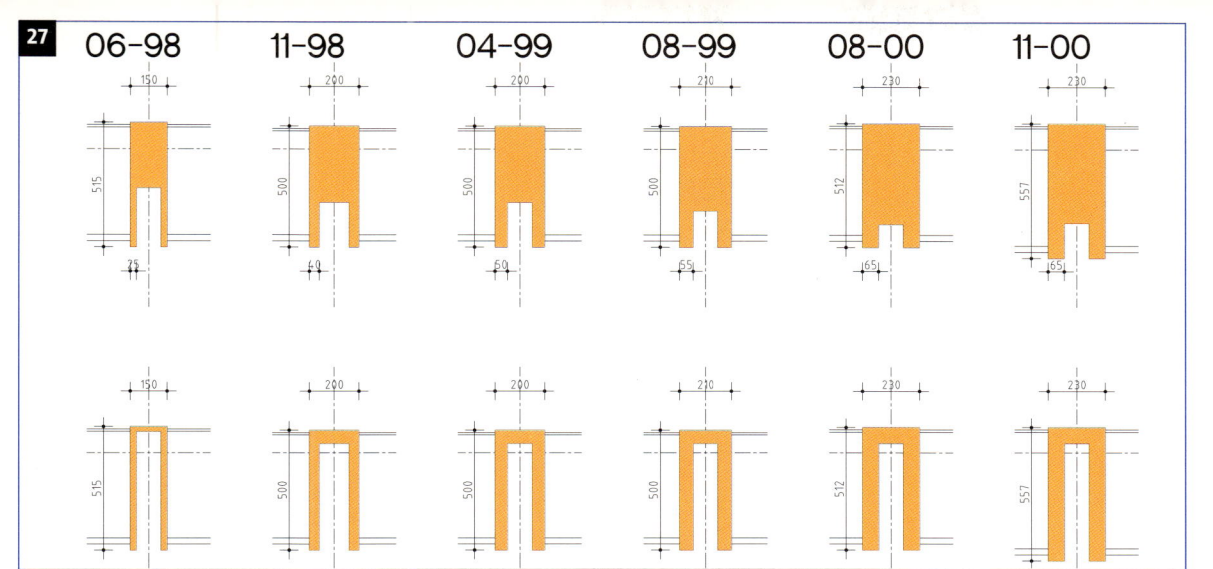

Studie zur Tiefe und Breite der Klimafassadenstützen, Niederländische Botschaft, Berlin

OMA Von der Detaillosigkeit zum „Nicht-Detail"

müssen uns fragen, ob wir noch immer mit Rauhheit arbeiten können. (...) Wir müssen vermeiden, dieselbe Entwicklung wie beispielsweise Gehry zu durchlaufen. Gehry ist für mich das Beispiel eines Architekten, der sich mit dem Übergang zu größeren und wichtigeren Aufgaben von hoher Authentizität zu, ich möchte sagen, großer Täuschung verwandelt hat."[12] Diese Angst scheint jedoch unbegründet, da das Büro das Bauen immer meisterhafter beherrscht und deswegen Unvollkommenheit gezielt einsetzen kann. Das Außergewöhnliche, Nicht-Entworfene der Gebäude wird bleiben; das Unvollkommene wird an jenen Stellen geduldet, wo es die Aufmerksamkeit nicht vom Ganzen, vom Konzept ablenkt. Die unvollkommene Detaillierung wird aber keineswegs als solche entworfen. Das wäre gar nicht möglich. Sobald man Unvollkommenheit bewußt sucht oder gar detailliert, wirkt sie aufgesetzt, sie wird zur Täuschung. Echte Unvollkommenheit, die belebt, kann nur entstehen, wenn Dinge im richtigen Moment losgelassen werden; die Stellen, an denen dies geschieht, müssen mit großer Sorgfalt ausgesucht werden. In dem Botschaftsgebäude in Berlin verwenden OMA – wie bei allen ihren Gebäuden – teure und billige Materialien nebeneinander. Neben den recht kostspieligen und glatt detaillierten Aluminiumpaneelen findet sich sehr billiges ‚Tigerholz', das normalerweise für den Bau von Schiffscontainern eingesetzt wird, und die schräg ansteigende Betonscheibe wird vor Ort betoniert und bleibt unüberarbeitet sichtbar. Vor allem der Beton wird niemals perfekt sein und immer Spuren seines Herstellungsprozesses, beispielsweise Wasserflecken, tragen. Darüber hinaus sind die Gebäudekonzepte derart komplex, daß Perfektion beinahe unmöglich ist. Die Botschaft ist ein gutes Beispiel dafür – der Subunternehmer klagt ständig, daß sie beinahe nicht baubar sei. Des weiteren sind OMA wie kein anderes Büro ständig auf der Suche nach neuen Materialien. Dies zeigen beispielsweise das Wellglas in Porto und die Metallstruktur, die für die Bibliothek in Seattle eingesetzt werden soll. Es ist schwierig vorherzusagen, wie die Detaillierung dieser architektonisch innovativen Materialien ausfallen wird. Letztlich bedeutet eine abstrakte Detaillierung – so gut sie auch entworfen sein mag – im Laufe der Zeit immer eine recht starke Beeinträchtigung der Flächen. So wird beispielsweise der braune Betonkubus der Villa in Bordeaux immer fleckiger. Auch im Educatorium führte die Kombination von wegdetaillierten Anschlüssen und der außergewöhnlichen Gebäudeform zu (kleinen) Bauschäden. Das Regenwasser, das zunächst die halbrunde Betonform entlangläuft, gräbt sich in die schräge Glasscheibe des Restaurants. Dem Herstellungsprozeß und der Zeit werden Raum gegeben, um sich auf das Gebäude auszuwirken. Indem er stets die Gefahr sucht, verhindert Koolhaas, daß die Rauhheit der Gebäude verschwindet oder aufgesetzt wirkt.

1. Alejandro Zaera, „Finding Freedoms. Conversations with Rem Koolhaas", in: El Croquis, 53, 1992.
2. Rem Koolhaas, Bruce Mau, SMLXL, Rotterdam 1995.
3. Nicolaus Kuhnert, Philip Oswalt und Alejandro Zaera Polo, „De ontplooiing van de architectuur. Interview met Rem Koolhaas", in: De Architect, 1, 1994.
4. Arie Graafland und Jasper de Haan, „A Conversation with Rem Koolhaas", in: The Critical Landscape, Rotterdam 1997.
5. Bart Lootsma and Jan de Graaf, „In dienst van de ervaring. KunstHAL van OMA in Rotterdam", in: De Architect, 1, 1993.
6. Ed Melet, „De perfecte wanorde. Detaillering en constructie KunstHAL", in: De Architect, 1, 1993.
7. Siehe Anm. 4.
8. Siehe auch: Udo Garritzmann, „De ondraaglijke lichtheid van bekleding", in: Oase, 47, 1997.
9. Siehe Anm. 2.
10. Rem Koolhaas, „Junkspace", in: A+U, Mai 2000.
11. Michael Speaks, „Artificieel Modernisme", in: De Architect, 9, 1995.
12. Siehe Anm. 4.

OMA Kunsthalle Rotterdam 1992

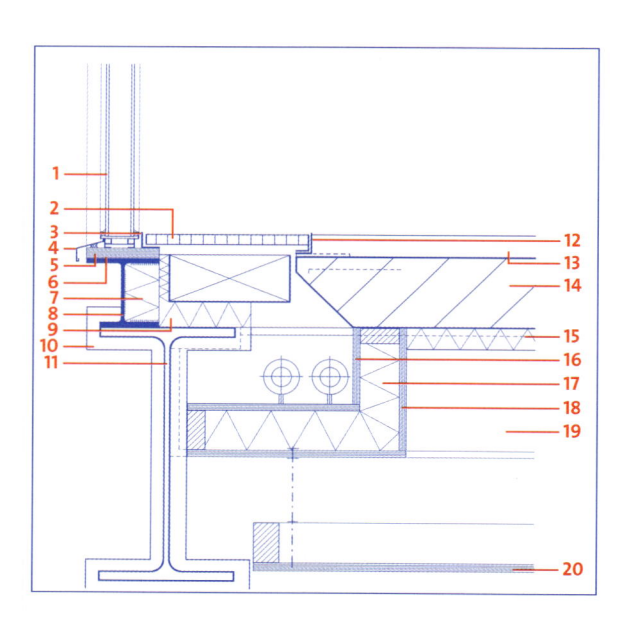

Anschluß Glasfassade aus U-Profilen mit Stahlkonstruktion bei Durchgang
1 U-Profilträger für Glasfassade
2 Feuerverzinkter Gitterrost
3 Eckprofil, 35 x 35 x 5 mm
4 Abtropfkante
5 Multiplex
6 Bitumengewebe
7 Stegblech, rechtwinklig geschweißt
8 Doppel-T-Stahlträger HE 160 A
9 Wärmedämmung
10 Feuerbeständige Verkleidung, sandfarben gestrichen
11 Doppel-T-Stahlträger HE 600 A
12 Eckprofil, 55 x 35 x 4 mm
13 Estrich
14 Betongeschoßdecke
15 Wärmedämmung
16 Multiplex
17 Wärmedämmung
18 Multiplex
19 Doppel-T-Stahlträger IPE 300
20 Multiplexdecke, sturmfest befestigt

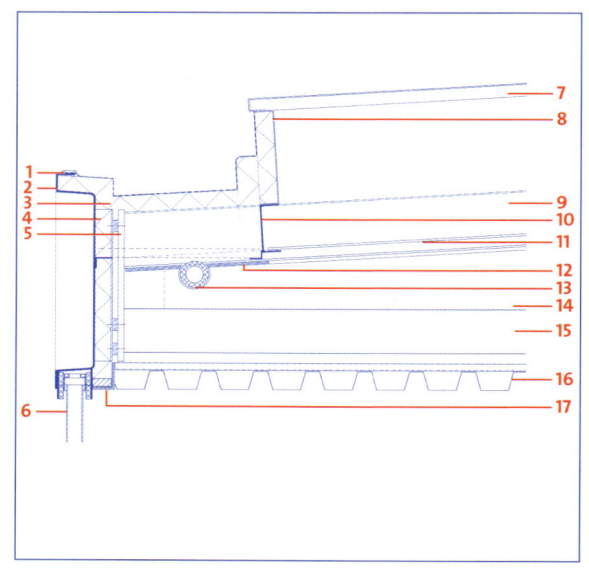

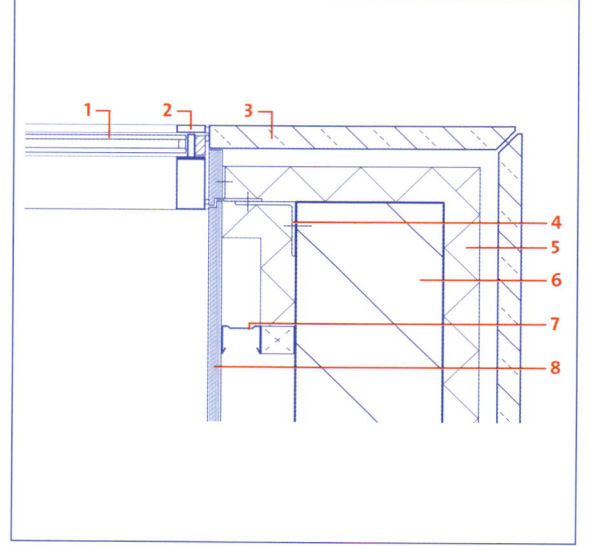

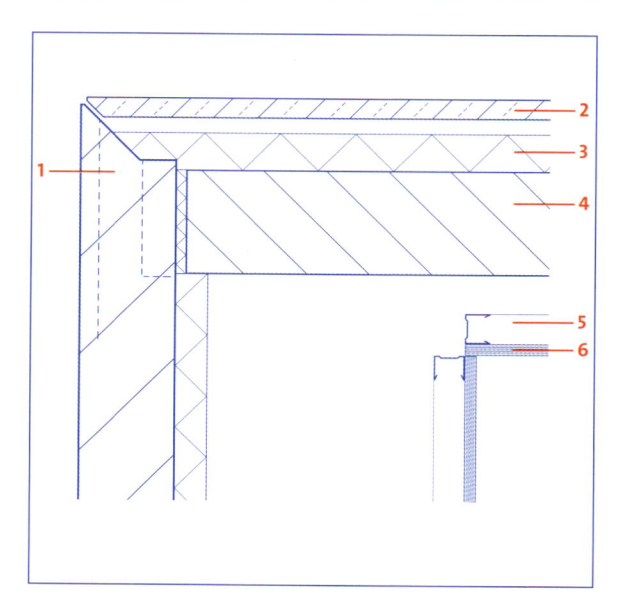

Anschluß Glasfassade aus U-Profilen mit Dach und gewellten Oberlichtern
1 Aluminium-Abschlußprofil
2 Gefalztes Stirnbrett, sandfarben
3 Hartschaumplatte als Wärmedämmung
4 Wärmedämmung
5 Kopfblech von Dachträger
6 Glas-U-Profilträger
7 Gebogenes Dachoberlicht
8 Stehendes Metallblech für Dachoberlicht
9 Doppel-T-Stahlträger HE 220 A
10 Stahlträger (Dach) UNP 180
11 Mattierte Glasscheibe
12 Regenrinne mit Holzschalung
13 Wärmegedämmter Regenwasserabfluß
14 Verdrehte Holzvertäfelung, Ansicht
15 Eckprofil, Stahl, 160 x 80 x 10 mm
16 Perforiertes Trapezblech
17 Weiße Holzverkleidung

Horizontalschnitt Anschluß Travertin-Verkleidung mit Glasfassade
1 Isolierverglasung
2 Aluminiumfassade
3 Travertinplatten
4 Eckprofil zur Verankerung der Travertinfassade
5 Wärmedämmung
6 Beton
7 Verankerung für Multiplexwand
8 Innenwand aus Multiplex

Horizontalschnitt Anschluß Betonfassade mit Travertinfassade
1 Schwarzer Beton
2 Travertinplatten
3 Wärmedämmung
4 Kalksandstein
5 Befestigung Multiplex
6 Innenwand aus Multiplex

OMA Grand Palais Lille 1994

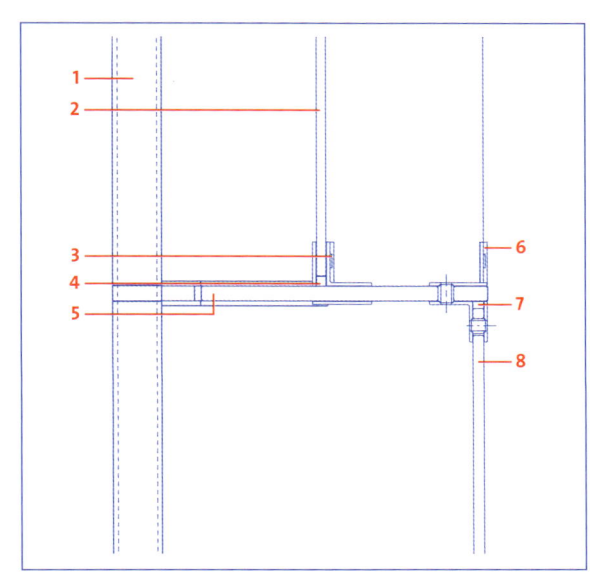

Detail Glasfassade
1 Brüstung
2 Geneigte Verbundglasfassade
3 Edelstahlbefestigung
4 Silikonkitt
5 Verbundglas (zugbeansprucht)
6 Edelstahlbefestigung
7 Silikonkitt
8 Aufrecht stehendes gehärtetes Glas

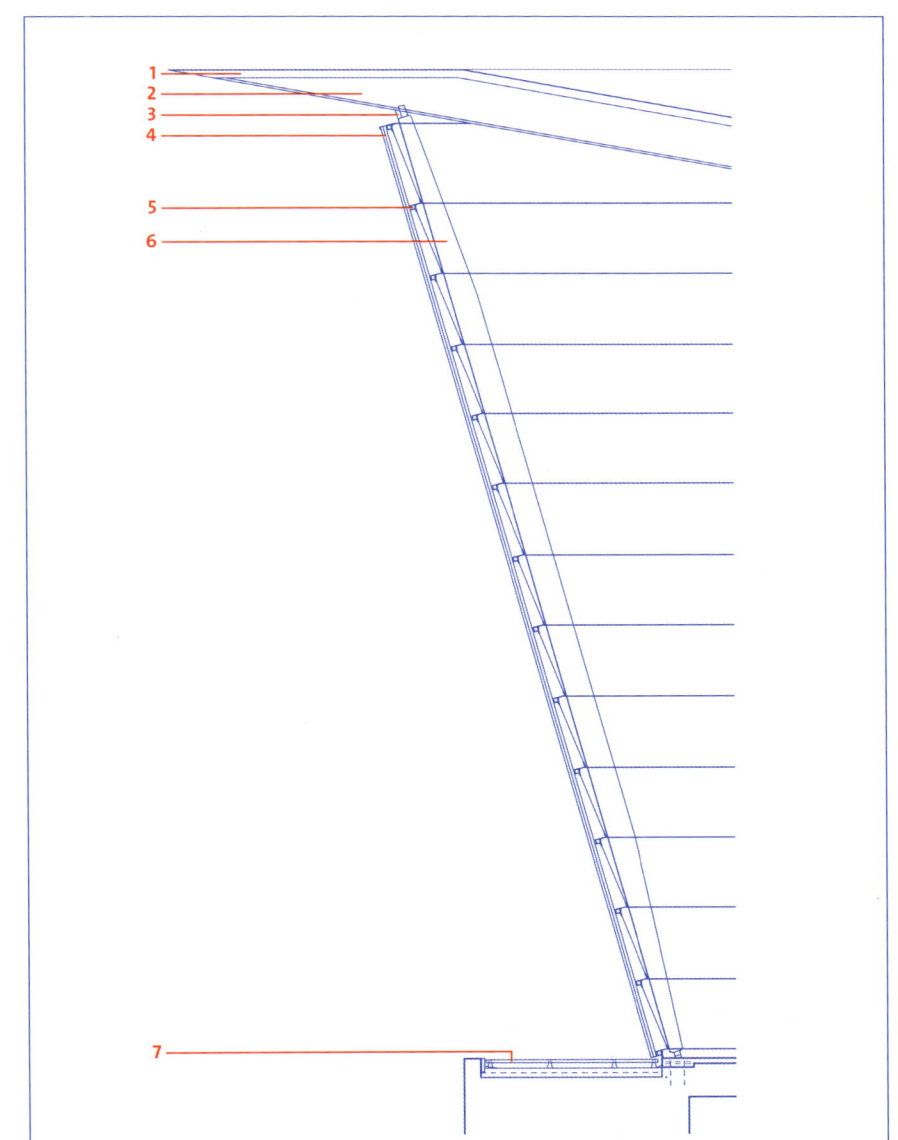

Querschnitt Kunststoff-Wellplatten
1 Dachüberstand
2 Dachkonstruktion
3 Anschluß Fassadenkonstruktion mit Dachkonstruktion
4 Kunststoff-Wellplatten
5 Befestigung Wellplatten an dahinterliegender Konstruktion
6 Stahlstütze
7 Edelstahl-Gitterroste

OMA Educatorium Utrecht 1997

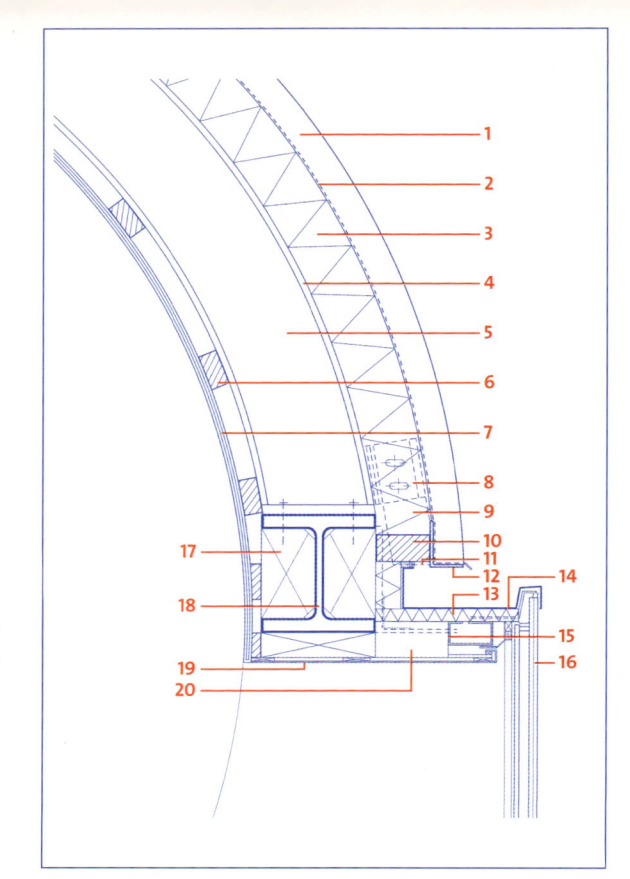

Anschluß gekrümmte Betonwand mit Glaswand
1 Spritzbeton
2 Elastomerschicht
3 Gespritzte PU-Wärmedämmung
4 Feuerverzinktes Stahlblech
5 Doppel-T-Stahlträger IPE Profil
6 Konterlattung
7 Triplexschichten, 3 x 4 mm
8 Eckprofil-Träger, 70 x 70 x 7 mm, mit Längslöchern
9 Angeschweißter Flachstahl
10 Holzklotz, 46 x 85 mm
11 Angeschweißter Flachstahl, 60 x 5 mm
12 Eckprofil-Träger, 80 x 60 x 8 mm
13 PU-Schaumplatte als Wärmedämmung
14 Gefalzte Edelstahl-Regenrinne
15 Aluminium-Kastenprofil, 80 x 40 mm
16 Verbundisolierglas
17 Klötze
18 Doppel-T-Stahlträger HEM Profil
19 Gefalztes Aluminiumblech
20 Flachstahl

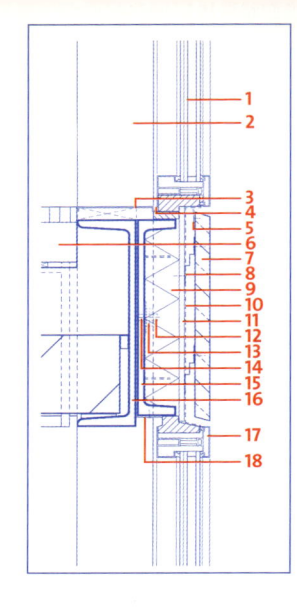

Anschluß Glasfassade mit Travertin-Fassadenband
1 Isolierverglasung mit Schalldämmung
2 Stahlstütze
3 Gefalztes, feuerverzinktes Stahlblech, farbig
4 Kittfuge
5 Edel-Flachstahl
6 Konvektorschacht
7 Naturstein, 30 mm
8 Feuchtigkeitsabweisende dampfdiffusionsoffene Folie
9 Mineralfaserplatte, 70 mm
10 Edelstahl-Hängekonstruktion
11 Perforierte zementgebundene Faserplatte
12 Gewindestange an Stahlprofil UNP 400 geschweißt
13 Unterlegscheibe mit Mutter
14 Zwischenring aus Nylon
15 Stahlträger UNP 380
16 Stahlträger UNP 400
17 Vorhangfassadenprofil aus Aluminium
18 Gefalztes und gefärbtes Stahlblech

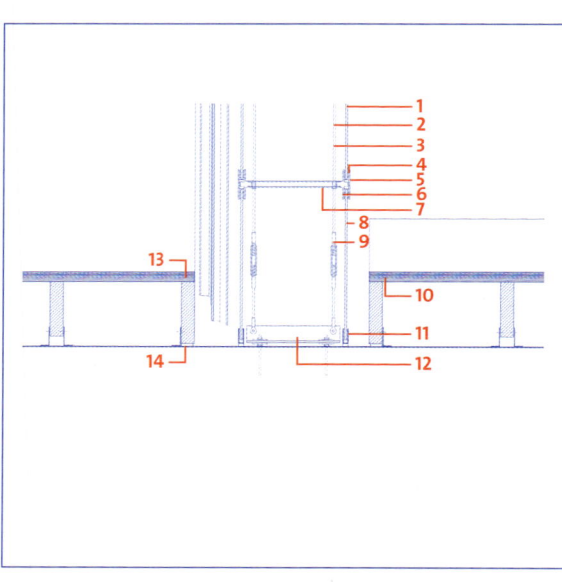

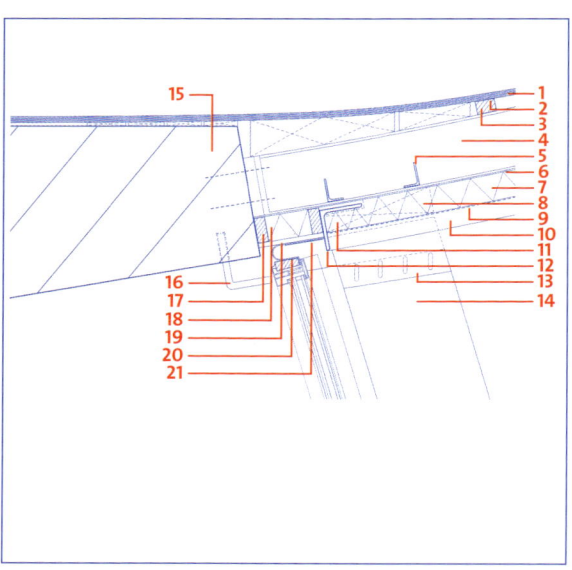

Fußdetail Trennwand von größtem Hörsaal, bestehend aus zwei aufgehängten Glasflächen
1 Hartglas, 8 mm mit aufgeklebter Asahi-Lumisty-Folie
2 Stahlspannkabel, Ø 8 mm
3 Arretierung Spannkabel
4 Neoprenschicht, 5 mm
5 Edelstahlring, Ø 120 mm
6 Edelstahl-Element
7 Edelstahlrohr, Ø 35 mm
8 Untere Glasfläche, abgekantet
9 Spannschloß
10 Holzkonstruktion für Treppe
11 Stahl U-Profil, 50 x 20 mm
12 Stahl T-Profil, 70 x 70 x 8 mm
13 Holzkonstruktion für Hörsaal mit 500 Plätzen
14 Silikonkitt

Anschluß gekrümmte Betonwand an schrägstehende Glasfassade Kantine
1 Ausgleichsfläche aus Holzplatten, 3 x 6 mm, der Krümmung folgend
2 Filz
3 Lattenkonstruktion
4 Doppel-T-Stahlträger IPE Profil
5 Eckprofil, 70 x 50 x 6 mm, zwischen den Bögen befestigt
6 Stahlblech mit Überzug
7 PUR-Spritzschaum
8 Klötze, 46 x 85 mm Glasfinnenkonsole
9 Elastomerschicht
10 Spritzbeton
11 Nylonplatte bei Verbindung zwischen Bögen
12 Feuerverzinktes Eckprofil, 120 x 120 x 12 mm
13 Geschweißte Edelstahlkonsole mit Längslöchern
14 GlasFinne
15 Betondecke
16 Stab, 20 mm in M 16 Verankerung; pro Finne eine Verankerung
17 Kantholzleisten, 32 x 75 mm
18 Mineralfaserplatte
19 Zementgebundene Holzfaserplatte
20 Gummiprofil
21 Edelstahl-Klemmsteifen, Stärke 1 mm

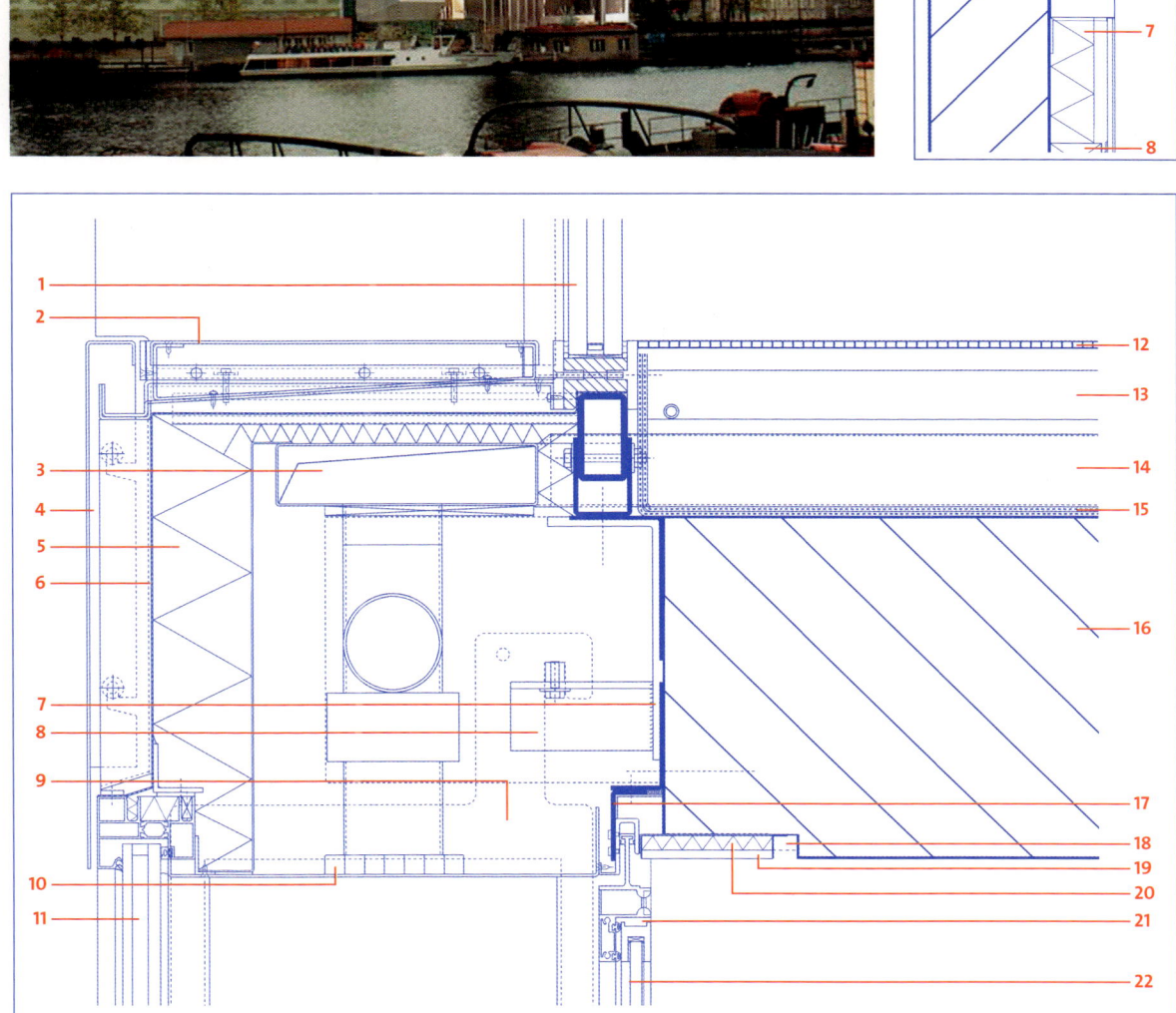

Horizontalschnitt Klimafassade vor Büroräumen
1 Innenseite Klimafassade: Einfach-Sicherheitsglas
2 Scharnier
3 Feuerbeständiges Material
4 Kastenprofil, Stahl, 120 x 220 x 16 mm
5 Isoliertes Paneel (mit Öffnungsmöglichkeit für Frischluft)
6 Aluminium Vorhangfassade
7 Betondecke
8 Kältebrückenunterbrechung
9 Außenschale Klimafassade: Isolierverglasung
10 Vertikale Lamellen
11 Aussteifungskreuze
12 Aluminiumpaneel mit Wärmedämmung
13 Flaches Aluminiumprofil

Handgriff in der Aluminiumwand des ‚Trajekts', welcher alle Räume in der Botschaft mit einander verbindet
1 Aluminiumblech
2 Aluminium Hängekonstruktion, befestigt an dahinterliegender Konstruktion
3 Beleuchtung
4 Kunststoff Abdeckstreifen für Beleuchtung, 2 mm
5 Unbrennbares Füllmaterial
6 Gefräster Aluminiumhandgriff
7 Schalldämmung, 50 mm
8 Abstandshalter

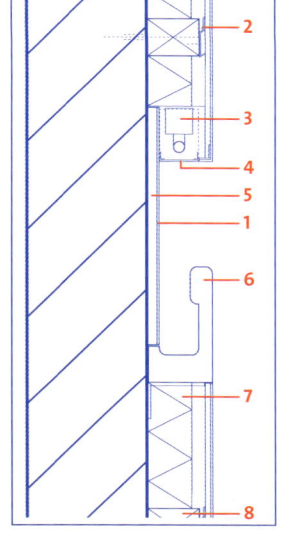

Anschluß Klimafassade vor Büroräumen mit Glasfassade des ‚Trajekts'
1 Isolierverglasung ‚Trajekt'
2 Aluminium-Abdeckblech
3 Luftschacht
4 Fassadenverkleidung aus Aluminium
5 Wärmedämmung
6 Folie
7 Feuerverzinktes Stahl L-Profil
8 Feuerverzinktes Stahl L-Profil
9 Feuerverzinkte Fassadenhilfskonstruktion mit Justierungsmechanismus
10 Wartungsluke
11 Isolierverglasung Klimafassade
12 Parkett
13 Luftkanal im ‚Trajekt'
14 Estrich
15 Trittschalldämmung
16 Ortbeton
17 Hilfskonstruktion für Befestigung Innenschale aus Glas
18 Gardinenschiene
19 Gipskartonplatte
20 Feuerbeständiges Material
21 Aluminium-Vorhangfassade als Teil der Klimafassade
22 Einfach-Sicherheitsglas

OMA Niederländische Botschaft Berlin 2001

Oberer Anschluß auskragende Glasfassade
1 Aluminiumblech
2 Wärmedämmung
3 Edelstahlprofil
4 Fußbodenleiste aus Aluminium
5 Brauner Beton
6 Silikonfuge
7 Gehärtetes Verbundglas
8 Gehärtetes Verbundglas
9 Z–Profil, 20 x 38 x 4 mm
10 Eingegossener Anker
11 Schienen, dazwischen Aluminiumblech als Verkleidung
12 Grauer Beton
13 Estrich
14 In Beton eingegossene Leitungen
15 Wärmedämmung

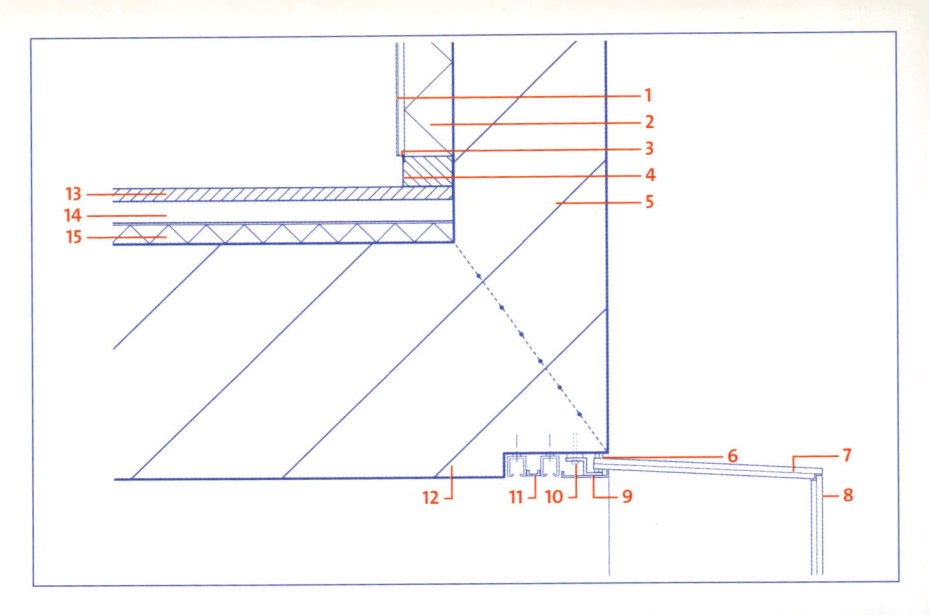

OMA Villa in Bordeaux 1998

Anschluß Decke mit auskragender Glasfassade
1 Aluminiumblech
2 Estrich
3 In Beton eingegossene Leitungen
4 Wärmedämmung
5 Beton
6 Aluminiumblech
7 Verbundglas
8 Eckprofil, 40 x 40 mm
9 Aluminium-Kastenprofil
10 Aluminiumblech, 60 x 8 mm
11 Stahlplatte, 14 mm
12 Doppel-T-Stahlträger HE 300 A
13 Schienen
14 Isolierverglasung

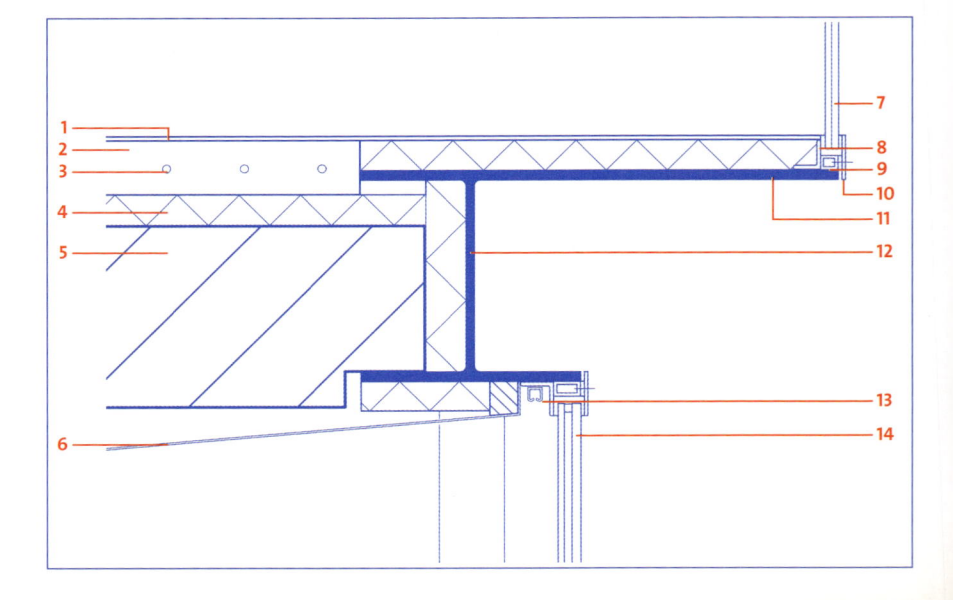

126

OMA Villa in Bordeaux 1998

Glas-Lochfenster
1 Brauner Beton
2 Wärmedämmung
3 Aluminium
4 In Beton eingegossener Anker
5 Silikonkitt
6 Scharnier
7 Verbundglas
8 Fensterbeschlag
9 Eckprofil, 20 x 50 mm
10 Abstandshalter

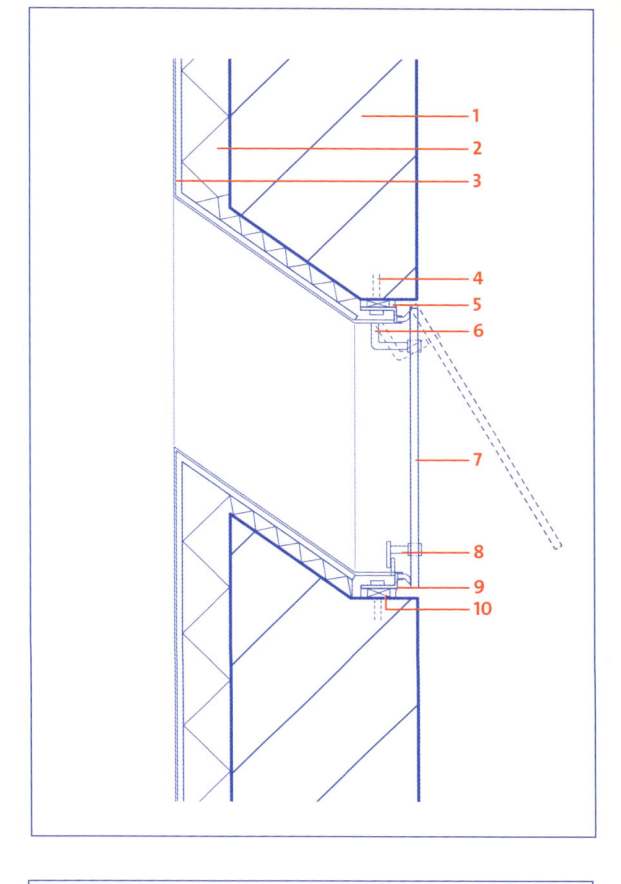

Detail der umklappbaren Glasbrüstung
1 Verbundglasbrüstung
2 Mechanismus zum Auf- und Niederschieben der Brüstung
3 Befestigung an Betonkonstruktion
4 Angeschütteter Beton
5 Grauer Beton
6 Aufzugsschacht
7 Aluminiumblech
8 Estrich
9 Wärmedämmung

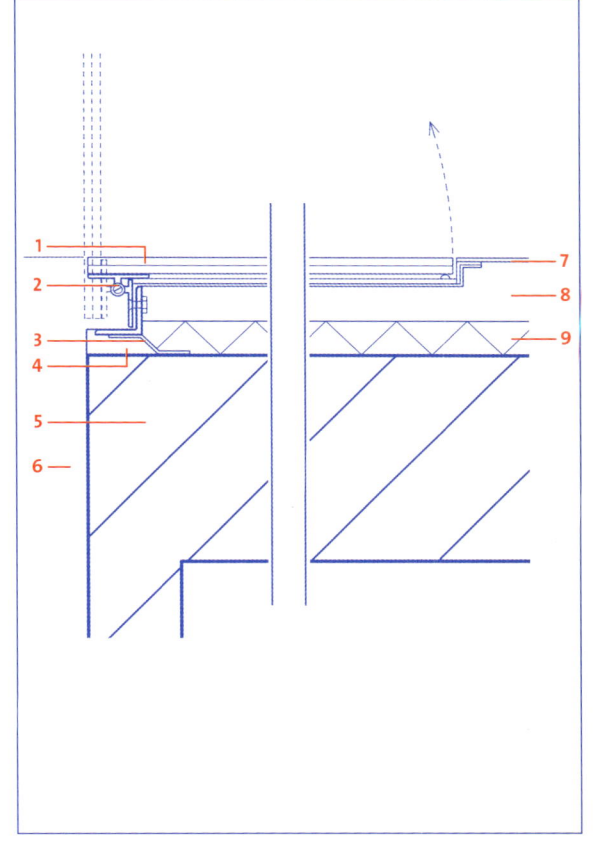

OMA Casa da Música Porto 2001 - 2003

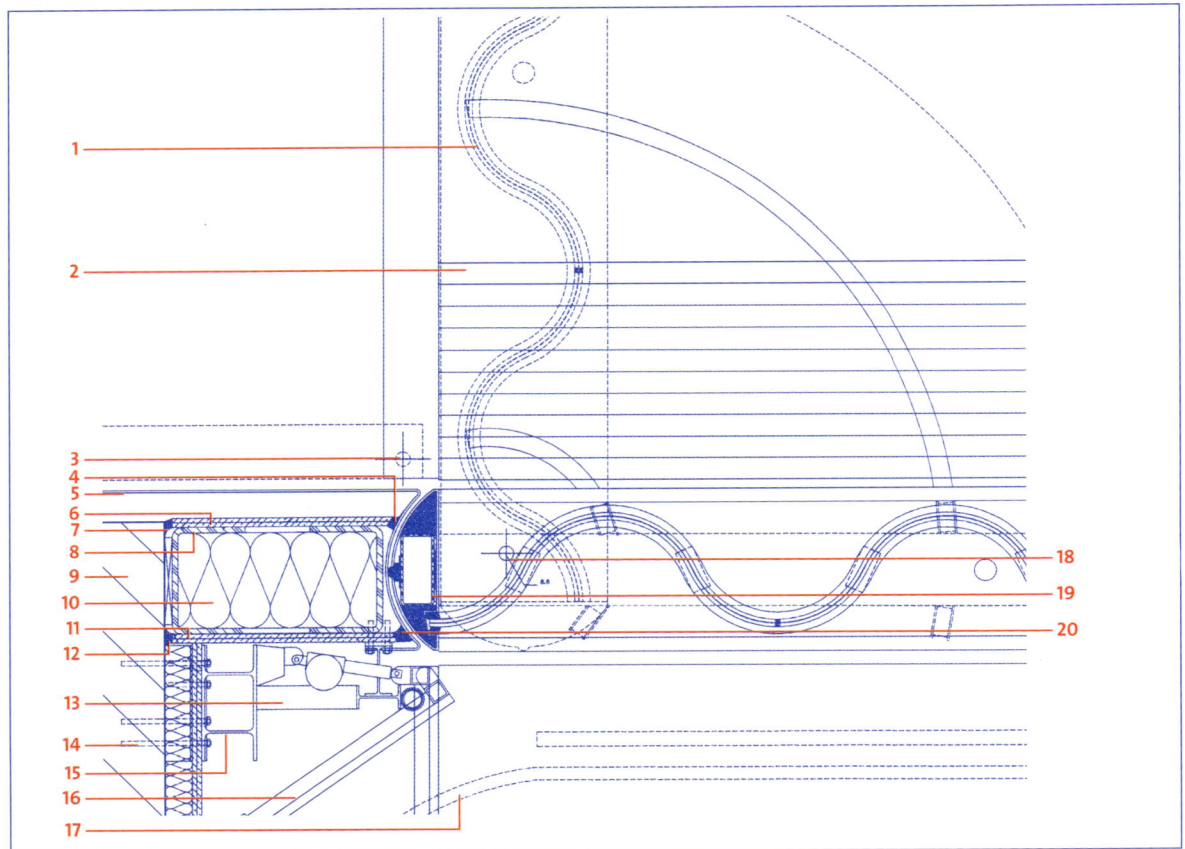

128

Anschluß der wegdrehenden gewellten Glaswand mit Nische als Raum für geöffneten Vorhang
1 Wellenförmiges Verbundglas
2 Aluminiumlamellen
3 Drehpunkt der Schwingflügeltür
4 Silikonkitt
5 Gekrümmtes Aluminiumblech
6 Gipskartonplatte
7 Silikonkitt
8 Kastenprofil
9 Stahlbeton
10 Schalldämmung
11 Gipskartonplatte
12 Silikonkitt
13 Klappmechanismus zum Öffnen der Nische
14 Befestigung Stahlkonstruktion
15 Stahlkonstruktion
16 Türe zur Nische
17 Vorhangschiene
18 Drehpunkt
19 Stahlprofil
20 Silikonkitt

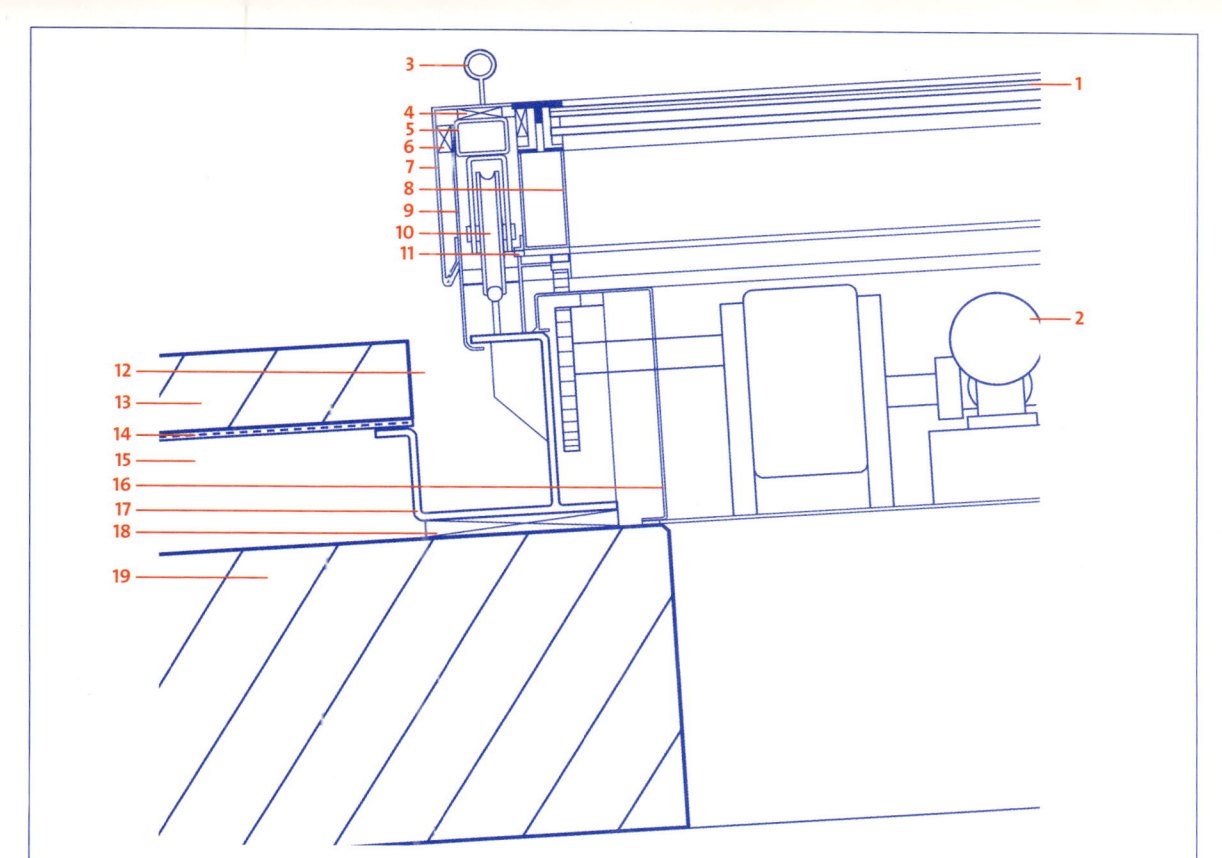

Anschluß Schiebefenster mit Betondach
1 Isolierverglasung; Außenseite Verbundglas
2 Motor
3 Ring zum Fensterwaschen
4 Abstandshalter
5 Stahlprofil
6 Abstandshalter
7 Gefalztes Aluminiumblech, 3 mm
8 Extrudiertes Aluminiumprofil
9 Stahlbefestigung von Aluminiumblech
10 Führungsschiene für Schiebefenster
11 Bürste
12 Regenrinne
13 Stahlbeton
14 Wasserabweisende Folie
15 Wärmedämmung
16 Aluminiumblech
17 Stahlprofil
18 Abstandshalter
19 Stahlbeton

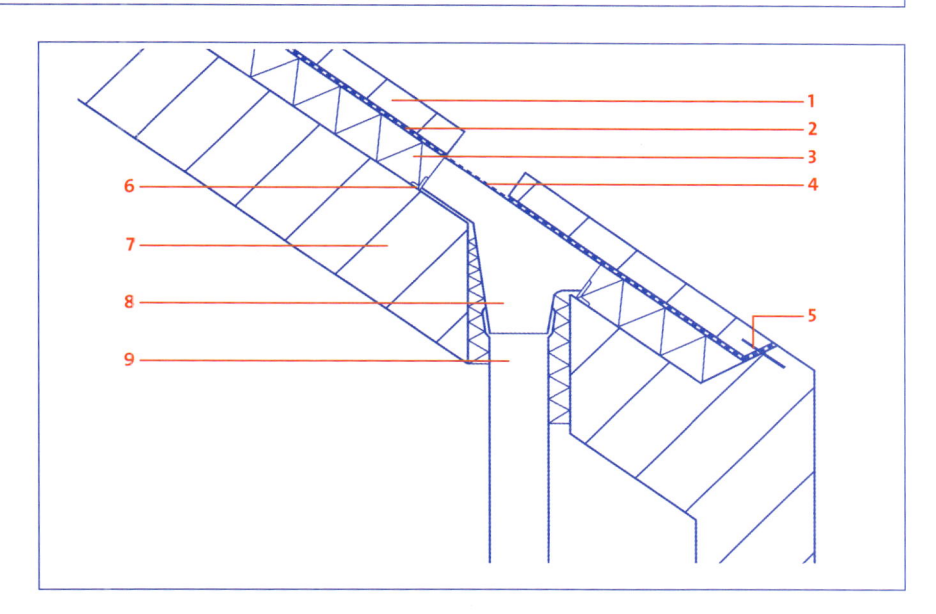

Detail verborgene Regenrinne
1 Stahlbeton
2 Wasserabweisende Folie
3 Wärmedämmung
4 Feuerverzinkter Gitterrost
5 Stift
6 Eckprofil
7 Stahlbeton
8 Zinkblechrinne
9 Regenwasserrohr

Vertikales Anschlußdetail Wellglas mit Beton
1 Stahlbeton
2 Stahlanker
3 Stahlplatte
4 Aluminiumprofil
5 Zusammengeschweißtes Aluminiumprofil
6 Aluminiumblech
7 Edelstahlkabel
8 Gekrümmtes Verbundglas
9 Anker als Schienenbefestigung für Fensterwaschanlage
10 Abgehängte Holzdecke
11 Mechanik für Fensterwaschanlage
12 Aluminiumblech
13 Aluminiumprofil
14 Befestigung

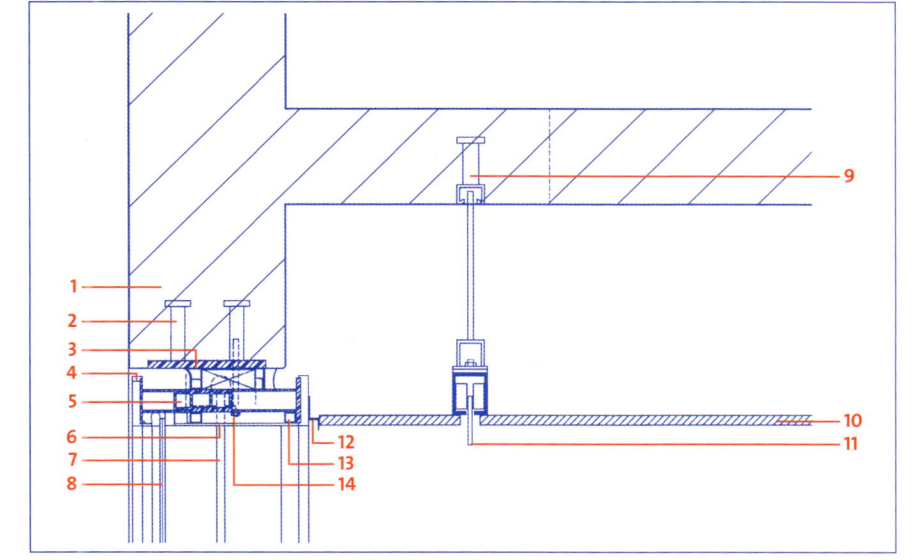

Hans Ruijssenaars
Reiche Schichtungen

Hans Ruijssenaars bezeichnet sich selbst scherzhaft als unehelichen Sohn von Louis Kahn (1901-1974) und Johannes Duiker (1890-1935), zwei Architekten mit sehr individuellen, aber völlig unterschiedlichen Stilen. Duiker war nicht nur ein Architekt der Moderne, sondern auch Ingenieur und brachte das Spiel der Kräfte mit viel Gefühl zum Ausdruck. (Freiluftschule Amsterdam, 1930) → 1 Seine plastischen Träger und Stützen sind ein essentieller Bestandteil der Architektur. Auch Louis Kahns Interesse galt der Konstruktion, jedoch vor allem ihrer architektonischen Bedeutung. (Unitarian Church und Schulgebäude in Rochester, New York, 1969) → 2 Die Statik, die ihr zugrunde liegt, und die Materialreinheit interessierten ihn viel weniger. Er suchte vor allem nach Konstruktionen, die seinen Gebäuden eine starke Ausstrahlung verliehen. Auch die Fassadenbehandlung ist völlig unterschiedlich. Duiker verwendete große Glasflächen und entmaterialisierte die übrigen Flächen, indem er sie verputzte. Auch Kahns Fassaden sind abstrakt, aber ihre Materialität ist mindestens ebenso wichtig wie die Abstraktion – seine Fassaden sollten echt, solide und monumental sein oder zumindest scheinen. Es scheint beinahe unmöglich, aus diesen beiden Stilen eine eigene, konsequente Handschrift zu entwickeln. Und doch ist Ruijssenaars Bemerkung nicht aus der Luft gegriffen, dafür kennt er das Werk der beiden Architekten zu gut. Er hat eine gründliche Studie von Duikers Werk angefertigt, einige Zeit bei Kahn studiert und ein Praktikum absolviert. Die Verschmelzung beider Handschriften war ein evolutionärer Prozeß der schrittweisen Annäherung. Der bisherige Höhepunkt ist die Bibliothek in Amstelveen, in der die ‚Luftigkeit' von Duiker mit der Materialität von Kahn kombiniert und von beiden das subtile Spiel mit dem Tageslicht übernommen wird. → 3

Schwere bewältigen

Ruijssenaars' erstes großes Gebäude, die Bibliothek in Apeldoorn (1984), scheint außen vor allem von Kahn beeinflußt zu sein. Aber während Kahn versuchte, den Eindruck der Schwere auch im Inneren der Bauten zu betonen, reduziert Ruijssenaars insbesondere die Schwere der Konstruktion, wahrt dabei jedoch ihre Materialität. → 4 Die Bibliothek hat ein tragendes Mauerwerk. Das scheint ein direkter Verweis auf Kahn zu sein – die gebogenen Träger und sich verjüngenden Konsolen stammen dagegen aus dem Vokabular von Duiker. Eigentlich waren die Gründe für diese Materialwahl jedoch banaler. Eine Backsteinkonstruktion war zu jenem Zeitpunkt billiger als eine Tragstruktur aus Beton. Nur im Keller wären die Druckkräfte für gewöhnliche Kalksandsteinziegel zu stark gewesen, weshalb dort Betonstützen verwendet wurden. Backstein hat den Vorzug, daß es ein Material mit Geschichte ist. Der Nachteil ist allerdings, daß Backsteinstützen wuchtiger sind als Betonstützen. Damit die Konstruktion weniger schwer wirkt, verteilte Ruijssenaars sie über drei mehr oder minder unabhängige Scheibensysteme, von denen eines die Fassade trägt, eines die Geschoßdecken und eines – das dünnste – den Dachaufbau. → 5 Mit dieser letzten, dünnen Scheibe verstärkte Ruijssenaars die Wirkung des hohen zentralen Raums. Durch diese Untergliederung können die Kräfte verteilt und die Scheiben schlanker ausgeführt werden. Die Mauern sind weiß gekalkt, auch das zum Teil aus wirtschaftlichen Erwägungen: Es konnten unregelmäßigere und daher billigere Steine verwendet werden. Außerdem wird damit auch der Eindruck der Schwere weiter gemindert – weiße Objekte sehen leichter aus als dunkle. Zudem bleibt die Textur des Materials nach dem Kalken im Gegensatz zum Verputzen sichtbar. Kalk ist unregelmäßiger als eine flache, glatte und deshalb neutrale Putzschicht. Die Streifen vom Auftragen bleiben meist sichtbar, was der zusätzlichen Schicht Tiefe und Masse verleiht.

Letztlich verstärken diese weißen Oberflächen auch den Effekt des großformatigen Fensters im Dachgeschoß der Bibliothek, denn das Licht wird wirkungsvoller nach unten reflektiert. Darüber hinaus absorbieren die weißen Massen den Großteil der eindringenden Sonnenwärme und verhindern eine Aufheizung. In beinahe allen Nutzbauten von Ruijssenaars finden sich Fenster an hochgelegenen Stellen. Das schönste Beispiel dafür ist das Oberlicht im Gebäude der Bank Insinger de Beaufort an der Herengracht in Amsterdam (2000). Dieses Oberlicht ruht auf gekreuzt angeordneten hölzernen ‚Stäben', die wie eine selbstverständliche Verlängerung der hohen, schlanken Stützen der zentralen Halle wirken. → 6 Die hochgelegenen Fenster bewirken nicht nur dramatische Lichteffekte – vor allem in den hohen Räumen, die das Herz von Ruijssenaars Gebäuden bilden und die wichtigsten Erschließungswege beherbergen –, sondern holen Licht auf sehr effiziente Weise ins Innere. Dem Tageslicht stellen sich kaum Hindernisse in den Weg, wie es bei normalen Fenstern leicht der Fall ist. Diese konventionellen Fenster übernehmen in Ruijssenaars Gebäuden eine völlig andere Funktion als die hochgelegenen Fenster in den zentralen Räumen, sie dienen anderen Aspekten der funktionalen Nutzung, die so zum Teil gesteuert werden können. Beispielsweise hat Ruijssenaars für die Bibliothek großartige, von Mackintosh und Duikers inspirierte Backsteinfensterbänke entworfen. → **7** Sie sind streng detailliert und bilden zuweilen schöne, plastische Fortsetzungen der Konstruktionsscheiben, die die Fassaden tragen. Die Fensterbänke laden den Besucher ein, sich zu setzen und in seinen Büchern zu blättern.

Die Konstruktion – jedenfalls die tragenden Scheiben – wird an der Fassade durch Fensterpfeiler ablesbar gemacht, die durch eine zusätzliche Ziegellage zwischen den Pfeilern und dem übrigen Fassadenprogramm besonders betont werden. Dieses wirkungsvolle Detail verleiht dem Gebäude eine gewisse Zeitlosigkeit. Die stählernen Regenrohre – die auf der Rückseite sehr plastisch gestaltet sind und einen Bogen zum Fahrradabstellplatz bilden – vervollständigen die starke vertikale Gliederung des Gebäudes. → **8** Indem er die Konstruktion ablesbar macht, führt Ruijssenaars das Gebäude außerdem auf selbstverständliche Weise um die Ecke: Indem die konstruktiven Fassadenscheiben als Eckelemente verwendet werden, setzt sich der Rhythmus ungestört um die Ecke fort, wobei die einzelnen Fassaden letztendlich sehr unterschiedlich sind.

Artikulation

Die nachfolgenden Gebäude sind anders. Zunächst einmal sind sie aufgrund ihres Aufbaus aus mehreren, in ihrer Ausarbeitung scheinbar eigenständigen Elementen luftiger als die nüchterne und strenge Bibliothek. Während die Bibliothek noch in die Tradition der Moderne gehört, wirken die späteren Bauten dank ihrer weiß gestrichenen Wände, ihrer Arkaden, der meist überdeckten Innenräume und freistehenden Türme oder der Art, wie sie sich in den städtebaulichen Zusammenhang fügen, beinahe wie mediterrane Renaissancebauten. Dennoch sind viele der Elemente, aus denen Ruijssenaars seine Fassaden komponiert, bereits damals in rudimentärer Form vorhanden gewesen. Während und nach dem Bibliotheksentwurf hat Ruijssenaars seine Handschrift in Absetzung von der holländischen und modernen Tradition weiterentwickelt.

In seinem Artikel *Een gewetensvolle architectuur* (Eine gewissenhafte Architektur) beschreibt der Kritiker Herman Kerkdijk Ruijssenaars Arbeitsmethode. Der Architekt füllt viele A3-Seiten mit kleinen Zeichnungen, in denen er den städtebaulichen Kontext untersucht, neben historischen Beispielen skizziert er Schnitte, Ansichten und verschiedene Grundrisse, sucht nach geeigneten Konstruktionsprinzipien, zeichnet die wichtigsten Details. Kerkdijk bemerkt, daß Ruijssenaars viel mehr zeichnet, als er in seinen Gebäuden verwenden kann und daß er während des Zeichnens für ein Gebäude bereits die Ideen für das nächste entwickelt. „Es drängt sich das eigenartige Gefühl auf, daß das folgende Gebäude bereits irgendwo zwischen diesen Möglichkeiten versteckt ist, daß es als Möglichkeit bereits vorhanden ist und ‚nur' noch geformt werden muß."[1] Angesichts eines solchen Entwurfsprozesses liegt auf der Hand, daß Ruijssenaars' Gebäude untereinander große Ähnlichkeiten aufweisen, wenngleich die Mittel immer ausgereifter werden.

Der Hauptgrund für die Veränderungen in den Entwürfen war, daß Ruijssenaars deutlicher als in der Bibliothek die verschiedenen Bauteile und -elemente sichtbar machen wollte. Auch Kahn zeigte, wie seine Gebäude gemacht sind und wie die Kräfte abgeführt werden, abstrahierte danach aber die verschiedenen Schichten. Ruijssenaars will dagegen die bautechnischen – sozusagen banalen – Schichten ins Bild rücken. Er zieht die verschiedenen Elemente eines Gebäudes oder eines Bauteils auseinander und verleiht ihnen relative Unabhängigkeit. Das gibt ihm auch die Möglichkeit, den Übergang zwischen dem Gebäude und der Umgebung sanfter zu machen.

Am ausgeprägtesten geschieht das beim Dach. Zunächst wird es vom Rest des Gebäudes getrennt. Schon bei der Bibliothek in Apeldoorn springt die Gebäudemasse im obersten Geschoß zurück, um eine starke horizontale Struktur in das Gebäude zu bringen, Platz für die Dachterrasse und das Dachfenster zu schaffen und die Massivität der Fassade an der Vosselmanstraat zu reduzieren. Allerdings erlangten die unterschiedlichen Schichten, aus denen das Dach aufgebaut ist, hier noch keine Unabhängigkeit. Auch beim Wohnungsbauprojekt in IJmuiden (1992) → **9** und den Labors von CABO und ATO in Wageningen (1991 und 1993) → **10** koppelt Ruijssenaars das Dach mittels großer Glasflächen vom Rest des Gebäudes los, treibt diesen Zergliederungsprozeß nun aber durch die Detaillierung weiter voran. Die Glasflächen können als Übergang zwischen dem schweren Gebäude und dem Himmel gesehen werden, wobei die auskragenden Dächer jedoch die Fenster zu dunklen Flächen werden lassen und ihnen doch mehr Masse verleihen, als vielleicht beabsichtigt war. Detailtechnisch ist das Glas gut gewählt, weil Ruijssenaars die Holzbinder, die die Dächer tragen, meist herausragen läßt – schließlich soll das Gebäude lesbar sein. Mit Glas ist dieses Detail einfacher zu realisieren als mit einer Backsteinfassade, weil sich Kältebrücken ohne besondere Kunstgriffe verhindern lassen.

Die Holzbinder verjüngen sich zum Dachrandabschluß hin und reduzieren so die Konstruktion an den Rändern auf ein Minimum. Um auch die Gebäudemasse an den Rändern auf wenige Millimeter zu reduzieren, wird für das Dach meist Stahltrapezblech verwendet, weil es viel dünner als Holzpaneele ist. Je feiner diese Linie ist, desto sanfter ist schließlich auch der Übergang vom Dach – und damit vom Gebäude – zum Himmel. Die Zurschaustellung der Dachplatten als reine Elemente – also unter anderem ohne Isolierung – ist auch nur möglich, wenn das Dach über das Gebäude auskragt. → 11
Über die Verjüngung der Holzbinder hinaus, die die Konstruktion bereits leichter macht, setzt Ruijssenaars in den Wohnungen in IJmuiden und den Labors dünne Fachwerkträger zwischen die Holzbinder und die Dachplatten. Dadurch entstehen dank der kleinen Fachwerkträger schöne Übergänge zwischen dem massiven, gemauerten Gebäude, dem dünnen Dach und dem Himmel. Und das Dach erhält durch diese Träger eine neue Horizontale. → 12

Ornament

Es erscheint seltsam, daß Ruijssenaars beim Wohnungsbau in IJmuiden → 13 beinahe dieselben Dachdetails verwendet wie bei den beiden Labors. Offenbar sind die Entwürfe weniger an den Nutzungstypen orientiert und die Details mehr im Hinblick auf die Ausstrahlung des Gebäudes gestaltet. In IJmuiden sollte keine Reihe miteinander verbundener, übereinander gestapelter individueller Wohnungen entstehen, sondern, wie bei den Forschungsbauten, ein starker Block. Die Details werden verwendet, um die Unterschiede zwischen den Wohneinheiten zu kaschieren. „Die Detaillierung dient stets zuerst dem Ganzen und dann erst den einzelnen Wohnungen. (...) Vor allem heute, da man hinter der eigenen Wohnungstür in völliger Isolierung die ganze Welt kennenlernen kann, scheint es wichtig, außen etwas zu gestalten, das so etwas wie einen Zusammenhang oder vielleicht sogar Zusammengehörigkeit darstellt."[2] Der Dachüberstand ist ein wichtiges Mittel, um den Block (der beinahe 100 mal 55 m mißt) zu einer Einheit zu machen. Er verbindet alle Wohneinheiten. → 14 Auch die Fassadenkomposition mit vielen kleinen Fenstern und das wieder größtenteils weiß gekalkte Mauerwerk ziehen die Aufmerksamkeit von den einzelnen Wohnungen ab. Ein wichtiges Detail, das die Einheitlichkeit des Blocks unterstreicht, sind die gelben Backsteinrahmen. Da es keine Details gibt, die die einzelnen Wohnungen oder gar Komponenten wie Fenster betonen, lenken diese gelben Rahmen die Aufmerksamkeit auf die Fläche. Gleichzeitig verbinden sie die unterschiedlichen Fassadenflächen, führen sie regelrecht um die Ecken. Anstatt in einzelne Flächen zu zerfallen, wird das Gebäude zu einem echten Block. Zudem bewirkt das gelbe Mauerwerk einen sanfteren Übergang von dem weiß gekalkten Mauerwerk zu den dunkleren Backsteinen der Sperrschicht. Manchmal handelt es sich um eine einzige Rollschicht, dann wieder um ganze Flächen aus gelbem Backstein. So sind zum Beispiel alle Durchbrüche im Erdgeschoß mit farbigem Mauerwerk gerahmt. Daß alle Fensterrahmen mit einem Rand aus gelben oder dunkelbraunen Backsteinen versehen sind, betont nicht die einzelnen Fenster als Durchbrüche – was Stützen mit gelbem Backstein bewirkt hätten –, sondern nutzt die verschiedenen Farben des Mauerwerks vor allem, um ein interessantes Fassadenmuster zu schaffen und den Akzent auf den Block als Ganzes zu legen. Bei den CABO- und ATO-Labors verwendet Ruijssenaars solche Bänder mit ähnlichen Motiven wie in IJmuiden. Das ATO-Labor ist mit einem prächtigen Gewebe aus liegenden und stehenden Backsteinen versehen, das mit den einzelnen Fensterpfeilern um die Ecke führt und die Ganzheit des Gebäudes betont. → 15 Auch bei diesen Gebäuden lenkt ein einzelnes Kompositionselement die Aufmerksamkeit auf das Gebäude als Ganzes.
Im Rathaus von Apeldoorn (1992) ist das Spiel mit helleren und dunkleren Steinen ambivalenter, was sich aus einer anderen Interpretation der Ziegelwände ergibt. → 16 In IJmuiden und bei den Labors ist das Mauerwerk die prominenteste Schicht; in Apeldoorn bildet es nur eine Schicht von vielen. Stärker als zuvor bedient sich der Architekt hier auch bei der Fassade der Zergliederungsstrategie. Im Zusammenhang der reichen Schichtungen des Gebäudes kommen den dunklen Mauerwerksstreifen zwei Aufgaben zu. Zunächst sollen die schrägen Linien auch hier bewirken, daß die Backsteinfassade als Einheit erfahren wird. Deshalb setzt sich das Muster nicht nur beim Übergang von den Vorder- zu den Seitengiebeln fort, sondern auch hinter

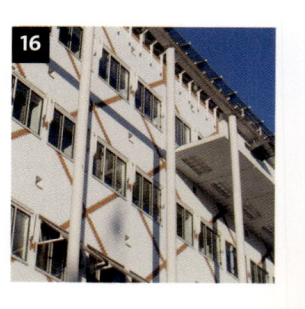

dem Balkon, zwischen den Fenstern sowie an dem scharfen Einschnitt, der den Eingang markiert. Die laibungslose Einpassung der Fensterrahmen in die Fassade verstärkt deren Flächenwirkung. Zudem wurden geleimte Fenster verwendet, die rahmenlos bleiben konnten. So nimmt Ruijssenaars nicht nur den Fenstern, sondern auch dem Mauerwerk einen Teil seiner Materialität, denn mit dieser Detaillierung verbirgt er die Tiefe des Materials. Die Schattenlinien, die von Laibungen erzeugt würden, hätten der Fassade eine unerwünschte Gliederung verliehen und zusätzliche Aufregung in die ohnehin schon formenreiche Fassade gebracht. Während die Fensterrahmen außen minimiert wurden, sind sie innen übrigens besonders sprechend. Ruijssenaars ließ die Pfosten der Fensterrahmen innen abrunden, so daß sie wie die kleineren Geschwister der schlanken Arkadenstützen wirken. Das Rautenmuster dient jedoch auch dazu, um die Fassade weniger massiv und präsent wirken zu lassen. → 17 Die Backsteinwand ist beinahe 130 m lang, und obwohl die Schichten der Fassade visuell viel Abwechslung bieten, wäre die Wand zu prominent gewesen, hätte man sie etwa weiß gestrichen. Das Muster gliedert die Fassade in begreifbare Teile. So wurde die Gefahr gebannt, daß der gewaltige Bau seine Umgebung zu sehr dominieren könnte. → 18
Die Rückseite wirkt wie das Negativ der Vorderseite. Dunkle Backsteine dominieren, und an die Stelle der schrägen sind horizontale weiße Linien getreten. → 19
Gemeinsam mit den Fensterrahmen zeigt die Fassade so viele verschiedene Linien, daß die einzelnen Geschosse kaschiert werden. Es entsteht wiederum ein Block. Die Materialisierung, vor allem jedoch die Farbwahl schafft zudem einen guten Anschluß des Rathauses an seine Umgebung, die hauptsächlich aus Backsteinbauten besteht. Die Vorderfassade wird dagegen vollkommen anders interpretiert. Hier wollte der Architekt eine feierliche Platzfassade schaffen. Mit der hellen Farbigkeit, den unterschiedlichen Ornamenten und den charakteristischen Türmen ist ihm das gelungen.

Arkaden

Ein wichtiges Mittel der Fassadenschichtung sind die Arkaden aus schlanken Stahlstützen, die Ruijssenaars seit dem CABO-Labor vor seine Gebäude stellt. Die Stützenreihen haben sich aus den Scheiben entwickelt, die das Kragdach des Eingangs und die Fensterpfeiler der Bibliothek in Apeldoorn tragen. Diese Pfeiler haben sich aus der Gebäudemasse gelöst. Die Tragfunktion wird von Rundstützen deutlicher illustriert als von Pfeilern, wenngleich sie bei dieser Stützenweite durchaus beschränkt ist. Architektonisch bedeutsamer ist, daß sie einen graduelleren Übergang zwischen öffentlichem Raum und Gebäude schaffen, ähnlich wie die Reduktion des Daches den Übergang zwischen Gebäude und Himmel sanfter macht. Ruijssenaars entdeckte dieses Mittel gegen Ende der achtziger Jahre für sich. In seinem Entwurf von 1987 für das Rathaus von Apeldoorn ist die erste Arkade zu finden. Aufgrund eines politischen Streits dauerte es fünf Jahre, ehe das Gebäude realisiert werden konnte; in der Zwischenzeit entstanden Stützenreihen vor den CABO- und ATO-Gebäuden. → 12 In deren ländlich-grüner Umgebung ist dies jedoch weniger wirkungsvoll als beim Rathaus von Apeldoorn, beim Stadthaus in Schiedam (1997), → 20 dem Wohn- und Geschäftskomplex in Hilversum (1998) und der Bibliothek und Artothek in Amstelveen (2001), bei der mit den Stützen eine Platzfassade geschaffen wird. Im zentralen Raum des ATO sind die Stützen allerdings durchaus wirkungsvoll. Dort betonen sie die ungeheure Höhe des Raums.

In seiner Kolumne in der Zeitschrift *Archis* bezeichnete Willem Jan Neutelings Ruijssenaars' (und Jo Coenens) Säulen als eitles Gehabe, da ihre Anwesenheit den Widerstand gegen die Schwerkraft eher entkräfte als verstärke.[3] Unsichtbare Tragkonstruktionen seien viel spannender. Offenbar verwendet Ruijssenaars seine schlanken Stahlsäulen jedoch kaum als echte Stützen. Sie sind zwar nicht völlig funktionslos, hätten aber im Tragwerk aufgehen können, zumal der Architekt stets viel Gefühl nicht nur für das Kräftespiel, sondern auch für die architektonische Bewältigung zeigt. Bei beiden Labors tragen die Stützen immerhin das Dach, beim Stadthaus in Schiedam tragen sie nur zum Sicherheitskoeffizienten der Konstruktion bei, die das Archiv trägt, und beim Rathaus von Apeldoorn ruht lediglich der Balkon, der auch als Fluchtweg dient, auf den Stützen. Aus bautechnischer Sicht hätte der Balkon einfach auf Konsolen ruhen können, als einer integrierten, unsichtbaren Tragkonstruktion. Aus architektonischer Sicht war das jedoch keine Möglichkeit, denn statt einer zusätzlichen Schicht wäre an der Fassade dann eine Ausstülpung entstanden. → 21 Das hinter dem Balkon durchlaufende Muster aus dunklen Backsteinen akzentuiert dessen Unabhängigkeit von der Fassade noch mehr. Auch die Stützen selbst nehmen die Idee eines autonomen

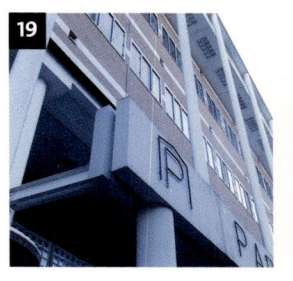

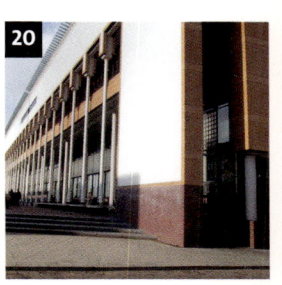

Elements auf, denn sie stehen nicht direkt unter dem Balkon – wodurch sie mit diesem zu einer Einheit verschmolzen wären –, sondern halten die Betonwanne auf beinahe lässige Weise an ihrem oberen Sims. Der Rest des Balkons scheint unter dem Anschluß durchzuhängen. Die Autonomie des Simses wiederum, und damit auch die Unabhängigkeit der Arkade vom Balkon, wird dadurch betont, daß es noch einige Modulweiten über den Balkon hinausläuft.

Im Gegensatz zu Neutelings' Auffassung, geht es Ruijssenaars also nicht um die Zurschaustellung der Tragkonstruktion. Die Stützen sind konstruktiv nicht notwendig und gehören insofern zu der Ornamentik, die Ruijssenaars einsetzt, um den Fassaden mehrere Schichten zu verleihen, damit der Übergang vom Öffentlichen zum Privaten in mehreren Phasen verläuft. Auf diese Weise schafft er einen Übergangsbereich zwischen Gebäude und Nichtgebäude. Es handelt sich um dekorative Elemente. Das belegt auch die Stützenreihe der Bibliothek in Amstelveen, die nur das ebenso ornamentale Kragdach trägt, ebenso wie die Aufmerksamkeit, die Ruijssenaars der Detaillierung der Stützenfüße aus Beton widmet. Diese sind natürlich funktional – sie sollen die Konstruktion vor Kollisionen schützen –, bieten Ruijssenaars aber auch die Gelegenheit, sinnliche, ornamentale Details zu schaffen. In Apeldoorn wurden kleine, viereckige Metallscheiben in den Beton gegossen, und die Wasserabfuhr der Stahlstützen wird durch eine Platte betont, die über den Beton auskragt. → 22 In Schiedam wurde die Oberseite des Betons mit Murmeln verziert, → 23 und die Betonstützen in Amstelveen wurden mit einem glänzenden Metallband versehen. → 24 Letztlich lenkt der robuste Betonfuß die Aufmerksamkeit aber auf die Schlankheit der Stützen.

Sinnliches Gleichgewicht

Ruijssenaars Bauten sind auf diese Untergliederung durch Schichtungen angewiesen, denn an sich sind sie recht massiv. Dieser Eindruck wird nicht nur durch ihre Dimensionen erweckt, sondern auch durch die Materialisierung der ‚Hauptfassaden'. Die ausladenden Oberflächen aus farbigem Mauerwerk, aber auch die häufig verwendeten Glasbausteine lassen die Häuser schwer und geschlossen wirken. Insbesondere durch die Abkoppelung verschiedener Elemente von der Hauptmasse bringt Ruijssenaars mit den Schichtungen Luft in seine Entwürfe und sorgt für ein subtiles Gegengewicht zur Schwere des Gebäudes. Diesem Zweck dienen beim Rathaus von Apeldoorn nicht nur Arkaden und Balkon, sondern auch zwei schräg aufragende Dachgesimse – an der Dachterrasse aus Glas, beim Dachrand mit Gitterrosten. Ihre Bedeutung als zusätzliche Schicht wird auch in der Detaillierung deutlich. Die Stahlstützen, die das Glas tragen, werden durch besonders lange Schäfte betont und sind etwas vom Backstein gelöst. Bei der Biblio- und Artothek in Amstelveen hat Ruijssenaars vor der Platzfassade Platten aus einfachem Drahtglas an Konsolen gehängt, die aus der Glasfassade herausragen. Einerseits sollen sie verhindern, daß das Gebäude sich durch die Morgensonne zu sehr erwärmt, aber andererseits bilden sie eine faszinierende zusätzliche Schicht, die die Grenzen des Gebäudes verschwimmen läßt. → 25 Die Verwendung von Drahtglas bewirkt, daß das Glas nicht völlig verschwindet, denn um den gewünschten Effekt zu erzielen, muß es präsent sein und eine Struktur haben.

Im Inneren von Ruijssenaars' Gebäuden ist von der scheinbaren Geschlossenheit der Fassaden nichts zu spüren. Aus allen Richtungen fällt subtil gelenktes Tageslicht herein, → 26 sei es wie im erwähnten Bankgebäude in Amsterdam durch skulpturale Oberlichter, sei es mittels Aushöhlen und Zerteilen der Baukörper. Im Rathaus von Apeldoorn fällt das Licht vor allem durch die überdeckten Innenhöfe in die zentrale Halle, wobei die Glaselemente des Daches auf ähnliche Weise vom Gebäude abgelöst sind wie die Glasüberstände an der Fassade und so wiederum unabhängige Elemente bilden. In Amstelveen findet sich ein Lichtband, das die gesamte Gebäudelänge entlangläuft. Da die Wand hier aus Glasbausteinen konstruiert wurde, fällt gleichmäßiges Tageslicht nicht nur in das Treppenhaus, sondern auch indirekt in die Parkgarage. Des weiteren sorgen an manchen Stellen Oberlichter, vor allem jedoch die Holz-Glas-Fassade für einen faszinierenden Lichteinfall. Die Fassade besteht aus über Kreuz angeordneten, groben Holzbalken. Diese Konstruktion vermag der seltsamen Form der Bibliothek eine ihr entsprechende Glasfassade zu geben. Denn da die Biblio- und Artothek auf dem geschwungenen Dach einer Parkgarage steht und auch selbst ein unebenes Dach hat, → 27 variiert ihre Fassadenhöhe zwischen 6 m und gerade knappen 3 m, und dies bei einer Länge von 70 m. Eine orthogonal orientierte Fassade erschien daher unangemessen, statt dessen wurden die Holzbalken schräg angeordnet. → **28** Dank dieser Konstruktion fällt das Licht auf außergewöhnliche Weise in den Lesesaal. Zudem sondert Holz stets einen unverkennbaren Duft ab, ein Nebeneffekt, den Ruijssenaars im Theater von Padua entdeckte, wo das Holz noch nach Jahrhunderten charakteristisch duftete. Das Theater des Stadthauses in Schiedam spielt auf sehr subtile Weise mit den verschiedenen Gerüchen der Holzsorten: Gelbkiefernholz im Foyer und Eichenholz im Saal lassen anhand des Geruchs erkennbar werden, wo man sich befindet. → **29, 30** Auch in Amstelveen appelliert Ruijssenaars an diesen Sinn, wenn auch in geringerem Maße.

Aufgrund ihrer Form, des Tageslichteinfalls und der geschichteten Platzfassade gehört die Bibliothek in Amstelveen zu den bisher schönsten Gebäuden von Ruijssenaars. An ihr zeigt sich, worauf der Verweis auf Kahn als auch Duiker abzielt. Hier ist die Materialität von Kahn zweifellos vorhanden – und das sicher nicht nur in der Backsteinfassade –, während die Geschwungenheit, die Verwendung der Konstruktion als architektonisches Mittel und die großen Glasflächen an Duiker erinnern. Es finden sich noch zahlreiche weitere direkte und indirekte Verweise, aber das Gebäude ist doch vor allem ein Ruijssenaars. Indem er stets mehr oder minder die gleichen Elemente in etwas unterschiedlichen Konstellationen und verbunden mit neuen Schichtungen verwendet, gewinnen seine Gebäude einen zeitlosen Reichtum.

1. Herman Kerkdijk, „Gewetensvolle architectuur. Recente projecten van Hans Ruijssenaars", in: Archis, 3, 1994.
2. Hans Ruijssenaars, „Woningbouw te Velsen-Velsenbroek", in: Bouw, 1, 1994.
3. Willem Jan Neutelings, „The sex appeal of gravity", in: Archis, 11, 1999.

Hans Ruijssenaars Bibliothek Apeldoorn 1984

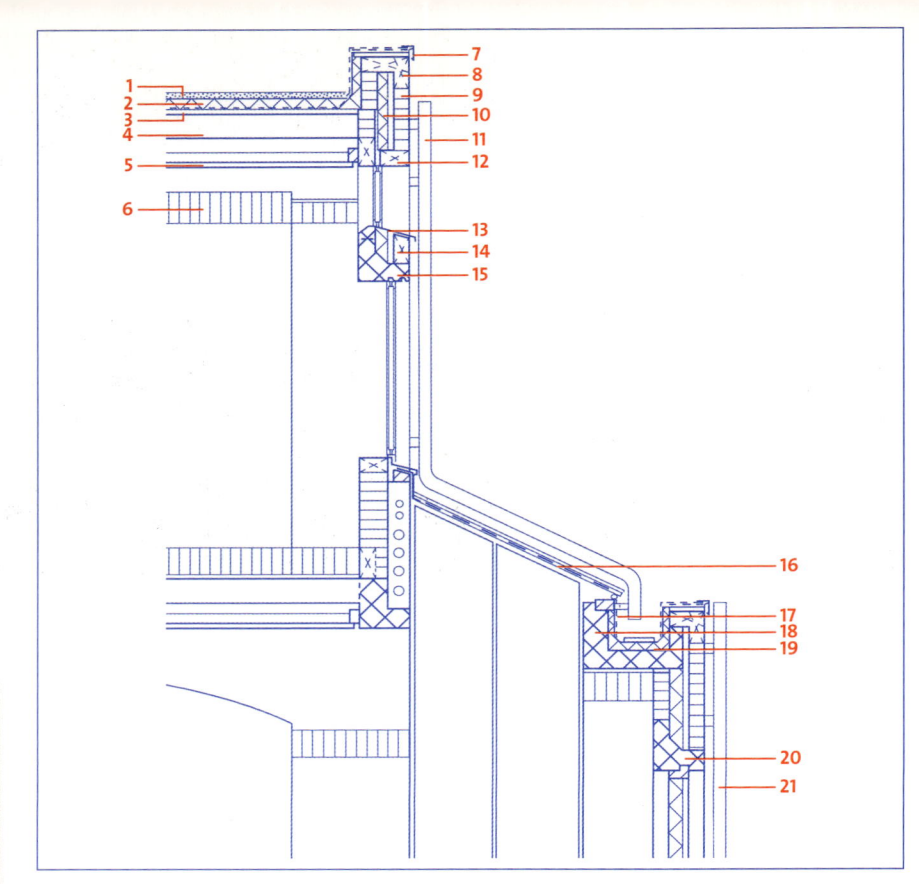

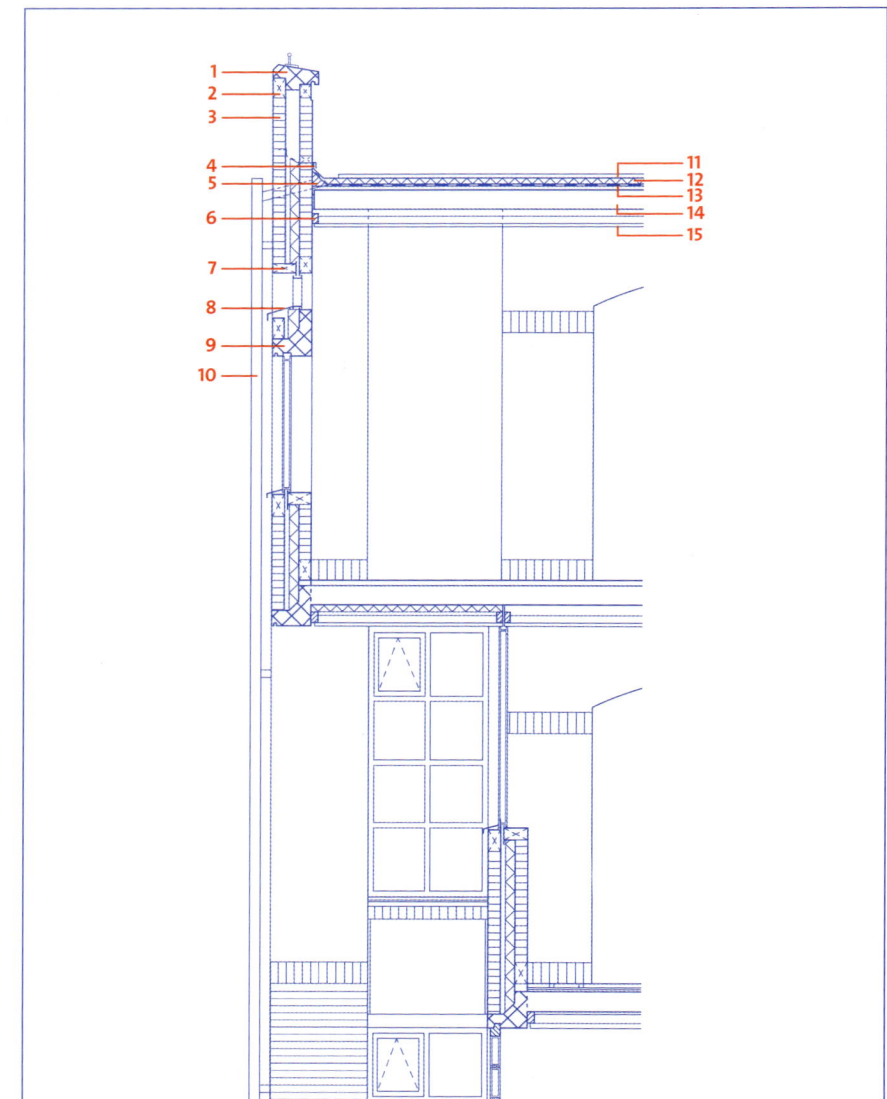

Fassadenschnitt am Dachfenster
1 Dachziegel
2 Wärmedämmung
3 Dachpappendeckung
4 Betondachdecke
5 Deckenverkleidung
6 Rollschicht
7 Abschlußprofil, Aluminium
8 Rollschicht
9 Verblendmauerwerk
10 Wärmedämmung
11 Regenwasserrohr
12 Rollschicht
13 Abtropfkante
14 Rollschicht
15 Sturz, Betonfertigteil
16 Ornament-Drahtglas
17 Abweiseblech
18 Betonfertigteil
19 Wärmedämmung
20 Betonsturz
21 Regenwasserrohr

Fassadenschnitt an der Vorderseite
1 Betonelement
2 Rollschicht
3 Mauerwerk
4 Klemmleiste
5 Mastixkeil
6 Klotz
7 Rollschicht
8 Abtropfkante
9 Sturz, Betonfertigteil
10 Regenwasserrohr
11 Betonziegel
12 Wärmedämmung
13 Dachpappendeckung
14 Betondachdecke
15 Deckenverkleidung

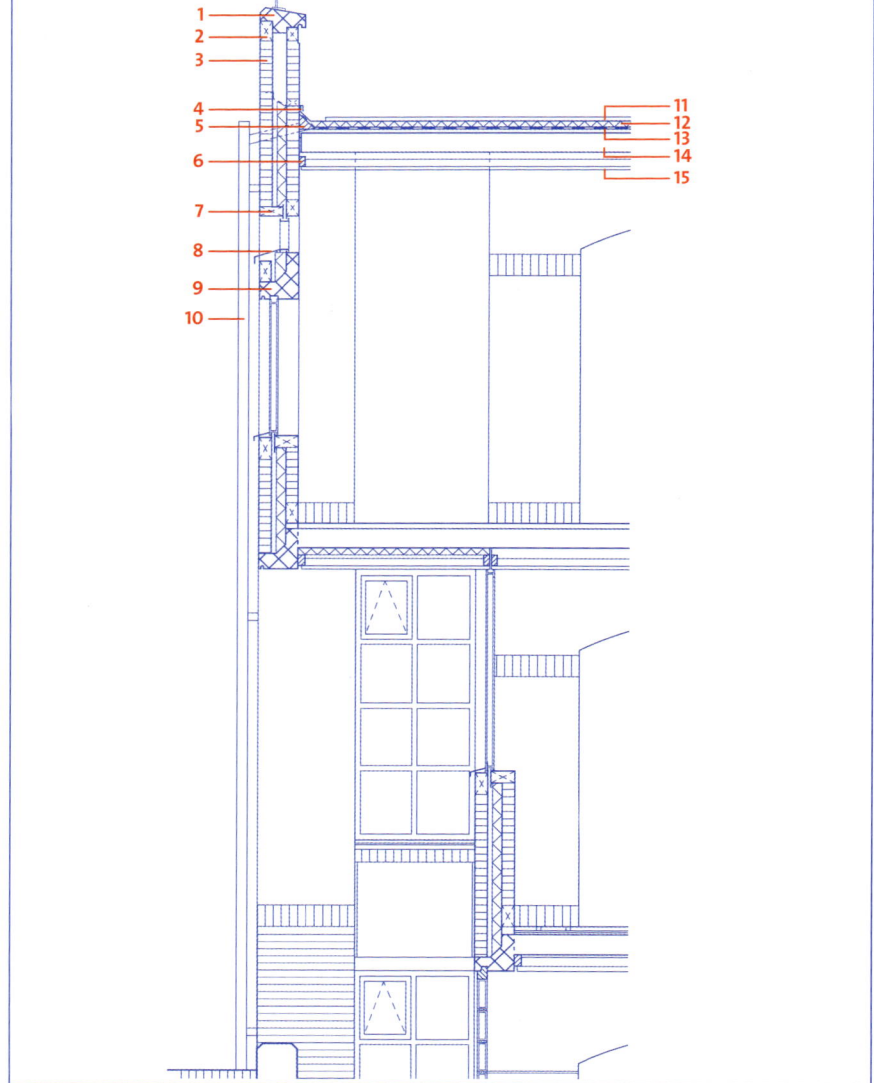

Fassadenschnitt Vorderseite
1 Zweilagige Dachdeckung
2 Wärmedämmung
3 Trapezblech
4 Kantholzlatten
5 Dachdeckenverkleidung
6 Schichtholzträger, 400 x 90 mm
7 Stahlrohr in orange/weiß, Ø 22 mm
8 Edelstahlrohr, 40 mm
9 Stehende Rollschicht
10 Anthrazitfarbiger Brüstungsständer, Stahl
11 Innenwand aus klarem Glas
12 Holzständerwand
13 Doppelverglasung mit Glasvlies
14 Zementgebundene Holzfaserplatte
15 Betonskelett, weiß gestrichen
16 Zinkwulst mit Haftblech

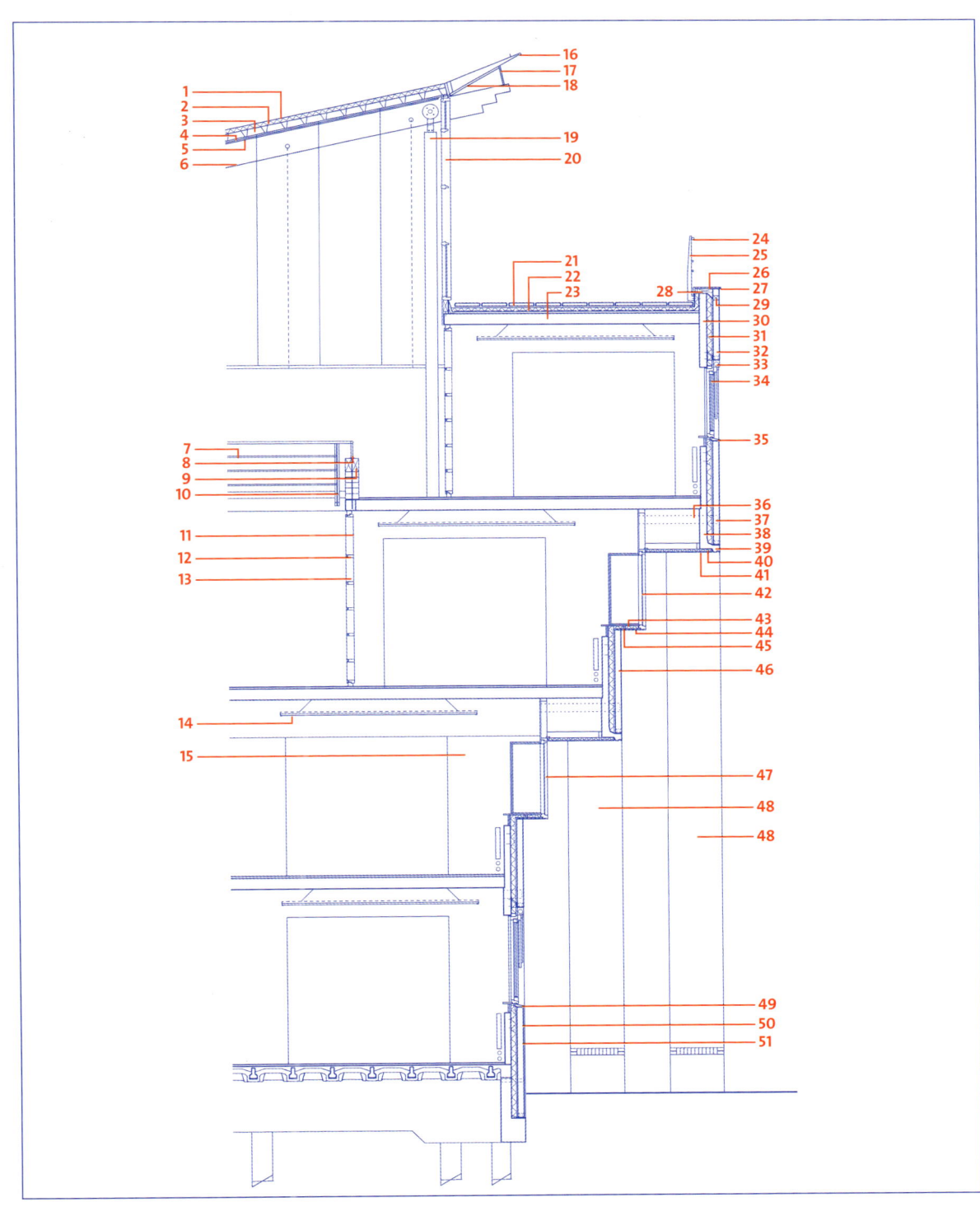

17 Feuerverzinkter Doppel-T-Stahlträger mit Fachwerk als Steg
18 Deckenverkleidung
19 Stahlstütze
20 Fensterrahmen aus Merantiholz
21 Betonziegel
22 Wärmedämmung
23 Betondecke, 180 mm
24 Edelstahl-Handlauf, Ø 40 mm
25 Brüstungsständer, Flachstahl, 15 x 60 mm
26 Gefalztes Aluminium-Abschlußprofil mit Wulst
27 Multiplex
28 Klotz
29 Rollschicht
30 Fassadenbetonfertigteil
31 Wärmedämmung
32 Verblendmauerwerk, weiß gestrichen
33 Sonnenschutz
34 Holzfensterrahmen
35 Abtropfkante aus Stein
36 Verzinktes Lüftungsspiralrohr
37 Lüftungsgitter in Fassade
38 Betonfertigteil
39 Sturz, Betonfertigteil
40 Wärmedämmung
41 Multiplex
42 Festverglasung
43 Multiplex-Fensterbank
44 Multiplex
45 Wärmedämmung
46 Verblendmauerwerk, weiß gestrichen
47 Schwingflügelfenster
48 Freistehende gemauerte Stütze
49 Keramische Abtropfkante
50 Verblendmauerwerk, dunkellila gestrichen
51 Schwarze Fuge, flach verfugt

Hans Ruijssenaars ATO-Labor Wageningen 1993

Hans Ruijssenaars Rathaus Apeldoorn 1992

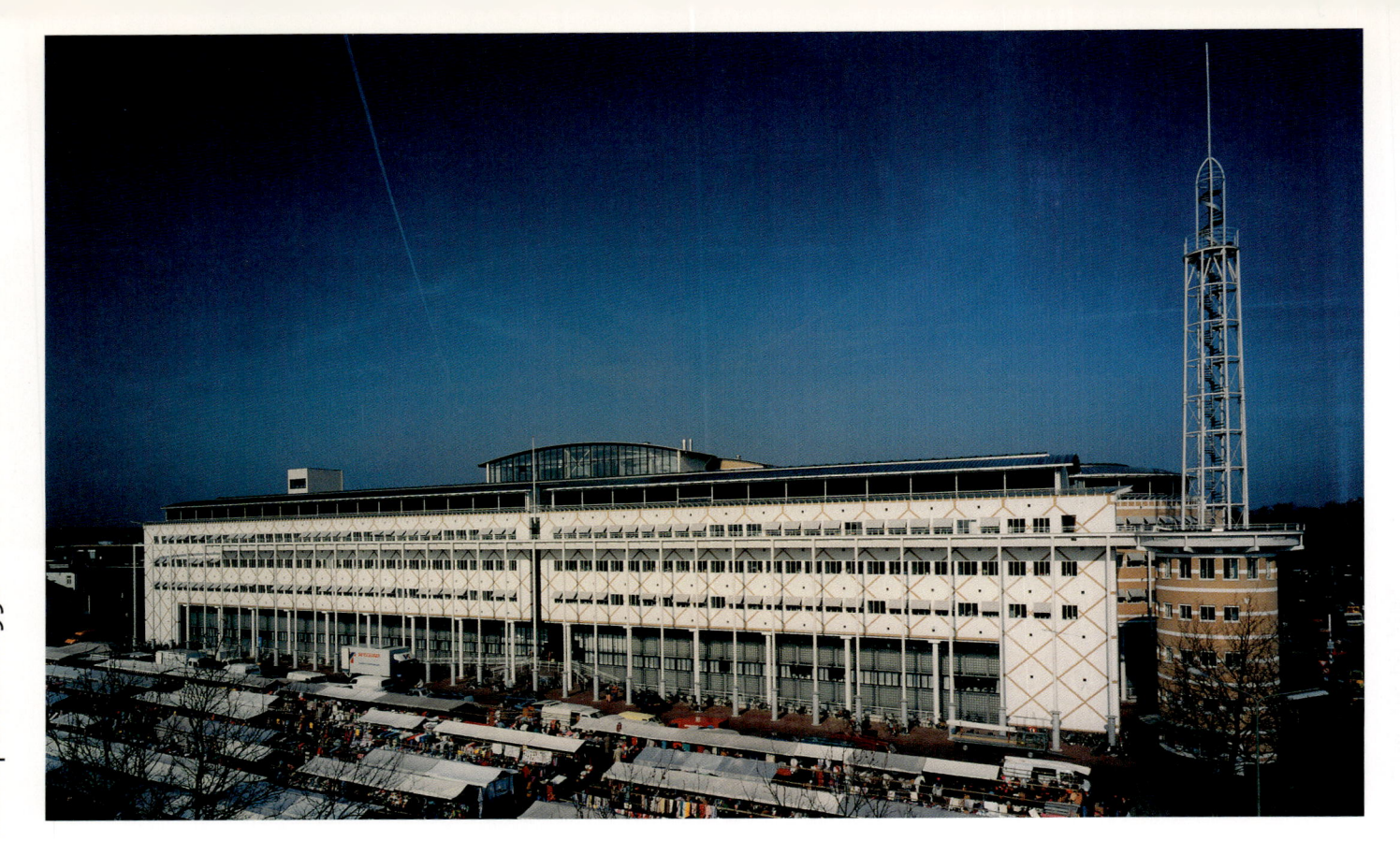

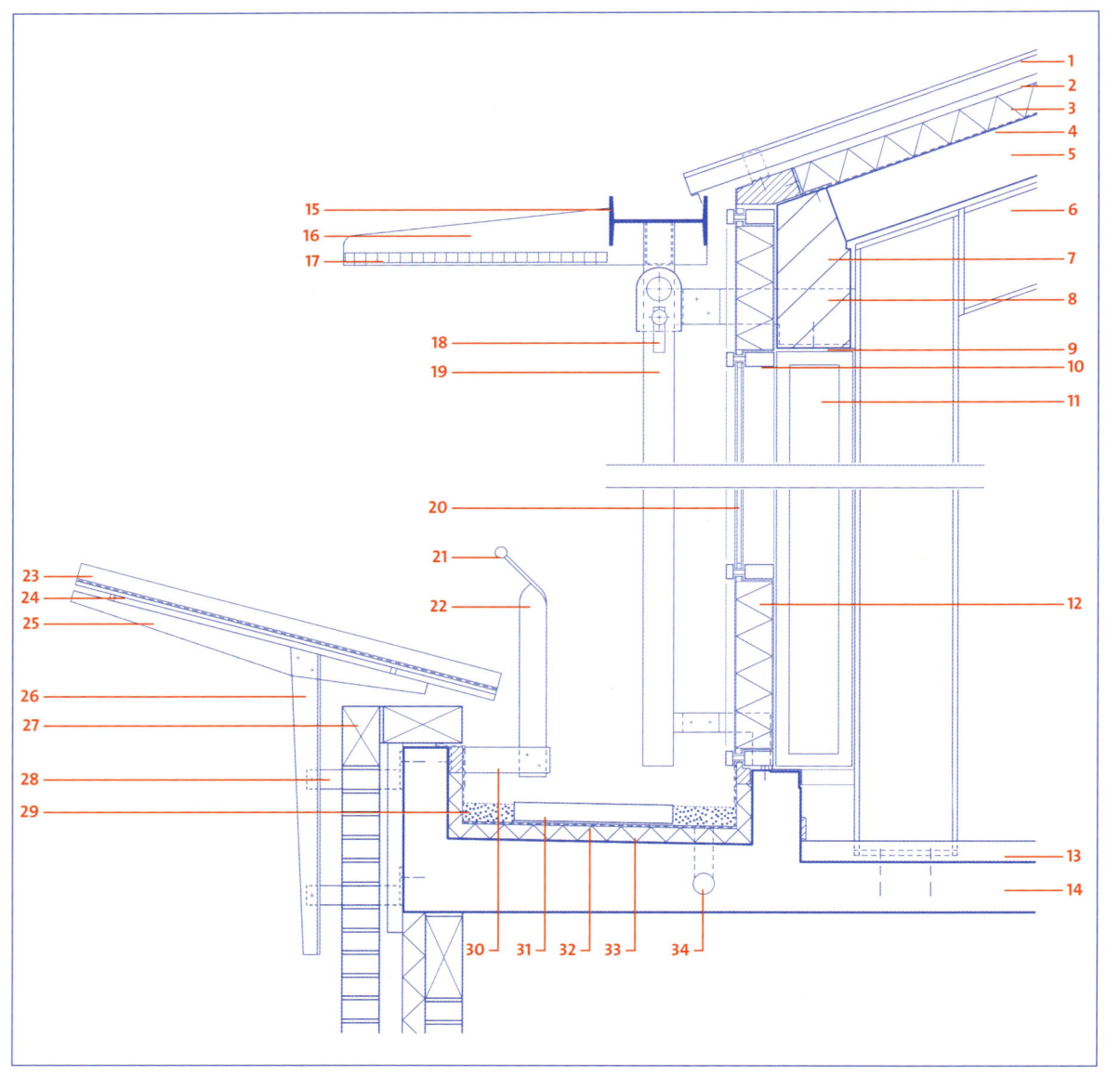

Anschluß Dachrand mit Terrasse
1 Trapezblechdach
2 Lüftung
3 Wärmedämmung
4 PE-Kunststoffolie
5 Dachelementdecke aus Leichtbeton
6 Zwei Stahlträger UNP 280
7 Betonträger
8 Flachstahl, Stärke 10 mm
9 L-Stahlprofil
10 Stahlfensterrahmen
11 Verbundglas
12 Wärmegedämmte Verbundplatte
13 Druckschicht
14 Betondecke
15 Doppel-T-Stahlträger IPE 270 als Regenrinne
16 Stahlkonsole, 10 mm
17 Stahlgitterrost
18 Sonnenschutz
19 Regenwasserrohr
20 Isolierverglasung
21 Runder Handlauf
22 Flachstahl, 70 x 10 mm
23 Abdeckblech aus Zink
24 Ornament-Drahtglas
25 Flachstahl, 8 mm
26 Stahlkonsole, 80 x 40 x 6 mm
27 Rollschicht
28 Flachstahl zur Verankerung von Dachflügelrand
29 Kies
30 Flachstahl zur Verankerung von Brüstung, 10 mm
31 Betonziegel
32 Dachdeckung
33 Wärmedämmung
34 Regenwasserabfluß

Typischer Horizontalschnitt Fensterrahmen
1 Rollschicht als Fensterbank
2 Isolierverglasung
3 Holzständer mit Abrundung
4 Drehfenster, verleimt
5 Betonstütze
6 Wärmedämmung
7 Folie
8 Verblend-Mauerwerk

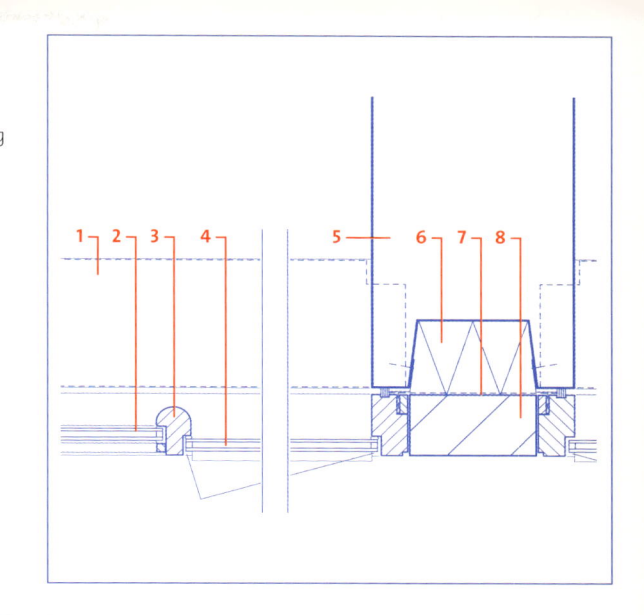

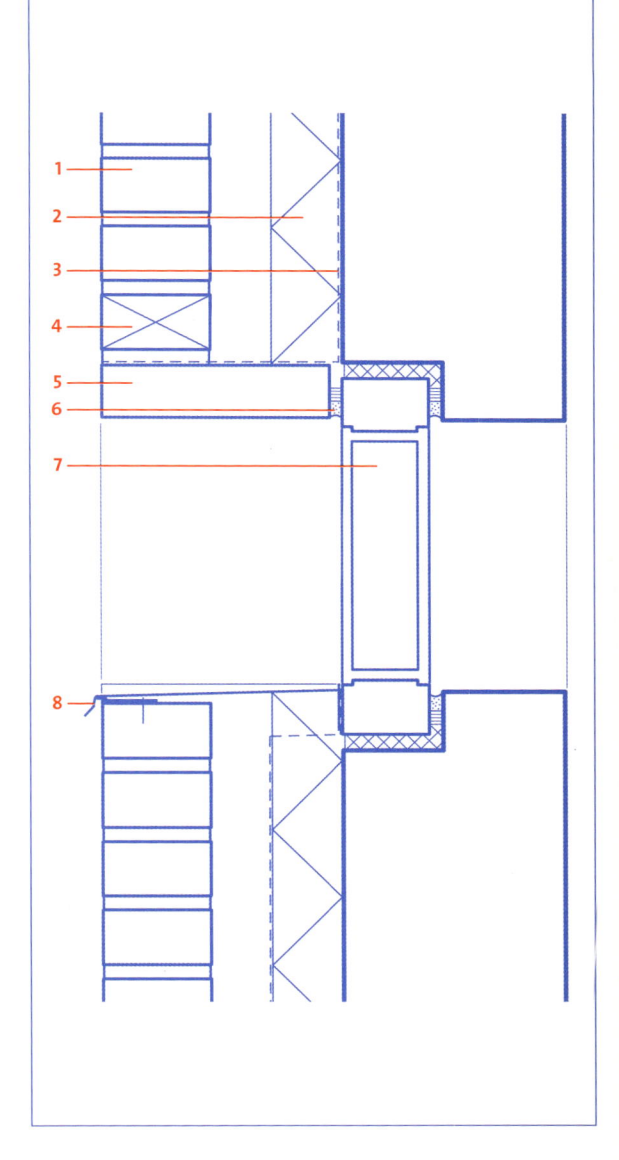

Hans Ruijssenaars Rathaus Apeldoorn 1992

Fassadenschnitt bei Glasbausteinen
1 Verblend-Mauerwerk
2 Wärmedämmung
3 Folie
4 Offene Stoßfuge
5 Verblend-Mauerwerk
6 Kitt auf Fugenband
7 Betonfertigteil mit Glasbausteinen
8 Abtropfblech

Hans Ruijssenaars Stadthaus Schiedam 1997

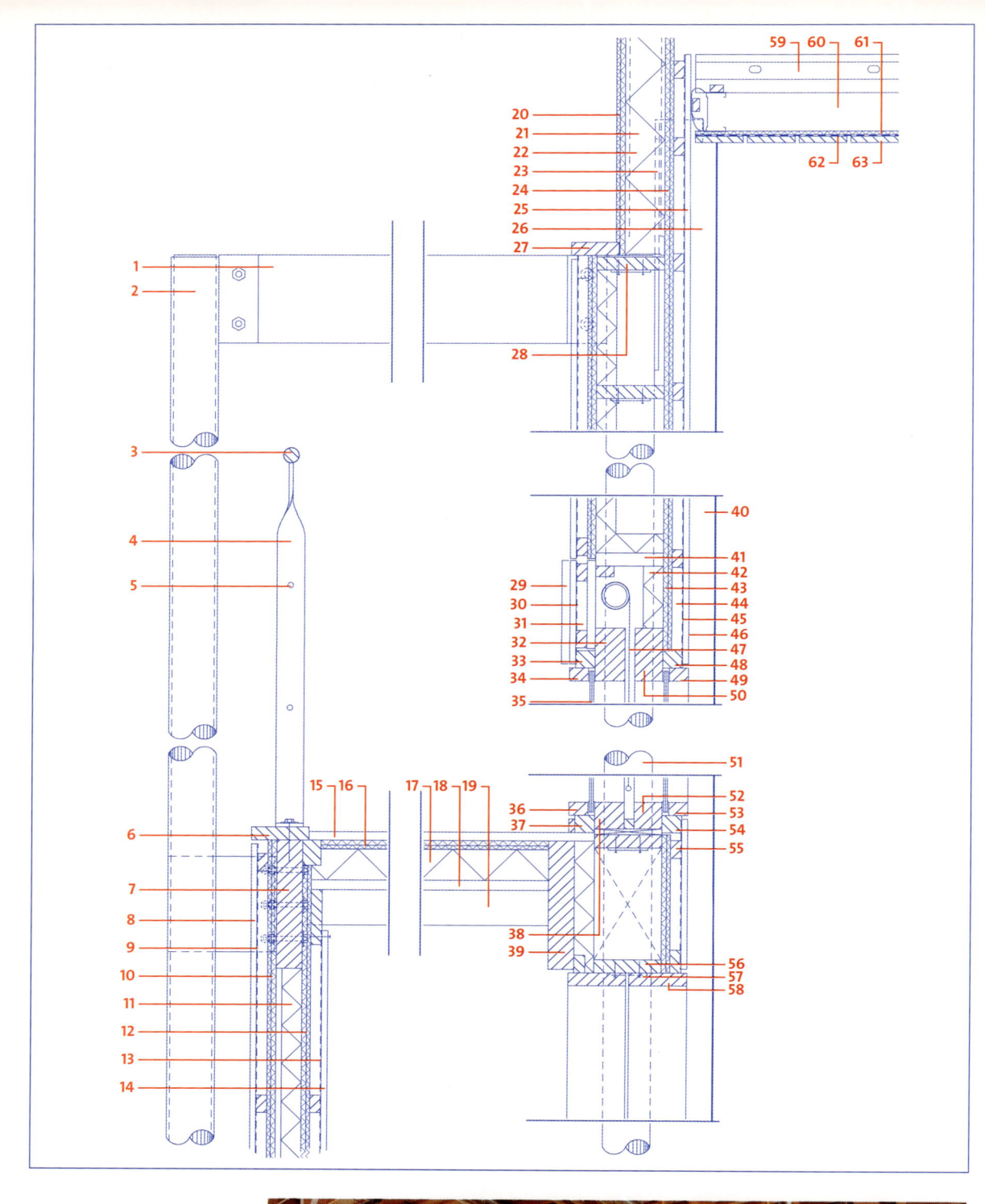

Details Holz-Innenwand und Umlauf im Foyer/Theater
1 Stahlblech, 230 x 15 mm
2 Stahlstütze, Ø 121 x 6,3 mm
3 Geländer, gehobeltes Kiefernholz
4 Flachstahl
5 Stahldraht
6 Gehobelte Kiefernkantholzleiste
7 Holzbalken, 65 x 336 mm
8 Täfelung aus diagonal verlegten Kiefernholzbrettern
9 Filz-Leinentuch, schwarz
10 Doppelte Gipskartonplatte
11 Mineralfaserplatte, 50 mm
12 Doppelte Gipskartonplatte
13 Filz-Leinentuch, schwarz
14 Täfelung aus gehobeltem Eichenholz
15 Multiplexplatten, 22 mm
16 Doppelte Gipskartonplatte
17 Mineralfaserplatte, 80 mm
18 Zementgebundene Holzfaserplatte auf Holzlatten
19 Holzbalkendecke
20 Doppelte Gipskartonplatte
21 Flachstahl
22 Mineralfaserplatte, 100 mm
23 Flachstahl
24 Doppelte Gipskartonplatte
25 Täfelung aus gehobeltem Eichenholz
26 Stahlblech, 120 x 12 mm
27 Deckleiste
28 Montageholzbalken
29 Täfelung aus diagonal verlegten Kiefernholzbrettern
30 Filz-Leinentuch, schwarz
31 Multiplex
32 Gehobeltes Kiefern-Kantholz, 75 x 138 mm
33 Gehobeltes Kiefern-Kantholz, 50 x 45 mm
34 Gehobeltes Kiefern-Kantholz, 48 x 34 mm
35 Glas, feuerhemmend, F 30
36 Gehobeltes Kiefern-Kantholz, 48 x 34 mm
37 Gehobeltes Kiefern-Kantholz, 50 x 45 mm
38 Gesägtes Kiefern-Kantholz, 75 x 68 mm
39 Holzbalken, 65 x 336 mm
40 Stahlblech, 120 x 12 mm
41 Montageholzbalken
42 Mineralfaserplatte, 50 mm
43 Doppelte Gipskartonplatte
44 Lattenkonstruktion
45 Filz-Leinentuch, schwarz
46 Täfelung aus Eichenholzbrettern
47 Verdunklungsvorhang
48 Gehobeltes Eichenkantholz, 50 x 45 mm
49 Gehobeltes Eichenkantholz, 48 x 34 mm
50 Gehobeltes Eichenkantholz, 70 x 138 mm
51 Stahlstütze, Ø 121 x 6,3 mm
52 Gehobeltes Eichenkantholz, 70 x 69 mm
53 Gehobeltes Eichenkantholz, 48 x 34 mm
54 Gehobeltes Eichenkantholz, 70 x 138 mm
55 Latten
56 Montageholzbalken
57 Flachstahl, an Stütze geschweißt
58 Gehobeltes Eichenholz
59 Metallträgerdecke, abgehängt
60 Metallträger-Aufhängung
61 Gipskartonplatte
62 Filz-Leinentuch, schwarz
63 Eichenholzdecke

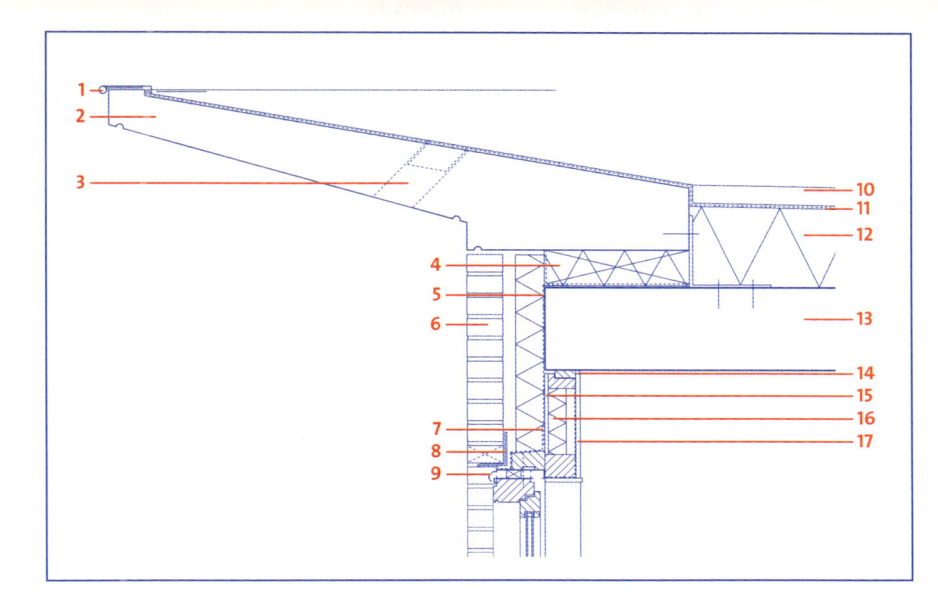

Dachrand
1 Zink-Abschlußprofil
2 Dachrand, Betonfertigteil
3 Überlauf im Betonfertigteil
4 Auflage Dachfirst
5 Feuchtigkeitsabweisender Streifen
6 Verblendmauerwerk, weiß gestrichen
7 Klebestreifen
8 Feuerverzinktes Eckprofil
9 Lüftungsblech
10 Kies
11 Doppelschichtige Dachdeckung
12 Wärmedämmung mit Gefälle
13 Betonfertigteilplatte
14 Kittfuge
15 Zementgebundene Holzfaserplatte
16 Wärmedämmung
17 Gipskartonplatte, 12,5 mm

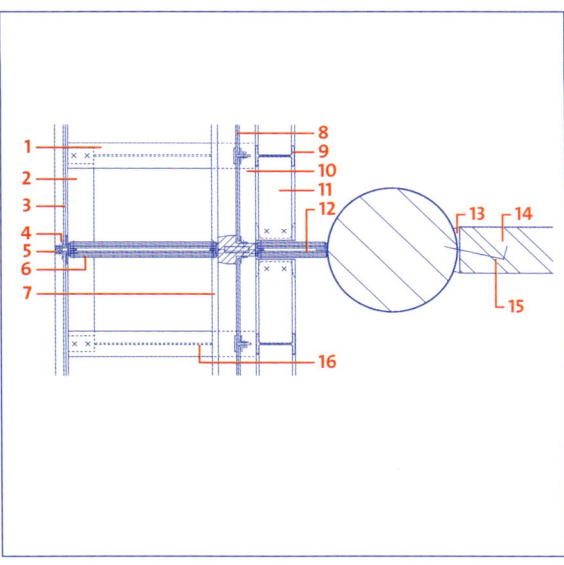

Horizontalschnitt Ornament-Drahtglasverkleidung (Reklameschild)
1 T-Profil, 80 x 40 mm
2 Kastenprofil, Stahl, 50 x 80 mm
3 Ornament-Drahtglas
4 L-Profil, 40 x 40 x 4 mm
5 Kitt auf Fugenband
6 Feuerfeste Platten, 2 x 20 mm
7 Flachstahl, 240 x 10 mm
8 Ornament-Drahtglas
9 Doppel-T-Stahlträger IPE 120
10 Draufsicht Holzlatte
11 Draufsicht Stahlprofil UNP 120
12 Feuerfeste Platte, 10 mm
13 Feuerfeste Abdichtung
14 Kalksandstein
15 Anker
16 Spanndraht

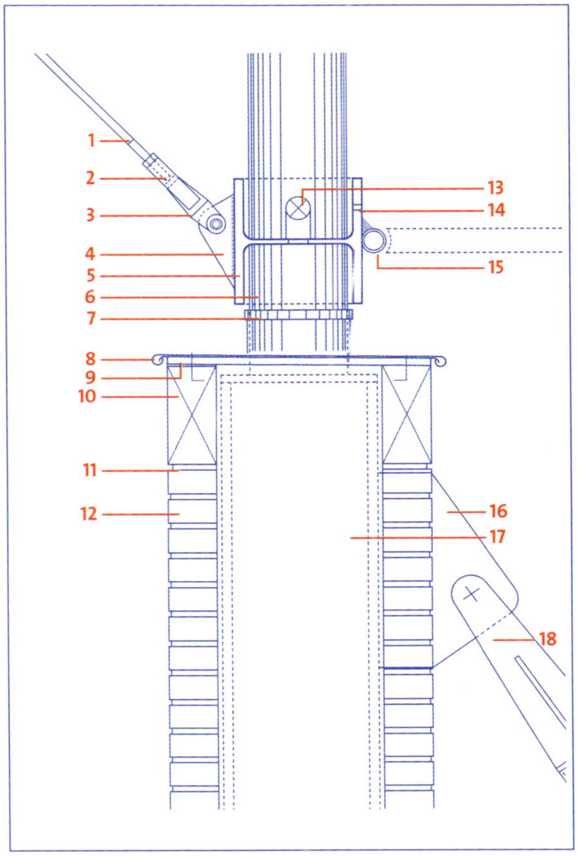

Hans Ruijssenaars Wohn- und Geschäftskomplex Hilversum 1998

Stützenfuß
1 Stahlstab, Ø 16 mm
2 Spannschloß
3 Stahlblech, 10 mm
4 Angeschweißtes Stahlblech
5 Doppel-T-Stahlträger HE 260 B
6 Bei Knotenpunkt: kleiner Steg
7 Zinkaufsatz mit Klemmband
8 Zinkabdeckung mit Wulst
9 Multiplex
10 Rollschicht
11 Zurückspringende Fuge
12 Verblendziegel, Mauerwerk
13 Öffnung für Entwässerung
14 Bohrungen für Glas
15 Schiene für Fensterwaschanlage
16 Verankerungsplatte an Stütze geschweißt
17 Stahlstütze
18 Stahlstrebe, Ø 140 mm

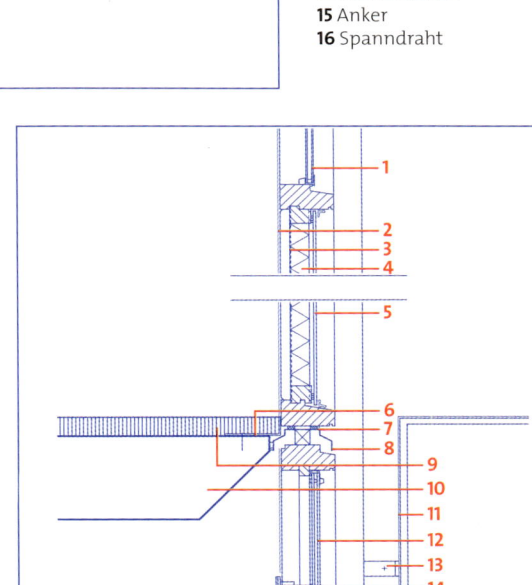

Anschluß Fassade bei Wohnungsgeschoßdecke
1 Isolierverglasung
2 Gipskartonplatte
3 Folie als Dampfbremse
4 Wärmedämmung
5 Emailliertes Glas
6 Eckprofil, Stahl, als Schalung für Estrich
7 Kitt auf Fugenband
8 Lüftungsgitter
9 Estrich
10 Geschoßdecke
11 Balkonbrüstung; Stahlrahmen mit Ornament-Drahtglas
12 Klappfenster
13 Befestigung Brüstung mit Flachstahlstreifen
14 Teleskoparm für Fenster

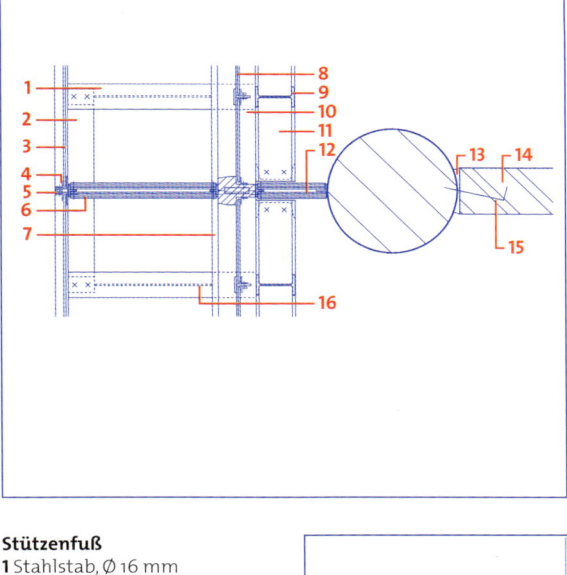

Hans Ruijssenaars Bibliothek und Artothek Amsterdam 2001

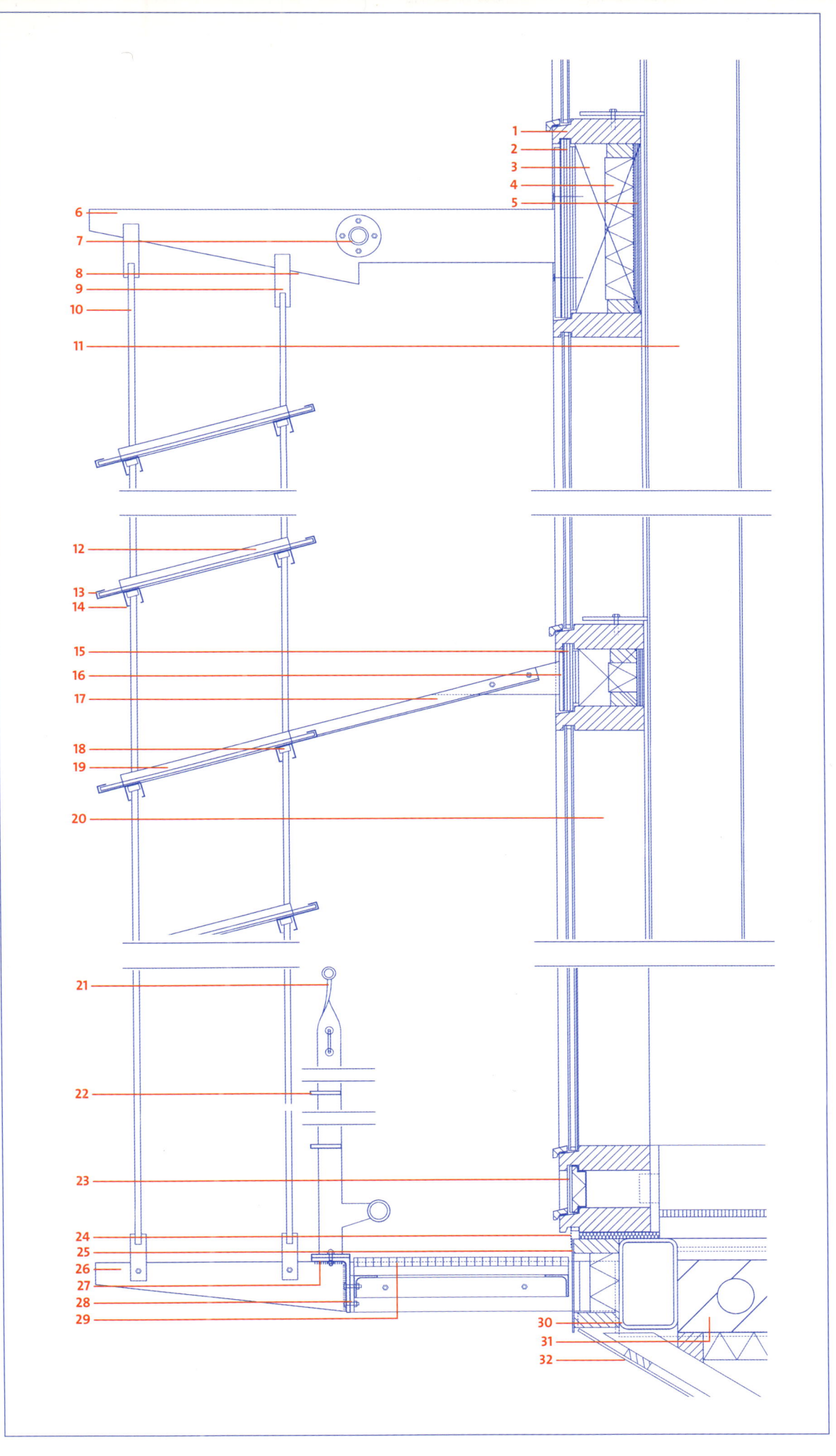

Fassadenschnitt bei Glaselementen
1 Holzträgerbalken, 69 x 234 mm
2 Multiplex mit Kiefernfurnier, 40 mm
3 Holzklotz
4 Wärmedämmung
5 Multiplex mit Kiefernfurnier, 18 mm
6 Stahlkonsole, 15 mm
7 Stahlrohr
8 Kopfplatte
9 Edelstahl-Gabel
10 Edelstahlstab, Ø 16 mm
11 Kastenprofil, 250 x 100 x 10 mm
12 Zwei L-Profile, 35 x 35 x 3 mm
13 Haltebügel aus Edelstahl
14 Edelstahl-Schiene
15 Multiplex mit Kiefernfurnier mit Lüftungsschlitzen
16 Knotenblech, 2 mm
17 Zwei L-Profile, 35 x 35 x 3 mm
18 Edelstahlprofil, 120 x 30 x 15 mm, an Stahlstab geschweißt
19 Sandgestrahltes Glas
20 Holzfassade
21 Stahlgeländer
22 Flachstahl
23 Gefärbte Glas-Verbundplatte
24 Abweiseblech
25 Stahlblech
26 Stahlkonsole
27 L-Profil, 150 x 100 x 10 mm
28 L-Profil, 60 x 60 x 6 mm
29 Gitterrost
30 Kastenprofil
31 Betonhohldielendecke mit Fugenverguß
32 Wellblechplatte aus Aluminium

UN Studio
Details als Strukturen

Der italienische Architekt Carlo Scarpa (1906-1978) wird vor allem für sein handwerkliches Können, sein Gespür für Materialverwendung und Materialqualitäten gerühmt. Mit viel Sensibilität gestaltete er jede Verbindung so, daß nicht nur alle Materialien, die im Detail aufeinandertrafen, ihren Charakter behielten, sondern auch ihre einzelnen Texturen noch einmal betont wurden. In diesem Sinn war der Knoten das wichtigste Element in Scarpas Werk.
Räumlich sind Scarpas Gebäude hingegen wesentlich schwächer, so daß seine Architektur, die doch definitionsgemäß Raumkunst sein soll, in dieser Hinsicht weniger fasziniert. Ben van Berkel, damals Student an der Architectural Association (AA) in London, und Caroline Bos versuchten in ihrem Artikel für die Zeitschrift *Forum* Scarpas Detaillierungen eine stärkere räumliche und damit architektonische Bedeutung zuzusprechen: „Es wurde schon des öfteren bemerkt, daß die räumliche Struktur von Scarpas Gebäuden nicht besonders zwingend ist, daß vielmehr die Details die Einzelteile zusammenfügen und auf diesem Wege die Struktur bestimmen. (...) [Das Detail] nimmt die Gestalt eines Leitmotivs an. Die Tatsache, daß Scarpa dem Detail eine solche Unabhängigkeit zugesteht, hat manchmal dazu geführt, daß sein Werk als fragmenthaft, unharmonisch und dekompositorisch verstanden wurde. Dies ist auf die beharrliche Meinung zurückzuführen, daß Details eine untergeordnete Rolle spielen sollten."[1]
Der Artikel war nicht nur wegen dieses Plädoyers für eine Neubewertung von Scarpas Werk bemerkenswert, sondern auch aufgrund des Zeitpunktes, zu dem er publiziert wurde. Bedeutende Architekten wie zum Beispiel Rem Koolhaas, Zaha Hadid und Daniel Libeskind beschäftigten sich zu jener Zeit stärker mit konzeptionellen Aspekten der Architektur. Das Detail verkörperte aus dieser Sicht die pragmatische Seite der Architektur, die Umsetzung. Scarpas Liebe zum Material und zum Detail – von manchen als Detailfetischismus bezeichnet – war beinahe ein Tabuthema.
Im nachhinein könnte man meinen, daß Ben van Berkel mit diesem frühen Artikel den Weg für die außergewöhnliche Rolle bereiten wollte, die das Detail später in seinen eigenen Gebäuden spielen würde. Vielleicht versuchte er schon damals, eine Brücke zwischen Konzept und Detail zu schlagen, weil ihm das Detail wichtig war, um seinen Gebäuden unterschiedliche Strukturen zu verleihen.

Die verborgene Detailebene
Zunächst verwendete van Berkel die aus Detailserien gebildeten Strukturen, um die über funktionale Volumina ‚drapierten' Gebäudehüllen mit einer zusätzlichen Schicht zu versehen. Wie wichtig ihnen diese Funktion des Details ist, illustrierten van Berkel und Bos in ihrem Aufsatz *Storing the Detail* anhand einer fiktiven Stadt mit zahlreichen Gebäuden von den Architekten Oscar Niemeyer, Jorn Utzon und Pier Luigi Nervi. „Dann ergäbe sich (...) ein Ort voller Spannung und dynamischer Kräfte (...). Es wäre eine Stadt voller gewalthafter Begegnungen, von Entfremdung durchdrungen, die Resonanz in unwahrscheinlichen Winkelformen und Grundrissen findet. Dennoch könnte über dieser verbotenen Stadt, ungeachtet alles Überspannten, eine gewisse Nüchternheit liegen, eine Stimmung, die andeutet, daß eine ihrer Dimensionen zu knapp bemessen ist. (...) [Der Besucher] würde zu dem Eindruck gelangen, daß es keinen Unterschied zwischen dem gebauten Himmel und dem Abgrund des Details gibt."[2]
Zum Teil stellt sich van Berkel aber auch den Gefahren einer detaillosen Hülle. Obwohl seine Fassaden stets eine Verbindung zwischen innen und außen herstellen, sind sie gleichzeitig fast autonome Wesen. Der Architekt trennt die Außenhaut meist von der Funktion des Gebäudes und verleiht ihr Kontinuität, indem die verschiedenen Fassaden und das Dach ineinander übergehen. Auch die notwendigen Öffnungen sind beinahe eigenständige Elemente, die die Außenhaut zu durchstechen scheinen, als bahne sich die eine Schicht einen Weg durch die andere.
Das Erscheinungsbild der Außenhaut stellt sich als Konsequenz des computergestützten Entwerfens dar. Schon seit einigen Jahren entwerfen van Berkel und Bos parametrisch, das heißt, es werden verschiedene Parameter in den Computer eingegeben – insbesondere jene, die die Bewegungen hinter den vorhandenen Strukturen behandeln – woraufhin der Computer aus der Kombination der eingegebenen Daten die optimale Gebäudeform errechnet. Dieser Prozeß ergibt wie selbstverständlich abgerundete Gebäudeformen, mit nahtlos ineinander übergehenden Flächen. Van Berkels Vorliebe für durchgehende Flächen stammt jedoch noch aus Zeiten, als keine Computer für den Entwurfsprozeß eingesetzt wurden. Dies wird unter anderem an den zum Teil noch handgezeichneten Entwürfen für das Bürogebäude Karbouw in Amersfoort (1991), das Remu-

UN Studio Details als Strukturen

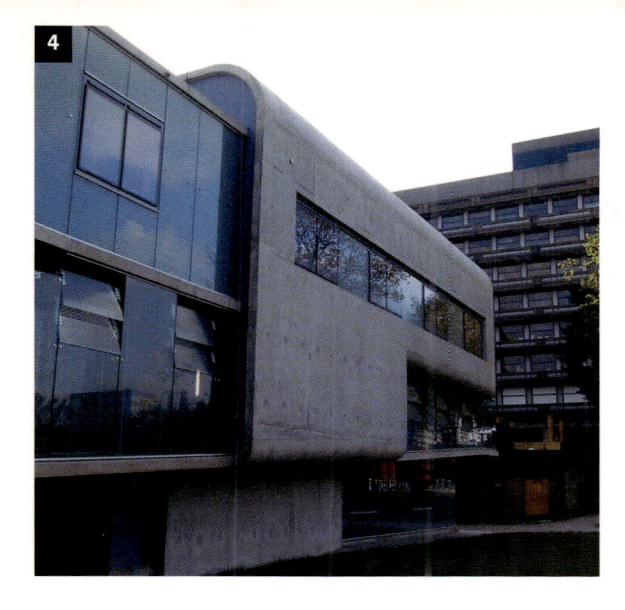

Umspannwerk in Amersfoort (1993) → 1 und den Geschäftskomplex Nijkerk (1994) → 2 deutlich, in denen definierte oder harte Flächenabschlüsse fehlen.
In *Storing the Detail* beschreiben van Berkel und Bos zwei Wege, wie durch den Verzicht auf Details kontinuierliche Fassadenflächen entstehen, am Beispiel der fehlenden Ausarbeitung des Daches beim Remu-Umspannwerk, dem Geschäftskomplex Nijkerk und dem NMR-Labor (Nuclear Magnetic Resonance) in Utrecht (2001).³ Das Remu-Umspannwerk besteht aus nichts als einer verformten Schale, die um drei Transformatoren gelegt wurde. Für die Fassade verwendete van Berkel helle Aluminiumbleche und schwarze Basaltlavaplatten, die schwer aussehen. → 3 Es ging aber nicht um diesen Effekt. Der Naturstein wurde allein wegen seines starken Kontrastes zum silberfarbenen Material verwendet; durch ihre Gegensätzlichkeit verkörpern die Materialien die Funktion des Gebäudes. Um auf einen sichtbaren Dachabschluß verzichten zu können, wurden durch Aluminium- und Gummiprofile hinter den Platten die Wände wasserdicht gemacht. Selbstverständlich handelt es sich dabei um ein bewußt entwickeltes und gestaltetes Detail, keineswegs um ein Weglassen. Die architektonische Bedeutung geht über das Fehlen eines Dachrandstreifens hinaus; es scheint, als sei das Fassadenmaterial (die Aluminium- und Basaltlavaplatten) an der Oberseite des Gebäudes einfach umgefaltet worden. Der fehlende Abschluß suggeriert, daß sich das Material auf der Dachfläche fortsetzt, so daß das Gebäude wie ein ausgehöhltes, abstraktes Volumen wirkt. Vor allem beim NMR-Gebäude gelang diese Wirkung überzeugend. Durch die perfekt abgerundeten Ecken entsteht hier der Eindruck gebogener Platten. → 4

Strukturierende Detaillierung

Als eine mögliche zeitgemäße Aufgabe des Details betrachten van Berkel und Bos die Gestaltung einer autonomen Hülle, wie es beim Remu- und NMR-Gebäude geschieht. Details einer neuen Art treten an die Stelle der klassischen Fassadenordnung. Eine solche Strategie, das Pendant zum erwähnten Prinzip des Weglassens, zeigt, daß Details nicht nur ein kleiner Bestandteil des Ganzen sind. Sie erhalten auf diese Weise eine viel größere Bedeutung als in ihrer traditionellen Rolle. Um die Detailebene zu verbergen, werden die Fassaden als Schalen ausgebildet. Van Berkel selbst führt das Acom-Bürogebäude in Amersfoort (1993) → 5 als Beispiel dafür an: „Das Detail besteht hier darin, daß ein nicht allzu großes Bürogebäude nachträglich eine durchsichtige, wandschirmartige Verblendung erhielt, die im selben Moment, da man sie in ihrer enthüllenden Transparenz wahrnimmt, sich allein als solche zu erkennen gibt. (...) Desgleichen gibt es keine Komposition, die ursprüngliche Fassade schimmert durch das dünne Gefüge des Schirms hindurch."⁴

So betrachtet, sind die Profilglasfassaden der Stadtverwaltung in IJsselstein (2000), die Glasfassaden des Museums Het Valkhof in Nijmegen (1998), aber auch die Streckmetallfassaden des Piet-Hein-Tunnels in Amsterdam (1996) und des Brückenwächterhauses in Purmerend (1998) mit der Acom-Fassade verwandt. Obwohl es sich bei diesen Gebäuden, im Gegensatz zum Acom-Gebäude, um Neubauten handelt, schimmert auch hier das Gebäude durch die semitransparente Außenhaut. Diese Detailstrategie verleiht den Fassaden eine neue Erfahrungs- und Bedeutungsebene.
Die Fassade der Stadtverwaltung IJsselstein geht noch weiter, indem sie unterschiedliche Transparenzgrade aufweist. → 6 Dies verstärkt die Zweifel an der Funktion nicht nur der Fassade, sondern auch des Gebäudes und der verschiedenen Fassadenkomponenten. Um diesen Effekt zu erzielen, wurde zwischen dem Reglit-Profilglas und den Fensteröffnungen – die scheinbar wie zufällig über die horizontalen Flächen verteilt sind und dadurch die Raumeinteilung der einzelnen Geschosse unkenntlich machen – ein schmaler Streifen seidenglatten Betons eingefügt. Der Beton bildet zusammen mit dem Profilglas eine Ebene und ist ebenso glatt wie dieses. Des weiteren setzt van Berkel hier die Semitransparenz des Glases ein, um eine Verbindung zwischen den Öffnungen und einer zweiten Schicht zu schaffen, deren grobe Struktur hinter dem Glas sichtbar ist und die wie Beton aussieht, tatsächlich aber gespritzter Dämmstoff ist. Subtil wird suggeriert, daß das Gebäude aus zwei Schalen aufgebaut ist: einer sehr auffallenden Glasschicht und einer zweiten Betonschicht, die an den Fenstern zum Vorschein kommt, aber gleichzeitig auch überall hinter dem Glas liegt. Die Fassade erhält durch die Kombination aus transparentem Material (Glas), undurchdringlichem opakem Material (Beton) und semiopakem Material (Reglit-Glas) eine faszinierende Tiefenwirkung und Volumen. Durch die Ausführung des gesamten Gebäudes mit denselben Materialien und derselben Detaillierung, ungeachtet seiner verschiedenen

Funktionen (neben der Stadtverwaltung ist auch das Theater in dem Komplex untergebracht), wird der dreidimensionale Effekt noch verstärkt. Der einzige Unterschied zwischen Vorder- und Rückseite scheint das Material der Fensterrahmen zu sein. → **7** An der Vorderfassade wurden schlanke Aluminiumrahmen verwendet, an der Hinterfassade dicke Holzrahmen. Letzteres ist das einzige Zugeständnis, das van Berkel machte, um sein auffälliges Gebäude in die Umgebung einzufügen.

Objekt und Raum

Die semitransparenten Materialien werden nicht nur verwendet, um der Fassade Tiefe und Kontinuität zu geben, sondern auch, um im wahrsten Sinne des Wortes mehr Gebäudevolumen zu generieren. Besonders beim Piet-Hein-Tunnel → **8** und dem Brückenwächterhaus in Purmerend → **9** stehen die perforierten Metallhäute in keinem Verhältnis zum eher beschränkten Nutzraum. Das Material bewirkt einen Moiré-Effekt, und sorgt beim Brückenwächterhaus auch dafür, daß das Gebäude aus der Distanz als skulpturaler Körper wahrgenommen wird. Erst aus der Nähe – und auch dann nur mit Mühe – läßt sich die losgelöste Schicht von den tatsächlichen Räumen unterscheiden. Das siebbedruckte Glas des NMR-Gebäudes hat denselben Effekt. Diese Art der Modellierung der Schalen, bei der van Berkel danach strebt, immer weniger verschiedene Materialien zu verwenden, birgt jedoch die Gefahr – wie van Berkel und Bos selbst anhand der Fassaden von Utzon und Niemeyer gezeigt haben –, daß die Gebäude allzu sehr wie Skulpturen und zu wenig wie Gebäude wirken. Dieses Streben nach einer Minimierung der verwendeten Materialien scheint eine Folge des sowohl architektonischen als auch bautechnischen Scheiterns des Komplexes ‚De Kolk' im Zentrum von Amsterdam (1996) zu sein, der ein Hotel, Geschäfte und Ladenpassagen umfaßt. → **10** Dies war auch der erste computergestützte Entwurf von van Berkel. Aus dem Versuch, die erwartete Bewegungsfülle an diesem Ort in eine Baustruktur umzusetzen, entstand ein Entwurf mit einer Vielzahl schräger, einander in verschiedenen Winkeln durchschneidender Flächen und mit allzu vielen verschiedenen Materialien. Der Entwurf war zu kompliziert und die Ausführung mangelhaft. → **11** Sowohl die Arbeit mit dem Computer als auch die Materialisierung hat van Berkel seither optimiert. Die Fassaden bestehen aus höchstens zwei Materialien, vorzugsweise hintereinander geschichtet, um schwierige Anschlüsse zu vermeiden. Die Spannung ist nicht mehr das Ergebnis von Konfrontation –, die bei Komplexen wie ‚De Kolk' immer konstruktive Probleme verursacht –, sondern von Auswahl und Schichtung der Materialien. Dieser Schichtaufbau, oft mit Lochblechen oder Glasschichten mit unterschiedlichen Transparenzgraden, verhindert, daß die aus einem einzigen Material bestehende Fassade flach und monoton wird.

Profile

Um die Fassaden lebendiger zu machen und ihnen zusätzliche Spannung zu verleihen, strukturiert van Berkel die Schalen mit verschiedenen Profilen. Während Profile normalerweise der Befestigung dienen, bewirken sie hier mehr als nur saubere Verbindungen. Sie sind offenbar ein Mittel, um bautechnische Details zu verbergen, die Nahtlosigkeit der Außenhaut hervorzuheben und ihr darüber hinaus eine Reliefwirkung und Richtung zu geben. Hinsichtlich des Remu-Umspannwerks stellte der Architekt fest, daß die Kraft des Gebäudes vor allem in der Wirkung jener Details liege, die nicht als Lösung, sondern als Ausgangspunkt für die Materialisierung behandelt würden. Das Vermeiden spezifischer Details durch die Koppelung von Materialien lenke die Aufmerksamkeit auf die skulpturale Wirkung der hervor- und zurücktretenden Fassadenebenen.[5]

Die Profile des Remu-Umspannwerks sind aus zwei U-Profilen aus Edelstahl zusammengesetzt, die eine Latte aus unbehandeltem Irokoholz fassen, und sind nahezu eigenständige Elemente. → **12** Sie verleihen der Fassade eine Linienstruktur und sorgen visuell für eine Vertiefung der vertikalen und horizontalen Fugen in der Aluminiumfassade. An der Natursteinfassade verläuft das Profil hingegen ausschließlich horizontal, während nüchternere U-Profile die vertikale Linierung bewirken. Dieses Verfahren läßt ein gutes Gespür für die verwendeten Fassadenmaterialien erkennen. Durch die vertikale Anordnung der feinen Profile gewinnt das neutrale, flache Aluminium an Tiefe und wirkt fast so lebendig wie die aus Naturstein gefertigten Teile der Gebäudehülle. Darüber hinaus entsteht mit Hilfe der durchlaufenden horizontalen Profile trotz der Unterschiede in den Materialien und der verschiedenen Winkel, in denen die Fassadenteile plaziert sind, eine kontinuierliche Schicht. → **13** Letztlich bringt der Architekt mit diesem Profil auch ein zeitliches Moment in das Gebäude ein, und das Detail erinnert insofern an Scarpa. Das Irokoholz wird grau und paßt sich farblich allmählich dem Edelstahl an, so daß die Unterschiede zwischen den Materialien im Laufe der Zeit geringer werden. Selbstverständlich bleibt das Profil dabei deutlich erkennbar. Seine schöne Komposition offenbart das Gebäude dann aber erst von Nahem, wenn die unterschiedlichen Texturen der Materialien sichtbar werden.

Wie beim Remu-Umspannwerk, bei dem die Profile verwendet werden, um zwei unterschiedliche Materialien in einer einzigen skulpturalen Geste zu vereinen, akzentuieren sie beim Piet-Hein-Tunnel und dem Brückenwächterhaus die Linienstruktur des Bauwerks. Zu diesem Zweck wurden das Brückenwächterhaus → 14 und der Piet-Hein-Tunnel zwischen den perforierten Stahlblechen mit tiefen horizontalen Nähten versehen. Die viel schmaleren vertikalen Fugen zwischen den Platten verschwinden dadurch fast, und die Außenhaut gewinnt die beabsichtigte Horizontalität. → 15 Obwohl die Detaillierungen dieser beiden Bauten sehr ähnlich sind, gibt es doch wesentliche Unterschiede. Beim Brückenwächterhaus sind die Stahlbleche nach innen gebogen und in einer Fuge der dahinterliegenden Konstruktion befestigt, so daß dieser Anschluß im Schatten liegt und weniger in Erscheinung tritt. Beim Piet-Hein-Tunnel sind die Fugen hingegen eher Ornamente und in diesem Sinne mit den Profilen des Remu-Umspannwerks vergleichbar. Die Fugen bzw. die Profile sind eigenständige Elemente, was durch die Platten betont wird, die aus den Fugen herausstehen und das weit auskragende Dach ankündigen. → 16 Genau wie beim Remu-Umspannwerk, wird auch hier der Schichtaufbau des skulpturalen Körpers erst aus der Nähe deutlich. Erst dann werden die zusammengefügten Profile, aber auch die winzig kleinen Bolzen, mit denen die Stahlbleche auf den Profilen befestigt sind, sichtbar. Um dem Auge für die Betrachtung aus der Nähe noch eine weitere Schicht zu bieten, bedient sich van Berkel der kleinsten Elemente des Gebäudes: Bolzen und Schrauben. Die Bolzen für das Acom-Bürogebäude, die Sechskantbolzen des Remu-Umspannwerks und die des Möbiushauses in Het Gooi (1998) bewirken eine effektvolle Skalierung der rundumlaufenden Außenhaut, die mittels recht auffälliger Profile in diesen Bolzen endet. Darüber hinaus machen die Bolzen erkennbar, wie die Schale gemacht und wie das Fassadenmaterial, das normalerweise unsichtbar am Baukörper fixiert ist, angebracht ist. Die Bolzen sind sowohl in bautechnischem als auch in architektonischem Sinne das Gegenstück zum Verbergen der Detailebene. Dieses erweckt den Eindruck eines Kontinuums; die Bolzen und anderen Befestigungen hingegen bringen das Gebäude und seine Hülle ‚back to earth', untergliedern es und verleihen ihm einen Rhythmus.

Große Details
Entsprechend den Anforderungen, sind das Remu-Umspannwerk, die Renovierung des Shoppingcenters in Emmen (1996) und das Brückenwächterhaus kaum mehr als Volumina, die durch ihre Außenschalen eine Belebung erfahren. Dagegen lassen das Möbiushaus, das Museum Het Valkhof in Nijmegen, aber auch das NMR-Gebäude in Utrecht eine wichtige neue Entwicklung im Werk von van Berkel erkennen. Auf den ersten Blick mögen diese Gebäude seinen früheren Bauten sehr ähnlich sehen. Hier wurden jedoch Strukturen in die Volumina gewoben, so daß die Ebenen miteinander verschmelzen.

Das Museum Het Valkhof hat eine Glasfassade mit ähnlicher Tiefenwirkung wie die der Stadtverwaltung IJsselstein. → 17 Durch das Glas schimmert blaues Dämmaterial hindurch, an manchen Stellen erlaubt es einen kurzen Blick auf sehr große Installationen und läßt durch eine innen liegende Glasscheibe Tageslicht auf Vitrinen mit Silberwaren fallen. Durch die schuppenartige Anordnung der Glasscheiben erhält die Fassade eine starke Linienstruktur, die durch schlanke Aluminiumprofile, mit denen das Glas befestigt ist, einen horizontalen Akzent erhält. → 18 Auch an der Südfassade werden die durchlaufenden horizontalen Linien nicht unterbrochen, obwohl das für die Belüftung eigentlich notwendig gewesen wäre. Die Ventilationsöffnungen wurden statt dessen integriert, indem Glasscheiben an einigen Stellen so schräg gestellt wurden, daß zwischen ihnen eine Öffnung entstand. → 19 Die Nord- und ein Teil der Ostseite unterscheiden sich von den anderen, geschlossenen Fassaden des Museums. Die dort entlangführende Galerie hat eine Glasfassade, die bis über die Dachfläche gezogen wurde. Auch die Orientierung der Details an der Ostfassade ist anders. Während an den anderen Fassaden die Aluminiumprofile die horizontale Linienstruktur hervorheben, erhält die Fassade dort mittels sehr großer

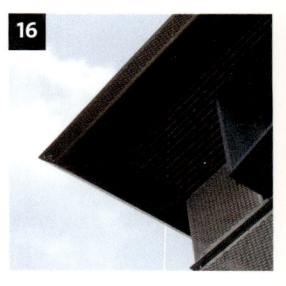

Fassadenpfosten eine ausgeprägte vertikale Linierung. → **20** Trotz ihres unterschiedlichen Charakters bilden die verschiedenen Fassaden eine deutliche Einheit; hier aber wurde das ‚Fleisch unter der Haut' weggelassen. Geblieben ist die Struktur. Durch das Öffnen der opaken grünen Schuppenhaut wird der Blick auf das Innere des Gebäudes frei. Um den Eindruck eines geöffneten Bau-‚Körpers' zu erwecken, mußten die Binder an der langgestreckten Ostfassade außerhalb des Volumens plaziert, gleich Rippen über das Glasdach fortgesetzt und schließlich nahtlos an den intakten Gebäudekörper angeschlossen werden. Ihre Größe – sie bestehen aus zwei Stahlprofilen, zwischen die hohe Stahlbleche geschweißt wurden – betont ihre Präsenz. Diese Darstellung erinnert an die Fassadendetaillierung der Stadtverwaltung in IJsselstein, bei der die zu erahnende Unterkonstruktion aus Betonscheiben ebenfalls kurz im Blickfeld erscheint. Für die großen Dimensionen der Rippen gibt es ferner einen pragmatischen Grund, denn sie wehren einen Teil der Sonnenwärme ab. Gleichzeitig bietet diese transparente Fassade dem Besucher eine wunderbare Aussicht in den Park und über den Fluß Waal.

Die Glasfassade zum Platz wendet sich durch eine Winkeldrehung in vier Schritten zum Fluß hin, wobei diese Drehung den Architekten zufolge von den Richtungsänderungen der Landzungen im Fluß abgeleitet ist. Hier wird eine dritte Dimension der Ausgestaltung deutlich: die Fortsetzung von in der Umgebung vorhandenen Linien im Gebäude. Bereits beim Remu-Umspannwerk, dessen Sockel die Ausrichtung der Backsteine des Rathauses reflektiert, verwendeten die Architekten dieses Prinzip. Allerdings scheinen solche Strategien vor allem für Architekten gemacht, während sie von Außenstehenden kaum wahrgenommen werden.

Über der ersten Auskragung der Museumsfassade verändert sich nur noch ihre Tiefe. Der tiefere Hohlraum läßt die Fassade dunkler wirken. Den Architekten zufolge ist diese Fassade ein ‚Großes Detail' und die Treppe ein zweites. In der betongrauen Umgebung des Museums bildet das gelbe Holz der ungewöhnlich großen Treppenläufe und Geländer einen Orientierungspunkt. Die hölzerne Einfassung ist beinahe detaillos: Die Bretter liegen übereinander und treffen an den Ecken in einer Stoßverbindung aufeinander. → **21** Den Höhepunkt dieser Detaillierung bilden die Handläufe, die aus eigentlich banalen, aber wirkungsvollen Holzbrettern bestehen. Sie sind mit einfachen Zapfen am hölzernen Gehäuse befestigt. Das Fehlen üblicher Details lenkt die Aufmerksamkeit auf die Treppe als Ganzes, als ‚Großes Detail'. Die Betontreppe, die zur Stabilität des Gebäudes beiträgt, hat unterschiedliche Neigungen und unterschiedlich breite Stufen. Dadurch wird das Tempo beim Hinauf- und Hinuntergehen beeinflußt. Während die breiteren Stufen als Plattformen und mögliche Begegnungsorte wirken, nötigen die schmalen Stufen zum zügigen Weitergehen.

Die Treppe führt die Besucher vom Eingang zur Galerie mit ihrem schönen Ausblick auf Park und Fluß, und die Aluminiumdecke, das dritte ‚Große Detail', leitet sie von der Treppe durch die Ausstellungsräume. Sie zieht sich zweiteilig gerichtet in geschwungen Linien elegant durch die Räume. Über der Decke liegen die Installationen und die Beleuchtung. Im Prinzip ist die Aufhängung der Aluminiumstreifen recht konventionell, nur die Streifen selbst und das Klick-System, durch das sie befestigt werden, wurden per Computer nach Maß gesägt und gebogen. Bei der Ausführung mußten einige Zugeständnisse gemacht werden. Ursprünglich sollten sie aus Holz hergestellt werden, aber um die zweiseitig gerichtete Bewegungen zu erzeugen, hätten die Streifen kostenträchtig einzeln geformt werden müssen. Aluminiumstreifen erwiesen sich zwar als viel flexibler, aber auch mit diesem Material mußten die Wellenbewegungen etwas reduziert werden.

Vitalität

Während das Budget für den Museumsbau die Ausführung der Ideen einschränkte, war dies beim Möbiushaus nicht der Fall. Als Grundlage für diesen Entwurf eines Wohnhauses mit zwei Studios, in dem sowohl zusammen als auch getrennt gearbeitet und gewohnt werden kann, diente das Möbiusband, das Unendlichkeit und Kontinuität symbolisiert. Auf ein Gebäude übertragen bezieht sich dies auf den Übergang zwischen innen und außen. → **22** Es handelt sich vor allem um eine visuelle Kontinuität. Wo ein Weg wie im weit auskragenden Studio und Schlafzimmer über dem Eingang endet, vermitteln die großen Glasflächen dieser ‚schwebenden' Räume den Eindruck, daß sie in die Umgebung übergehen. Auch innerhalb des Wohnhauses lassen Glasscheiben, die nahezu alle Räume miteinander verbinden, das praktisch unmöglich zu realisierende Möbiusband erahnen. → **23**

Das durchlaufende Betonband, welches das geschoßhohe Glas einfaßt, ist das Äquivalent zu den Aluminiumprofilen an der Fassade vom Museum Het Valkhof. Es ist beinahe detaillos, damit der Eindruck eines Kontinuums verstärkt wird, und weist nur wenige, sehr schmale Fugen auf. Dieser Effekt wurde erzielt, indem Beton auf das Dämmaterial gespritzt und dann zu einer glatten Oberfläche ausgestrichen wurde. Im Möbiushaus finden sich kaum gewöhnliche Fensterrahmen, statt dessen wird das Glas an der Innenseite durch Standardstahlprofile gehalten.

Wie das Betonband die wichtigste Fassadenstruktur darstellt, so sind die Betonfugen die strukturbestimmenden kleinsten Details. Während außen Betondetails vermieden wurden, nahm das Material innen, wo Ortbeton in individuelle Schalplatten nach Maß gegossen wurde, einen samtigen Schimmer an. Die Fugen und die Löcher der Schalungsanker verleihen den Räumen einen gewissen Rhythmus. Darüber hinaus betonen die Fugen die Bewegungen im Interieur.

Der hier erkennbare Umgang mit den Details kommt Marco Frascaris These nahe: „Details sind der indirekte oder direkte Ausdruck der Struktur und der Nutzung von Gebäuden."[6] Die Detaillierung gibt den Schalen und den Volumina ihre Struktur. Dabei sind die Details jedoch kein Leitmotiv wie bei Scarpa, und im Gegensatz zu diesem setzt van Berkel auch nicht zahlreiche verschiedene Materialien zu vollendeten, komplexen Kompositionen zusammen. Van Berkels Details sind größer und einfacher. Ihre Wirkung überzeugt, weil sie dienen, einerseits die Skulpturalität der Außenhaut stärken, andererseits die Räumlichkeit in und um die Gebäude hervorheben. Doch was van Berkel einmal über Scarpas Details schrieb, nämlich daß sie durch ihre thematische Authentizität und durch ihre Vitalität der Architektur eine poetische Kraft verleihen, das gilt auch für sein Werk.

1. Ben van Berkel, Caroline Bos, „Het ideale detail: thema en motief", in: Forum, 4, 1987.
2. Ben van Berkel, Caroline Bos, „Storing the detail – Bewahrung des Details", in: Ben van Berkel, Kristin Feireiss (Hg.), Mobile Kräfte – Mobile Forces, Berlin 1994.
3. Siehe Anm. 2.
4. Siehe Anm. 2.
5. Ben van Berkel, Crossing Points, Berlin 1993.
6. Marco Frascari, The Tell-the-Tale Detail, Philadelphia 1982.

UN Studio REMU-Umspannwerk Amersfoort 1993

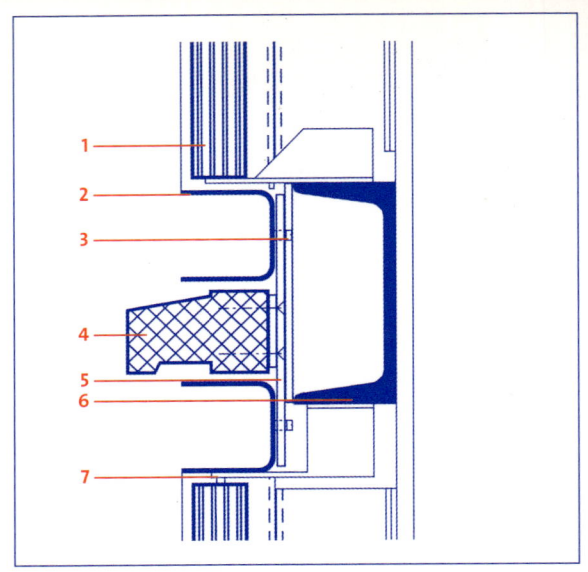

Detail Natursteinfassade
1 Fassadenplatten, Basaltstein
2 Edelstahl-U-Profil,
50 x 50 x 3 mm
3 Innensechskantbolzen
4 Irokoholz, unbehandelt
5 Aluminiumblech
6 Stahlkonstruktion
7 Fassaden-Befestigungsbügel

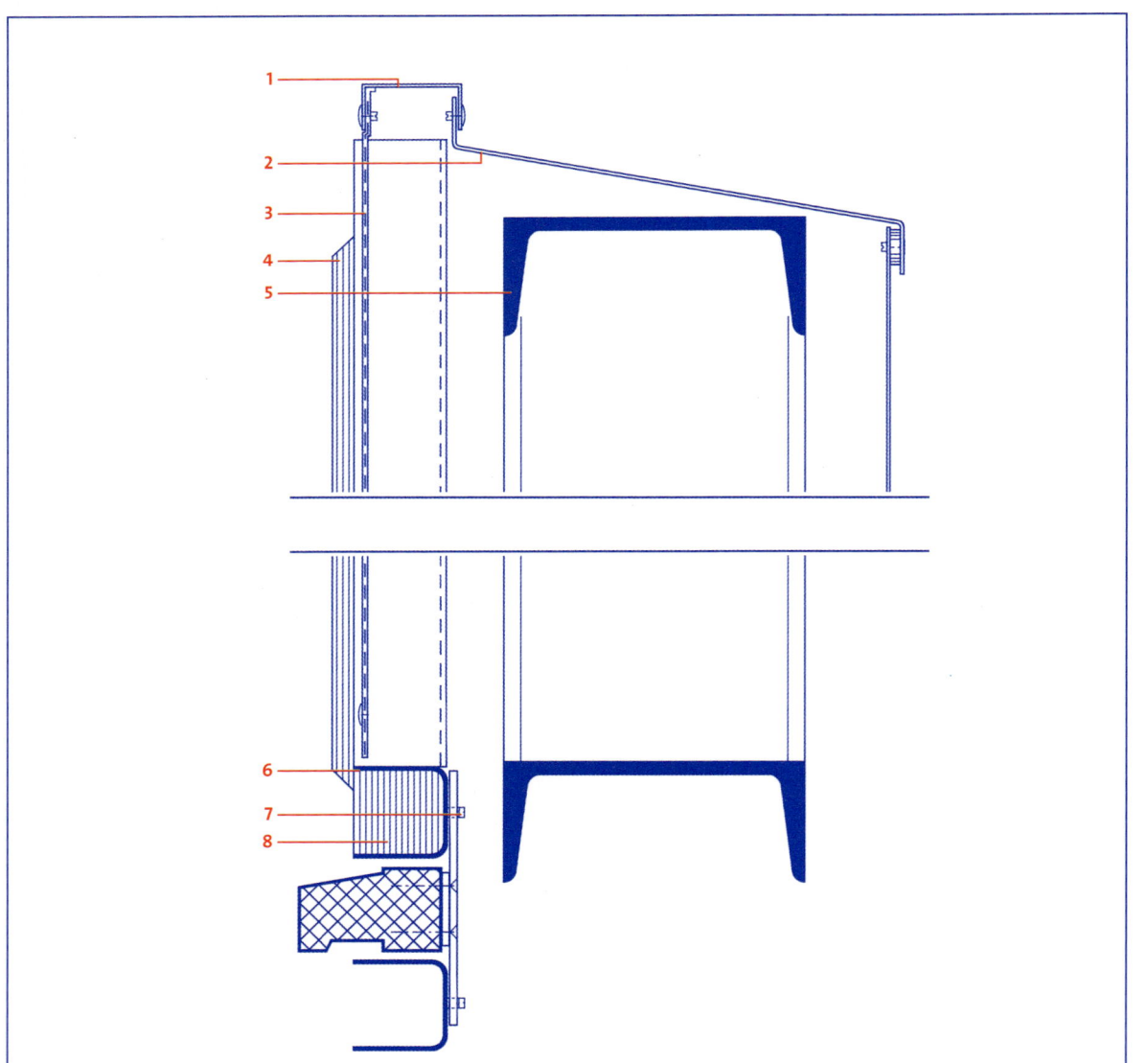

Anschluß Dachrand mit Aluminiumfassade
1 Aluminium-U-Profil,
30 x 50 x 3 mm, Naturton eloxiert
2 Gefalztes Aluminiumblech, 3 mm
3 Fassadenverkleidung, 10 mm
4 Irokoholzleiste, unbehandelt
5 Stahlkonstruktion
6 Edelstahl-U-Profil,
50 x 50 x 3 mm
7 Innensechskantbolzen
8 Irokoholz, unbehandelt

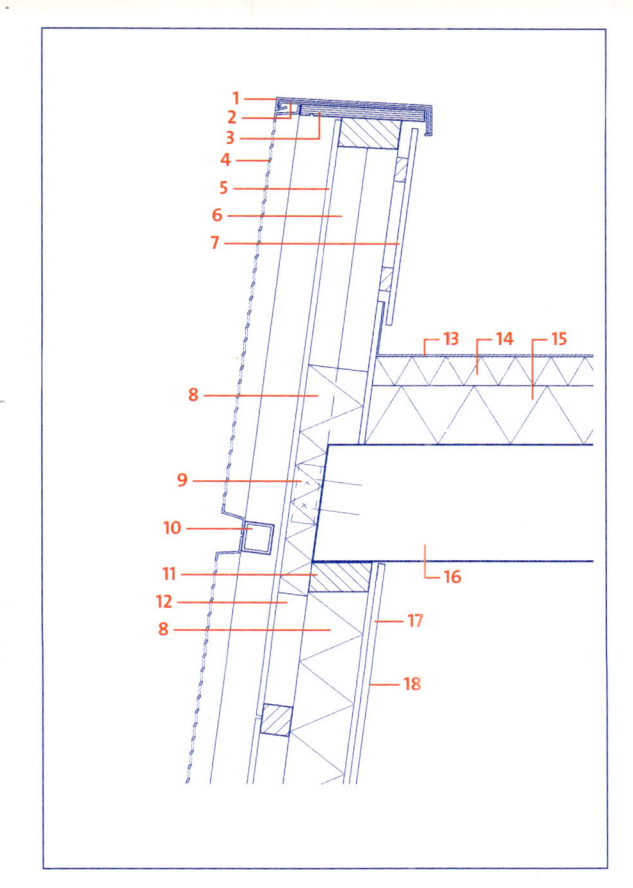

UN Studio Brückenwächterhaus Purmerend 1998

Dachrand
1 Gefalztes Stahlprofil, feuerverzinkt
2 Gefalztes Haftblech
3 Wasserfest verleimte Platte, 18 mm
4 Perforierte Fassadenverkleidung, Stahl
5 Zementgebundene Holzfaserplatte, 10,5 mm
6 Kastenprofil, 50 x 50 x 5 mm
7 Zementgebundene Holzfaserplatte
8 Wärmedämmung
9 Befestigungsanker für Kastenprofil
10 Kastenprofil zur Befestigung Fassadenverkleidung
11 Holzklotz
12 Luftschicht
13 Doppellagige Bitumendachdeckung
14 Wärmedämmung mit Gefälle
15 Wärmedämmung
16 Betonfertigteil
17 Zementgebundene Holzfaserplatte, 10,5 mm
18 Putzschicht

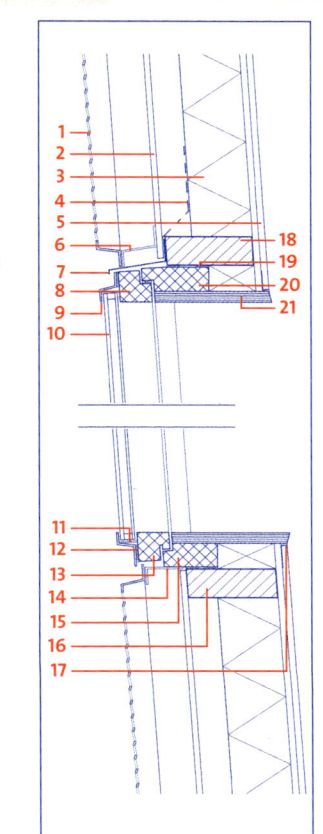

Fensterdetail
1 Perforierte Stahlblechfassadenverkleidung
2 Zementgebundene Holzfaserplatte
3 Wärmedämmung
4 Kunststoff Schoßrinne
5 Zementgebundene Holzfaserplatte
6 Stahlprofil, 50 mm breit
7 Gefalztes Stahl-Profil
8 Kantholz, 54 x 54 mm
9 Gefalztes Edelstahlprofil
10 Isolierverglasung
11 Gefalzter Glasträger
12 Neoprenschicht
13 Kantholz, 50 x 54 mm
14 Gefalztes Stahlprofil
15 Kantholz, 40 x 90 mm
16 Holzklotz, 50 x 100 mm
17 Putzabschlußleiste
18 Holzklotz, 50 x 150 mm
19 Fugenband
20 Kantholz, 40 x 114 mm
21 Multiplex mit Farbanstrich

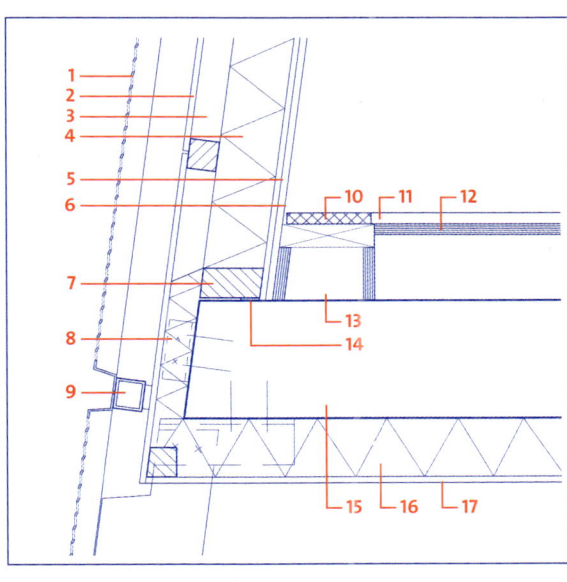

Anschlußdetail bei wärmegedämmter Geschoßdecke
1 Perforierte Stahlblechfassadenverkleidung
2 Zementgebundene Holzfaserplatte
3 Kastenprofil
4 Wärmedämmung
5 Zementgebundene Holzfaserplatte
6 Putzschicht
7 Holzklotz
8 Anker
9 Kastenprofil zur Befestigung Fassadenverkleidung
10 Jatoba-Holzdiele, demontierbar
11 Jatoba-Parkett
12 Ausgleichsfläche, Holzplatten
13 Kabelrinne
14 Fugenband
15 Geschoßdecke, Beton
16 Wärmedämmung, 100 mm
17 Eterplan-Faserzementtafeln auf Holzlattenkonstuktion, 6 mm

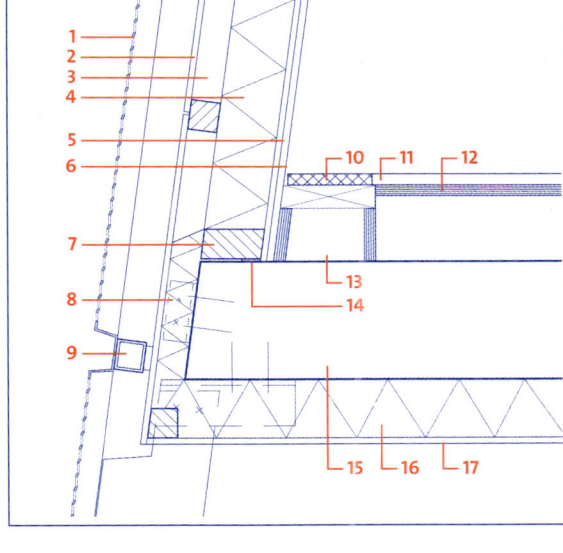

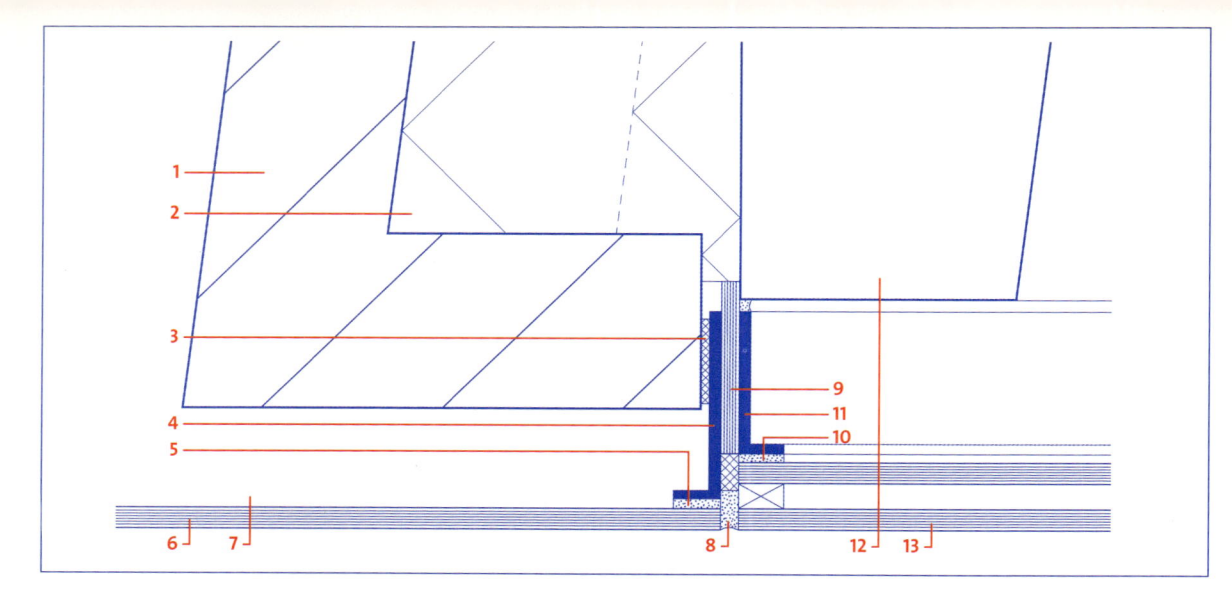

Horizontalschnitt Fassadendetail
1 Betonfertigteil, 80 mm dick
2 Wärmedämmung
3 Fugenband
4 Eckprofil, 20 x 85 x 5 mm
5 Kitt
6 Einfachverglasung
7 Hinterlüftung
8 Kitt auf Fugenfüllung
9 Neoprenschicht
10 Kitt
11 Eckprofil, 20 x 65 x 5 mm
12 Ortbeton
13 Isolierverglasung

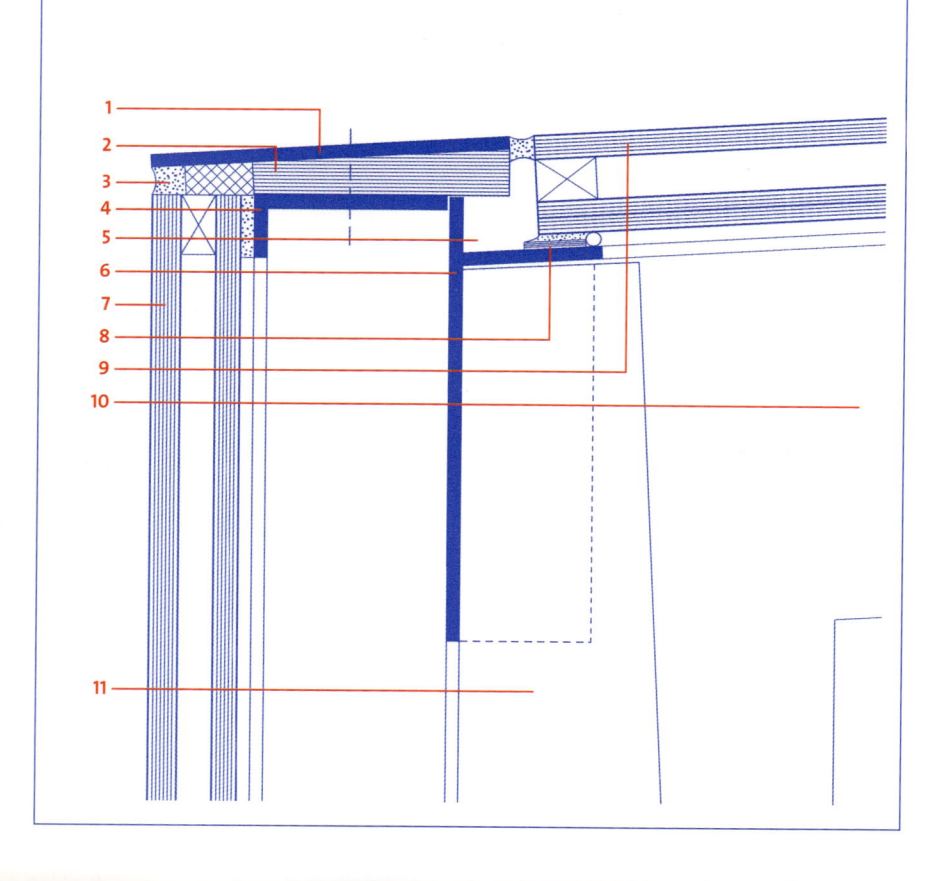

UN Studio Möbiushaus Het Gooi 1998

Anschlußdetail Glasfront und Glasdach
1 Stahlblech, 120 x 5 mm
2 Neoprenschicht
3 Kitt auf Fugenfüllung
4 Eckprofil, 20 x 65 x 5 mm
5 Kondenswasserabfluß
6 Randprofil: Stahlblech, 150 x 5 mm; Flachstahl, 45 x 5 mm
7 Isolierverglasung
8 Neoprenschicht, weich und hart
9 Gehärtetes Isolierverbundglas
10 Konstruktion Glasdach
11 Äußeres Stahlblech Windstiel

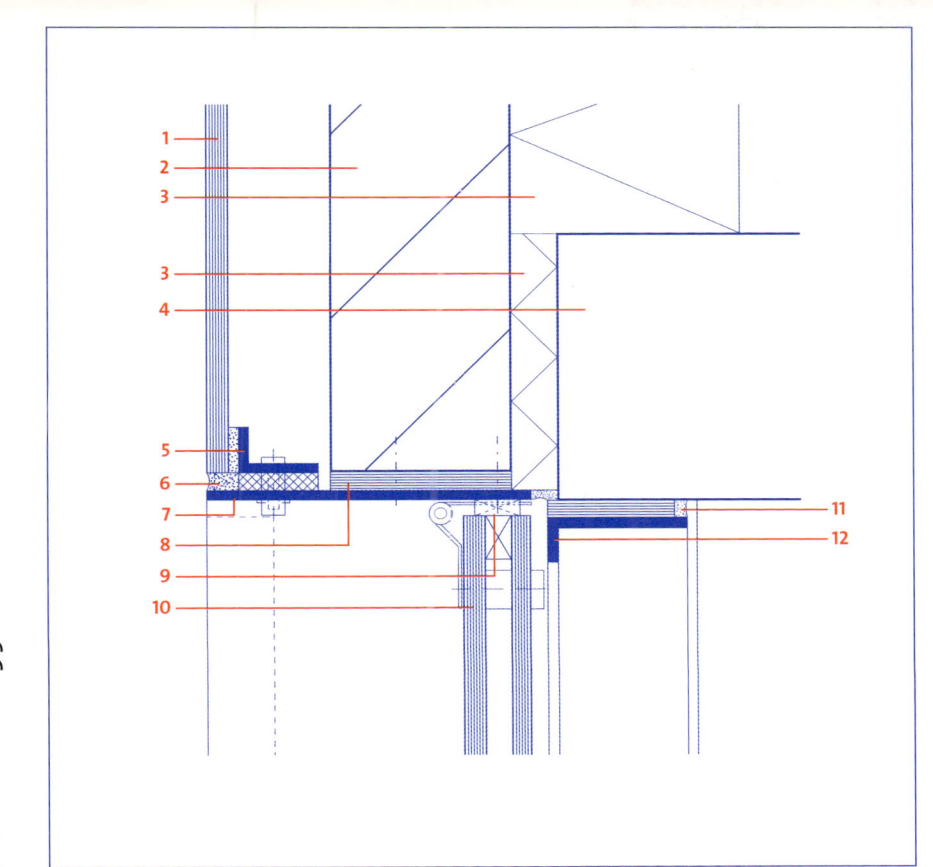

UN Studio Möbiushaus Het Gooi 1998

Anschlußdetail oben Schiebetür aus Glas
1 Einfach-Verbundverglasung
2 Betonfertigteil
3 Wärmedämmung
4 Ortbeton
5 Eckprofil, 20 x 35 x 5 mm
6 Kitt auf Fugenfüllung
7 Edelstahlblech, 5 mm
8 Neoprenschicht
9 Abdichtprofil
10 Gehärtete Verbund-Isolierverglasung
11 Kitt und Neoprenschicht
12 Eckprofil, 20 x 65 x 5 mm

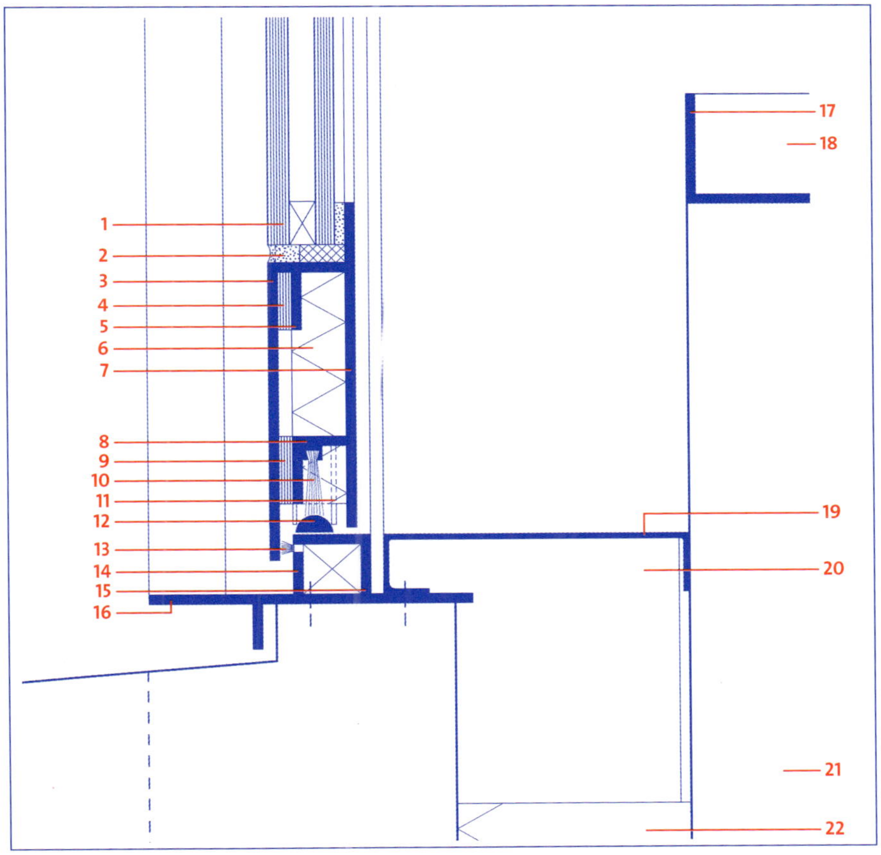

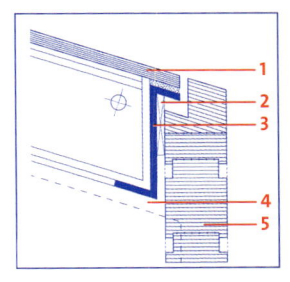

Horizontaler Anschluß Holztür mit Glasfront
1 Einfach-Verbundglas, fabriksmäßig auf Edelstahl-Profil geklebt
2 Anschlagsprofil
3 Edelstahlprofil, 5 mm
4 Seitenansicht Holzdecke
5 Tür aus Mulitplexteilen verleimt, Multiplex-Schichten auf Türfläche sichtbar

Anschluß unten Glas-Schiebetür
1 Gehärtete Verbund-Isolierverglasung
2 Schwarzer Kitt
3 Stahlblech, 135 x 5 mm
4 Neoprenschicht
5 Eckprofil, 24 x 30 x 5 mm
6 Wärmedämmung im Kastenprofil
7 Stahlblech, 145 x 5 mm
8 Eckprofil, 24 x 30 x 5 mm
9 Neopren
10 Bürste
11 Laufrad, Diameter 110 mm
12 Schiene, Diameter 16 mm
13 Bürste
14 Flachstahl
15 Eckprofil, 28 x 34 x 5 mm
16 T-Profil, 25 x 135 x 5 mm
17 Eckprofil, 50 x 50 x 4 mm
18 Estrich
19 Kabelrinnenabdeckblech, gefalztes Edelstahl, 3 mm, sichtbar
20 Kabelrinne
21 Ortbeton
22 Wärmedämmung

Anschluß Südfassade mit hinterlüfteten Glasplatten
1 Aluminium-Abschlußprofil
2 Aluminiumprofil
3 Kastenprofil
4 Wärmedämmung
5 Einfach-Verbundglas mit matter Folie überzogen
6 Ansicht geschweißtes Stahlblech
7 Kastenprofil
8 Be-/Entlüftungsöffnungen
9 Ausgleichsfläche aus Holzplatten, 18 mm
10 Zweilagige Dachdeckung
11 Wärmedämmung
12 Druckschicht
13 Betondecke
14 Wärmedämmung

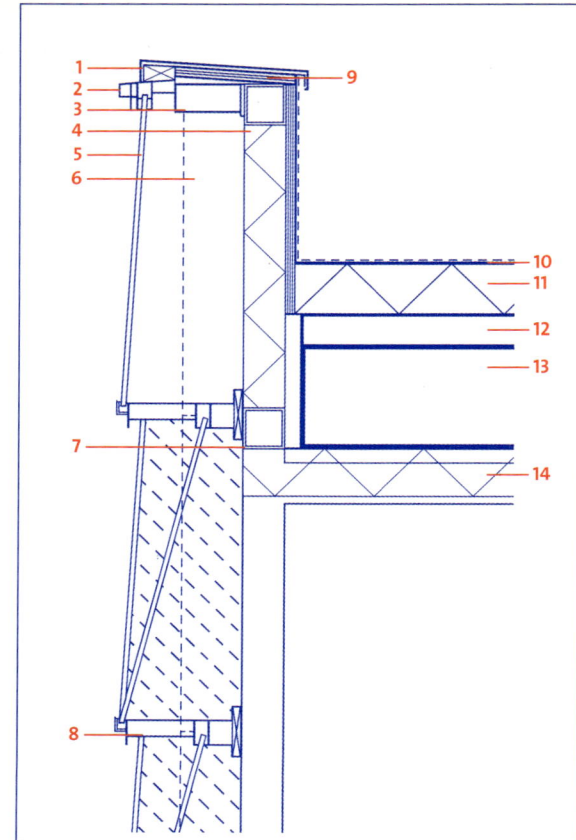

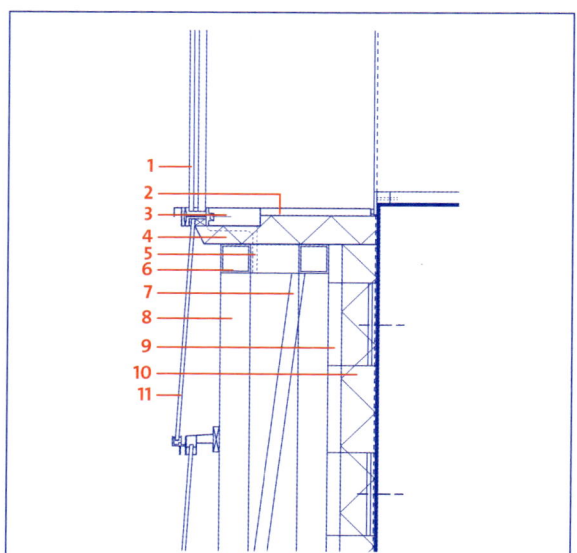

UN Studio Museum Het Valkhof Nijmegen 1998

Detail Westfassade mit Glasschuppen
1 Hochtransparente Isolierverglasung
2 Einbruchsicheres Stahlblech
3 Aluminiumprofil
4 Wärmedämmung
5 Eckprofil
6 Kastenprofil aus Stahl, 80 x 80 x 5 mm
7 Eckprofil
8 Kastenprofil aus Stahl für Fassadenkonstruktion
9 Verankerung Fassadenkonstruktion an Beton
10 Wärmedämmung, Außenseite blau gefärbt
11 Einfach-Verbundglas mit matter Folie überzogen

UN Studio Stadtverwaltung IJsselstein 2000

Dachranddetail mit Aluminiumpaneelen
1 Dachrand Aluminium-Abschlußprofil
2 Wasserfest verleimtes Multiplex
3 Neoprenklotz
4 Oberes Aluminiumprofil
5 Wärmedämmung
6 Aufhängebügel für Lamellenpaneel
7 Lamellen, Naturton eloxiert
8 Randbalken
9 Zementgebundene Holzfaserplatte
10 DPC-Kunststoffolie
11 Sonnenschutz
12 Hochwertige Isolierverglasung
13 Ansicht Aluminiumprofil
14 Betonziegel auf Trägern
15 Dachdeckung
16 Dämmplatte
17 Dachgefälle
18 Druckschicht
19 Betonhohldielendecke
20 Abdichtung
21 Spritzputz

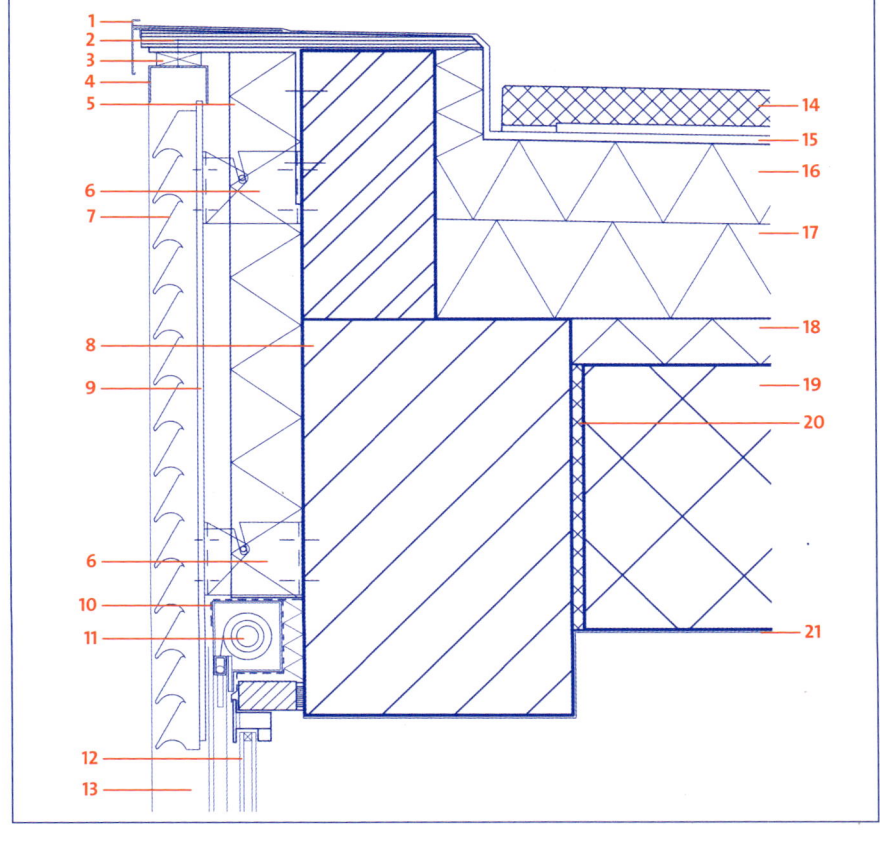

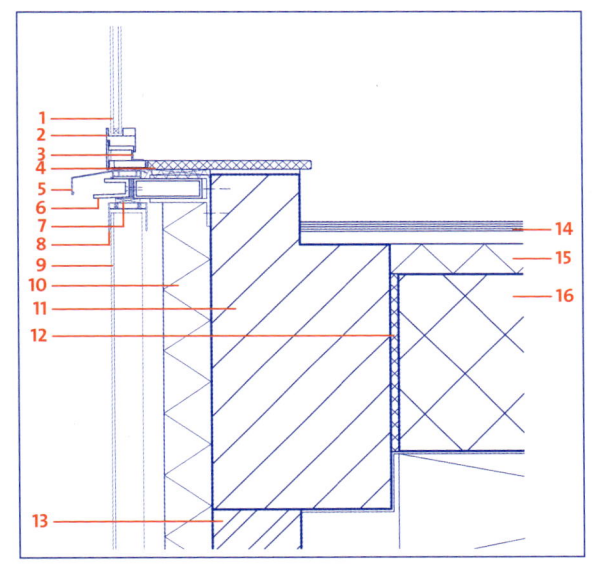

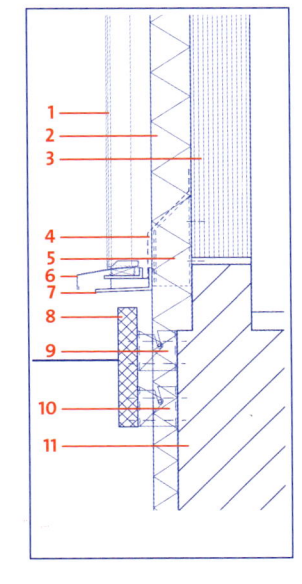

Anschluß unten bei Erdoberfläche
1 Glasplatte
2 Wärmedämmung, Außenseite blau gefärbt
3 Innenwand als Fertigteil
4 DPC-Kunststoffolie
5 Profilbefestigung am Beton
6 Abtropfkante
7 Geschweißtes Profil ohne Kältebrücke-Unterbrechung
8 Betonfertigteil
9 Bügel zur Betonfertigteil-Aufhängung
10 Mineralfaserplatte, druckfest
11 Betonkonstruktion

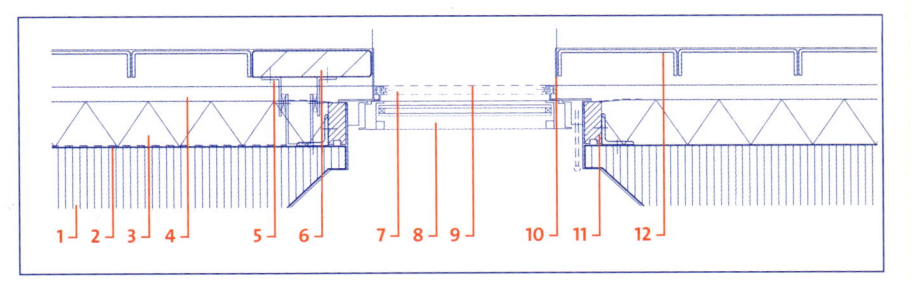

Fassadendetail mit Geschoßdecke
1 Hochwertige Isolierverglasung
2 Fensterrahmen aus Aluminium
3 Gefalztes Sichtblech aus Aluminium
4 Fensterbank aus Kunststein
5 Aluminium Wassernase
6 Zusammengesetztes Profil mit Nylon-Kältebrücke-Unterbrechung
7 Neoprenklotz
8 Aluminiumprofil mit Kältebrücke-Unterbrechung
9 Glasplatte
10 Wärmedämmung
11 Randbalken
12 Abdichtung
13 Gasbetonstein
14 Bodenbelag
15 Druckschicht
16 Betonhohldielendecke

Horizontalschnitt Fassadendetail am Rahmen
1 Betonfertigteil-Innenwand
2 Folie
3 Wärmedämmung, Außenseite blau gefärbt
4 Geringfügige Hinterlüftung
5 Verankerung Fassadenplatte, Edelstahl
6 Betonfertigteil
7 Fassadenplatte
7 Sonnenschutz
8 Dreh-/Kippfenster aus Aluminium
9 Aluminium Wassernase
10 Aluminium Abdichtungsprofil
11 Rohbau-Fensterrahmen
12 Glasplatte

155

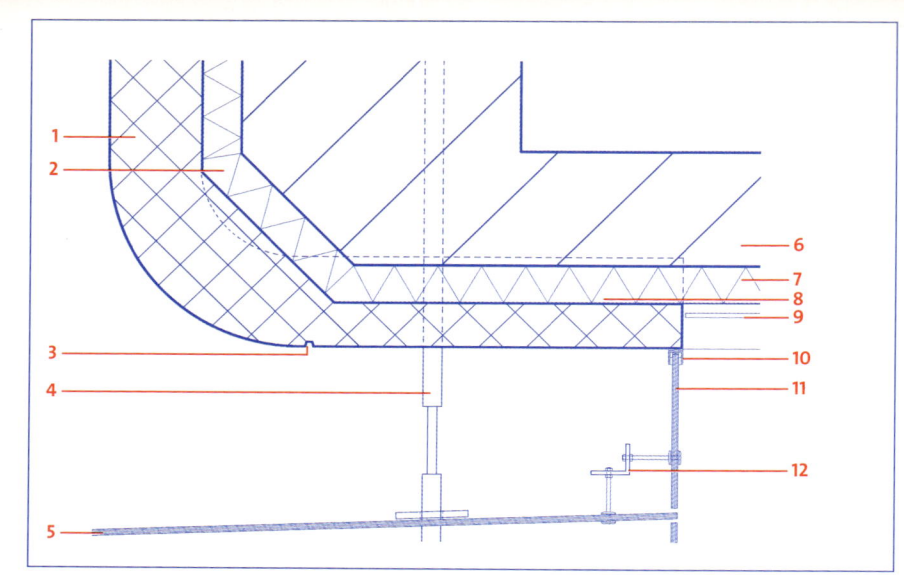

Anschlußdetail Glasfassade mit gekrümmter Betonfassade
1 Ortbeton
2 Wärmedämmung
3 Wassernase
4 Spannschloß
5 Einfach-Hartglas
6 Ortbeton
7 Wärmedämmung
8 Holzständerkonstruktion
9 Zementgebundene Holzfaserplatte
10 Aluminium U-Profil, 30 x 30 mm
11 Einfach-Hartglas
12 Aluminium Eckprofil, 80 x 80 mm

UN Studio NMR-Labor Utrecht 2001

Detailanschluß Dachrand aus Glas
1 Edelstahl-Befestigung
2 Glas
3 Neopren-Auflageschicht
4 Multiplex
5 Einfachverglasung mit Sonnenschutz
6 Holzständerkonstruktion
7 Zementgebundene Holzfaserplatte auf dahinter liegender Konstruktion befestigt
8 Edelstahl-Befestigung
9 Eckprofil aus Stahl, 80 x 80 x 8 mm
10 Folie, feuchtigkeits- und dampfdicht verklebt
11 Aluminiumprofil mit Überzug, 30 x 30 x 3 mm
12 Fensterrahmen aus Aluminium
13 Aluminium Lüftungsblech
14 Gefalztes Aluminiumblech
15 Isolierverglasung
16 Aluminiumprofil
17 Kies
18 Bitumen Dachpappendeckung
19 Multiplex
20 Wärmedämmung mit Gefälle
21 Kastenprofil, Stahl
22 Multipaint (mit einem Film beschichtete Holztafel)
23 Putzschicht
24 Stahlbetonsturz, Fertigteil
25 Putzabschlußleiste

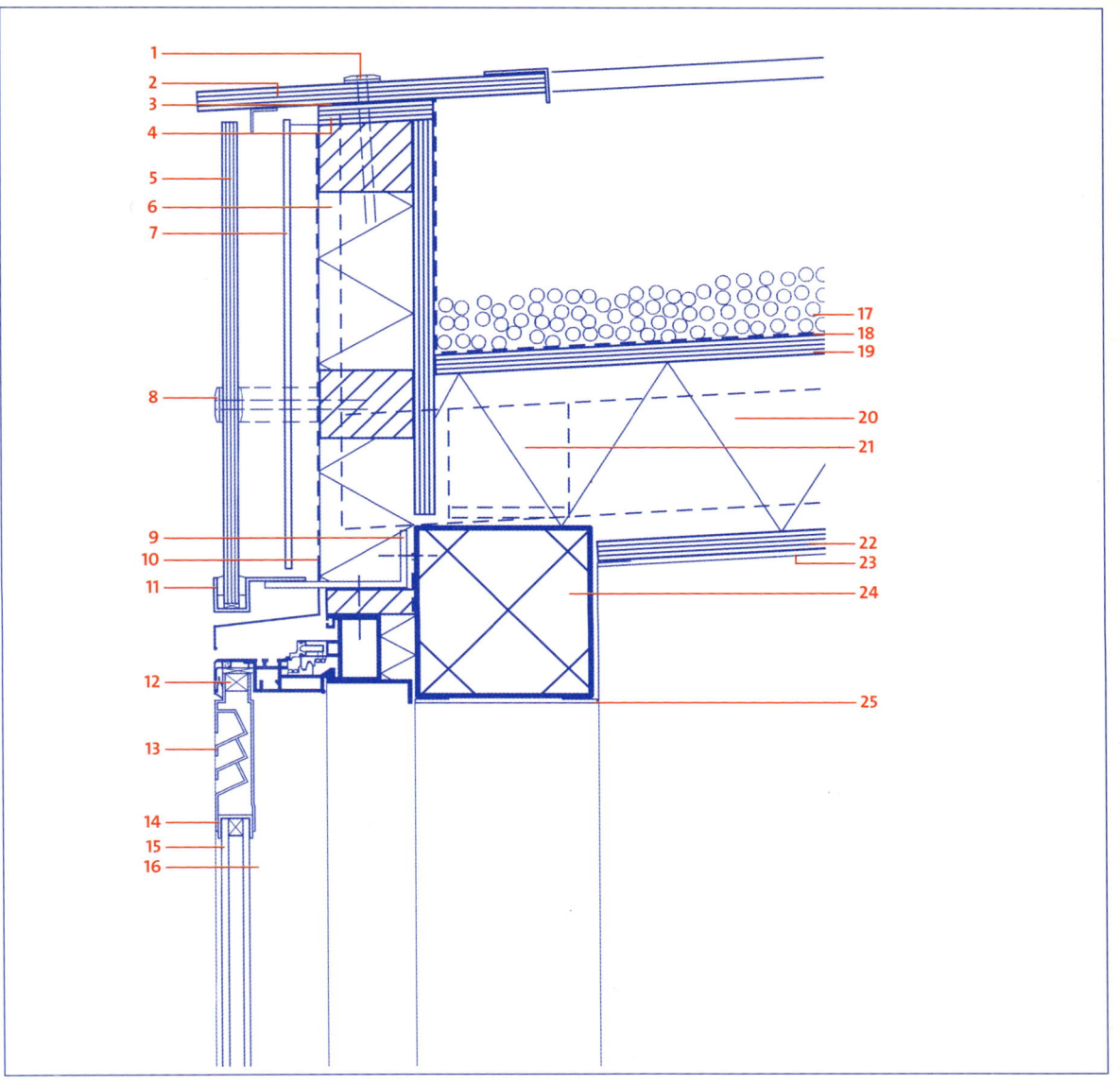

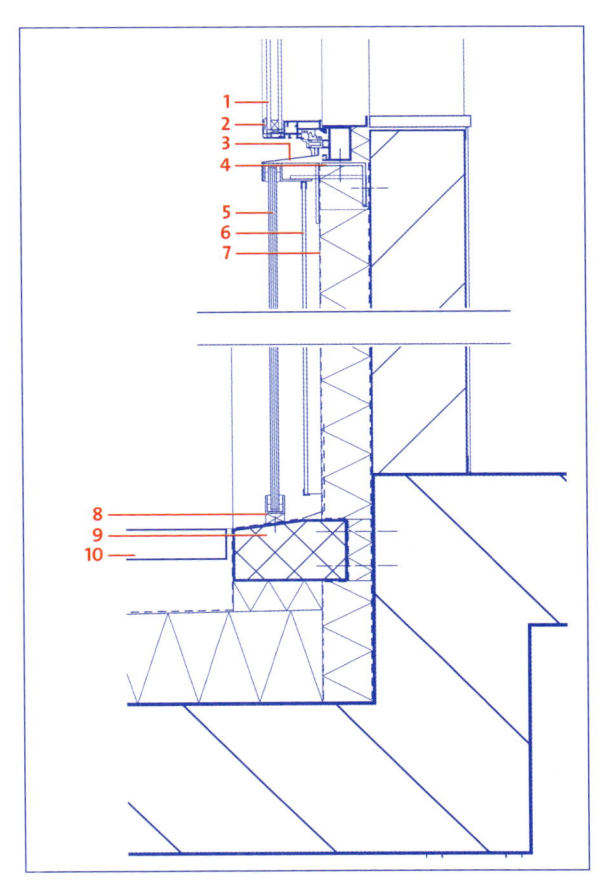

Anschlußdetail Glasfassade und Aluminiumlamellen
1 Isolierverglasung
2 Aluminium Fensterrahmen
3 Gefalztes Aluminiumblech in Farbe
4 Eckprofil aus Stahl, 80 x 80 mm
5 Einfachverglasung mit Siebdruck als Sonnenschutz
6 Zementgebundene Holzfaserplatte auf dahinterliegender Konstruktion
7 Feuchtigkeitsbremsende Folie
8 Aluminiumprofil in Farbe, 30 x 30 mm
9 Rand, Betonfertigteil
10 Aluminiumlamellen

Rudy Uytenhaak
Flor der Fläche

Mit Ausnahme eines frühen gläsernen Penthouses in Amsterdam (1989), → **1** dessen Dach weit auskragt, hat das Werk von Rudy Uytenhaak mit dem von Mies van der Rohe (1887-1969) wenig gemeinsam. Während Mies sich auf die Abstraktion seiner Gebäude konzentrierte und die Fassaden so komponierte, daß perfekte Objekte entstanden, schafft Uytenhaak expressionistische Gebäude, deren unterschiedliche Flächen jeweils einen eigenen Charakter haben. Während für Mies 'Gott im Detail steckte', spricht Uytenhaak vom ‚Flor der Fläche' und ergründet im Zeichen dieses Begriffs die potentielle Tiefe der Fassade. Dabei verwendet er häufig intensiv bearbeitetes Material und komplizierte Details, um verschiedene Texturen zu erzeugen. Während Mies seine Fassaden unabhängig vom Standort mit Stahl und Glas gestaltete, stellt Uytenhaak plastische Fassaden her, für die er unter anderem Beton, Glas und Backstein verwendet und bei denen sich die Materialwahl häufig aus dem Kontext ergibt. Dennoch gehen Rudy Uytenhaaks Experimente mit dreidimensionalen Fassaden auf die Stahlprofile in Mies' Fassaden zurück. (Eckdetail, Commonwealth Promenade Apartments, Chicago, 1956) → **2** Solche Profile wollte Uytenhaak ursprünglich in den Fassaden des Wohnungsbauprojekts an der Weesperstraat in Amsterdam (1992) einsetzen.

Aufgrund der Unsicherheit angesichts seines ersten großen Auftrags und wegen der Umgebung des Wohnblocks wurden letztlich anstelle der Stahlprofile Fertigteile aus Beton verwendet. Der beabsichtigte Effekt wird nun mit gespaltenen Pfosten erzielt, die ebenso wie die Stahlprofile bei Mies eine vertikale Linienstruktur erzeugen. → **3** Um diese zu akzentuieren, wurden die Betonriegel abgefast. Auf diese Weise wird ihre Oberfläche vergrößert und ihre Wirkung auf das Linienspiel verringert. Sie fangen mehr Licht ein, aber gleichzeitig wird durch die besondere Form der dunkle Schattenstreifen unter den Querriegeln kleiner.

Die etwas zurückspringende Füllung zwischen den Pfosten besteht aus leichten Aluminiumrahmen und Beton, dessen Fläche mit einem Textilmuster versehen ist. Insofern basiert die Fassade an der Weesperstraat nicht nur auf Mies' Gestaltungskonzepten, sondern auch auf den Ideen von Gottfried Semper (1803-1879). In seiner *Bekleidungstheorie* unterschied Semper zwischen der Mauer als permanentem Teil eines Gebäudes und der Wand, die als Füllung zwischen der permanenten Konstruktion betrachtet werden kann. Während die Konstruktion stabil und solide sein muß, ist die Wand eher temporär. Obwohl in der Weesperstraat weder die Pfosten noch die Riegel die Funktion einer Konstruktion haben, versinnbildlicht Uytenhaak diese Theorie am seitlichen Gebäudeabschluß und an den Balkonen, indem er dort die Füllung zwischen den Pfosten wegließ. Das Textilmuster ist verschwunden, die permanente Struktur ist geblieben.

Auch die Frontfassaden der anderen Volumina des Komplexes laufen über die Seiten hinaus, allerdings fällt dies hier weniger auf und hat eine andere Bedeutung. Während Uytenhaak in den Fassaden an der Weesperstraat offenbar den Unterschied zwischen Struktur und Füllung hervorheben will, geht es im übrigen Teil des Ensembles vor allem darum, das Gebäude ablesbar zu machen. Es wird sichtbar gemacht, aus welchen Komponenten der Block aufgebaut ist, wobei die Straßen- die Seitenfassaden dominieren.

Obwohl sie eine Zusammensetzung aus permanenter Struktur und Füllung darstellt, wirkt die mit Fertigteilen verkleidete Fassade durchaus wie eine Einheit. Die Detaillierung verbirgt auf geschickte Weise, daß die Fassade eigentlich aus geschoßhohen Fertigteilen aufgebaut ist. Die vertikalen Nähte zwischen den Elementen bilden das Herz der Pfosten und sind ein grundlegender Teil ihrer Profilierung. Zudem überspielen die abgefasten, auskragenden Riegel die horizontalen Fugen. Diese Fassade hat folglich eine vollkommen andere Wirkung als die Grachtenfassade des Komplexes. → **4** Dort fungieren die Betonstützen und -träger eher als freistehender Rahmen, der einen Übergang zwischen der kleinteiligen Umgebung der Grachten und dem großen Wohnungskomplex schaffen soll. Der Effekt einer freistehenden Struktur, in der die etwas hervortretenden Fensterfronten und Balkone scheinbar aufgehängt sind, wird durch relativ breite Fugen zwischen den Balkonen und dem Beton erzielt. An den Gebäudeseiten wird die Eigenständigkeit der Betonfläche nicht nur durch das Abknicken der Fassade nach hinten, sondern auch durch die Lösung der Rahmenoberkante vom Dachrand der eigentlichen Fassade akzentuiert. → **5** Stahlrohre halten die Betonstruktur im Abstand. Diese bewirkt, daß das Gebäude nicht in einzelne Elemente zerfällt, sondern trotz der Detaillierung eine Einheit bildet.

Rahmen und Füllung

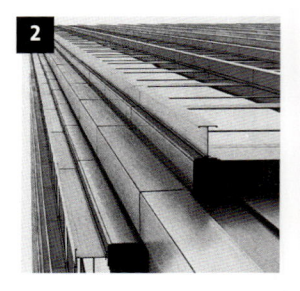

Die späteren Betonfassaden, von denen die des Ministeriums für Wohnen, Raumplanung und Umwelt, VROM, in Haarlem (1997) und die des Wohngebäudes ‚De Balk' in Amsterdam (2002) am bekanntesten sind, wurden von den beiden Fassaden an der Weesperstraat abgeleitet. Einen großen Unterschied gibt es jedoch, denn sie bestehen aus tatsächlich unabhängigen, winkelförmigen Betonelementen, die dachziegelartig angeordnet wurden, → **6** und auch die Füllung hebt sich stärker von der Struktur ab als in dem Gebäude in der Weesperstraat. In dem VROM-Gebäude wird die Unabhängigkeit von Füllung und Struktur vor allem durch die Materialisierung betont. In den tiefen Laibungen der Betonelemente sitzen Fensterrahmen aus Zedernholz. Ebenso wie die polierten Glasscherben, die in die Sichtflächen des Betons eingegossen wurden, läßt das Holz den harten Beton etwas sanfter wirken. Das unbehandelte Holz wird mit der Zeit vergrauen und die Farbe des Betons annehmen. Dadurch wird der Unterschied zwischen Struktur und Füllung im Laufe der Zeit immer geringer.

Auf den ersten Blick scheint der Architekt für die Verkleidung der Nord-, Süd- und Westfassaden in Haarlem jeweils die gleichen Winkelelemente verwendet zu haben. Das ist jedoch nicht der Fall. Obwohl sie die gleichen Formen haben, sind die Rippen unterschiedlich tief. An der Süd- und Westfassade sind die Riegel tiefer, um die Büros vor Sonnenlicht zu schützen. An der Nordfassade sind sie dagegen flacher, um möglichst viel Tageslicht einfallen zu lassen.

Bereits die Betonelemente sorgen für eine Tiefenwirkung, aber da die Fassaden zudem ein Stück zurückgesetzt wurden, erhalten sie eine besonders ungewöhnliche Ausstrahlung. Am Eingang explodiert, oder vielmehr implodiert das System durch das Aufeinandertreffen der Betonwinkel aus zwei Richtungen. → **7** Hier entsteht der Eindruck, die echten Fassaden seien entfernt worden und die mit der feuerverzinkten Stahlkonstruktion verbundenen Betonwinkel seien zurückgeblieben. → **8** Trotz ihres eigentümlichen Aussehens ist diese Fassade jedoch eine vollkommen logische Fortführung des Grundrisses. Denn nach einem bestimmten Muster sind Lichthöfe angeordnet, die Tageslicht in das 25 m tiefe Gebäude lassen, und diesem Muster zufolge hätte auch auf der Ecke und somit am Eingang ein Lichthof plaziert werden müssen. Hier, wo die zwei Systeme (Fassadenwinkel und Lichthöfe) aufeinandertreffen, geht Uytenhaak in seinem Bestreben, sie deutlich zu machen, zu weit. Beispielsweise enden die weißen Holzfensterrahmen auf der Ecke abrupt. Obwohl dieses Detail verdeutlicht, daß der nach außen tretende Lichthof eigentlich ein geschlossener Raum ist, verstärkt es mehr das Chaos als die Verständlichkeit – und zudem an einer Stelle, an der ohnehin viel Unruhe herrscht. Noch komplexer sind die Anschlüsse dort, wo den strikten Regeln des Systems folgend nicht nur ein Lichthof die Betonfassade durchschneidet, sondern zudem die Holzfassade gezeigt werden muß. Das Resultat ist eine Reihe viel zu komplexer horizontaler Details, die das System stören. → **9** Das Informationsniveau ist zu diffus, um Außenstehenden deutlich zu machen, in welchem Bezug die unterschiedlichen Systeme zueinander stehen. Etwas zurückhaltender hat Uytenhaak die Betonelemente beim Wohngebäude ‚De Balk' eingesetzt, dem großen Gebäude auf der Oostelijke Handelskade in Amsterdam. → **10** Hier dienen sie einerseits dazu, dreidimensionale Wirkung zu erzeugen und die außergewöhnlich große Fassade mit einer ausgefallenen Textur zu versehen. Andererseits verhindern sie, daß der Block in viele einzelne Balkone zerfällt. Durch das Lösen der Elemente von den Seitenfassaden wurden komplexe und schwer lesbare Materialanschlüsse vermieden.

Innovative Materialbehandlung
Im VROM-Gebäude verwendete Uytenhaak zum ersten Mal gewellte Backsteine, um sich mit Hilfe moderner Techniken den Ziegelwänden von Häusern aus dem siebzehnten und achtzehnten Jarhhundert anzunähern. Indem er das Material aufbricht und ihm dadurch Tiefe verleiht, akzentuiert Uytenhaak sowohl die Textur der Fläche als auch die Materialität des Steins. Zu diesem Zweck wurde der Herstellungsprozeß der Steine manipuliert. So sind beispielsweise die Strangpreßziegel, die für die Patiowohnungen in Nieuw-Sloten verwendet wurden, abgekantet, so daß in einigen Bereichen der Fassade eine Art Sägezahneffekt entsteht. Bei der Villa Zandstra in Amersfoort (1992) ließ Uytenhaak kleine Polystyrenblöcke in die Formen legen, um winkelförmige Steine zu erhalten. → **11** Das Resultat ist eine wirkungsvolle, dreidimensionale Fassade. Danach entwickelte der Architekt gemeinsam mit dem Hersteller eine spezielle Spritztülle, um gewellte Steine zu produzieren. Im Vergleich zu anderen Steinformen bringt der gewellte Stein eine große Anzahl detailtechnischer Probleme mit sich. Am liebsten würde der Architekt die Steine im Halbsteinverband verlegen und darüber hinaus pro Lage um 180° drehen, so daß die runde Form über der Aushöhlung liegt und ein weidenkorbartiger Verband entsteht, der ein besonders starkes Relief bewirken würde. Die Steine müssen dann aber durchgefärbt werden, was recht teuer ist. Ferner könnte auf den hervorstehenden Teilen Wasser stehenbleiben und Schäden wie Algenbewuchs zur Folge haben. Die Steine müssen in

diesem Verband demnach eine sehr hohe Dichte haben. Im VROM-Gebäude wurde der von Uytenhaak gewünschte weidenkorbartige Verband deshalb nur dort verwendet, wo die Steine vor Regen geschützt sind. Die übrigen Teile der gemauerten Unterführung wurden im Halbsteinverband gelegt, der gleichmäßige waagerechte Wellen bewirkt. Auch für das Cascade-Gebäude in Eindhoven (1999) wurde ein solcher weidenkorbartiger Verband verwendet, dort allerdings mit vertikal ausgerichteten Steinen. → 12 Der Reliefeffekt von vertikal verlegten Steinen erscheint noch stärker als der von horizontal gesetzten. Vermutlich liegt dies daran, daß bei einem horizontalen Verband ein Teil der Steine im Schatten liegt und dadurch das Relief flacher erscheint. Darüber hinaus streift das Licht sehr schön am Mauerwerk entlang, und das Regenwasser läuft so an ihm herunter, daß es eine gleichmäßige Alterung der Fassade bewirkt.

Ebenso wie in Haarlem stellte Uytenhaak in Eindhoven zwei Fassaden nebeneinander, die mit denselben Materialien verkleidet sind, aber dennoch vollkommen unterschiedlich aussehen. Um diesen Effekt zu erreichen, wurde an der Westfassade derselbe gewellte Stein verwendet, hier jedoch horizontal verlegt, und so durch eine minimale Veränderung eine große Wirkung erzielt. → 13 Des weiteren hat er an den beiden Fassaden unterschiedliche ornamentale Brise-Soleils angebracht, die einerseits vor Sonnenlicht schützen, andererseits aber das Licht nach innen lenken sollen. Diese weißen Betonelemente, für die Marmor als Beimischmaterial verwendet wurde, wurden an der Südfassade horizontal, an der Westfassade dagegen vertikal ausgerichtet. → 14 In beiden Fällen wurden sie nicht vollkommen zentriert plaziert, um möglichst viel direktes Sonnenlicht abzuwehren, das indirekte Sonnenlicht jedoch einzulassen. Da die Brise-Soleils an der Westfassade an Rohren hängen, wirken sie wie eigenständige Elemente in den schön und konsequent gestalteten Laibungen. An einer Seite der Laibungen wurde das Mauerwerk fortgesetzt und – indem die Stirnseiten der Steine sichtbar gemacht wurden – ein zusätzlicher Akzent gesetzt. Für die Fensterbänke und die andere Seite wurde hingegen sehr glatter Kalkstein verwendet. Die subtilen Unterschiede im Materialgebrauch, wie zum Beispiel in den Laibungen, aber auch bei den beiden gemauerten Fassaden vergleicht der Architekt mit den beiden Seiten einer Hand: Die Handfläche ist vollkommen anders als der Handrücken, besteht aber aus demselben ‚Material'. Mit diesem Vergleich bringt Uytenhaak die besonderen (architektonischen oder bauphysikalischen) Anforderungen an die verschiedenen Fassaden zum Ausdruck.

Mit diesen Fassaden ist die Entwicklung der Ziegelwände jedoch nicht abgeschlossen. Uytenhaak ist auf der Suche nach neuen Formen. So hat er beim Wohnungsbau ‚De Balk' trapezförmige, durchgefärbte Steine verwendet, die in einem speziellen Halbsteinverband gelegt → 15 und mit denen an der Fassade kleine Treppen gebildet wurden, die für ein besonderes Lichtspiel sorgen sowie schön an die treppenartige Form der Betonwinkel anschließen. Außerdem experimentiert Uytenhaak mit neuen Herstellungsmethoden. Anstelle von gemauerten will er eigentlich vorgefertigte Keramikfassaden verwenden. Ziegelmauern gehören seiner Meinung nach in das 19. Jahrhundert, während vorgefertigte Fassaden nicht nur einfacher, sondern auch mit weniger Gewicht zu realisieren sind. Man braucht zum Beispiel keine ganzen, schweren Backsteine mehr. Für das Appartementgebäude auf dem Zaaneiland in Zaandam (1996) ließ er die Backsteine asymmetrisch in Längsrichtung durchsägen, um dann sowohl die glatte Seite als auch die rauhe Hinterseite sichtbar zu machen. Die Steine sind unterschiedlich tief, so daß die Reliefseiten im Schatten liegen und eine zusätzliche Textur schaffen. Die sehr schmalen Stoßfugen akzentuieren – ebenso wie die auffallend blauen Lagerfugen – die Tiefenwirkung der Fläche. Es können aber auch andere keramische Materialien verwendet werden. Bei den Patiowohnungen und Geschäften in Zeewolde (1992) entwickelte er zum Beispiel eine vorgefertigte Fassade aus Kacheln, die Reliefstrukturen als Orientierungshilfen für Blinde haben. → 16

Mit diesem Sortiment abgewandelter Steine gelingt es Uytenhaak, deren Materialität hervorzuheben. Dabei geht es nicht immer darum, gleichzeitig die Schwere der Fassade zu betonen, obwohl dies bei den Patiowohnungen in Nieuw-Sloten (1992), der Villa Zandstra in Amersfoort und der Backsteinfassade des Cascade-Gebäudes durchaus geschieht. Der schwere Eindruck wird vor allem von den Kopfdetails der Fassaden erzeugt. Diese wurden wiederum über die Seitenfassaden hinaus fortgesetzt, und sowohl die Stirnseite als auch die Hinterseite der Fläche wurden mit Backstein verkleidet, so daß sie wie massiv gemauerte Wände aussehen.

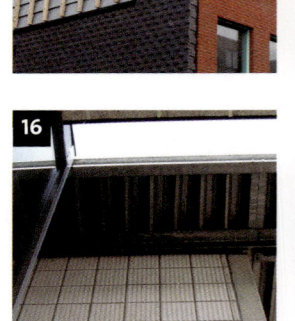

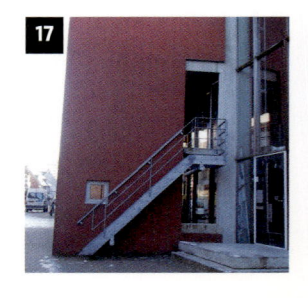

Im Haus der Schönen Künste in Apeldoorn (1995) entkräftet Uytenhaak dagegen die Schwere der Ziegelwände, indem er ihren Aufbau ins Bild rückt. → 17 Eine Art Phasenverschiebung in den Wanddurchbrüchen hat zur Folge, daß die Betonkonstruktion sichtbar wird. Auf diese Weise wird deutlich, daß die Backsteinfassaden nur dünne, schwache Wände sind und Beton benötigen, um stehenzubleiben.

Rietveld versus van Tijen
Als Gegengewicht zu den schweren Beton- und Ziegelfassaden setzt Uytenhaak Vorhangwände ein. Durch diese Gegenüberstellung akzentuiert er die Unterschiede zwischen den Flächen. Er vergleicht dies mit der Außenseite und dem Inneren eines Apfels, die zwar völlig unterschiedlich sind, aber zusammen eine Einheit bilden. Diese zwei Fassadentypen ermöglichen es dem Architekten, das Innenleben, also die Konstruktion der Gebäude, in der Außenhaut auszudrücken. Dies gilt vor allem für Wohnungsbauten, deren Konstruktionen mit Hilfe von Tunnelschalungen hergestellt werden. Die geschlossenen, tragenden Bestandteile der Gebäude werden mit Mauerwerk oder Betonelementen verkleidet, während die offenen Teile so transparent wie möglich bleiben.

Uytenhaak versieht seine Vorhangwände mit einer Basis aus Holz. Abgesehen davon, daß das Verhindern von Kältebrücken mit Holz billiger ist als mit Stahlträgern, erhalten die Fassaden dadurch den pavillonartigen Charakter. Die oft als unnahbar bezeichneten, harten Vorhangwände aus Glas wirken durch die hölzerne Basis sanfter. Uytenhaaks erste echte Vorhangwand findet sich an den Wohngebäuden am Koningin Wilhelminaplein in Amsterdam (1991). → 18 Da für diese Fassade wenig Geld vorhanden war, entwickelte der Architekt eine glasähnliche Fassade aus unterschiedlichen Komponenten von verschiedenen Herstellern. Am Beton sind Unterrahmen befestigt, an die wiederum Schiebetüren aus Aluminium montiert wurden. Vor den Betonböden und den Wohnungstrennwänden brachte er mit Hilfe einfacher Vorsatzprofile farbige Glasstreifen an. → 19

Die Nähte zwischen den verschiedenen Elementen der Vorhangwand wurden mit Zedernholzleisten versehen. Diese verdecken nicht nur die Fugen und schaffen eine Einheit, sondern verbergen auch die unvermeidlichen Größenunterschiede zwischen den einzelnen Komponenten. Die Fassade wirkt dadurch vollkommen glatt und bildet einen starken Kontrast zu den Backsteinfassaden mit ihren sehr tiefen Laibungen. Offenbar empfand der Architekt diese Fassade als zu eintönig, zu sehr als Fläche und zu wenig als Flor sowie aufgrund des Aufbaus aus vielen verschiedenen Elementen als unnötig kompliziert. Bei den nachfolgenden Gebäuden sucht er deshalb nach einem einfacheren System und gleichzeitig nach einem vielschichtigeren Aufbau. Anscheinend hatte er dabei eine Kreuzung aus den Vorhangwänden von Gerrit Rietveld für die Rietveld Academie in Amsterdam (1967) → 20 und denen des Architekten Willem van Tijen für den Appartementblock Bergpolderflat in Rotterdam (1934) → 21 vor Augen. Rietveld befestigte das Glas an den auskragenden Fensterbänken über den Brüstungen. Auf diese Weise schuf er einerseits Platz für die Heizkörper, andererseits optimierte er den Tageslichteinfall. Van Tijen gestaltete seine Fassade dagegen sehr einfach. Er ließ Löcher in die Stahlprofile bohren, Rohre hindurchstecken, die in der Mitte zersägt waren, und setzte das Glas in die Rohre. Keines der beiden Systeme entspricht den heutigen Brand-, Schall- und Wärmeschutzverordnungen, gleichwohl gelangte Uytenhaak durch sie zu der expressiven Vorhangwand des Cascade-Gebäudes, einer Synthese aus beiden Systemen.

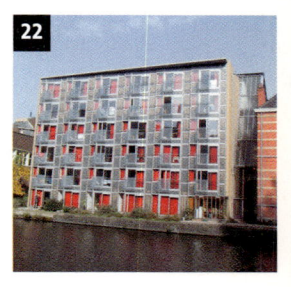

Das Bestreben, die Vorhangwand zu vereinfachen, führte zunächst zu einer besseren und effizienteren Verwendung der hölzernen Leisten. Während sie bei den Wohngebäuden am Koningin Wilhelminaplein vor allem als Blendleisten dienten, halten sie auf dem Zaaneiland Glasscheiben, die mit einfachen Winkeln befestigt wurden. Die Vorsatzprofile sind durch dieses System überflüssig geworden. Die Leisten werden dadurch zu einem Bestandteil der Fassade und erhalten dieselbe Funktion wie die Betonpfosten am Wohngebäude an der Weesperstraat bzw. wie die Stahlprofile von Mies: Sie akzentuieren die vertikale Strukturierung des Gebäudes. Gleichzeitig suchte Uytenhaak, ebenso wie Rietveld, nach Möglichkeiten, die Vorhangwand plastischer und weniger nüchtern zu machen. Den ersten Schritt in diese Richtung machte er mit dem Studentenwohnheim an der Plantage Muidergracht in Amsterdam (1993), wo er für die Vorhangwand gewöhnliche Holzfensterrahmen verwendete. → 22 Bei einer solchen Fassade ist es fast unumgänglich, zwei Pfosten nebeneinander zu setzen, da die Elemente herstellungs- und auch transportbedingt zwei Pfosten benötigen, die ihnen Stabilität verleihen. Um die Dicke dieses Pakets zu verringern, plaziert Uytenhaak die Pfosten der einzelnen Elemente nicht wie üblich neben- sondern hintereinander. Dadurch verschwindet nicht nur einer der Pfosten aus dem Blickfeld, sondern die Fassade erhält außerdem eine zusätzliche Tiefenwirkung. Der Effekt wurde durch einen Anstrich mit Mennige an den Seiten der obersten Pfosten verstärkt. → 23 Diese Detaillösung entfaltet ihre Wirkungskraft vor allem, wenn man am Wohnhaus entlanggeht. Dann verschwindet der orangefarbene Anstrich langsam aus dem Blickfeld, und die Fassade wird zunehmend flacher. Die Vorhangwand des Wohnturms ‚Tourmaline' in Almere (2001), für die aus Budgetgründen anstelle von Glas Blech verwendet wurde, kann als eine Art Kreuzung aus der Fassade des Studentenwohnheims an der Plantage Muidergracht und des Appartementgebäudes auf dem Zaaneiland betrachtet werden. Dieser Effekt entsteht hier dadurch, daß die Sichtseiten der Holzpfosten, an denen die Platten aufgehängt sind, abgefast sind. Durch den Lichtfall und die Reflektion verändert sich ihr Aussehen im Vorbeigehen.

Aus bautechnischen Gründen und im Hinblick auf den Regenwasserabfluß wäre es sinnvoller gewesen, nicht die Pfosten, sondern die Riegel dieser Fassadenelemente hintereinander zu plazieren. Dieses Prinzip hat Uytenhaak bei seiner bisher schönsten Vorhangwand – am Cascade-Gebäude in Eindhoven – verfolgt. → 24 Hier beträgt die Auskragung pro Geschoß etwa 60 cm. Diese Form, die eine vollkommen logische Weiterentwicklung von Rietvelds Fassade ist und bei der die technischen Probleme der Academie-Fassade gelöst wurden, indem der Maßsprung in die Fassade selbst integriert wurde, machte es unmöglich, eine einzige, durchlaufende Vorhangwand zu schaffen. Deshalb zerschnitt der Architekt die Fassade in Stücke, die jeweils einem Geschoß entsprechen, ließ jedoch das Glas überall großzügig über die Auskragung hinausstehen. → 25 Die Fassade, die aus Zedernholzleisten mit Edelstahlhaken besteht, an denen das bedruckte Glas aufgehängt ist, erhält so eine eigene Dynamik, die weitgehend unabhängig von der Einteilung des Gebäudes ist. Eine solche Fassade hat große bautechnische Vorteile. Zunächst kann das überstehende Glas die Aufhängung der Markisen verdecken. Darüber hinaus filtert das unter der Auskragung vorstehende und somit teilweise vor dem Fenster hängende Glas das direkt einfallende Sonnenlicht; Uytenhaak zufolge funktioniert die Fassade dadurch wie eine moderne Version von Bleiglasfenstern. Die Aussicht wird durch die Vorhangwand nicht eingeschränkt. Letztlich entspricht der Entwurf auf einfache Weise den Brand- und Schallschutzverordnungen, indem das Gebäude in die einzelnen Auskragungen unterteilt wurde. Die notwendigen Sicherheitsinstallationen konnten unter dem auskragenden Geschoßboden untergebracht werden.

Vom Körper zur Fläche

Die ohnehin großen Unterschiede zwischen den verwendeten Materialien akzentuiert Uytenhaak, indem er aus den einzelnen Fassaden jeweils eigenständige Flächen macht. Aus diesem Grund läuft die gewellte Ziegelwand des Cascade-Gebäudes knapp über die Vorhangwand hinaus weiter. Auch bei seinen anderen, früheren Entwürfen konstruierte der Architekt die Gebäude aus Flächen. So wird bei den Wohnbauten am Koningin Wilhelminaplein die dünne Backsteinscheibe durch die winkelförmigen Balkons von der Vorhangwand losgekoppelt, der Dachrand kragt weit über die Vorhangwand aus und der Eingang ist (in kleinerem Maßstab) ein wenig von der Fensterfront gelöst. → 26, 27

Das Trennen der Flächen ist beim Haus der Schönen Künste in Apeldoorn besonders auffallend. → 28 Hier verselbständigt sich jede von ihnen, und selbst die verschiedenen Schichten des Mauerwerks werden ins Blickfeld gerückt, indem an den großen Durchbrüchen eine Art Phasenverschiebung stattfindet. Die Backsteinfassade wird durch Stahlrohre im Abstand zu den mit Eternit verkleideten Fassaden gehalten, und auch die beiden Seitenfassaden werden durch ihre Detaillierung von ihr getrennt. Im Unterbau, in dem sich unter anderem das Café befindet, scheint der Glaskörper aus der Wandscheibe herausgezogen worden zu sein. Sein Stahldach liegt zudem nicht vollkommen parallel zum Rest des Volumens.

Die Anschlüsse der verschiedenen Flächen sind durch diese Strategie detailtechnisch etwas einfacher zu realisieren. Materialien zu stapeln, aneinanderzuschieben oder eine Verbindung mit Abstand zu schaffen ist weniger problematisch als logische und architektonisch interessante Knotenpunkte zu entwickeln, in denen verschiedene Materialien in unterschiedlichen Winkeln aufeinandertreffen. Darüber hinaus verschwinden die Details nun teilweise aus dem Blickfeld, weil sie im Schatten der

Rudy Uytenhaak Flor der Fläche

auskragenden oder weiterlaufenden Flächen liegen. Letztlich bietet dies in architektonischer Hinsicht die Möglichkeit, die Massivität der Gebäudevolumina aufzubrechen. Die Gebäude erhalten eine spannende Vielschichtigkeit und Räumlichkeit. Das gilt vor allem für die Wohngebäude am Koningin Wilhelminaplein, in denen mindestens fünf Wohnungen pro Geschoß untergebracht werden mußten. Das Gebäude drohte dadurch in der parkartigen Umgebung übermäßig präsent zu werden. Es wurde geradezu auseinandergesprengt, um die Masse aufzubrechen. Auch die Gestaltung der Balkone und Geländer läßt die Fassaden prächtiger und tiefer wirken. Die Balkone haben oft auffällige Formen und stoßen weit aus der Gebäudemasse heraus. Manchmal scheinen sie ein eigenes Leben zu führen. An der Rückseite des Wohngebäudes De Droogbak in Amsterdam (1989) führen sie zum Beispiel einen faszinierenden Tanz auf – und lenken gleichzeitig die Aufmerksamkeit von den nicht immer konsequenten Details ab. → 29 In der Weesperstraat sind die Balkone unterschiedlich tief und in verschiedenen Winkeln abgeschrägt.

Ihre Brüstungen spielen eine wichtige Rolle. Ebenso wie bei der Materialisierung der Fassaden, wird nach einem Gleichgewicht zwischen Offenheit und Geschlossenheit gesucht, wobei die Wahrnehmung des Nutzers und der Passanten für die Ausführung letztlich entscheidend ist. Während Uytenhaak für die Patiowohnungen in Nieuw-Sloten Pfosten mit unterschiedlichen Geschlossenheitsgraden, für das Appartementgebäude in Tilburg (1996) → 30 Glas und in der Weesperstraat → 31 Lochbleche verwendete, experimentiert er nun mit den Möglichkeiten von maschinell tordierten Stahlstreifen. Bei den Wohnhäusern in der Slotlaan in Zeist (1999) → 32 sind die Streifen derart verbogen, daß man von der Straße aus kaum in das Gebäude hineinsehen kann. Dadurch wird die Privatsphäre der Bewohner gewahrt, und gleichzeitig werden Objekte, die die Fassadengestaltung stören (zum Beispiel Mülleimer, Bierkisten oder Stühle), aus dem Blickfeld gerückt. Dank des offenen oberen Randes der Brüstungen haben die Bewohner im Sitzen dennoch eine freie Aussicht.

Uytenhaak hat sich für die Fassadenkomposition eine große Bandbreite an Elementen geschaffen. Wie er diese kombiniert, hängt von der jeweiligen Umgebung ab. Für das Gebäude in der Weesperstraat wurde aufgrund seines sehr städtischen Umfelds viel Beton verwendet, die Kombination aus terrakottafarbenen Steinen und einer grünen Vorhangwand paßt gut in die parkartige Umgebung des Koningin Wilhelminaplein, und die gewellten Ziegelmauern des Cascade-Gebäudes in Eindhoven orientieren sich an der städtischen Umgebung, während die offeneren und freundlicheren Vorhangwände mit ihren Holzpfosten eher den Kontakt mit dem umliegenden Grün suchen. Darüber hinaus sollen die Fassaden einen Übergang zwischen städtischem Raum und Privatsphäre schaffen.[1] "[Uytenhaak] reduziert die Volumina seiner Gebäude auf Flächen mit verschiedenen Texturen, die einander kreuzen und überlappen. Die Schichtung von Flächen sowie die Anordnung von Volumina und Flächen hintereinander ist ein Mittel, um in allen Maßstäben Rhythmus zu erzeugen und unterschiedliche Maßstäbe miteinander zu verbinden."[2] Letztlich sollen die Fassaden ebenso wie die Gebäude dreidimensional sein; die Flächen sollen taktil und üppig wirken, sie sollen einen Flor haben. Vor allem in dem gekonnten Umgang mit den Mitteln liegt die Stärke der verschiedenen Methoden, die diesen Effekt erzielen. Dabei sind Uytenhaak manchmal Fehler unterlaufen, etwa im Haus der Schönen Künste, für das zu viele verschiedene Materialien verwendet wurden und bei dem allzu viele Details zeigen sollten, wie das Gebäude und die verschiedenen Flächen aufgebaut sind. Auch das VROM-Gebäude in Haarlem scheint in komplizierten Details zu ertrinken. Diese Gebäuden haben (an einigen Stellen) zu viele Flächen mit allzu viel Flor. Bei den zurückhaltender materialisierten Projekten, dem Wohngebäude ‚De Droogbak' in Amsterdam, den Wohnhäusern am Koningin Wilhelminaplein, dem Cascade-Gebäude in Eindhoven, den Stadtvillen in Tilburg → 33 und dem Wohnungsbau ‚De Balk' in Amsterdam beweist der Architekt, wie schön seine Gebäude sein können. Anstatt einander zu erdrücken, bestärken sich die Materialien und Details sowie ihre verschiedenen Texturen gegenseitig. Die Flächen und ihre Details werden lebendig.

1. Antrittsrede von Rudy Uytenhaak an der Technischen Universität Eindhoven, 1993.
2. Leo Versteijlen, „Vlakkenbarok. Woningbouw van Rudy Uytenhaak", in: De Architect, 6, 1993.

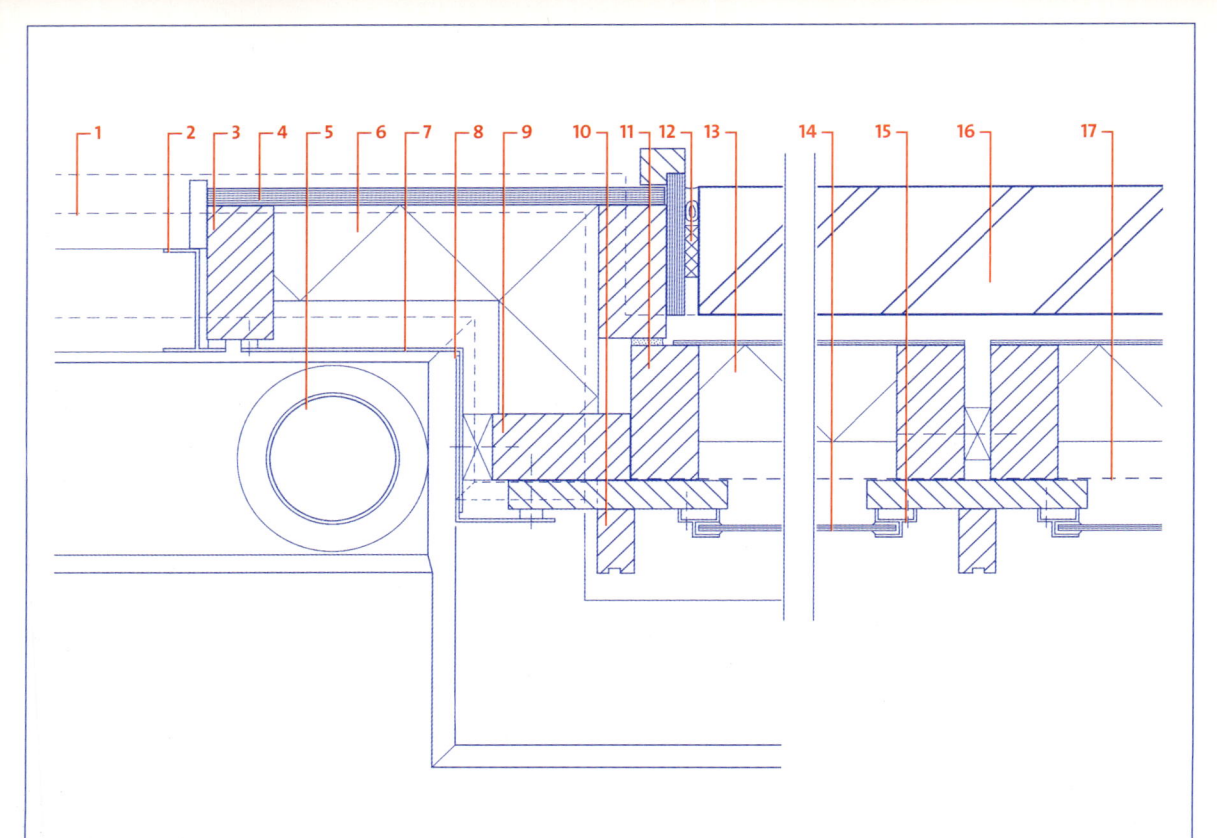

Rudy Uytenhaak Wohngebäude am Wilhelminaplein Amsterdam 1991

Horizontalschnitt Aufbau Vorhangfassade
1 Betondeckenkante
2 Rohbaufensterrahmen aus Aluminium
3 Kantholzbalken, 52 x 105 mm
4 Multiplex
5 Regenwasserabfluß
6 Wärmedämmung
7 Emailliertes Aluminiumblech
8 Eloxiertes Aluminium
9 Kantholzbalken, 52 x 105 mm
10 Zedernholz-Latte, 28 x 50 mm
11 Kantholzbalken, 52 x 105 mm
12 Kitt auf Fugenfüllung
13 Wärmedämmung
14 Farbig emailliertes Hartglas
15 Vorgesetztes Außenfenster aus Aluminium
16 Kalksandstein
17 Folie

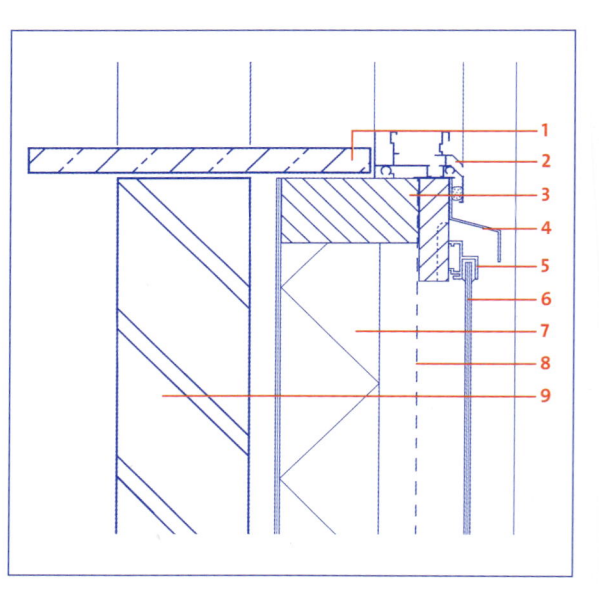

Anschluß Fenster mit Glasbrüstung als Teil der Vorhangfassade
1 Schwarze Fensterbank
2 Fensterrahmen aus Aluminium
3 Kantholzbalken, 52 x 105 mm
4 Abtropfkante
5 Vorgesetztes Außenfenster aus Aluminium
6 Farbig emailliertes Hartglas
7 Wärmedämmung
8 Folie
9 Kalksandstein

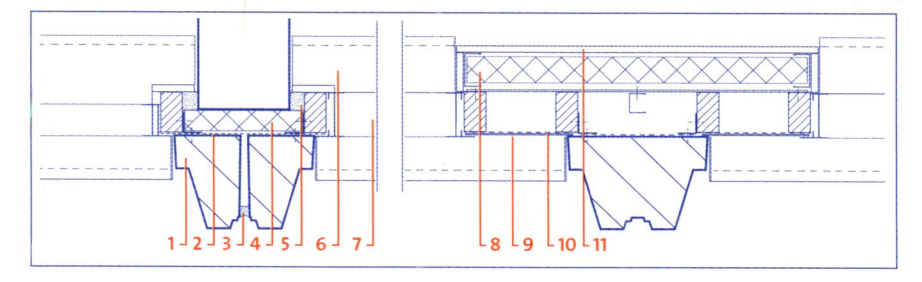

Rudy Uytenhaak Wohngebäude Weesperstraat Amsterdam 1992

Anschluß Betonfertigteil-Elemente mit getrennten Stützen und Aluminiumfassade
1 Betonfertigteil, Stütze
2 DPC-Kunststoffolie
3 Kitt auf Fugenfüllung
4 Wärmedämmung
5 PUR-Schaum
6 Fensterbank
7 Fensterrahmen aus Aluminium
8 Wärmedämmung
9 Emailiertes Aluminiumblech, 2 mm
10 DPC-Kunststoffolie
11 Gipskartonplattte

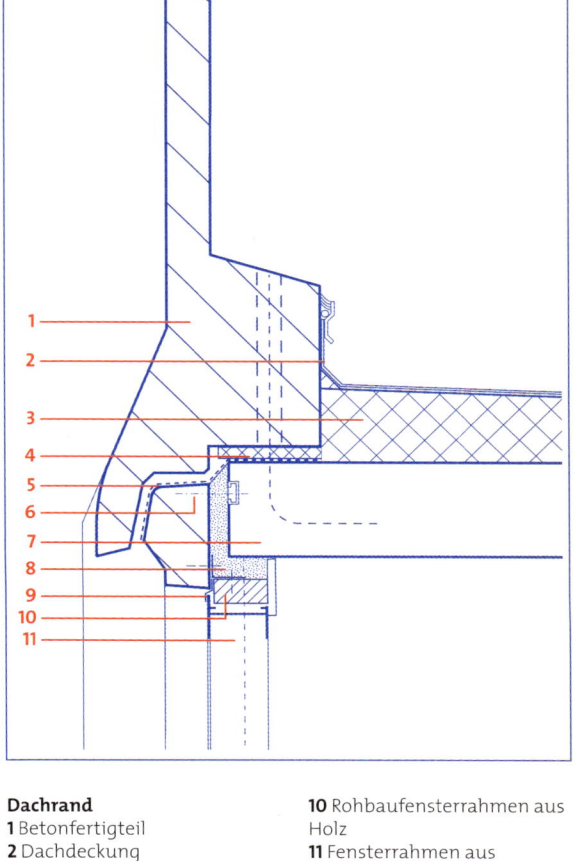

Dachrand
1 Betonfertigteil
2 Dachdeckung
3 Wärmedämmung
4 Wärmedämmung
5 Folie
6 Verankerung Betonfertigteil
7 Dachdeckenplatte, Beton
8 PUR-Schaum
9 Profil
10 Rohbaufensterrahmen aus Holz
11 Fensterrahmen aus Aluminium

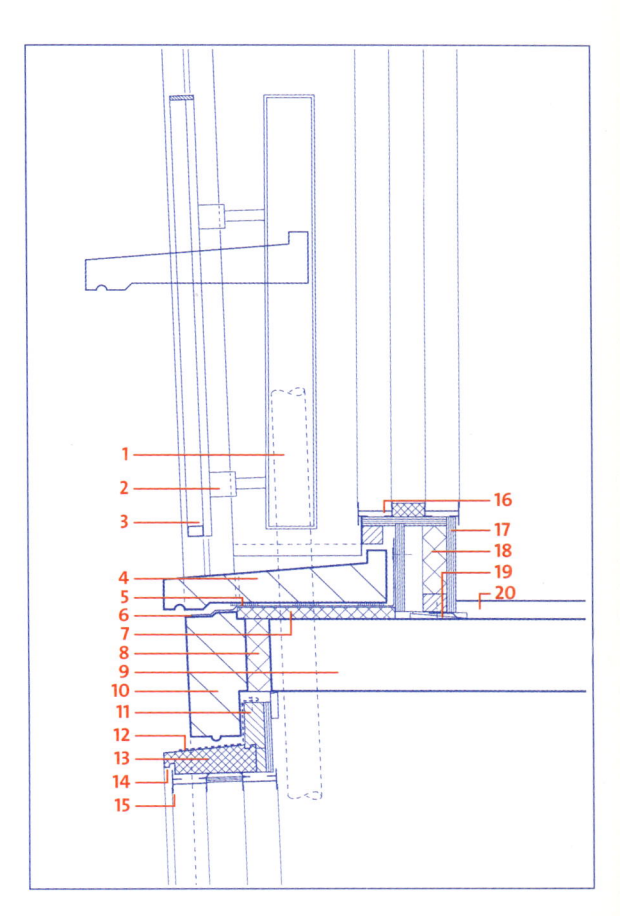

Anschlußdetail Französischer Balkon mit Aluminiumfassade an der Grachtseite
1 Regenwasserabfluß
2 Befestigung Brüstung an Stütze
3 Brüstung
4 Schwelle, Betonfertigteil
5 Granulat-Gummi, 5 mm
6 Folie
7 Wärmedämmung
8 Wärmedämmung, Schaumelement
9 Betondecke
10 Betonfertigteil
11 Kantholz, 50 x 114 mm
12 Abweiseblech
13 Holzfensterrahmen, 67 x 114 mm
14 Wassernase
15 Rohbaufensterrahmen aus Aluminium
16 Rohbaufensterrahmen aus Aluminium
17 Multiplex
18 Wärmedämmung
19 Befestigung Fassade
20 Estrich

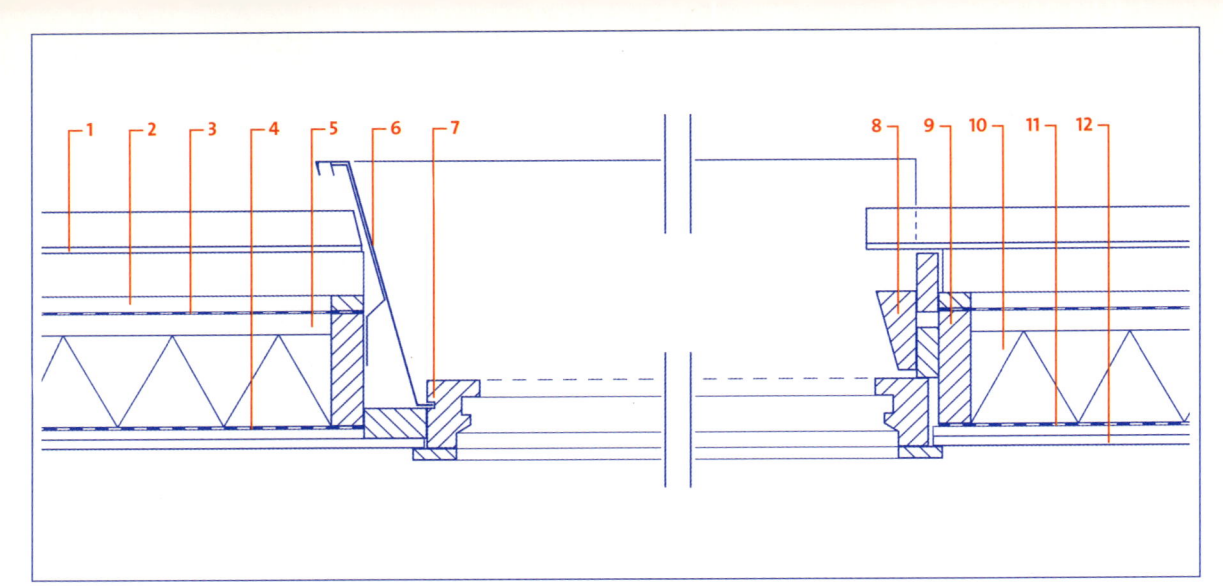

Horizontalschnitt Fensterrahmen in Eternit-Fassade
1 Eternit-Platte
2 Holzlatten
3 Holzstützen
4 Folie als Dampfbremse
5 Luftschicht
6 Gefalztes Aluminiumblech
7 Fensterrahmen aus Holz
8 Abdeckprofilleiste aus Holz
9 Holzbalken
10 Wärmedämmung
11 Feuchtigkeitsabweisende Folie
12 Gipskartonplatte

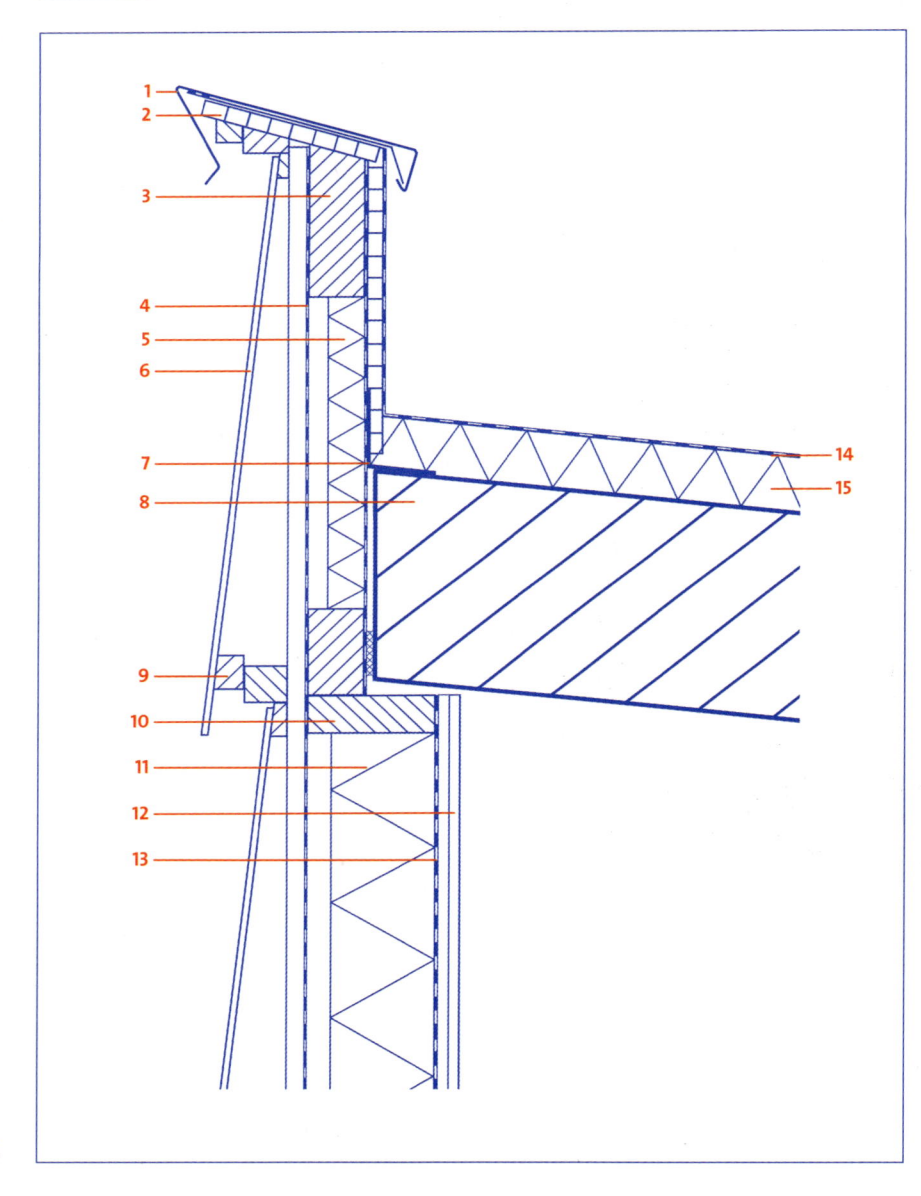

Rudy Uytenhaak Haus der Schönen Künste Apeldoorn 1995

Anschluß Dachrand mit Eternit-Fassade
1 Verzinkter Dachrandabschluß, Stahl
2 Wasserfest verleimtes Multiplex
3 Holzbalken
4 Folie als Dampfbremse
5 Wärmedämmung
6 Eternit-Platte
7 Verankerung Dachaufbau an Betondecke
8 Dachplatte, Beton
9 Konterlattung
10 Holzskelettkonstruktion
11 Wärmedämmung
12 Gipskartonplatte
13 Feuchtigkeitsabweisende Folie
14 Dachpappendeckung
15 Wärmedämmung

Rudy Uytenhaak VROM Haarlem 1997

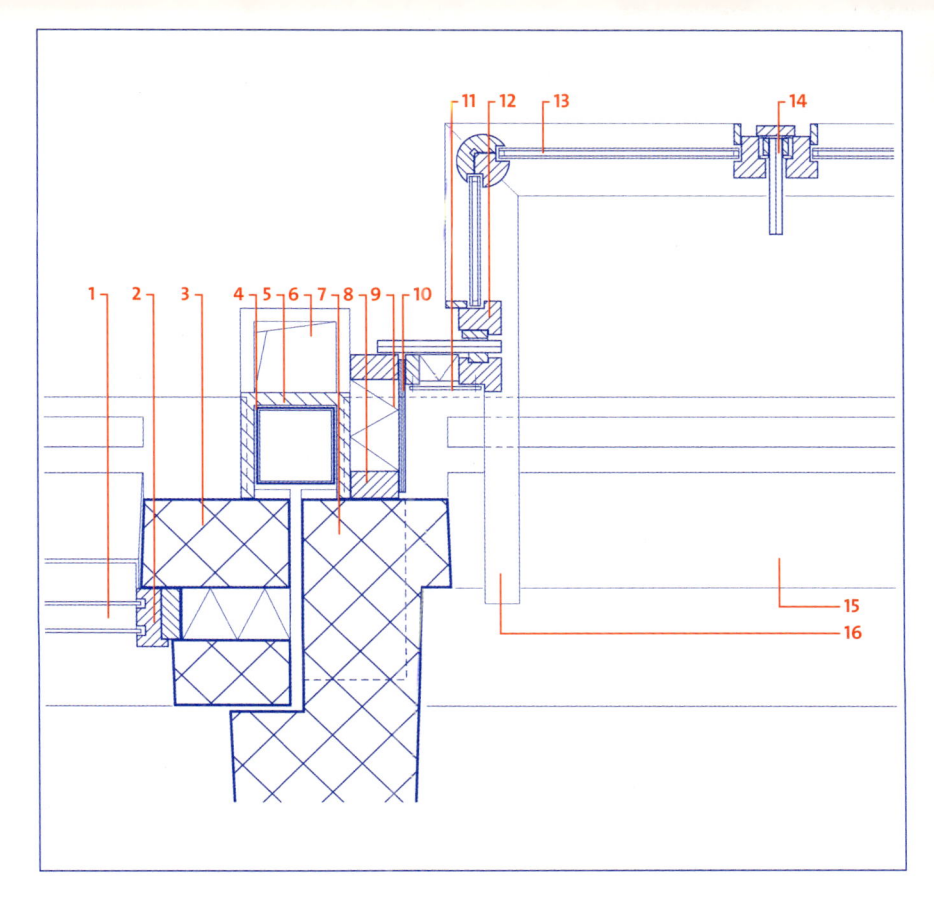

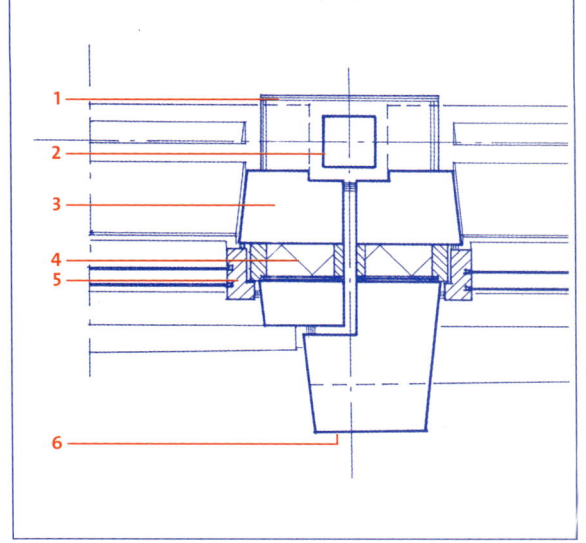

Horizontalschnitt Anschluß Lichthof (Holz) mit Fassade aus Betonwinkelelementen
1 Isolierverglasung
2 Schiebefensterfront
3 Betonfertigteil
4 Kastenprofil, 150 mm
5 Feuerbeständige Verkleidung
6 Leitungen
7 Winkelförmiges Betonfertigteil
8 Holzklötze
9 Wärmedämmung
10 Paneel
11 Farbig emailliertes Glas
12 Fensterrahmen aus Holz, weiß gestrichen
13 Isolierverglasung
14 Weiße Flosse, Holzleiste
15 Ansicht Betonwinkel-Elemente
16 Vorstehende Schwelle

Anschluß Dachrand mit Betonwinkelelementen (Südfassade)
1 EPDM-Kunststoffolie als Dachdeckung
2 Wärmedämmung
3 Folie
4 Druckschicht mit Gefälle
5 Betonhohldielendecke mit Fugenverguß
6 MDF-Holzplatten-verkleidung
7 Abschlußblech, Zink
8 Zink auf Klammern
9 Winkelförmiges Betonfertigteil
10 Rohbaufensterrahmen mit Wärmedämmung
11 Zedernholzfensterrahmen mit Festverglasung
12 EPDM-Folie
13 Winkelförmiges Betonfertigteil
14 Zedernholzfensterrahmen mit Schiebefenster

Horizontalschnitt Anschluß Fassade mit Betonwinkelelementen (Nordfassade)
1 Feuerbeständige Verkleidung
2 Kastenprofil, Stahl, 150 mm
3 Winkelförmiges Betonfertigteil
4 Rohbaufensterrahmen mit Wärmedämmung
5 Zedernholzfensterrahmen mit Festverglasung
6 Polierte Keilform

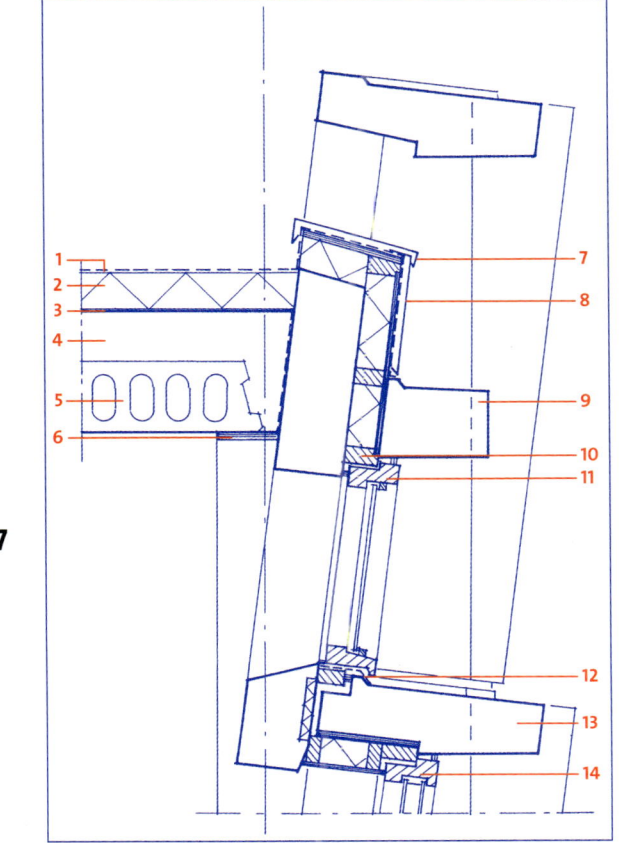

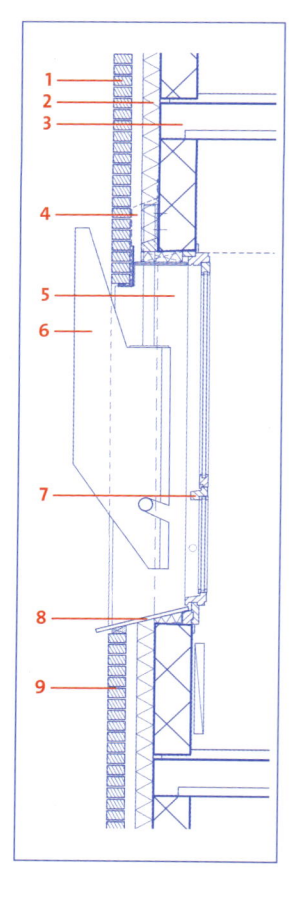

Rudy Uytenhaak Cascade-Gebäude Eindhoven 1999

Anschluß liegendes wellenförmiges Mauerwerk mit Fensterrahmen
1 Liegendes wellenförmiges Mauerwerk
2 Wärmedämmung
3 Betondecke
4 Hauptkonstruktion Mauerwerk
5 Kastenprofil, Stahl für Befestigung Sonnenschutz
6 Sonnenschutz, Fertigteil
7 Fensterrahmen aus Holz
8 Fensterlaibung und Abtropfkante aus Hartstein
9 Zurückspringende flachgezogene Fugen

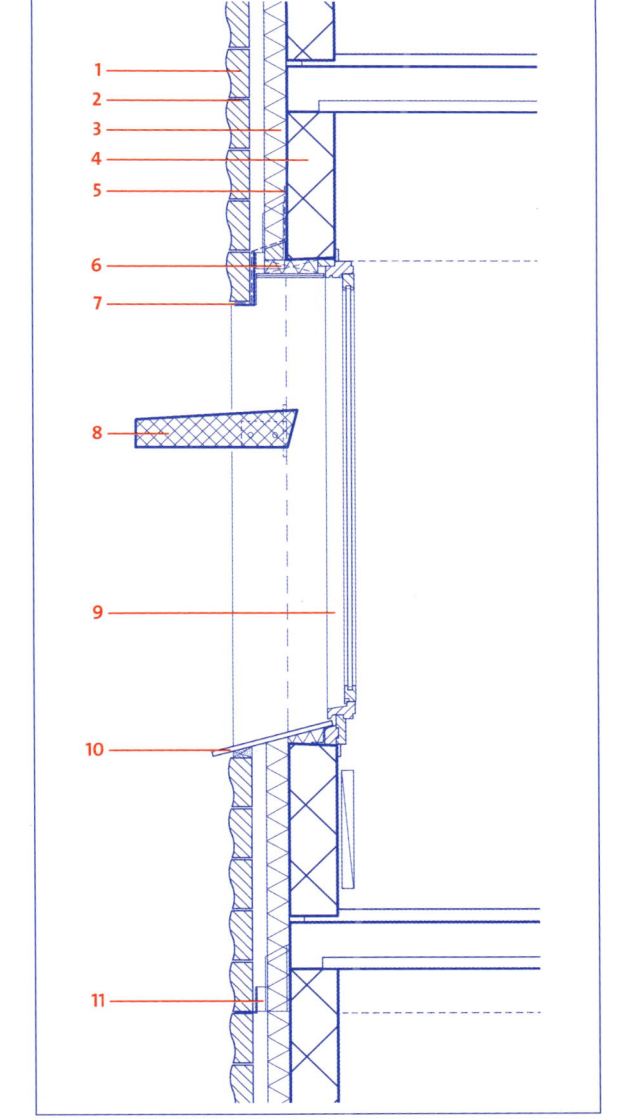

Rudy Uytenhaak Cascade-Gebäude Eindhoven 1999

Anschluß stehendes wellenförmiges Mauerwerk mit Fensterrahmen
1 Stehendes wellenförmiges Mauerwerk
2 Verfugung mit schwarzem Mörtel
3 Wärmedämmung
4 Innenschale, Fertigteil
5 Folie
6 Klotz
7 Hauptkonstruktion Mauerwerk
8 Sonnenschutz, Fertigteil
9 Fensterrahmen aus Holz
10 Fensterlaibung und Aftropfkante aus Hartstein
11 Hilfskonstruktion Mauerwerk

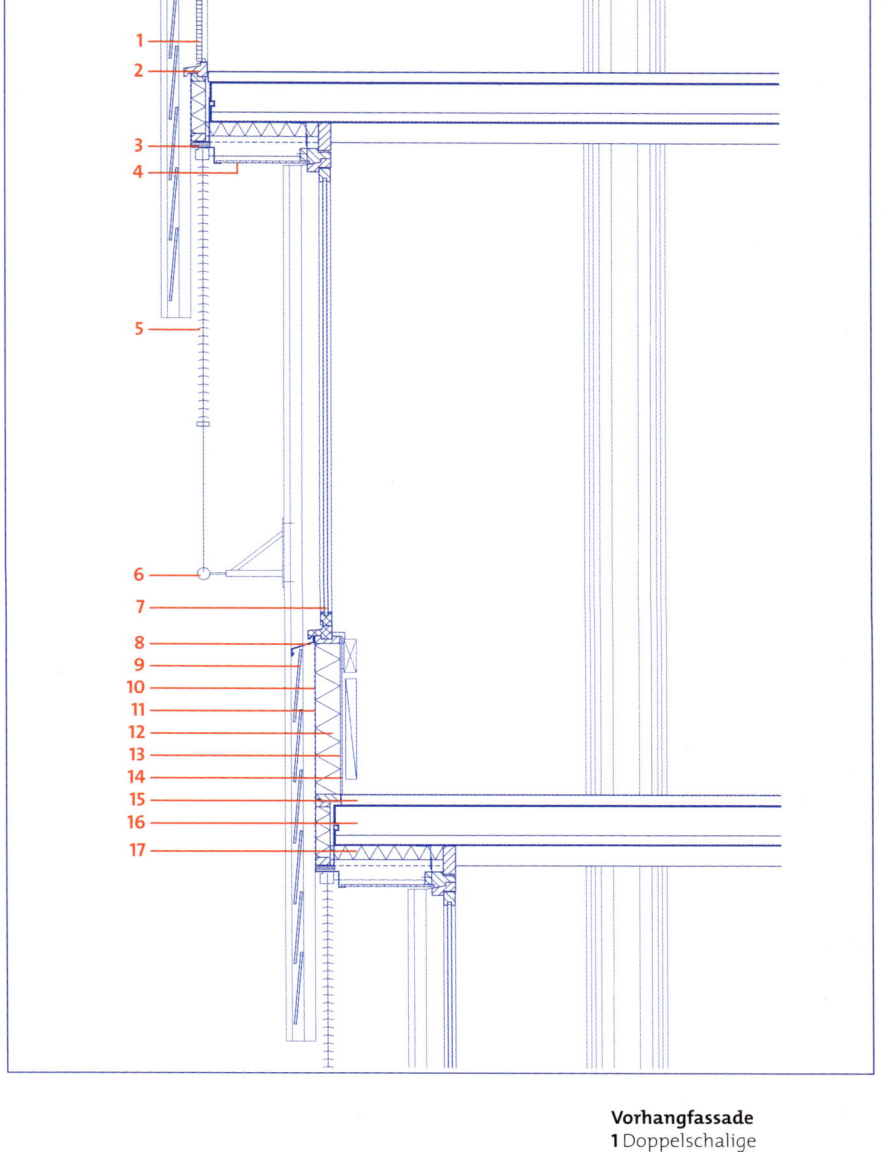

Vorhangfassade
1 Doppelschalige Polykarbonatplatte
2 Fensterrahmen aus Holz
3 Gefalztes Aluminiumprofil
4 Zementgebundene Faserplatte
5 Außenjalousie aus Aluminium
6 Durchgehendes Aluminiumrohr auf Stehbügeln
7 Isolierverglasung
8 Abtropfkante
9 Ornamentklarglas, gehärtet
10 Schwarze ‚Haut'
11 Faserzementplatte als Unterdach, 3 mm
12 Wärmedämmung
13 Folie als Dampfbremse
14 Innenpaneel
15 Estrich
16 Betongeschoßdecke
17 Wärmedämmung

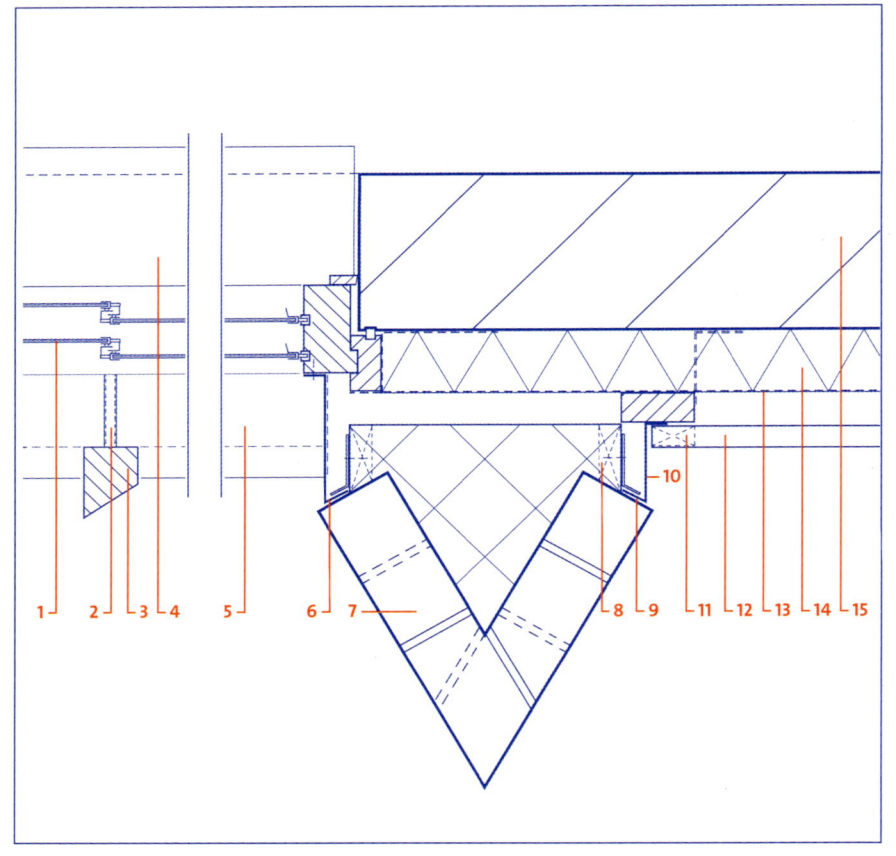

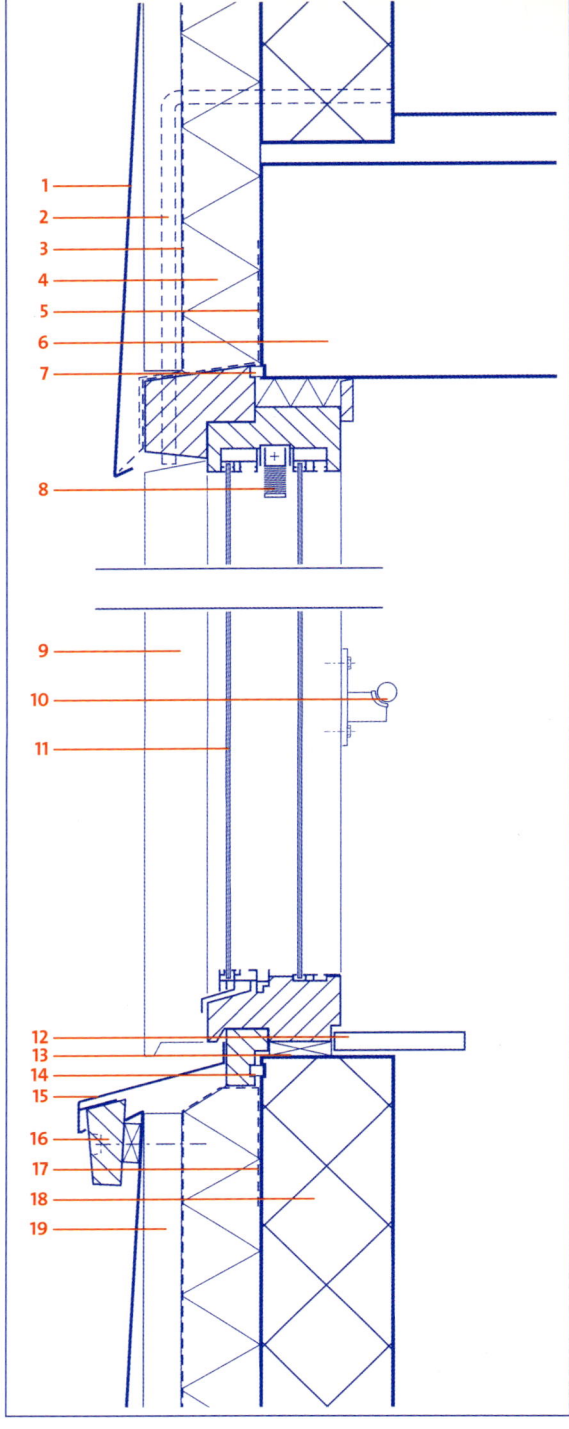

Rudy Uytenhaak Wohnturm ‚Tourmaline' Almere 2001

Horizontalschnitt Stahl-Vorhangfassade bei ‚Mauerwerksspitze'
1 Schiebefenster
2 Röhrchen als Stehbügel
3 Zedernholzlatte
4 Fensterbank
5 Abtropfkante, Stahl
6 Gefalztes Aluminiumprofil
7 Betonfertigteil, verblendet mit Ziegelsteinen
8 Holzklötze
9 Kittfuge
10 Gefalztes Profil mit Haftblech
11 Dichtungsband
12 Fassadenverkleidung aus Stahlblech
13 Feuchtigkeitsabweisende dampfdiffusionsoffene Folie
14 Wärmedämmung
15 Betonwand

Anschluß Stahlfassade mit Fensterrahmen
1 Fassadenverkleidung aus Stahlblech
2 PE-Überlaufrohr bei Loggia
3 Feuchtigkeitsabweisende dampfdiffusionsoffene Folie
4 Wärmedämmung
5 Abweisefolie
6 Betongeschoßdecke
7 Fugenband
8 Sonnenschutz
9 Zedernholz
10 Absturzsicherung bei Loggia
11 Schiebefenster
12 Fensterbank
13 PUR-Schaum
14 Fugenband
15 Abtropfkante, Stahl
16 Durchgehende Holzlatte
17 Abweisefolie
18 Betonfertigteil
19 Kantholzlatten, 38 x 89 mm

Anschluß Fassade am Balkon
1 Grüne Balkonbrüstung
2 Balkonplatte, Betonfertigteil
3 Fensterrahmen aus Zedernholz
4 Fichtenholzbrett (als Fensterbank)
5 Fassadenverkleidung
6 Holzständerkonstruktion
7 Feuchtigkeitsabweisende Schicht
8 Wärmedämmung
9 PUR-Schaum
10 Befestigung Fassadenelement
11 Estrich
12 Betongeschoßdecke
13 Zugluftabdichtung und Kittfuge

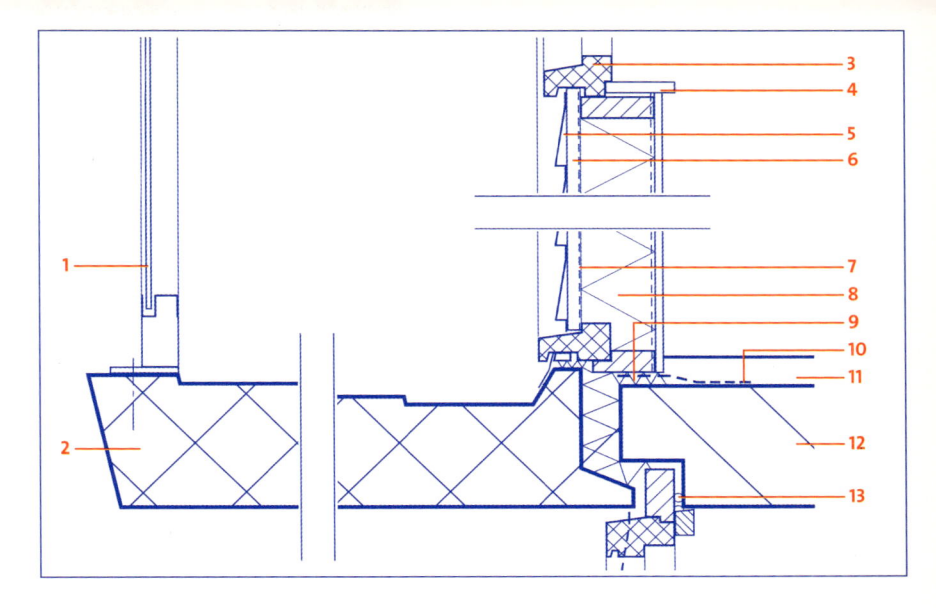

Rudy Uytenhaak Wohnungsbau ‚De Balk' Amsterdam 2002

Anschluß Betonfertigteil am Fenster
1 Isolierverglasung
2 Holzfensterrahmen
3 Fichtenholzlatte (als Fensterbank)
4 Abtropfkante aus Aluminium
5 Betonfertigteil
6 Kitt auf Fugenfüllung
7 Zementgebundene Holzfaserplatte
8 Wärmedämmung
9 Dampfbremse
10 Gipskartonplatte
11 Zementgebundene Faserplatte
12 Betonfertigteil, Fassadenelement
13 Eckprofil als Verankerung für Betonfertigteil
14 PUR-Schaum
15 Wärmedämmung
16 DPC-Folie
17 Multiplex
18 Schalldämpfer

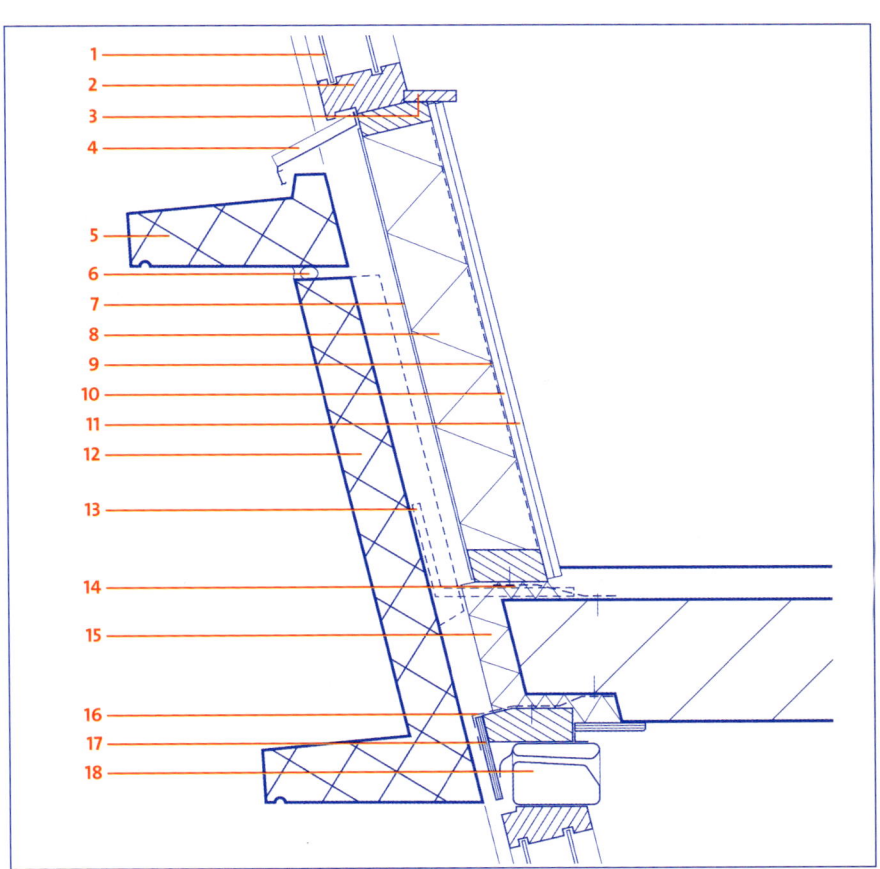

Koen van Velsen
Sprechende Elemente – stille Objekte

In der Spoorstraat in Hilversum steht ein stiller, dunkelbrauner Backsteinkubus direkt neben einem fast dekonstruktivistischen Volumen, dessen Elemente sich zu verselbständigen scheinen. → 1, 2 Ersteres Gebäude, ein Bürobau, ist ein Grenzfall zwischen dem, was gerade noch Architektur ist, und einem betont gewöhnlichen Haus. Der Architekt selbst drückt sich direkter aus: „Es sind lediglich Backsteine, die sich aus dem Boden erheben. Es soll vor allem unauffällig sein." Dagegen soll das andere Gebäude mit Geschäften, Büros und Wohnungen offenbar Aufmerksamkeit erregen. Mit seinen aus dem Baukörper herauswachsenden gelben Backsteinwänden, der außerhalb des Volumens liegenden Stahlkonstruktion und den seltsam geformten Dachelementen stellt es sich vollkommen anders dar als die übrigen Gebäude in dieser nüchternen Straße. Auf den ersten Blick verrät nichts an diesen beiden Gebäuden, daß beide von demselben Architekten stammen, von Koen van Velsen.

Van Velsen gibt eine einfache Erklärung für die großen Unterschiede. Seine Gebäude sollen keine Handschrift tragen. Jedes muß einzigartig sein, da auch die Projektanforderungen, der Bauherr und der Standort stets einzigartig sind. In diesem Sinne entwickelt er auch seine Pläne in der Anfangsphase. Zu diesem Zeitpunkt spielt die Materialisierung noch keine Rolle, sondern alles dreht sich um die Räume und ihre Übergänge – Innenräume, aber auch Stadträume, die Erfahrung des Gebäudes im Kontext der Umgebung und die Übergänge zwischen ihnen. Erst wenn der Plan stimmt, wird über die Materialisierung dieser Räume nachgedacht. Die zu erzeugende Atmosphäre steht dann bereits fest. Aufgrund dieser Entwurfsstrategie sind Fassaden und Wände zunächst immaterielle Streifen, die erst Gestalt annehmen, wenn der Architekt überzeugt ist, mit den gewählten Materialien dem imaginierten Raum so nahe wie möglich zu kommen.

Der Unterschied zwischen dem auffälligen Wohnhaus mit Büro und dem stillen Backsteingebäude kann auch auf weitreichende Erfahrung zurückgeführt werden. Das erste Gebäude realisierte der Architekt 1982, das zweite 1998. Im Laufe der Zeit realisierte van Velsen seine Raumträume, seine Ideen über Architektur und ihre Bedeutung immer treffender und mit sparsameren Mitteln. In seinem Aufsatz *Over architectuur is niets te zeggen* (Über Architektur gibt es nichts zu sagen) bemerkt er, daß „(...) von Architekten immer stärker verlangt wird, Bilder zu schaffen und Architektur immer mehr nach Bildqualitäten beurteilt wird. Diese Tendenz setzt meines Erachtens den Architektenberuf herab; aus ‚Architektur als Raumkunst' wird ‚Dekor-Architektur' (...). Die moderne Architektur versucht, den Raum auf eine bestimmte Weise zu beherrschen. Zu diesem Zweck beschreibt der Architekt ‚Dinge' und legt in Zeichnungen und Baubeschreibungen fest, wie sie den Raum bestimmen werden. Er hat sein Ziel erreicht, wenn die ‚Dinge' seine räumlichen Absichten ausdrücken. Architektur produziert also nicht ‚Dinge', sondern Räume."[1]

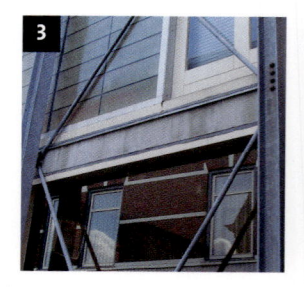

Aus städtebaulicher Sicht bedeutet dies, daß Gebäude eine Stadt nicht dekorieren, sondern die Wände der Stadt bilden sollen, nicht temporär, sondern dauerhaft. Deswegen müssen die Fassaden in bestimmtem Sinn weniger funktionalistisch sein, denn ein wirklich urbanes Gebäude überlebt seine aktuellen Nutzer und damit auch seine momentane Funktion. Dies verlangt nach einem besonderen Verhältnis zwischen Gebäude, Funktion und Materialisierung. Wenn die Materialisierung unabhängig von der Funktion ist, kann sie viel freier gewählt werden. Mit Hilfe der Materialisierung und der Fassadenkomposition will van Velsen das Gebäude von der Beschränkung auf Assoziationen hinsichtlich seiner Funktion befreien. Das Wohn- und Bürohaus in Hilversum zeigt eine plastische Fassade aus unterschiedlich transparenten Flächen, die übereinander geschichtet sind oder aneinanderstoßen. Durch die Schichtung bleibt unklar, wo die Fassade genau beginnt. Die äußerste Schicht sichert die Stabilität. Die HE-Profile sind quer plaziert, ihre Stege zum Betrachter gewandt, → 3 sie machen die Konstruktion offensichtlicher. Die Ladenfront liegt ein Stück dahinter, so daß ein Blick ins Innere nur möglich ist, indem man um die Konstruktion herum oder an ihr vorbeisieht. Auf diese Weise wird die Offenheit der großen Glasfläche relativiert. Sie besteht aus zwei Teilen, von denen der untere schräg nach innen geneigt ist. Die Paneele im ersten Obergeschoß wirken wie japanische Shoji-Wandelemente, sind aber weniger transparent. Auch der Dachaufbau besteht zu einem Großteil aus Glas. → 4 Wie bei den anderen scheinbar transparenten Flächen, ist es nicht möglich, durch dieses Glas nach innen zu sehen. Aufgrund seiner schrägen Stellung blickt man statt dessen quer durch das Dach – und sieht nur den Himmel. Wegen der Schräge und des Materials bilden weder das Dach noch die hervortretenden Trennwände der Wohnungen eine echte Begrenzung des Volumens. Sie verkörpern die Individualisierung der Flächen und Elemente sowie den Übergang von innen nach außen. Auch im Inneren werden die Raumfolgen möglichst wenig unterbrochen, mit der Konsequenz, daß viele der bautechnischen Elemente freistehend zu sein scheinen. Die Rahmen der Schiebetüren sind beispielsweise auf Stoß zwischen die Backsteinmauern, die Decke und die Böden geklemmt. Die Elemente werden autonom; die Mauern, Decken und Böden laufen scheinbar ohne Unterbrechung durch, gefaßt in einen klaren Rahmen. → 5

Die Innenräume mildern die vom Äußeren ausgelöste Verwirrung nicht. „Es handelt sich nicht um eine Wohnung oder ein Büro im traditionellen Sinne", stellt der Kritiker Janny Rodermond dementsprechend fest.[2] Das Gebäude könnte jeder Funktion dienen. Daß es dennoch nicht die Zeitlosigkeit ausstrahlt, die van Velsen bei seinen Gebäuden anstrebt, liegt vor allem an seinem Ungestüm. Richtige Stadtfassaden sind weniger sprechend, weniger modisch, neutraler; entsprechend sind die heutigen Entwürfe des Architekten viel stiller. Im übrigen ist das Gebäude aufgrund der flachen Detaillierung und der Materialwahl, insbesondere der Paneele, recht aufwendig zu unterhalten.

Die Bibliothek in Zeewolde (1989) ist in mehrfacher Hinsicht eine logische Weiterentwicklung des Wohnhauses in Hilversum. → 6 Auch sie besteht aus eigenständigen Elementen, die jedoch überzeugend zu einer Gebäudeeinheit verbunden sind. Zudem sind die Betonfassaden – sofern hier überhaupt die Rede von echten Fassaden sein kann – abstrakter und weniger sprechend. Dem Fassadenentwurf lag die Überlegung zugrunde, wie weit sich eine Betonfassade öffnen läßt, ohne daß sie die Funktion einer geschlossenen Wand verliert. Geschlossene Wandflächen fehlen, und die vielen Öffnungen sind tatsächlich Löcher, keine Fenster – zumindest sind sie so detailliert, denn das Doppelglas wurde ohne sichtbare Fensterrahmen in die Betonfassade eingesetzt. → 7 Im Inneren drücken schmale Zedernholzleisten das Glas an den Beton. Dieses Detail zeigt sehr schön, welche unterschiedlichen Stimmungen van Velsen mit dieser Fassade zu erzeugen wußte. Außen ist sie relativ hart und schweigend, innen wesentlich freundlicher.

Die scheinbar konstruktionslose Aufhängung der Betonfassade verstärkt noch die Zweifel an der Funktion der robusten Betonwand als Fassade. Durch die Verwendung tragender Sandwichpaneele, die mit den Geschoßböden fest verbunden wurden, konnte an der Unterseite ein schmaler Glasstreifen vorgesehen werden, der nur an wenigen Stellen von einer Stahlstütze unterbrochen wird. Dadurch scheint die trotz der vielen Löcher schwer wirkende Fassade zu schweben. Das Öffnen der Nähte auf den Ecken – beinahe eine Standardlösung an van Velsens Gebäuden – hat ebenso wie das Schweben eine doppelte Bedeutung. → 8 Es entsteht dadurch der Eindruck von vier voneinander unabhängigen Flächen, zugleich aber gibt das Detail die geringe Stärke und somit die Leichtheit der Fassade preis. Diese wird zusätzlich dadurch akzentuiert, daß die Platten im 45°-Winkel abgeschnitten sind.

Die Betonfassade der Bibliothek ist sehr abstrakt und erscheint als Vorbote der Fassaden von van Velsens späteren Gebäuden. An derartige Volumina werden nun andere, mehr oder minder selbständige Elemente angesetzt, die die Abstraktion reduzieren, indem sie die Glätte und Einheitlichkeit des Gebäudes stören. Solche Elemente sind beispielsweise die Kolonnade an der Vorderseite, das aufgelagerte, mit holzgerahmten Polycarbonat-Platten verkleidete Volumen, der geschlossene schwarze Stahlkubus an der Seite, die in Wellblech verpackte Treppe und vor allem der ungewöhnliche Dachaufbau, der an einigen Stellen über die Fassade auskragt. Diese Elemente sind an sich ebenso schweigsam wie das Hauptvolumen. Ihre Funktionen bleiben verborgen, bis ein Gang durch das Gebäude sie deutlich macht. Zerfiel das Wohnhaus in Hilversum noch in seine verschiedenen Elemente, so hat van Velsen in Zeewolde ein besseres Gleichgewicht zwischen den autonomen, dann aber verbundenen Komponenten gefunden. Beispielsweise trennt ein Gang, in dessen Betonfußboden Glasbausteine eingefügt wurden, den aufgeständerten Pavillon vom Betonkubus. Durch die Oberlichter fällt gefiltertes Licht in den Eingangsbereich des Pavillons. Auch in der Detaillierung werden Vorbau, Gang und Hauptvolumen mittels subtiler Versprünge der Stahlprofile unterschieden, die den Betonboden des Ganges tragen. → 9 Auch ragt der Pavillon an einer Seite über das Gebäude hinaus, während er an der anderen Seite etwas zurückgesetzt ist, um Platz für den Eingang zu schaffen. Das auskragende Dach aber vereint alle Volumen unter sich. → 10

Im Inneren der Bibliothek wurden unterschiedliche Atmosphären geschaffen, für die die Konstruktion eine wichtige Rolle spielt. Die Geschoßdecke ruht auf Systemen aus drei schrägen Stützen mit einem dünnen, mittig plazierten Stahlrohr, die in Betonplatten enden, welche die Drucklasten aufnehmen. → 11 Auch die runde Fußplatte ist, obwohl einbetoniert, deutlich erkennbar. Die Funktionsweise der Konstruktion ist ablesbar. Für den Raumeindruck bedeutet diese Konstruktion beispielsweise, daß die von van Velsen entworfenen Bücherregale nicht an die schrägen Stützen gestellt werden können, so daß sowohl die Regale als auch die Stützensysteme frei im Raum stehen. Im Obergeschoß dagegen wurden Holzträger zwischen schlanke Stahlstützen gespannt. Auch hier bestimmt die Konstruktion die Atmosphäre der Räume mit, die im Untergeschoß seltsam und nüchtern anmutet, im oberen Geschoß ebenso ungewöhnlich, aber freundlicher ist. Die Atmosphäre im Obergeschoß wird darüber hinaus auch im unteren spürbar, da die in beiden Bereichen verwendeten Holzstützen die Betondecke durchstoßen. Die Konstruktion ist hier tatsächlich „nur ein Mittel, um die angestrebte Räumlichkeit und die beabsichtigten Effekte zu erzielen".[3]

Fern – nah

Nach der Bibliothek in Zeewolde sowie dem Umbau und der Erweiterung der Reichsakademie in Amsterdam (1992) sind van Velsens Gebäude stiller geworden, zurückhaltender, um als zeitlose Stadtwände und Objekte zu fungieren. Gleichzeitig erregen spannende und manchmal sehr kleine Details Aufmerksamkeit. Gebäude, die sich dafür eigenen, denen man nahe kommen kann, materialisiert und detailliert der Architekt so, daß sie je nach Entfernung anders wahrgenommen werden.

Aus der Distanz wirkt das Pathé-Kino in Rotterdam (1996) wie ein ebenmäßig aber ungewöhnlich geformter, schwebender, fast weißer Kubus. → 12, 13 Aus der Nähe erweist sich die Fassade jedoch als viel weniger glatt und geschlossen. Das Gebäude wirkt dadurch nahbarer, und es wird erkennbar, daß die weißen Kunststoffplatten nicht überall präzise um die funktionalen Volumina gelegt sind. Zwischen dem Gebäude und der Verkleidung wurden verschiedene Nischen eingefügt, die dem Körper einen skulpturalen Charakter verleihen und ihn gleichzeitig aufbrechen, → 14 so daß Luft in den massiven Körper kommt. Aus der Nähe betrachtet sind die Platten auch nicht glatt, sondern profiliert. Sie wurden mit recht groben Bolzen an der Stahlkonstruktion befestigt. Dadurch macht die Fassade einen sensiblen und verletzlichen Eindruck.

Zuletzt rückt die Grenze zwischen dem Platz, der von den Landschaftsarchitekten West 8 gestaltet wurde, und dem Inneren des Kinos in den Blick. Um den Platz visuell in das Kino hineinzuholen, entwarf van Velsen eine beinahe detaillose Glasfläche, die auch beim Näherkommen möglichst unauffällig sein sollte. → 15 Deshalb wurden die Glasrippen, die die horizontalen Kräfte der Fassade aufnehmen, mit robusten Winkelstahlen und Bolzen an der Oberseite der Glashaut fixiert → 16 und enden 3 m über dem Fußboden.

Auch im Inneren verändern sich die Flächen je nach der Entfernung von ihnen. Beim Eintreten wirkt das 1000 m² große Foyer nüchtern und streng. Abgesehen von den Wänden der Kinosäle sind aber alle Oberflächen mehrschichtig, die Bodenplatten aus Edelstahl sind leicht strukturiert und die Wandtapete hat ein gepunktetes Muster, das kleine Löcher suggeriert. Zudem werden die Edelstahlplatten, mit denen die wenigen Saalstützen umkleidet sind, von Hohlnieten zusammengehalten – eine der heikelsten Stahlverbindungen – und die Platten sind am oberen und unteren Ende der Stützen leicht gebogen. → 17 Abgesehen von den zahlreichen Treppen beeinträchtigen keinerlei Schrägen, auch keine Stabilitätsverbände die Nüchternheit des Raums. Die komplizierte Stahlkonstruktion, die notwendig war, da das Kino über einer Parkgarage errichtet wurde, über das die Kinosäle hinauskragen, wird von den weiß verputzten, in sich stabilen Wänden der Kinosäle verborgen. Das Kino steht somit beispielhaft für die fortschreitende Neutralisierung der Fassaden und die daraus folgende Vereinfachung der Gebäudeformen. Ein wichtiges Thema von van Velsens späteren Gebäuden ist die Zurückhaltung in der Konstruktion, die deswegen architektonisch aber nicht simpel, sondern effektvoller wird, wie das Kino zeigt. Ein plastisches Beispiel sind die sehr weit auskragenden Balkone, die ohne sichtbare Konstruktion aus dem Wohnungsgebäude auf Borneo-Sporenburg (1999) in Amsterdam herausragen. → 18 Diese Wirkung wird durch andere, viel weniger tiefe Balkone des Gebäudes verstärkt, die von asymmetrisch angebrachten Konsolen getragen werden.

Bleiben Stützen und Träger sichtbar, dann sorgt oft eine Umhüllung dafür, daß sie – wie die anderen räumlichen Objekte – zu abstrakten Körpern werden. Dadurch werden die Innenräume stiller und zugleich spannender. Die Strategie, die Konstruktion zu verbergen und ihren Entstehungsprozeß weniger auffällig zu präsentieren, läßt sich auch mit Blick auf van Velsens berufliche Entwicklung beschreiben. „Früher war ich ein Zimmermann mit Ideen", sagt er und verweist damit auf seine Ausbildung, die er nach dem Besuch der

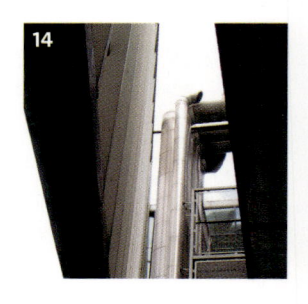

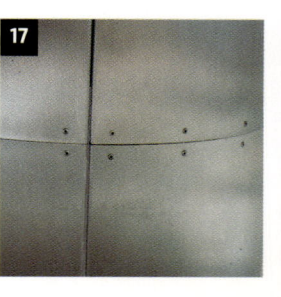

Koen van Velsen Sprechende Elemente – stille Objekte

Technischen Haupt- und Realschule an der Bauakademie abschloß. „Nun bin ich eher ein Charakter mit Ideen, und wie etwas gemacht wird, ist viel weniger wichtig." Wenngleich sie hinsichtlich ihrer Form minimalistischer ist, → 19 hat die Niederländische Film- und Fernsehakademie in Amsterdam (1999) einiges mit dem Kino in Rotterdam gemeinsam. Der Grundriß der Akademie hat die Form eines Parallelogramms, frei von Ausbuchtungen. Die Fassade wird lediglich durch die Dachterrasse im vierten Obergeschoß aufgebrochen. → 20 Wegen des umlaufenden Betonbandes, das diese Öffnung einrahmt, sowie aufgrund der durchlaufenden Fassadenrippen wird sie dadurch kaum beeinträchtigt. → 21 Die Fassade am Waterlooplein wird von gerahmtem Glas dominiert; Glas bedeutet hier aber keinesfalls Transparenz. Angesichts der Funktion des Gebäudes ist das logisch; eine Filmakademie braucht nur wenig Tageslicht. Vor allem sollte eine schöne Stadtfassade geschaffen werden, die sich in die Umgebung einfügt. Nur dort, wo die Funktion es erforderte, etwa bei den Büros, wurden echte Fenster eingelassen; minimal detailliert, geleimt und deshalb rahmenlos, unterscheiden sie sich kaum von den einfachen Glasscheiben der Fassade, die mit Aluminiumprofilen vor geschlossene Holzpaneele gesetzt wurden.

Die Fassade fasziniert aufgrund ihres fehlenden Fensterrhythmus: Die Öffnungen dienen nicht dazu, der Außenwelt das Gebäude, seine Einteilung oder Funktion zu erklären, sondern lediglich dem Tageslichteinfall. Andererseits können zukünftige Nutzer die Fassade recht einfach öffnen und beispielsweise Holzpaneele durch geleimte Doppelfenster ersetzen. Von außen wird sich das Fassadenbild – als Teil der Straßenwand – durch solche Maßnahmen nicht oder nur geringfügig verändern. Auch der provisorischen Anmutung der silberfarbenen Lüftungsgitter ist es zu verdanken, daß das Gebäude jede Veränderung leicht von innen heraus verarbeiten kann.

Immer stiller

Die Fassade der Film- und Fernsehakademie ist so materialisiert und detailliert, daß ihre Funktion als Teil des Gebäudes der Funktion als Stadtwand untergeordnet ist. Das gleiche gilt für das Bürogebäude in Hilversum. Der kleine Backsteinbau soll einen möglichst unauffälligen Teil des städtischen Raums bilden. An die umgebende Bebauung anschließend, wurden gewöhnliche Holzfensterrahmen und geklebtes Glas verwendet. → 22 Und doch verleihen einige Details dem Gebäude Spannung und wirken der zunächst suggerierten Normalität entgegen. An der Seite, wo gewöhnliche Fenster nicht erlaubt waren, finden sich zum Beispiel Blendnischen. Auf diese Weise setzt sich der Fassadenrhythmus rundum fort. In die Ziegelmauer wurden Streifen aus auf der Seite stehenden Steinen eingefügt, die dem Gebäude eine zusätzliche Gliederung verleihen. Der etwas überstehende Dachrand, der ungewöhnliche Stahlbalken auf dem Dach – welcher inzwischen entfernt wurde – und die vollkommen flachen Vordächer über den Eingängen ziehen Aufmerksamkeit auf sich. Dies sind winzige ästhetische Zusätze, mit denen sich die wenigsten Architekten zufrieden geben würden, obwohl sie eine starke Wirkung haben. Mit der Erweiterung des Rathauses von Terneuzen (1996) ging van Velsen noch einen Schritt weiter in diese Richtung. → 23 Diese Fassade paßt sich ihrer Umgebung so stark an, daß es scheint, als wolle sie ihre Existenz negieren. Das Rathaus ist mit hellblau glasierten Backsteinen umkleidet und geht scheinbar in den grauen Himmel über der Westerschelde über. Die Steine glänzen und reflektieren das Sonnenlicht, aber selbst wenn die Sonne scheint, gibt sich das Gebäude bescheiden. Zwei verschiedene Steintypen sorgen dafür, daß die Fassaden sich im Glanz unterscheiden. Das genügte van Velsen. Um die Idee einer glatten Fassade nicht zu zerstören, wurde sie möglichst zurückhaltend detailliert. Die Fenster liegen mit den Steinen in einer Ebene. → 24 Ein Dachrandstreifen aus Aluminium macht den Übergang vom Gebäude zum Himmel perfekt.

Die zusätzlichen Elemente, im oben beschriebenen Sinn, finden sich an Vorder- und Rückseite des Gebäudes. Die auf den Platz gerichtete Fassade hat eine große Auskragung, die im Gegensatz zu jener des alten Rathauses von van den Broek und Bakema (1972) sowie zu der Fassade von van Velsens ING-Gebäude (1999), das auf der gegenüberliegenden Seite des Platzes steht, nicht imponieren soll. → 25 Die Auskragung machte es offenbar möglich, den Blick aus der Geschäftsstraße auf das denkmalgeschützte Gebäude von van den Broek und Bakema weitgehend zu bewahren. Der obere Abschluß der Auskragung ist weiß verputzt. Die scheinbar geringe Stärke der Fassade wird sichtbar, so daß der Eindruck von Masse und Gewicht reduziert sowie die Monumentalität der Auskragung dementiert werden. → 26

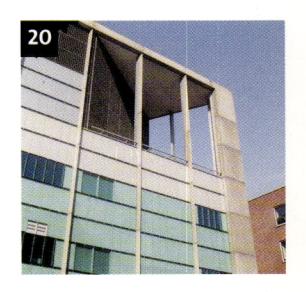

Im übrigen besteht diese Fassade komplett aus Glas, das von einem Betonrand gerahmt wird, welcher sich bis zu den unter dem Parkplatz liegenden Büroräumen fortsetzt und den Neubau mit dem Gebäude von van den Broek und Bakema verbindet. Im Gegensatz zur rückseitigen Glasfassade, die den Büroangestellten eine großartige Aussicht über die Westerschelde bietet, hat das Glas hier nicht die Aufgabe, eine visuelle Verbindung des Gebäudes mit dem Platz zu schaffen, denn hinter dem Glas liegen die geschlossenen Raumkörper des Amtsgerichts. Vom Platz aus ist hinter der Fassade dementsprechend fast nichts zu sehen – ganz im Gegensatz zur Glasfront des Universitätsmuseums in Utrecht (1996), hinter der ein Holzkubus liegt und deren vollkommene Transparenz neugierig machen soll. → **27**

In Terneuzen wurde das Glas verwendet, um eine ‚Nicht-Fassade' zu schaffen. ‚Keine' Fassade, ‚kein' Material – das ist nochmals unauffälliger als die chamäleonartige Fassade des restlichen Gebäudes. Deshalb wurde auch nicht versucht, der Glasfassade ein spektakuläres Aussehen zu verleihen. Während in Utrecht horizontal angebrachte Glasschwerter die Windkräfte auffangen, verbinden in Terneuzen einfache Hohlprofile die Glasfassade mit der dahinterliegenden Betonkonstruktion. Der Erweiterungsbau sollte möglichst unauffällig sein – ein Teil des Raumprogramms wurde sogar unter das Erdgeschoß bzw. unter die Parkgarage verlegt. Tageslicht erhalten diese Räume zum Teil über den von einem Betonrand gerahmten Flur. Die tiefer unter dem Parkplatz gelegenen Büros und Konferenzräume werden durch drei Patios belichtet, deren Fassaden ein stärkeres Relief haben als der Neubau. Die größte von ihnen besteht aus Sandwichelementen aus Beton, die über das Erdgeschoß hinausreichend auch als Brüstung dienen. Auf diese Weise wird eine Verbindung zwischen dem Platz und den unterirdischen Büros geschaffen.

Auf vergleichbare Weise hat van Velsen das neue Gebäude für das Medienkommissariat in Hilversum (2002) gestaltet, materialisiert und detailliert. → **28** Die Gebäudeform paßt sich der Umgebung an, es wurden sogar große Öffnungen für die Bäume ausgespart. → **29** Die Fassaden bestehen aus Glas und leicht glänzenden Aluminiumblechen, da der Dachbelag aus Edelstahlblechen mit Rautenmuster nicht die beabsichtigte Glätte erzeugt hätte. Beide Materialien reflektieren die Umgebung und reduzieren die Präsenz des Gebäudes.

Um diesen Effekt zu erzielen, mußten sie detailos an der Unterkonstruktion befestigt werden. → **30**

Das ING-Gebäude, das sich schräg gegenüber des Erweiterungsbaus befindet, hat einen vollkommen anderen Charakter, ist ein viel sprechenderes Objekt. → **31** Das oval geformte Obergeschoß ruht auf der scharfen Kante des Erdgeschosses. → **32** Darauf liegt ein Kupferdach – zumindest scheint es so. Tatsächlich dient das Obergeschoß nur architektonischen und nicht funktionalen Zwecken. Es wird viel mehr Volumen suggeriert, als das Gebäude tatsächlich umfaßt. Durch die Fenster im Gebäudeaufsatz ist nur der Himmel zu sehen. Ein Vergleich mit den zwei Bauten in Hilversum liegt hier nahe: Auch dort stehen ein ausdrucksstarkes und ein stilles Volumen direkt nebeneinander. Während aber das Geschäfts-/Wohn-/Bürohaus in Hilversum aus selbständigen und sehr sprechenden Elementen besteht, zeigt das Gebäude der ING-Bank zwei ruhige und dauerhaft schöne Materialien: Mauerwerk sowie Kupfer für das Traufbrett. Zwischen den rahmenlosen Fenstern liegende tiefe Fugen wirken beinahe wie Negativrahmen. Die Präsenz dieses Gebäudes ergibt sich aus seiner Form und seinem Standort am Platz, während die Materialien und Details seine Objekthaftigkeit lediglich bestärken.

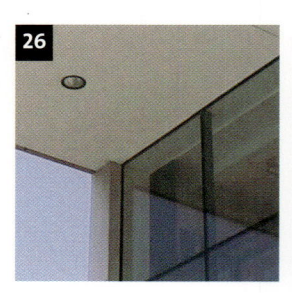

„Die Bibliothek in Zeewolde besteht aus mehreren Elementen, die wiederum aus verschiedenen Materialien hergestellt sind. Häufig wirkt das ein wenig übertrieben. Unterschiede müssen von innen heraus kommen, müssen wesenhaft sein. Es muß nicht unbedingt anders materialisiert werden. Wenn man das dennoch tut, droht das Gebäude auseinanderzufallen. Ich will mit wenigen Materialien und sparsamer Konstruktion so viel wie möglich erreichen." Diese Architekturhaltung hat eine Verringerung der Details zur Folge. Gab es in Zeewolde, beim Umbau des Graphikbüros ‚Total Design' in Amsterdam (1987) und der Reichsakademie noch zahlreiche Details, die die Konstruktion demonstrierten und den Gebäuden eine reiche Ausstrahlung verliehen, so ist mit dem Streben nach zurückhaltenderer Materialisierung auch die Detaillierung introvertierter geworden. Oft ziehen die visuell kaum präsenten Details doch auf subtile Weise die Aufmerksamkeit auf sich. Ein typisches Beispiel sind die Glaswände und Türen im Medienkommissariat, für die feuerverzinkte Profile verwendet wurden, von denen manchmal nur die Nasen zu sehen sind. „Das Detail selbst stellt nichts dar, es hat für mich keine Bedeutung", sagt van Velsen. „Details sollen nur eine Atmosphäre erzeugen. Dabei sollte verhindert werden, daß sie als Ornament fungieren oder als autonome Objekte zu präsent sind, anstatt zur Räumlichkeit beizutragen." Der Architekt strebt dabei nicht nach materialtechnischer Authentizität. Dennoch sind die Materialanschlüsse bei vielen Gebäuden sichtbar – mindestens ebenso oft werden sie jedoch verborgen. „Bei der Detaillierung geht es mir um die Realisierung eines Traums, nicht um die Schaffung einer Wirklichkeit."4

1. Koen van Velsen, „Over Architectuur is niets te zeggen", in: Archis, 9, 1991.
2. Janny Rodermond, „Koen van Velsen ontwerpt lichtend voorbeeld in stadsvernieuwingsbuurt", in: De Architect, 9, 1982.
3. Piet Vollaard, Paul Groenendijk, "'Constructie is een hulpmiddel'. Koen van Velsen over materialen en geknutsel", in: Architectuur en Bouwen, 10, 1990.
4. Koen van Velsen im Gespräch mit dem Autor.

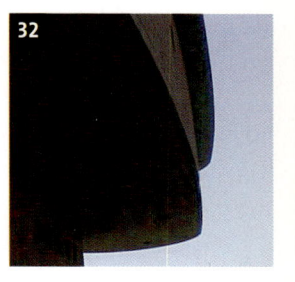

Koen van Velsen Bibliothek Zeewolde 1989

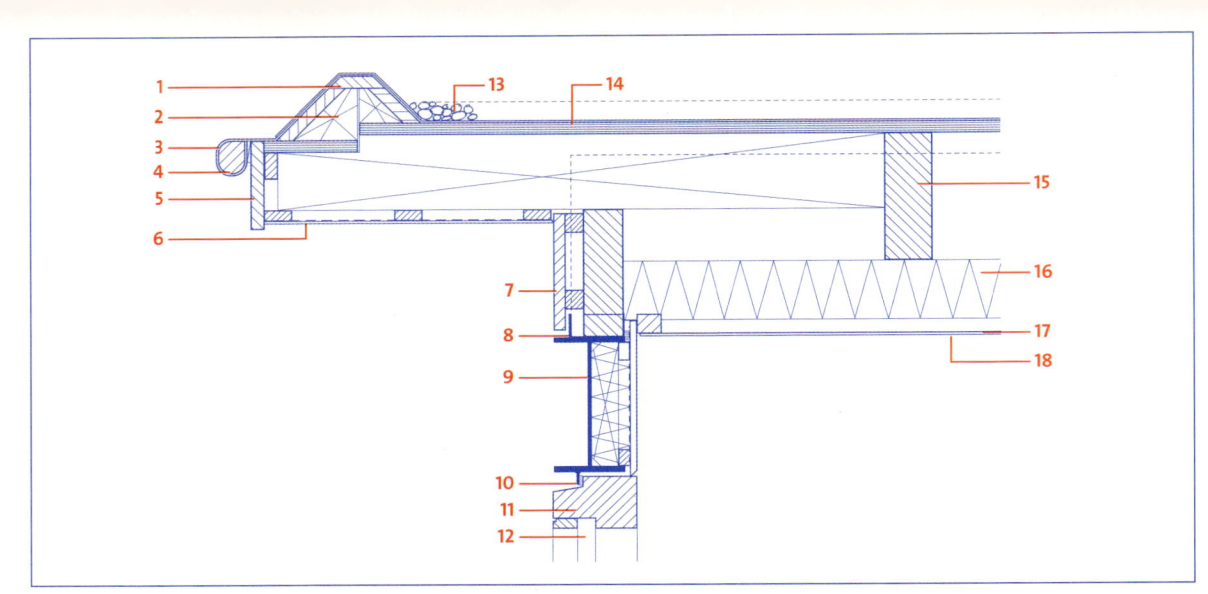

Anschlußdetail Dach mit aufgeständertem Pavillon
1 Wasserfest verleimtes Multiplex
2 Mastix-Holzspan
3 Zinkblech
4 Wulstprofil, Holz
5 Zedernholz, unbehandelt
6 Fliegengitter, auf perforierter, wasserfest verleimter Platte, 5 mm
7 Zedernholz, unbehandelt
8 Angeschweißter Flachstahl
9 Doppel-T-Stahlträger IPE 240
10 Angeschweißter Flachstahl
11 Fenstrerahmen
12 Polykarbonat Platten
13 Kies
14 Dachdeckung
15 Holzbalkendecke
16 Wärmedämmung
17 Dampfbremse
18 Wasserfest verleimte Platte, 5 mm

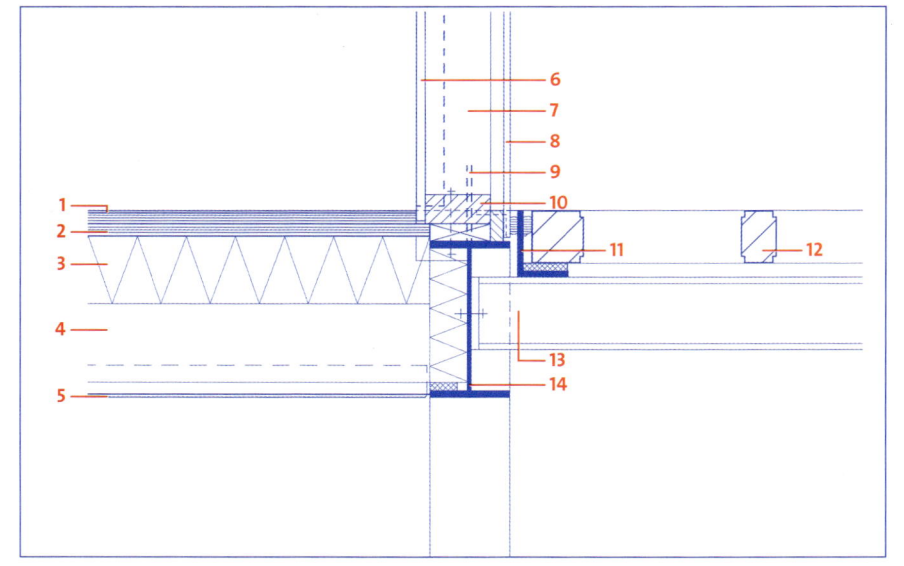

Anschlußdetail aufgeständerter Pavillon mit Glasbaustein-Laufbrücke
1 Linoleum, 2 mm
2 Ausgleichsfläche aus Holzplatten, 2 x 18 mm
3 Mineralfaserplatte, 100 mm
4 Holzbalkendecke, 75 x 225 mm
5 Wasserfest verleimte Platte, 5 mm
6 Gipskartonplatte
7 Wärmedämmung
8 Gipskartonplatte
9 Bewehrungseisen zur Wandverankerung
10 Holzklötze
11 Eckprofil, Stahl, 100 x 75 x 8 mm
12 Betonboden mit Glasbausteinen
13 Doppel-T-Stahlträger HE 120 A
14 Doppel-T-Stahlträger IPE 240

Koen van Velsen Bibliothek Zeewolde 1989

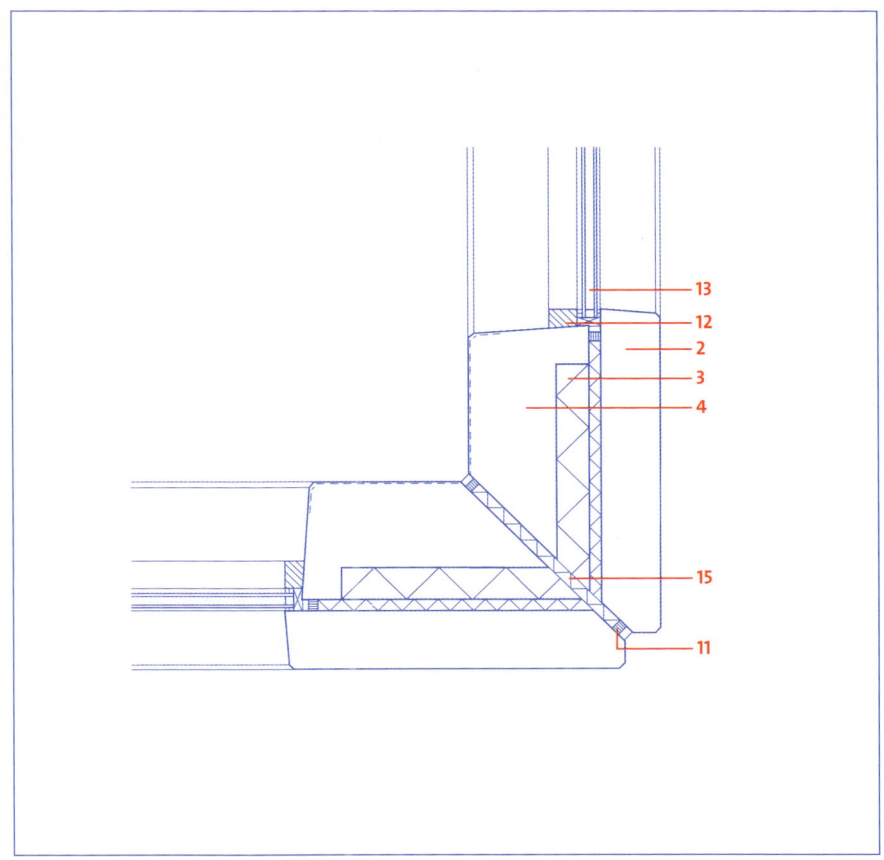

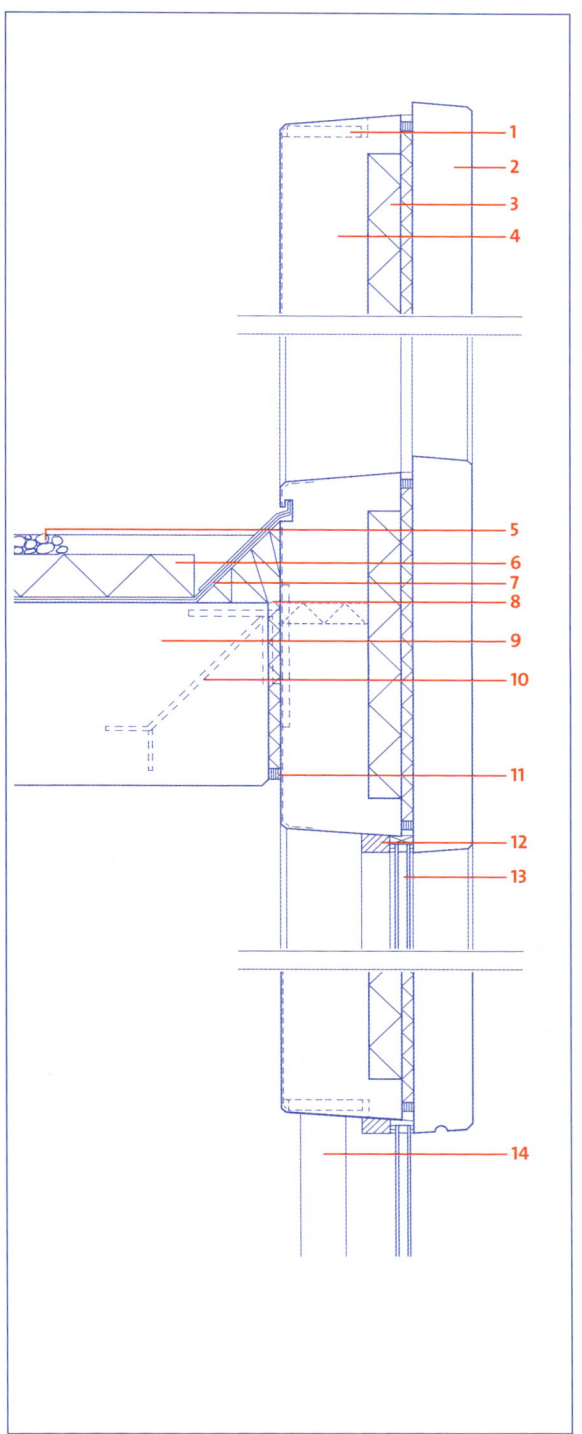

Fassadenschnitt Betonbauteil
1 Edelstahl Kopfblech,
95 x 320 x 10 mm
2 Außenseite Verbundplatte,
Betonfertigteil
3 Wärmedämmung als Teil der
Verbundplatte
4 Innenseite Verbundplatte
5 Kies
6 Wärmedämmung
7 Dachdeckung
8 Holzspanplatte als
Wärmedämmung
9 Betonbodendecke
10 Eingegossene
Fassadenanker
11 Kitt auf Fugenband
12 Zedernholzschalung
13 Isolierverglasung
14 Stahlstütze
15 Wärmedämmung

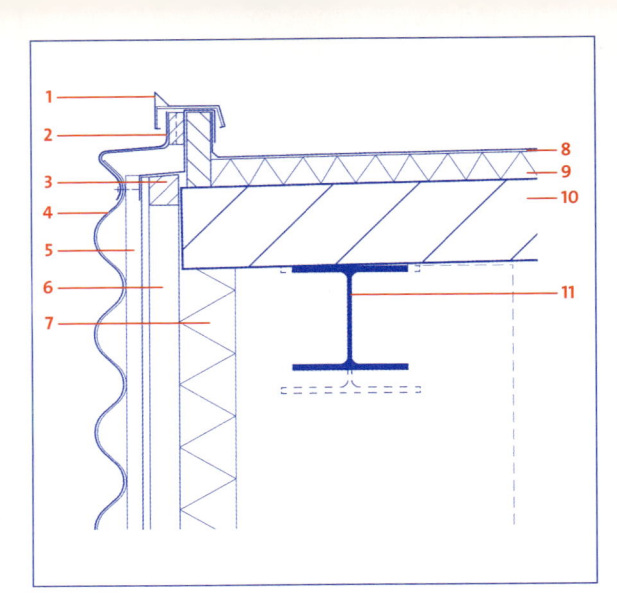

Koen van Velsen Pathé-Kino Rotterdam 1996

Dachrand
1 Aluminium-Abschlußprofil
2 Abdeckprofil
3 Holzklotz
4 Kunststoff-Wellplatten
5 Konstruktion zur Befestigung der Wellplatten
6 Gipskartonplatten, 3 x 12,5 mm
7 Mineralfaserplatte, 100 mm, 100 kg/m³
8 Dachdeckung
9 Wärmedämmung, PS Schaumplatten, 50 mm
10 Gasbetondecke, 150 mm, mit Gefälle
11 Tragwerk

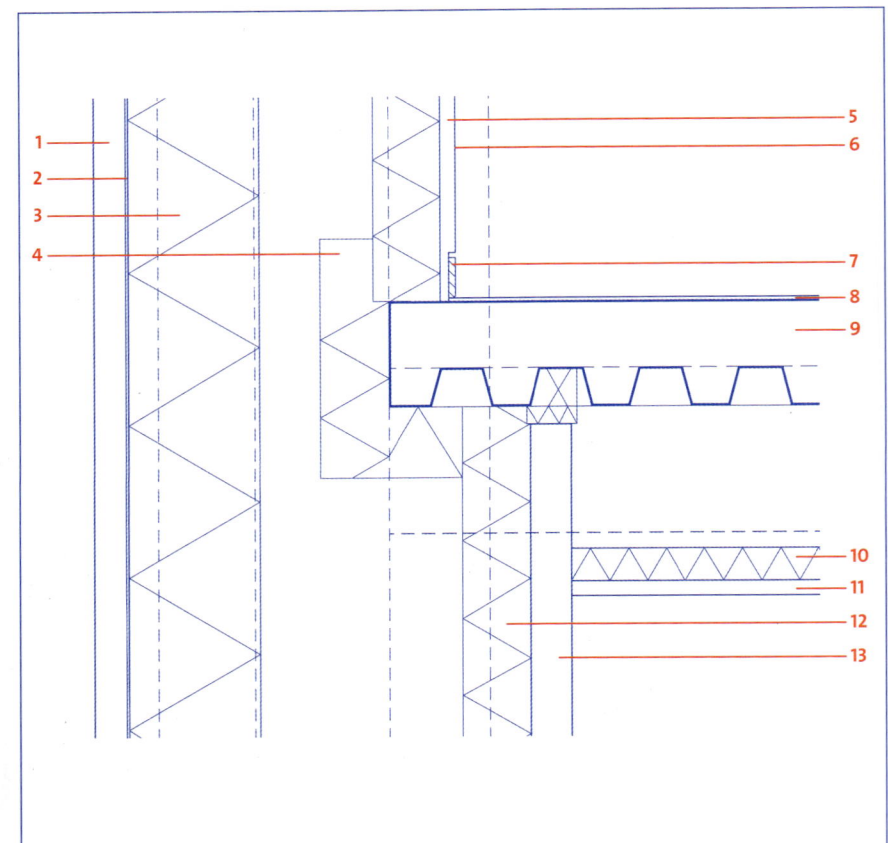

Typischer Wandaufbau Filmsaal
1 Gipskartonplatten, 3 x 12,5 mm
2 Dampfdichte Folie
3 Mineralfaserplatte, 200 mm, 50 kg/m³
4 Mineralfaserplatte, 100 mm, 100 kg/m³
5 Gipskartonplatten, 2 x 12,5 mm
6 Stuckabschlußleiste
7 Fußbodenleiste, Holz
8 Linoleum, 2,5 mm
9 Betondecke mit verlorener Trapezblech-Schalung
10 Mineralfaserplatte, 50 mm, 35 kg/m³
11 Gipskartonplatten, 2 x 12,5 mm
12 Mineralfaserplatte, 100 mm, 100 kg/m³
13 Gipskartonplatten, 4 x 12,5 mm

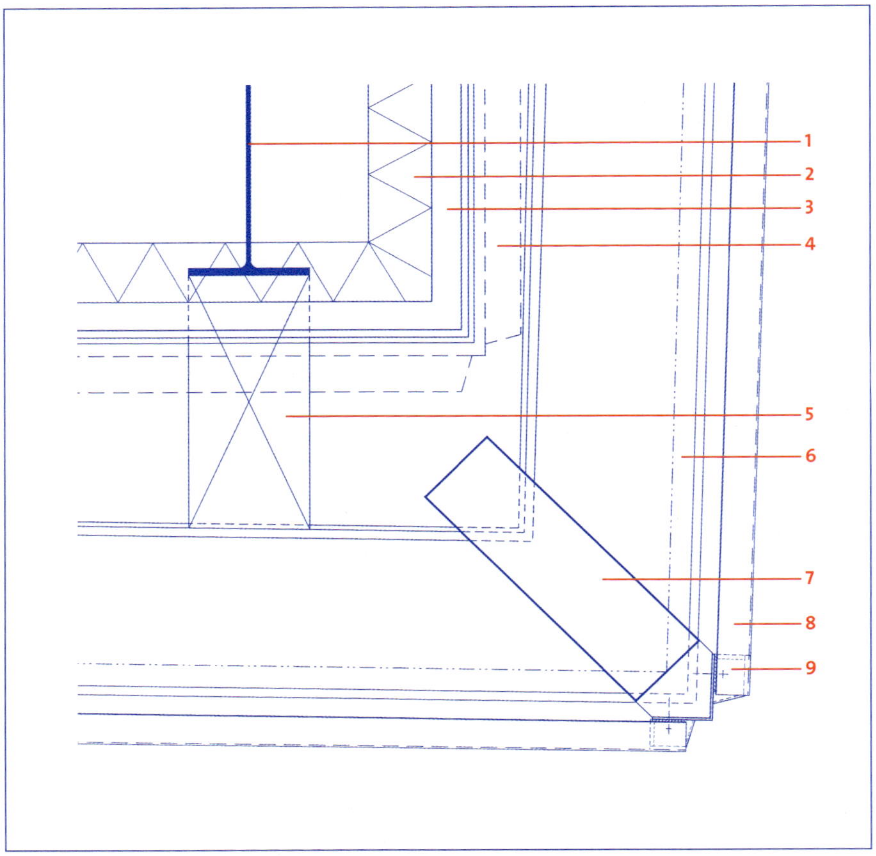

Horizontales Anschlußdetail Wellplatte bei zurückspringender Ecke
1 Tragwerk
2 Mineralfaserplatte, 100 mm, 100 kg/m³
3 Gipskartonplatten, 3 x 12,5 mm
4 Ober und untere Fassadenverkleidung
5 Konsole
6 Aluminium-Abdeckblech
7 Konstruktion
8 Kunststoff-Wellplatten
9 Holzklotz

180

Koen van Velsen Rathaus Terneuzen 1996

Dachrand
1 Gefalzter Aluminium-Dachabschluß
2 Wasserfest verleimtes Multiplex
3 Offene Stoßfugen
4 Wärmedämmung
5 Hartschaumplatte
6 Verglaste Mauerwerkssteine
7 Kunststoff Schoßrinne
8 Hilfskonstruktion für Dachrand
9 Dachdeckung
10 Wärmedämmung
11 Gitterträgerdecke mit Aufbeton

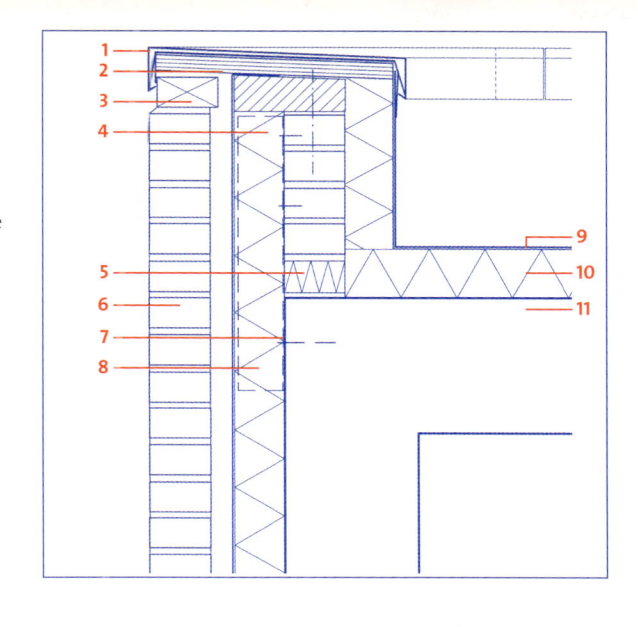

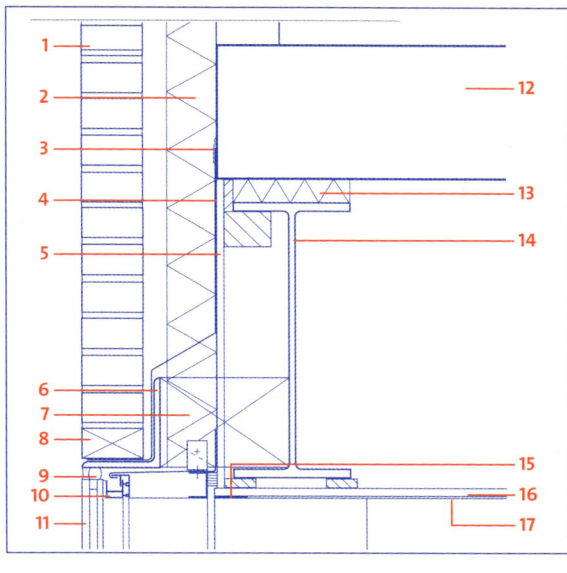

Anschlußdetail Fensterrahmen
1 Verglaste Mauerwerkssteine
2 Wärmedämmung
3 Aluminium-Klemmprofil
4 Kunststoff-Schoßrinne
5 Zementgebundene Platte
6 Eckprofil
7 Befestigung Eckprofil an Doppel-T-Stahlträger IPE
8 Offene Stoßfugen
9 Gefärbter Kitt auf Fugenband
10 Befestigung Glas
11 Doppelverglasung
12 Gitterträgerdecke mit Aufbeton
13 PUR-Schaum
14 Doppel-T-Stahlträger IPE
15 Stuckabschlußleiste
16 Gipskartonplatte
17 Mauerfarbe

Anschlußdetail Auskragung Vorplatzseite
1 Verglaste Mauerwerkssteine
2 Pigmentierter Fugenmörtel
3 Wärmedämmung
4 Aluminium-Klemmprofil
5 Kunststoff-Schoßrinne
6 Abfangung Mauerwerk
7 Offene Stoßfugen
8 Edelstahlsturz
9 Mauerfarbe
10 Putzabschlußleiste
11 Fußbodenleiste, flächenbündig
12 Fußbodenbelag
13 Sandzementfußboden
14 Gitterträgerdecke mit Aufbeton
15 PS-Hartschaumplatten
16 Spiegellaminat auf Holzlattenkonstruktion

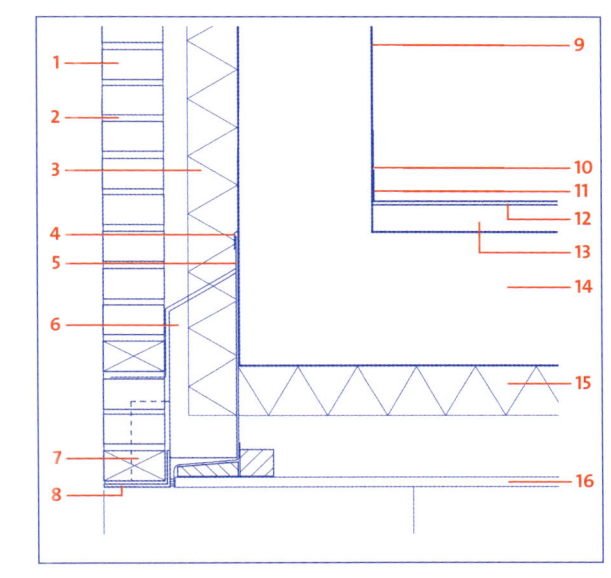

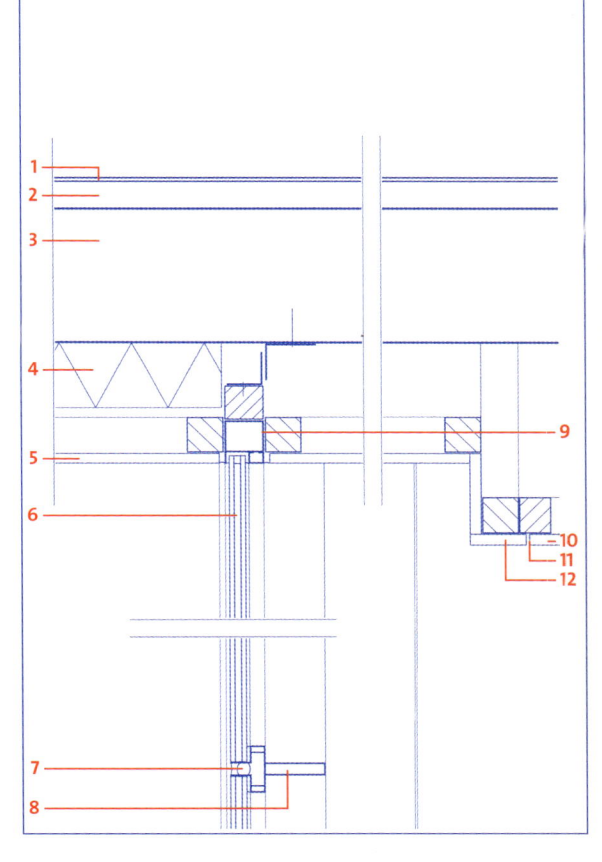

Anschlußdetail Auskragung mit Glasfassade (Vorderseite)
1 Fußbodenbelag
2 Sandzementfußboden
3 Gitterträgerdecke mit Aufbeton
4 PS-Hartschaumplatten
5 Spiegellaminat auf Holzlattenkonstruktion
6 Isolierverglasung
7 Stahlprofil
8 Flachstahl
9 Feuerverzinkter Glasrahmen
10 Decke
11 Stuckprofil
12 MDF-Holz, farbig gestrichen

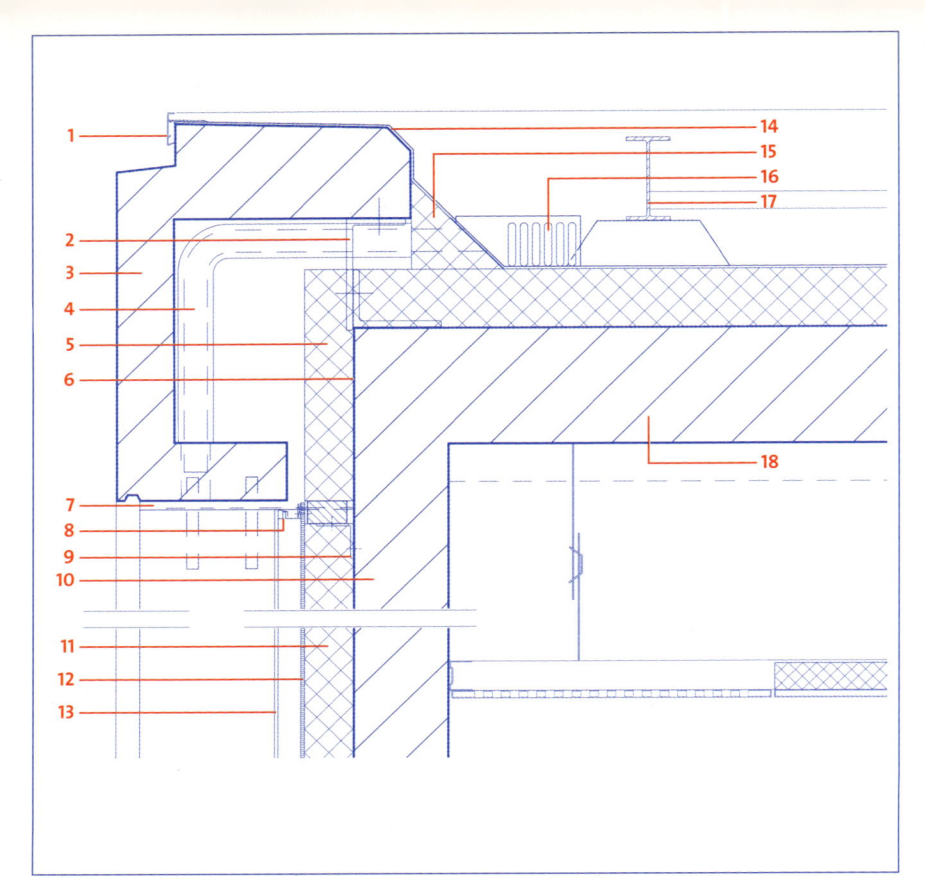

Koen van Velsen Niederländische Film- und Fernsehakademie Amsterdam 1999

Dachrand
1 Aluminium Dachabschluß-Profil, farbig emailliert
2 Eckprofil für Befestigung Dachrand-Fertigteil
3 Dachrand, Betonfertigteil
4 Überlauf mit dampfdichter Wärmedämmung
5 Wärmedämmung
6 Wasserabweisende Folie
7 Konsole, Stahl
8 Wasserabweisende Gummidichtung
9 Anker
10 Betonfertigteil
11 Wärmedämmung
12 Verkleidungsblech
13 Einfachverglasung
14 Zweilagige Dachdeckung
15 Mastixkeil
16 Kiesleiste
17 Schiene für Fensterwaschanlage
18 Gitterträgerdecke mit Aufbeton

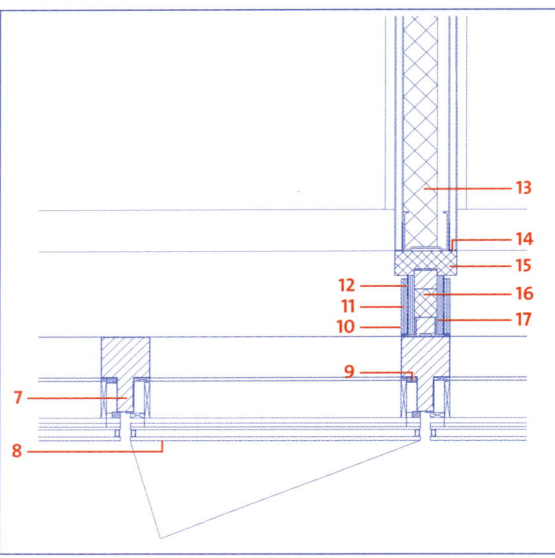

Typisches Anschlußdetail Fassade, links horizontal; rechts vertikal
1 Einfachverglasung
2 Verkleidungsplatte
3 Wärmedämmung
4 Betonfertigteil
5 Eckprofil
6 Wasserabweisende Gummidichtung
7 Fensterrahmen
8 Isolierverglasung
9 Abdichtungsband
10 Vollkernplatte, mit Spiegeloberfläche
11 Multiplex, 8 mm
12 Abweiseblech
13 Metallständerwand
14 Putzabschlußleiste
15 Hartholz
16 Mineralfaserplatte
17 Multiplex, 8 mm

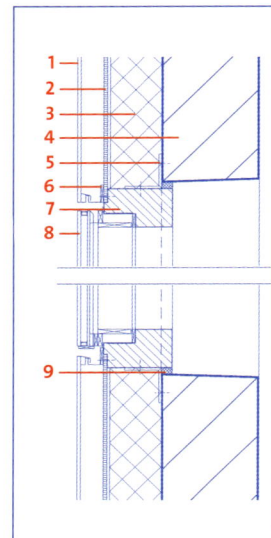

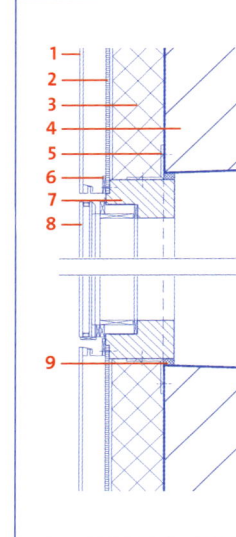

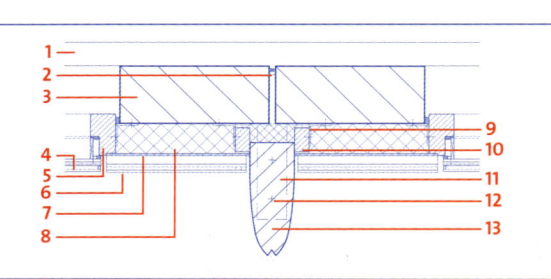

Horizontaler Fassadenschnitt mit Pfosten
1 Draufsicht Elektro-Kabelrinne
2 Kitt auf Fugenband
3 Betonfertigteil
4 Isolierverglasung
5 Fensterrahmen
6 Einfachverglasung
7 Verkleidungsplatte
8 Wärmedämmung
9 Eckprofil
10 Klotz
11 Stahlkonsole bei Fassadenpfosten
12 Stahlstützfuß für Betonfertigteil
13 Betonfertigteil, Fassade

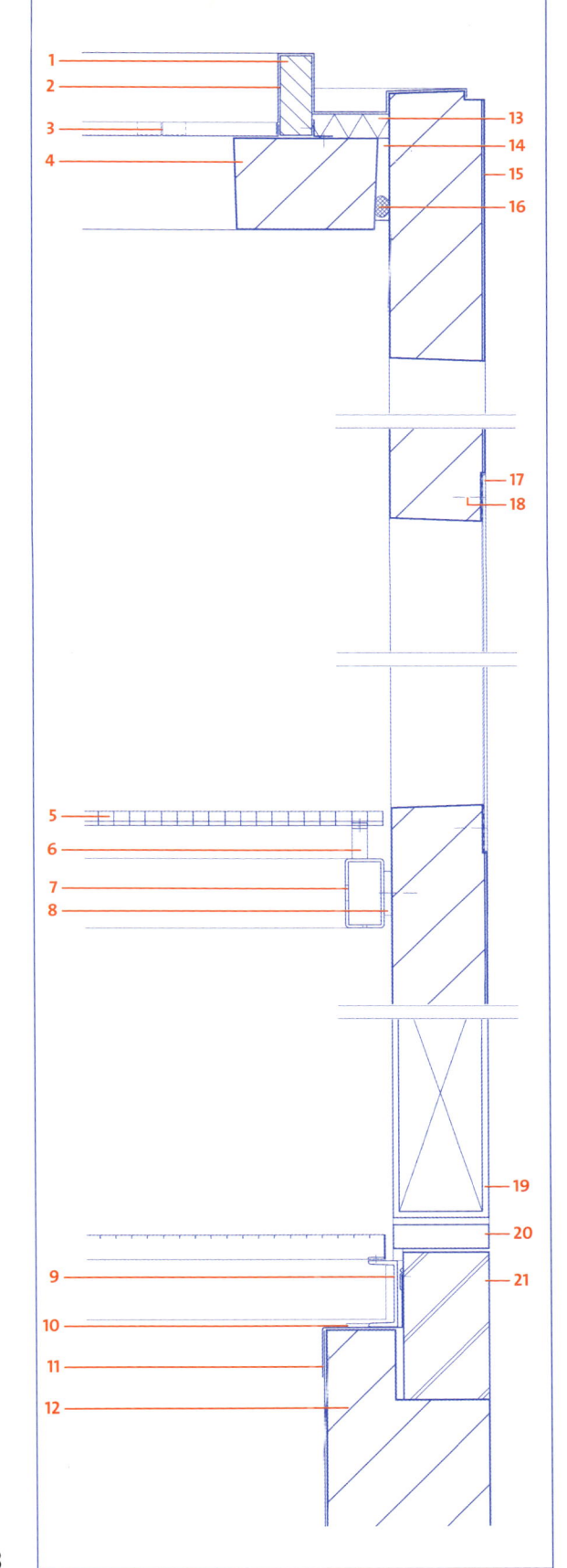

Koen van Velsen Wohnungsbau Vos Amsterdam 1999

Querschnitt nicht-wärmegedämmte Fassade
1 Holzrahmen, Betonverankerung nicht sichtbar
2 Bitumen
3 Gefalztes Edelstahlprofil
4 Betonfertigteil, innen blau, außen schwarz
5 Gitterrost
6 T-Profil, 60 x 60 mm
7 Kastenprofil, 150 x 75 x 8 mm
8 Verbindung mit Gewindebuchsen
9 Stahlträger UNP-Profil
10 Stahlblech
11 DPC-Kunststoffolie
12 Fundamentstreifen
13 Hartschaum Wärmedämmung, begehbar
14 Verankerungsteile
15 Keim-Lasur, halb-transparent, schwarz
16 Kittfuge
17 Gehärtetes Verbundglas
18 Verankerung mit flächenbündig versenktem Innensechskantbolzen
19 Falt-Kipptür, innen hellblau, außen schwarz (wie Beton)
20 Hartstein-Schwelle
21 Mauerwerk

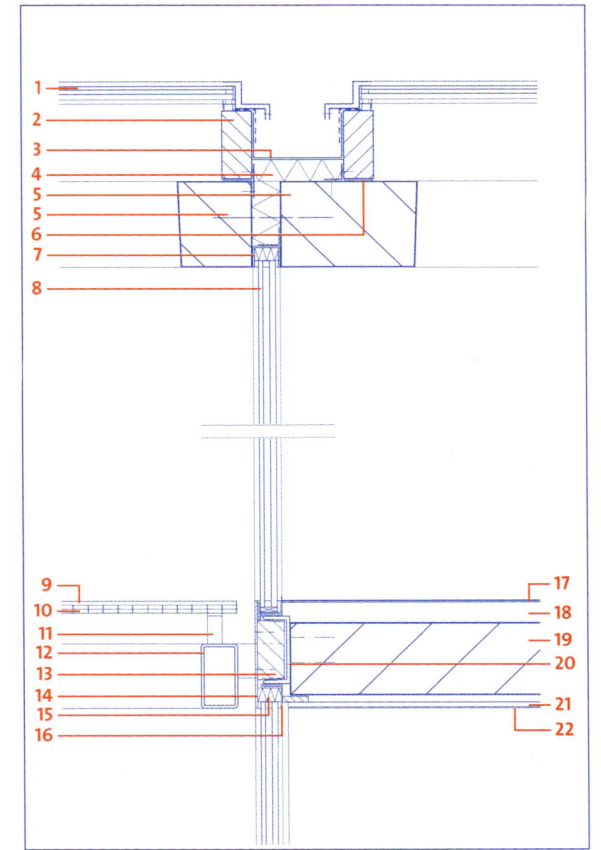

Querschnitt Innenwand als Kälteunterbrechung im zweiten Obergeschoß
1 Isolierverglasung, Außenseite gehärtetes Glas
2 Holzrahmen, Betonverankerung nicht sichtbar
3 Bitumen
4 Begehbare Wärmedämmung
5 Betonfertigteil, innen blau, außen schwarz
6 Schaumband
7 Kaltgewalzter Stahlträger U-Profil, 100 x 40 x 6 mm
8 Verbund-Isolierverglasung
9 Klarglas, 6 mm
10 Gitterrost
11 Stahl-T-Profil, 60 x 60 mm
12 Kastenprofil, 150 x 75 x 8 mm
13 Rohbau Richt-Holzleiste
14 Edelstahlblech
15 Schaumband
16 Eckprofil
17 Aluminium-Bodenplatten
18 Druckschicht
19 Betonhohldielendecke mit Fugenverguß
20 Doppel-T-Stahlträger, UNP 160
21 Unterkonstruktion, Holz
22 Aluminiumverkleidung

183

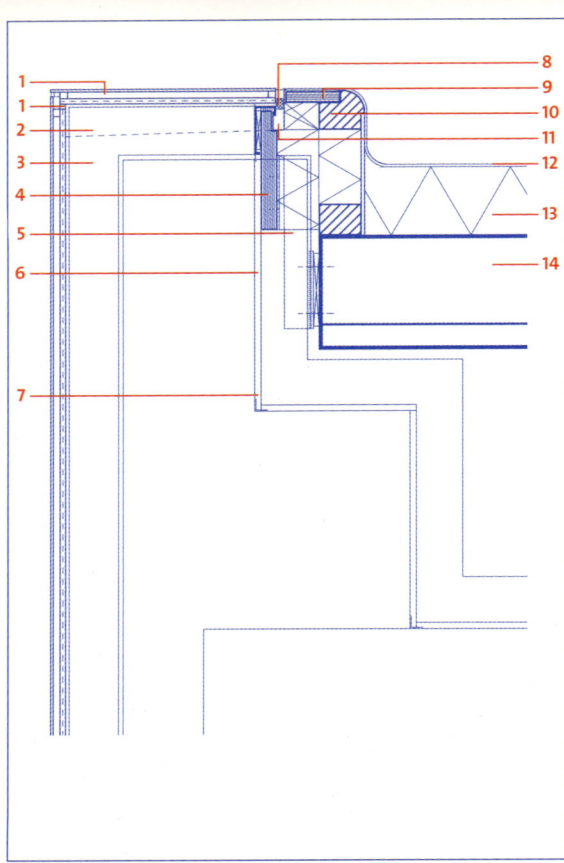

Koen van Velsen Medienkommissariat Hilversum 2001

Anschlußdetail Dachrand mit durchgehendem Fensterglas in Fassade und Dachfläche
1 Structural Glazing
2 Gefälle gegen eventuelle Nässe
3 Aluminiumrahmen, farbig emailliert
4 Multiplex, 30 mm
5 Unterkonstruktion
6 Gipskartonplatte
7 Eckprofil für Putz
8 Kitt auf Fugenband
9 Wasserfest verleimtes Multiplex
10 Wulstprofil, Holz
11 Gefalztes Edelstahlprofil
12 Edelstahl-Dachblechdeckung
13 Wärmedämmung
14 Gitterträgerdecke mit Aufbeton

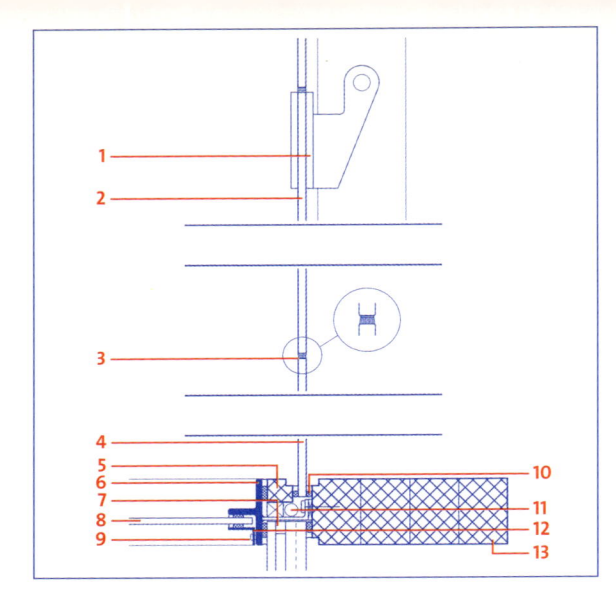

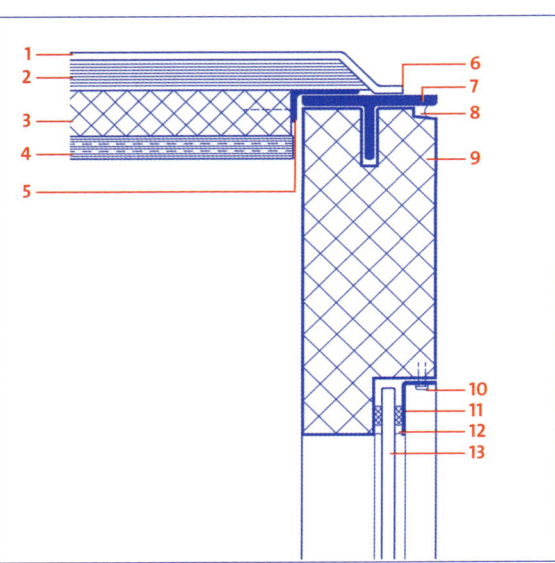

Schnitt Glastür
1 Türbeschlag, Tür-Scharnier in Fußboden eingelassen
2 Tür aus gehärtetem Glas, 10 mm
3 Bürstenprofil auf Hartglas-Tür geklebt
4 Gehärtetes Glas
5 Irokoholzlatte, farblos lackiert
6 Geschweißter Stahlrahmen aus T-Profilen, 80 x 40 x 7 mm, Eckverbindung auf Gehrung
7 Geschweißter Bügel für Befestigung am Stahlrahmen
8 Floatglas, 8 mm
9 Linsenkopfschraube aus Edelstahl
10 Kitt auf Fugenband
11 E-Leitung für Beleuchtung des Notausgangs
12 Edelstahl-L-Profil, 2 mm
13 Laminierter Iroko-Holzpfosten, farblos lackiert

Anschlußdetail Dach mit Holzfensterrahmen
1 Edelstahl-Dachblechdeckung
2 Multiplex, 18 mm, mit Holzkern verleimt
3 Holzkern, 28 mm
4 Irokoholz-Schalung, 15 mm, blind befestigt
5 Stahlträger, L-Profil, 40 x 20 x 3 mm, feuerverzinkt
6 Dachdeckung, in einer Linie abgeschnitten
7 T-Profil, 80 x 40 x 7 mm, feuerverzinkt
8 Kittfuge
9 Irokoholz-Fensterrahmen, 80 x 200 mm
10 Linsenkopfschraube aus Edelstahl
11 Edelstahl-L-Profil, 2 mm
12 Kitt auf Fugenband
13 Floatglas, 8 mm

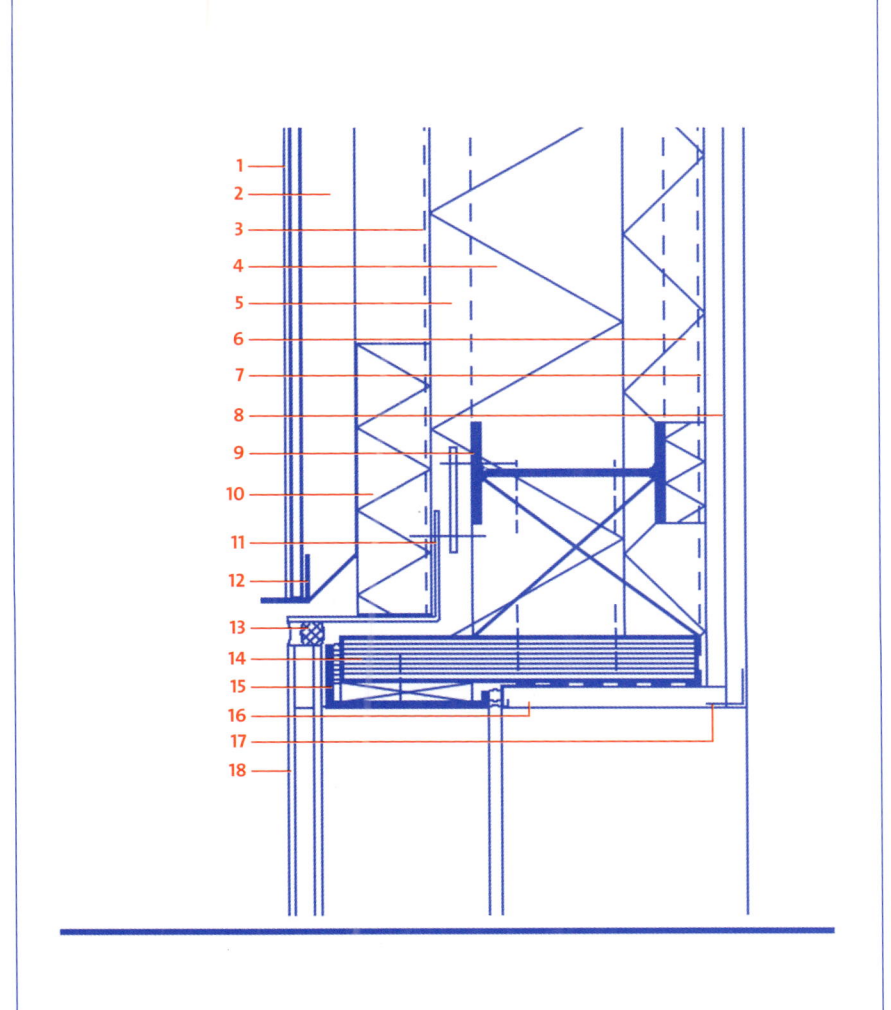

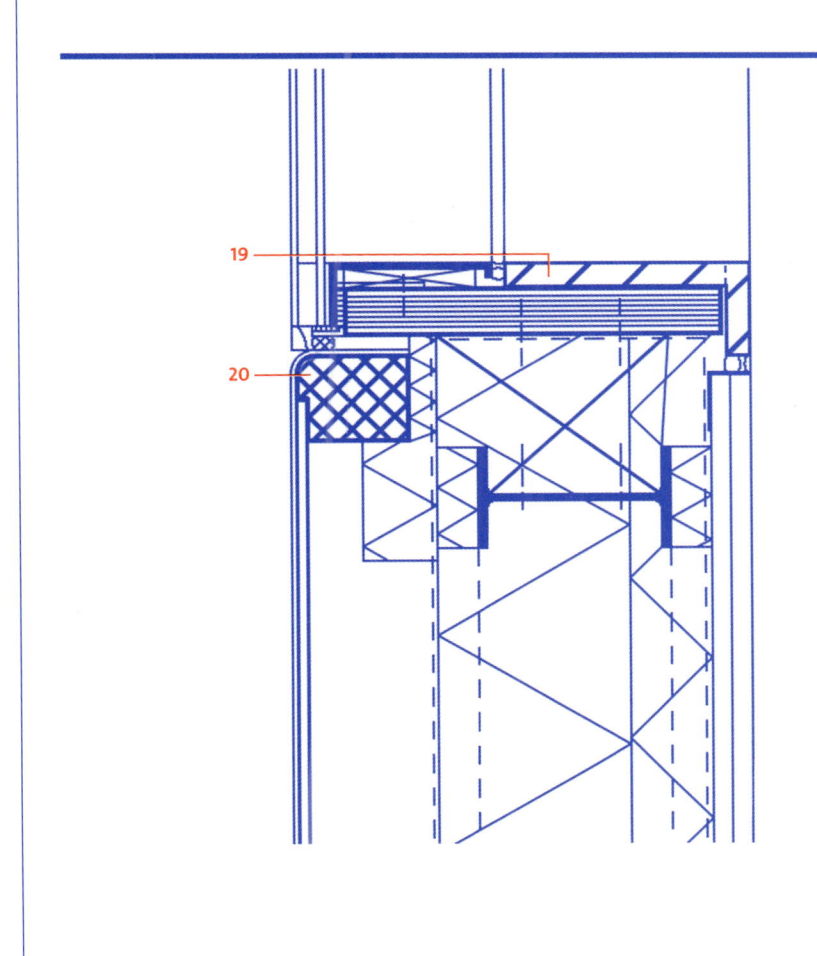

Koen van Velsen Medienkommissariat Hilversum 2001

Anschluß Aluminiumfassade mit Glasfassade
1 Aluminium-Fassadenverkleidung
2 Holzständerkonstruktion, dahinter liegend
3 Wasserdichte dampfdiffusionsoffene Folie
4 Wärmedämmung
5 Stahlkonstruktion
6 Dahinterliegende Konstruktion
7 Dampfdichte Folie
8 Gipskartonplatte, 2 x 12,5 mm
9 Doppel-T-Stahlträger IPE
10 Feste, nicht-faulende Wärmedämmungsplatte
11 Edelstahl L–Träger-Profil, 70 x 95 x 3 mm
12 Edelstahl L–Träger-Profil, 30 x 30 x 3 mm
13 Kittfuge mit Hinterlüftung
14 Multiplex, 30 mm
15 Aluminiumrahmen, 40 x 90 mm
16 Gipskartonplatte
17 Eckprofil für Putz
18 Structural Glazing
19 Fensterbank, weißer Marmor
20 Hartholzlatte

Verzeichnis der Architekten und Projekte

Wiel Arets Architects & Associates bv

Kunstakademie
Herdenkingsplein 12
Maastricht
Projektarchitekten: Wiel Arets, Jo Janssen
Projektteam: Lars van Es, Anita Morandini, René Holten, Maurice Paulussen; Paulus Egers (Modell); Kim Zwarts, Hélène Binet (Fotografie)
Bauherr: Rijkshogeschool Maastricht
Bauunternehmer: Laudy Bouw & Planontwikkeling bv
Statik: Ingenieursbureau Grabowsky & Poort
Installation und Gebäudetechnik: F.M.J.L. van de Wetering (Lichttechnik)
Entwurfs- und Ausführungszeit: 1989–1993
Geschoßfläche: 4.000 m² Bruttonutzfläche

Hauptsitz der Versicherungsgesellschaft AZL
Akerstraat 92
Heerlen
Projektarchitekten: Wiel Arets, Dominic Papa, Ani Velez
Projektteam: Lars van Es, Jo Janssen, Malin Johanson, Maurice Paulussen, Joanna Tang, René Thijssen, Richard Welten; Hein Urlings (Bauleitung); Wiel Arets, Pieter Kromwijk (Eerenbeemt & Kromwijk), Dominic Papa (Garten- und Landschaftsarchitekten); Paul Eegers, Joanna Tang (Modelle); Hélène Binet, Kim Zwarts (Fotografie)
Bauherr: Pensioenfonds AZL Beheer Heerlen
Bauunternehmer: Laudy Bouw & Planontwikkeling bv
Management Consultant: Veldhoen Facility Consultants bv
Statik: Ingenieursbureau Grabowsky & Poort bv
Installation und Gebäudetechnik: Tema Ingenieurs bv
Bauphysik: Cauberg-Huygen Raadgevende Ingenieurs bv
Entwurfs- und Ausführungszeit: 1991–1995
Geschoßfläche: 3.600 m² Bruttonutzfläche

Polizeistation Vaals
Maastrichterlaan/Randweg
Vaals
Projektarchitekten: Wiel Arets, Rhea Harbers
Projektteam: Delphine Clavien, Michel Melenhorst; VFC bv (Bauleitung) Paulus Egers (Modelle); Hélène Binet, Kim Zwarts (Fotografie)
Bauherr: Politieregio Limburg Zuid, Cadier & Keer
Bauunternehmer: Van Zandvoort bv
Management Consultant: Veldhoen Facility Consultants bv
Statik: Ingenieursburo Palte bv
Installation und Gebäudetechnik: TEMA Ingenieurs bv (Gebäudetechnik); Huygen bv (Elektrotechnik)
Bauphysik: Cauberg-Huygen Raadgevende Ingenieurs bv
Entwurfs- und Ausführungszeit: 1993–1995

Polizeistation Cuijk
Beerselaan/Heeswijksestraat
Cuijk
Projektarchitekten: Wiel Arets, Dorte Jensen, Ralph van Mameren, René Thijssen
Projektteam: Paul van Dongen, Harold Hermans, Michel Melenhorst; Hein Urlings (Bauleitung); Doris Annen, Wiel Arets, René Thijssen (Möbelentwurf); Kim Zwarts (Fotografie)
Bauherr: Basiseenheid Politie Brabant Noord
Bauunternehmer: Giesbers Bouw bv
Installation und Gebäudetechnik: TEMA Ingenieurs bv
Entwurfs- und Ausführungszeit: 1994–1997

Gebäudekomplex für die Möbelfabrik Lensvelt
Industrieterrein Hoogeind
Breda
Projektarchitekten: Wiel Arets, Ivo Daniëls, René Thijssen
Garten- und Landschaftsarchitekt: West 8
Projektteam: Paul van Dongen; Hélène Binet, Kim Zwarts (Fotografie)
Bauherr: Lensvelt bv
Bauunternehmer: Korteweg Bouw bv; Holthuis bouwbegeleiding
Management Consultant: Traject Vastgoed & Adviesgroep bv
Statik: Ingenieursbureau A. Palte bv
Bauphysik: Cauberg-Huygen Raadgevende Ingenieurs bv
Entwurfs- und Ausführungszeit: 1995–1999
Geschoßfläche: 5.710 m² Bruttonutzfläche

Hedge House
Park Kasteel Wijlre
Wijlre
Projektarchitekten: Wiel Arets, Bettina Kraus
Projektteam: Lars Dreessen, Frederik Vaes; Hein Urlings (Bauleitung); Jeremy Bryan, Frederik Vaes (Modelle); Hélène Binet (Fotografie)
Bauherr: Marlies en Jo Eyck
Bauunternehmer: Aannemersbedrijf Xhonneux bv
Statik: Ingenieursbureau Palte bv
Installation und Gebäudetechnik: Huygen installatieadviseurs bv
Bauphysik: Cauberg-Huygen Raadgevende Ingenieurs bv
Entwurfs- und Ausführungszeit: 1999–2001
Geschoßfläche: 280 m² Bruttonutzfläche

Universitätsbibliothek Universiteitscampus De Uithof
Utrecht
Projektarchitekten: Wiel Arets, Pauline Bremmer, Dominic Papa, René Thijssen, Henrik Vuust, Richard Welten
Garten- und Landschaftsarchitekt: West 8
Projektteam: Pedro Anão, Harold Aspers, Lars Dreessen, Eva Gjessing, Franziska Herb, Harold Hermans, Petra Jacquet, Peter Kaufmann, Guido Neijnens, Michael Pedersen, Frederik Vaes, Michiel Vrehen; Pedro Anão, Mai Henriksen, Kees Lemmens (Modelle); Hélène Binet, Kim Zwarts (Fotografie)
Bauherr: Universität Utrecht
Bauunternehmer: IBC-Heymans; Gardner bv, Vogt bv (Fassade); GTI (Installation)
Statik: ABT adviesbureau voor bouwtechniek bv
Installation und Gebäudetechnik: Huygen installatieadviseurs bv; Adviesbureau Peutz & Associates bv (Akustik)
Bauphysik: Cauberg-Huygen Raadgevende Ingenieurs bv
Entwurfs- und Ausführungszeit: 1997–2001; 2001–2004

Benthem Crouwel Architekten bv bna

Wohnhaus Benthem
De Fantasie 10
Almere
Projektarchitekt: Jan Benthem
Bauherr: Jan Benthem
Bauunternehmer: Jan Benthem
Statik: Jan Benthem
Installation und Gebäudetechnik: Jan Benthem
Bauphysik: Jan Benthem
Entwurfs- und Ausführungszeit: 1984
Geschoßfläche: 65 m² Bruttonutzfläche

Terminal West Amsterdam Airport Schiphol
Projektarchitekten: Jan Benthem, Hans Smit, Thijs Veldman
Bauherr: NV Luchthaven Schiphol
Bauunternehmer: KLS 2000
Statik: ABT-DHV Advies- en Ingenieursbureau
Installation und Gebäudetechnik: Ketel-Deerns raadgevende ingenieurs vof
Bauphysik: Adviesbureau Peutz & Associes bv
Entwurfs- und Ausführungszeit: 1993
Geschoßfläche: 120.000 m² Bruttonutzfläche

World Trade Centre Amsterdam Airport Schiphol
Projektarchitekten: Jan Benthem, Mels Crouwel, Guus Brockmeier, Roelof Gortemaker, Pieter van Rooij, Vignelli Associates (Interieur)
Bauherr: Kantorenfonds Nederland bv mit Amsterdam Airport Schiphol; Schiphol Real Estate
Bauunternehmer: Projectcombinatie P4 Nelissen van Egteren, DURA, Dirk Verstoep
Statik: Bureau de Weger Rotterdam; Royal Haskoning
Installation und Gebäudetechnik: Raadgevend Techniesch Buro Van Heugten bv
Bauphysik: Raadgevend Techniek Buro Van Heugten bv
Entwurfs- und Ausführungszeit: 1991–1996
Geschoßfläche: 34.000 m² Bruttonutzfläche, mit 3.000 Parkplätzen

Zweite Phase:
Bauherr: Schiphol Real Estate
Bauunternehmer: Kombinat: Volker Wessels Stevin Bouw und IBC Utiliteitsbouw
Fertigstellung: 2003
Geschoßfläche: nochmals 34.000 m² Bruttonutzfläche, mit 2.700 Parkplätzen

Provinzverwaltung Groningen
Martinikerkhof 12
Groningen
Projektarchitekten: Jan Benthem, Mels Crouwel, Stan Rietbroek
Bauherr: Gedeputeerde Staten Provincie Groningen
Bauunternehmer: Lodewijk Geveke Bouw
Statik: Ingenieursbureau Wassenaar bv
Installation und Gebäudetechnik: Deerns Raadgevende Ingenieurs bv
Entwurfs- und Ausführungszeit: 1996
Geschoßfläche: 13.500 m² Bruttonutzfläche

Bürogebäude Malietoren
Utrechtsebaan
Den Haag
Projektarchitekten: Jan Benthem, Mels Crouwel, André Staalenhoef
Bauherr: Multi Vastgoed bv
Bauunternehmer: Wilma Bouw bv
Statik: Ove Arup & Partners International Ltd., Corsmit Raadgevend Ingenieursburo
Installation und Gebäudetechnik: TM Verhoeven
Bauphysik: D.G.M.R.
Entwurfs- und Ausführungszeit: 1996
Geschoßfläche: 25.000 m² Bruttonutzfläche

Zentrum 013 für populäre Musik (Popcentrum 013)
Veemarktstraat 44
Tilburg
Projektarchitekten: Jan Benthem, Mels Crouwel, Pieter van Rooij
Bauherr: Openbare Werken Tilburg
Bauunternehmer: M & M bouw
Statik: Adviesburo F. Tielemans
Installation und Gebäudetechnik: Technisch Adviesburo W. Schlappi bv
Bauphysik: Adviesbureau Peutz & Associes bv
Entwurfs- und Ausführungszeit: 1998
Geschoßfläche: 6.400 m² Bruttonutzfläche

Villa Arena
De entree 1
Amsterdam-Zuidoost
Projektarchitekten: Jan Benthem, Mels Crouwel, Stan Rietbroek, Florentijn Vleugels
Bauherr: Ontwikkelingsmaatschappij Centrumgebied Zuid Oost: ING Vastgoed Ontwikkeling bv
Bauunternehmer: Bouwcombinatie Zuid Oost: vof BAM Bredero, Ballast Nedam Utiliteitsbouw bv
Statik: Ingenieursgroep Van Rossum
Installation und Gebäudetechnik: Hiensch Engineering bv
Bauphysik: Adviesbureau Peutz & Associes bv
Entwurfs- und Ausführungszeit: 2001
Geschoßfläche: 180.000 m² Bruttonutzfläche

CEPEZED bv

Doppelhaus 'Twee zonder een kap'
Straat van Ormoes 145-147
Delft
Projektarchitekten: Architectenbureau Cepezed bv, Delft
Bauherr: Fam. J.H. Pesman und Fam. A.J. van Seijen
Bauleitung: Bouwteam General Contractors bv, Delft
Statik: P. de Jong
Installation und Gebäudetechnik: F. Boonstoppel
Entwurfs- und Ausführungszeit: Entwurf (Wettbewerb): 1989; Ausführung: 1989
Geschoßfläche: 196 m² Bruttonutzfläche

Kindertagesstätte 'Woeste Willem'
Ben Goerionstraat 6
Rotterdam
Projektarchitekten: Architectenbureau Cepezed bv, Delft
Bauherr: Stichting de Oosterprins
Bauleitung: Bouwteam General Contractors bv, Delft
Statik: IDCS bv, Hoofddorp

Verzeichnis der Architekten und Projekte

Installation und Gebäudetechnik: Raadgevend Ingenieursbureau Boonstoppel, Nijmegen
Bauphysik: idem RIB
Entwurfs- und Ausführungszeit: 1993–1994
Geschoßfläche: 486 m²
Bruttonutzfläche

Centre for Human Drug Research (CHDR)
Zernikedreef 10
Leiden
Projektarchitekten: Architectenbureau Cepezed bv, Delft
Bauherr: Stichting C.H.G. Onroerend Goed
Bauleitung: Bouwteam General Contractors bv, Delft
Statik: IDCS bv, Hoofddorp
Installation und Gebäudetechnik: Raadgevend Ingenieursbureau Boonstoppel, Nijmegen
Bauphysik: idem RIB
Entwurfs- und Ausführungszeit: 1993–1995
Geschoßfläche: 1.200 m²
Bruttonutzfläche

Büro CEPEZED bv
Phoenixstraat 60
Delft
Projektarchitekten: J.H. Pesman, M.E. Cohen
Bauherr: Architectenbureau CEPEZED bv
Bauleitung: Bouwteam General Contractors bv
Statik: ECCS, Hoofddorp
Installation und Gebäudetechnik: Elders Rust bv, Giessenburg
Entwurfs- und Ausführungszeit: 1998–1999
Geschoßfläche: 1.290 m²
Bruttonutzfläche

Wärmekoppelungsanlage Bullewijk
Schepenbergweg
Amsterdam-Zuidoost
Projektarchitekten: Architectenbureau Cepezed bv, Delft
Bauherr: NV Energiebedrijf UNA, Amsterdam
Bauunternehmer: Bouwbedrijf Buitenhuis, Landsmeer
Statik: Bekker & Stroband bv, Amsterdam
Installation und Gebäudetechnik: Merkx Installatietechniek bv, Beverwijk
Entwurfs- und Ausführungszeit: 1997–2000
Geschoßfläche: 392 m²
Bruttonutzfläche

ÖAW Forschungszentrum
Schmiedlstraße 6
Graz
Projektarchitekten: Architectenbureau Cepezed bv; Architekturbüro DI Peyker
Bauherr: Österreichische Akademie der Wissenschaften
Bauunternehmer: Rapatz und Jahn
Statik: Ingenieursbüro Wendl
Installation und Gebäudetechnik: TB Pickl
Bauphysik: Gerhard Tomberger
Entwurfs- und Ausführungszeit: 1999–2000
Geschoßfläche: 5.068 m²
Bruttonutzfläche

Porsche Fabrikhallen
Porschestraße
Leipzig
Projektarchitekten: Architectenbureau Cepezed bv, Delft
Bauherr: Dr. Ing. h.c.F. Porsche Aktiengesellschaft
Bauleitung: Agiplan
Statik: Baum & Weiher
Bauphysik: Bartenbach Lichtlabor
Entwurfs- und Ausführungszeit: 2000–2001
Geschoßfläche: 15.000 m²
Bruttonutzfläche für Fabrik und Büro

Erick van Egeraat associated architects (EEA)

Haus 13, IGA Stuttgart
Störzbachstraße
Stuttgart
Projektarchitekten: Erick van Egeraat, Francine Houben, Birgit Jürgenhake, Marjolijn Adriaansche, Dick van Gameren, Luis Pires, Jana Schulz
Bauherr: Landeshauptstadt Stuttgart; Entwicklungsgesellschaft Baden-Württemberg GmbH, Stuttgart
Statik: ABT Adviesburo voor Bouwtechniek bv, Delft; Dipl.-Ing. Klaus Wilhelm, Stuttgart
Installation: Ketel raadgevende ingenieurs bv, Delft; Dipl.-Ing. Fritz Baumgärtner, Stuttgart (Gebäudetechnik); Dipl.-Ing. Hans Henning Schindler, Stuttgart (Elektrotechnik)
Bauphysik: Forschungsgemeinschaft Bauphysik, Stuttgart
Entwurfs- und Ausführungszeit: 1993
Geschoßfläche: 1.175 m²
Bruttonutzfläche
Anmerkung: Erick van Egeraat in Zusammenarbeit mit Mecanoo Architecten

Wohnungskomplex Stuivesantplein
Geefhuishof 1 t/m 35
Tilburg
Projektarchitekten: Erick van Egeraat, Monica Adams, Gerben Vos, Ard Buijsen, Joep van Etten, Kerstin Hahn, Birgit Jürgenhake, Colette Niemeijer, Stefanie Schleich
Bauherr: Wonen Midden Brabant, Tilburg
Bauunternehmer: Remmers Bouwbedrijf, Tilburg
Statik: ABT Adviesburo voor Bouwtechniek bv, Delft
Installation und Gebäudetechnik: Sweegers en de Bruijn, 's-Hertogenbosch
Entwurfs- und Ausführungszeit: 1999
Geschoßfläche: 3.920 m²
Bruttonutzfläche

Hauptsitz der ING Bank & Nationale Nederlanden
Andrássy Ut
Budapest
Projektarchitekten: Erick van Egeraat, Tibor Gáll, Atilla Komjáthy, Maartje Lammers, Astrid Huwald, Gábor Kruppa, János Tiba, Stephen Moylan, William Richards, Dianne Anyika, Paul-Martin Lied, Emmett Scanlon, Ineke Dubbeldam, Ard Buijsen, Miranda Nieboer, Harry Boxelaar, Axel Koschany, Tamara Klassen
Bauherr: ING Real Estate International en Nationale Nederlanden Real Estate Hungary Ltd.
Bauunternehmer: C.F.E. Hungary Kft.
Statik: ABT Adviesburo voor Bouwtechniek bv, Delft; Mérték Építészeti Stúdió Kft, Budapest
Installation und Gebäudetechnik: Ketel raadgevende ingenieurs bv, Delft; Ove Arup & Partners, London (Gebäudetechnik); Mérték Építészeti Stúdió Kft, Budapest (Elektrotechnik)
Bauphysik und Akustik: Adviesburo Peutz & Associes bv, Mook
Entwurfs- und Ausführungszeit: 1994
Geschoßfläche: 7.830 m²
Bruttonutzfläche

Ichthus Fachschule Rotterdam
Posthumalaan 90
Rotterdam
Projektarchitekten: Erick van Egeraat, Monica Adams, Maartje Lammers, Luc Reyn, Cock Peterse, Jeroen ter Haar, Kerstin Hahn, Paul Blonk, Colette Niemeijer, Nienke Booy, Aude de Broissia, Ezra Buenrostro-Hoogwater, Ard Buijsen, Joep van Etten, Pavel Fomenko, Matthias Frei, Bas de Haan, Folkert van Hagen, Sara Hampe, Julia Hausmann, Sabrina Kers, Perry Klootwijk, Ramon Knoester, Harry Kurzhals, Paul-Martin Lied, Mika Lundberg, Lisette Magis, Jos Overmars, Karolien de Pauw, Claudia Radinger, Stefanie Schleich, Ole Schmidt, Ronald Ubels, Rowan van Wely, Boris Zeisser
Bauherr: Ichthus Hogeschool Rotterdam
Bauunternehmer: Giesbers bouw bv, Wijchen
Statik: ABT Adviesburo voor Bouwtechniek bv, Delft
Installation und Gebäudetechnik: ABT Adviesburo voor Bouwtechniek bv, Velp
Bauphysik: Adviesburo Peutz & Associees bv, Mook (Akustik)
Entwurfs- und Ausführungszeit: 2000
Geschoßfläche: 20.000 m²
Bruttonutzfläche

Crawford Art Gallery
Emmet Place
Cork
Projektarchitekten: Erick van Egeraat, Maartje Lammers, Michael Rushe, Marylse van Bijleveld, Astrid Huwald, Claire Booth, Patrick Creedon, Aylin Jorgensen-Dahl, Gerwen van der Linden, Stefan Frommer, Folkert van Hagen, Perry Klootwijk
Bauherr: City of Cork Vocational Education Committee, Cork
Bauunternehmer: John F. Supple Ltd.
Statik: Horgan Lynch & Partners, Cork
Installation und Gebäudetechnik: Ove Arup & Partners, Cork
Entwurfs- und Ausführungszeit: 2000
Geschoßfläche: 830 m²
Bruttonutzfläche

Poppodium Mezz
Keizerstraat 69
Breda
Projektarchitekten: Erick van Egeraat, Maartje Lammers, Boris Zeisser, Gerben Vos, Bas de Haan, Anja Blumert, Mark Brouwers, Ilse Castermans, Folkert van Hagen, Ramon Karges, Ruben Kuipers, Paul-Martin Lied, Gerwen van der Linden, Nils van Merrienboer, Florent Rougemont, Dirk Schonkeren, Steven Simons, Maureen Slattery, Alexander Tauber, János Tiba, Jesse Treurniet, Jerry van Veldhuizen, Daniël Vlasveld
Bauherr: Stadt Breda
Bauunternehmer: M&M Bouw Brabant, Eindhoven
Statik: Ove Arup & Partners, London; PBT, Delft
Installation und Gebäudetechnik: Ove Arup & Partners, London; Ingenieurburo Linssen, Amsterdam
Bauphysik: Ove Arup & Partners, Cambridge; Ingenieurburo Linssen, Amsterdam (Akustik)
Entwurfs- und Ausführungszeit: 1996–2002
Geschoßfläche: 1.550 m²
Bruttonutzfläche

Rathaus Alphen aan den Rijn
Castellumstraat
Alphen aan den Rijn
Projektarchitekten: Erick van Egeraat, Monica Adams, Massimo Bertolano, Ralph van Mameren, Harry Pasterkamp, Rowan van Wely, Ronald Ubels, Ilse Castermans, Jerry van Veldhuizen, Matthieu Brutsaert, Jeroen ter Haar, Ezra Buenrostro Hoogwater, Jasper Jägers, Colette Niemeijer, Sonja Gallo, Gerwen van der Linden, Katrin Grubert, Steven Simons, Oliver von Spreckelsen, Gerben Vos, Aude de Broissia, Sabrina Friedl, Frank Huibers, Bora Ilhan, Ramon Karges, Sabrina Kers, Perry Klootwijk, Paul-Martin Lied, Christian Nicolas, Jos Overmars, Nuno Pais, Cock Peterse, Claudia Radinger, Luc Reyn, Anke Schiemann, Filipa Tomaz
Bauherr: Stadt Alphen aan den Rijn
Bauunternehmer: HBG Utiliteitsbouw, Rotterdam
Statik: ABT Adviesburo voor Bouwtechniek bv, Delft
Installation und Gebäudetechnik: Sweegers en de Bruijn, 's-Hertogenbosch
Bauphysik: Adviesburo Peutz & Associes bv, Mook
Entwurfs- und Ausführungszeit: 2002
Geschoßfläche: 25.000 m²
Bruttonutzfläche

Architectuurstudio Herman Hertzberger

Bürogebäude der Versicherungsgesellschaft Centraal Beheer
Prins Willem Alexanderlaan 651
Apeldoorn
Projektarchitekt: Herman Hertzberger und Architectenbureau Lucas en Niemeyer.
Mitarbeiter: Rob Blom van Assendelft, Hans Schotman, Boudewijn Delmee, Ellen Mensingh-v.d Meiden, Marijke Teijsse, Henk de Weijer, Wim Oxenaar
Bauherr: Centraal Beheer, Apeldoorn
Bauunternehmer: Ballast Nedam Utiliteitsbouw, Amstelveen
Statik: Adviesburo D3BN Civiel Ingenieurs, Amsterdam; Dicke & v.d Boogaard, Rotterdam
Installation und Gebäudetechnik: Raadgevend Technisch Buro Van Heugten bv, Nijmegen; Raadgevend bureau Twijnstra en Gudde
Entwurfs- und Ausführungszeit: 1967–1972
Geschoßfläche: 30.536 m²
Bruttonutzfläche

Erweiterungsbau der Centraal Beheer
Prins Willem Alexanderlaan 651
Apeldoorn
Projektarchitekt: Herman Hertzberger
Mitarbeiter: Dolf Floors, Jan van den Berg, Dickens van der Werff, Ariënne Matser, Cor Kruter
Bauherr: Centraal Beheer, Apeldoorn
Bauunternehmer: Ballast Nedam Utiliteitsbouw, Amstelveen
Statik: ABT, Velp
Installation und Gebäudetechnik: Raadgevend Technisch Buro Van Heugten, Nijmegen
Bauphysik: DGMR Raadgevende Ingenieurs bv, Den Haag
Entwurfs- und Ausführungszeit: 1990–1995
Geschoßfläche: 7.000 m²
Bruttonutzfläche, inklusive Parkhaus

Verzeichnis der Architekten und Projekte

Ministerium für Arbeit und Soziales
A. van Hannoverstraat 4-6
Den Haag
Projektarchitekt: Herman Hertzberger
Mitarbeiter: Wim Oxener, Henk de Weijer, Jan Rietvink, Folkert Stropsma, Heleen Reedijk
Bauherr: Rijksgebouwendienst, Den Haag
Bauunternehmer: Aannemersbedrijf Boele & Van Eesteren, Den Haag
Statik: Adviesburo D3BN Civiel Ingenieurs, Amsterdam
Installation und Gebäudetechnik: Deerns, Rijswijk
Bauphysik: DGMR Raadgevend Adviesburo, Den Haag
Entwurfs- und Ausführungszeit: 1979–1990
Geschoßfläche: 56.000 m² Bruttonutzfläche

Chassé-Theater
Claudius Prinsenlaan 8
Breda
Projektarchitekt: Herman Hertzberger
Mitarbeiter: Willem van Winsen, Cor Kruter, Folkert Stropsma, Ariënne Matser, Patrick Fransen, Marijke Teijsse, Heleen Reedijk, Laurens Jan ten Kate, Henk de Weijer, Geert Mol, Akelei Hertzberger
Bauherr: Stadt Breda
Bauunternehmer: Albouw BBM bv, Breda
Statik: Adviesbureau voor Bouwtechniek ABT, Velp
Installation und Gebäudetechnik: Ingenieursbureau A. Bervoets bv, Breda
Theatertechnik, Akustik und Bauphysik: Prinssen en Bus Raadgevende Ingenieurs bv, Uden
Entwurfs- und Ausführungszeit: 1992–1995
Geschoßfläche: 16.000 m² Bruttonutzfläche

Montessori-Schule
Polderweg 3
Amsterdam
Projektarchitekt: Herman Hertzberger
Mitarbeiter: Willem van Winsen, Geert Mol, Ariënne Matser, Henk de Weijer, Folkert Stropsma, Roos Eichhorn, Heleen Reedijk, Marijke Teijsse, Cor Kruter
Bauherr: Stichting Montessori scholengemeenschap Amsterdam
Projektmanagement: Bureau Bauleitung Nederland, Houten
Bauunternehmer: Ballast Nedam Utiliteitsbouw, Utrecht
Statik: Ingenieursgroep van Rossum, Amsterdam
Installation und Gebäudetechnik: Burgers Ergon Contractors, Amsterdam; Verstappen van Amelsvoort bv, Nuland
Kunst: Akelei Hertzberger, Amsterdam
Entwurfs- und Ausführungszeit: 1993–2000
Geschoßfläche: 17.016 m² Bruttonutzfläche

Erweiterung des Kaufhauses Vanderveen
Koopmansplein
Assen
Projektarchitekt: Herman Hertzberger
Mitarbeiter: Willem van Winsen, Laurens Jan ten Kate, Folkert Stropsma, Ariënne Matser, Andrew Dawes, Cor Kruter
Bauherr: Warenhuis Vanderveen, Assen
Bauunternehmer: Vosbouw bv, Assen
Statik: Ingenieursburo Wassenaar, Haren
Installation und Gebäudetechnik: IHN Groningen, Groningen
Entwurfs- und Ausführungszeit: 1993–1998
Geschoßfläche: 600 m² Bruttonutzfläche

Mecanoo Architecten

Wohnhochhaus Hillekop
Hillelaan en Hillekopplein
Rotterdam-Zuid
Projektarchitekten: Francine Houben, Erick van Egeraat, Chris de Weijer, Henk Döll, Aart Fransen, Cock Peterse, Holger Wirthwein, Sjaak Jansen, Sylvie Beugels, Hans van der Heijden
Bauherr: Stichting Tuinstad Zuidwijk (jetziger Name: Estrade)
Bauunternehmer: Van der Vorm Bouw bv, Papendrecht
Statik: ABT adviesbureau voor bouwtechniek, Delft/Velp
Entwurfs- und Ausführungszeit: 1987–1989
Geschoßfläche: 600 m² Bruttonutzfläche Restaurant und Küche; 186 Sozialwohnungen

Wohnhaus mit Studio
Rotterdam
Projektarchitekten: Francine Houben, Erick van Egeraat, Theo Kupers, Bjarne Mastenbroek, Cock Peterse, Inma Fernandez-Puig, Birgit Jürgenhake, Marjolijn Adriaansche
Bauherr: Privat
Bauunternehmer: Van Omme & de Groot bv, Rotterdam
Statik: ABT Adviesbureau voor bouwtechniek bv, Delft
Entwurfs- und Ausführungszeit: 1989–1991
Geschoßfläche: ca. 300 m² Bruttonutzfläche

Bibliothek
Het Baken 3
Almelo
Projektarchitekten: Henk Döll, Maartje Lammers, Aart Fransen, Jan Bekkering, Joanna Cleary, Renske Groenewoldt, Leen Kooman, Alexandre Lamboley, Anne-Marie van der Meer, Miranda Nieboer, William Richards, Gerrit Schilder jr., Toon de Wilde
Bauherr: Stichting Openbare Bibliotheek Almelo
Bauunternehmer: Aannemersbedrijf Goossen, Almelo
Statik: Adviesbureau de Bondt bv, Rijssen
Installation und Gebäudetechnik: Raadgevend ingenieursbureau Schreuder bv, Apeldoorn
Entwurfs- und Ausführungszeit: 1991–1994
Geschoßfläche: 4.780 m² Bruttonutzfläche

Fakultät für Wirtschaft und Management (FEM)
Padualaan 101
Utrecht
Projektarchitekten: Francine Houben, Chris de Weijer, Erick van Egeraat, Henk Döll, Monica Adams, Aart Fransen, Marjolijn Adriaansche, Carlo Bevers, Giuseppina Borri, Henk Bouwer, Gerrit Bras, Birgit de Bruin, Ard Buijsen, Katja van Dalen, Annemieke Diekman, Harry Kurzhals, Miranda Nieboer, William Richards, Mechthild Stuhlmacher, Nathalie de Vries, Wim van Zijl
Bauherr: Stichting Financiering Exploitatie Huisvesting Uithof, Utrecht
Bauunternehmer: Hollandsche Beton Maatschappij bv, Utrecht
Statik: ABT Adviesbureau voor Bouwtechniek bv, Delft/Velp
Installation und Gebäudetechnik: Technical Management bv, Amersfoort
Entwurfs- und Ausführungszeit: 1991–1995
Geschoßfläche: 23.500 m² Bruttonutzfläche

Bibliothek der Technischen Universität
Prometheusplein 1
Delft
Projektarchitekten: Francine Houben, Chris de Weijer, Aart Fransen, Carlo Bevers, Erick van Egeraat, Monica Adams, Marjolijn Adriaansche, Henk Bouwer, Gerrit Bras, Ard Buijsen, Katja van Dalen, Annemiek Diekman, Alfa Hügelmann, Axel Koschany, Theo Kupers, Maartje Lammers, Paul Martin Lied, Bas Streppel, Astrid van Vliet
Bauherr: ING Vastgoed Ontwikkeling bv, Den Haag
Bauunternehmer: Van Oorschot Versloot Bouw bv; Boele van Eesteren V.O.F., Rotterdam
Statik: ABT adviesbureau voor bouwtechniek bv, Delft/Velp
Installation und Gebäudetechnik: Ketel raadgevende ingenieurs bv, Delft
Bauphysik: Peutz Associes bv, Molenhoek
Entwurfs- und Ausführungszeit: 1993–1997
Geschoßfläche: ca. 15.600 m² Bruttonutzfläche

Eingangsgebäude des Niederländischen Freiluftmuseums
Schelmseweg 89
Arnhem
Projektarchitekten: Francine Houben, Aart Fransen, Michel Tombal, Chris de Weijer, Alfa Hügelmann, Joke Klumper, Pascal Tetteroo, Patrick Eichhorn, Rick Splinter, Michael Dax, Saskia Hebert, Theo Kupers
Bauherr: Nederlands Openluchtmuseum, Arnhem; Rijksgebouwendienst Directie-oost, Arnhem
Bauunternehmer: Strukton Bouwprojekten bv, Maarssen
Statik: Goudstikker-de Vries-/ACN bv, Capelle a/d IJssel
Installation und Gebäudetechnik: Technical Management bv, Amersfoort
Entwurfs- und Ausführungszeit: 1995–2000
Geschoßfläche: 3.185 m² Bruttonutzfläche

Kapelle St. Maria der Engelen
Nieuwe Crooswijkseweg 123
Rotterdam
Projektarchitekten: Francine Houben, Francesco Veenstra, Ana Rocha, Huib de Jong, Martin Stoop, Natascha Arala Chaves, Judith Egberink, Henk Bouwer
Bauherr: R.K. begraafplaats St. Laurentius, Rotterdam
Bauunternehmer: H&B Bouw bv, Sassenheim
Statik: ABT adviesbureau voor bouwtechniek bv, Delft
Entwurfs- und Ausführungszeit: 1998–2001
Geschoßfläche: 120 m² Bruttonutzfläche

MVRDV

Pförtnerhäuser im Nationalpark Hoge Veluwe
Otterloo, Hoenderloo, Arnhem/Rijzenburg
Projektarchitekten: Winy Maas, Jacob van Rijs und Nathalie de Vries mit Joost Glissenaar, Elaine Didyk, Jaap van Dijk
Bauherr: Stichting Nationaal Park De Hoge Veluwe
Bauunternehmer: Wolfswinkel bv, Hoenderloo
Statik: ABT, Velp
Bauphysik: DGMR, Arnhem
Entwurfs- und Ausführungszeit: 1994–1996
Geschoßfläche: 3 x 30 m² Netto

Seniorenwohnkomplex WoZoCo
Ookmeerweg
Amsterdam-Osdorp
Projektarchitekten: Winy Maas, Jacob van Rijs und Nathalie de Vries mit Willem Timmer, Arjan Mulder, Frans de Witte
Bauherr: Woningbouwvereniging Het Oosten, Amsterdam
Bauunternehmer: Intervam, Regio West
Statik: Pieters Bouwtechniek, Haarlem/Delft
Bauphysik: DGMR, Arnhem
Werkplanung: Bureau Bouwkunde, Rotterdam
Entwurfs- und Ausführungszeit: 1994–1997
Geschoßfläche: 7.500 m² Netto

Villa VPRO
Media Park
Sumatralaan 45
Hilversum
Projektarchitekten: Winy Maas, Jacob van Rijs und Nathalie de Vries mit Stefan Witteman, Alex Brouwer, Joost Glissenaar, Arjan Mulder, Eline Strijkers, Willem Timmer, Jaap van Dijk, Fokke Moerel, Joost Kok
Bauherr: Omroep VPRO, Hilversum
Bauunternehmer: Voormolen Bouw bv, Rotterdam
Statik: Pieters Bouwtechniek, Haarlem; Ove Arup & Partners, London
Installation und Gebäudetechnik: Ketel Raadgevende ingenieurs, Delft en OAP, London
Bauphysik: DGMR, Arnhem
Werkplanung: Bureau Bouwkunde, Rotterdam
Entwurfs- und Ausführungszeit: 1993–1997
Geschoßfläche: 10.000 m² Bruttonutzfläche

Niederländischer Pavillon für die Expo 2000
Expogelände – Europa Boulevard 3
Hannover
Projektarchitekten: Winy Maas, Jacob van Rijs und Nathalie de Vries mit Stefan Witteman, Jaap van Dijk, Christoph Schindler, Kristina Adsersen, Rüdiger Kreiselmayer
Bauherr: Stichting Nederland Wereldtentoonstellingen, Den Haag
Bauunternehmer: HBG Bouw bv, Rijswijk
Statik: ABT, Velp
Installation und Gebäudetechnik: Technical Management, Amersfoort
Werkplanung: ABT Bouwkunde, Velp; Bureau Bouwkunde, Rotterdam
Bauphysik: DGMR, Arnhem
Entwurfs- und Ausführungszeit: 1997–2000
Geschoßfläche: 8.000 m² Bruttonutzfläche

Studio Thonik
Weesperzijde 79
Amsterdam
Projektarchitekten: Winy Maas, Jacob van Rijs und Nathalie de Vries mit Bart Spee und Eline Strijkers
Bauherr: Studio Thonik, Büro für Graphikgestaltung
Bauunternehmer: Konst en Van Polen bouwbedrijf
Statik: Pieters Bouwtechniek, Haarlem/Delft
Bauphysik: DGMR, Arnhem
Entwurfs- und Ausführungszeit: 1998–2001
Geschoßfläche: 290 m² Netto

Verzeichnis der Architekten und Projekte

**Wohnungsbau
Silodam
Amsterdam**
Projektarchitekten: Winy Maas Jacob van Rijs und Nathalie de Vries mit Frans de Witte, Eline Strijkers, Duzan Doepel, Bernd Felsinger; Wettbewerbsentwurf mit Tom Mossel, Joost Glissenaar, Alex Brouwer, Ruby van den Munckhof, Joost Kok
Bauherr: Rabo Vastgoed, De Principaal bv
Bauunternehmer: Bouwcombinatie Graansilo's V.O.F. (Bouwbedrijf M.J. de Nijs en Zonen bv en Kondor Wessels Noord)
Statik: Pieters Bouwtechniek, Delft
Bauphysik: Cauberg Huygen, Rotterdam
 Werkplanung: Bureau Bouwkunde, Rotterdam
Entwurfs- und Ausführungszeit: 1995–2002
Geschoßfläche: 19.500 m² Bruttonutzfläche

Office for Metropolitan Architecture

**Kunsthalle
Westzeedijk
Rotterdam**
Projektarchitekten: Rem Koolhaas, Fuminori Hoshino
Projektteam und Beratung: Petra Blaisse, Kyoko Ohashi, Hans Werlemann (Interieur); Günther Förg (Künstler: Lichtinstallation Restaurant)
Bauherr: Stadt Rotterdam
Bauunternehmer: Dura Bouw, Rotterdam
Statik: Cecil Balmond, Ove Arup; Stadt Rotterdam
Fertigstellung: 1992
Geschoßfläche: 7.000 m² Bruttonutzfläche

**Grand Palais
Bd des Cités Unies 1
Lille**
Projektarchitekten: Rem Koolhaas/OMA mit François Delhay, F.M. Delhay-Caille
Bauherr: Stadt Lille (Pierre Mauroy, Bürgermeister); SAEM Euralille (Jean-Paul Baietto, General Manager); Association Lille Grand Palais (Jean Delannoy, Vice-Vorstand)
Statik: Cecil Balmond/Ove Arup & Partners
Fertigstellung: 1994
Geschoßfläche: 45.000 m² Bruttonutzfläche, inkl. 1.230 Parkplätze

**Educatorium
Universiteitscampus
De Uithof
Utrecht**
Projektarchitekten: Rem Koolhaas, Christophe Cornubert; *Vorentwurf:* Koolhaas, Cornubert, Gary Bates, Luc Veeger, Clement Gillet
Projektteam: Richard Eelman, Michel Melenhorst, Jacques Vink, Gaudi Houdaya, Enno Stemerding, Frans Blok, Henrik Valeur, Boukje Trenning;
Kunst: Joep van Lieshout (Rotterdam), Andreas Gursky (Düsseldorf);
Technische Beratung: Christian Müller, Eric Schotte
Bauherr: Universiteit Utrecht, Marianne Gloudi
Bauunternehmer: BAM Bredero, Bunnik/A.de Jong air-conditioning bv, Schiedam; Ergon Electric bv, Utrecht; GTI Rotterdam-Capelle bv, Rotterdam; Lichtindustrie Wolter & Drost-Evli bv, Veenendaal
Statik: ABT Adviesbureau voor Bouwtechniek bv; Rob Nijsse, Frans van Herwijnen, Velp-Delft; Robert-Jan van Santen, Lille (Fassaden); Ingenieursburo Linssen, Henk Knipscheer, Amsterdam (Gebäudetechnik)
Installation und Gebäudetechnik: FBU, Utrecht; W/E adviseurs duurzaam bouwen, Gouda Umwelttechnik); TNO-TUE, Rens van Luxemburg, Eindhoven (Akustik); Curve, Hellevoetsluis (Kabinengestaltung)
Finanzielle Planung: Berenschot Osborne bv, Utrecht
Geschoßfläche: 11.000 m² Bruttonutzfläche
Entwurfs- und Ausführungszeit: 1993–1997

**Niederländische Botschaft
Kloosterstraße/Roland Ufer
Berlin**
Projektarchitekten: Rem Koolhaas, Erik Schotte, Gro Bonesmo
Bauherr: Nederlands Minsterie van Buitenlandse Zaken
Installation und Gebäudetechnik: De Weger Architecten en Ingenieurs; Huygen Elwako Raadgevende Ingenieurs bv (Installation); Ove Arup & Partners Berlin
Entwurfs- und Ausführungszeit: 1999–2001
Bauvolumen: Gesamtfläche 25.340 m² (Botschaftsgebäude, Parkfläche, Wohnräume)

**Villa in Bordeaux
Bordeaux**
Projektarchitekten: Rem Koolhaas mit Maarten van Severen
Projektteam: Julien Monfort, Jeanne Gang, Bill Price, Jeroen Thomas, Yo Yamagata, Chris Dondorp, Erik Schotte, Vincent Costes; Maarten van Severen, Raf de Preter (Einbaumöbel und Mobiles Plateau); Petra Blaisse (Ratgeber Interieur); Vincent de Rijk (Bücherschrank)
Bauherr: Privat
Statik: Ove Arup & Partners: Cecil Balmond, Robert Pugh; Michel Régaud, Bordeaux (Planung und technische Assistenz); Robert-Jan van Santen (Fassade); Gerard Couillandeau (Hydraulik)
Fertigstellung: 1998
Geschoßfläche: 600 m² Netto (Haus und Gästehaus)

**Casa da Música
Rotunda da Boavista
Porto**
Projektarchitekten/Team: Rem Koolhaas, Fernando Romero, Isabel da Silva, Barbara Wolff, Matthias Hollwich, Uwe Herlyn, Adam Kurdahl, Moritz von Voss, Shohei Shigematsu, Jens Hommert, Erik Schotte, Donald van Dansik
Bauherr: Porto 2001
Installation und Gebäudetechnik: Ove Arup + Partners, Cecil Balmond, Rory McGowan, Patrick Teuffel (Statik); TNO – TUE Centre for Building Research, J. van Luxemburg, M.Hak, M.Prinsen (Akustik)
Entwurfs- und Ausführungszeit: 1999–2003
Geschoßfläche: 23.000 m² Bruttonutzfläche; 28.000 m² Parkfläche; 7.500 m² Platz

Hans Ruijssenaars van de architectengroep

**Bibliothek
Vosselmanstraat
Apeldoorn**
Projektarchitekt: Hans Ruijssenaars
Bauherr: Stichting Gemeenschappelijk Openbare bibliotheek
Bauunternehmer: Ufkes aannemingsmaatschappij bv
Statik: Raadgevend Ingenieursbureau Witteveen & Bos
Entwurfs- und Ausführungszeit: 1980–1984
Geschoßfläche: 7.160 m² Bruttonutzfläche

**ATO-Labor
Bornsesteeg 59
Wageningen**
Projektarchitekt: Hans Ruijssenaars
Bauherr: Ministerie van Landbouw, Natuurbeheer en Visserij
Bauunternehmer: IBC Bouwgroep bv, Best
Statik: Adviesbureau Heijkman, Huissen
Entwurfs- und Ausführungszeit: 1990–1993
Geschoßfläche: 11.486 m² Bruttonutzfläche

**Rathaus Apeldoorn
Markt 1
Apeldoorn**
Projektarchitekt: Hans Ruijssenaars
Bauherr: Stadt Apeldoorn
Bauunternehmer: Bouwcombinatie van den Belt IGB, Twello
Statik: ABT, Arnhem
Installation und Gebäudetechnik: Adviesburo Treffers & Partners
Bauphysik: Peutz & Associes
Entwurfs- und Ausführungszeit: 1998–1992
Geschoßfläche: 32.600 m² Bruttonutzfläche

**Stadthaus
(Rathaus, Stadtarchiv, Theater, Bibliothek)
Schiedam**
Projektarchitekt: Hans Ruijssenaars
Bauherr: Dienst Gemeentewerken, Schiedam
Bauunternehmer: Abouw BBm
Statik: ABT Adviesburo voor Bouwtechniek, Velp
Installation und Gebäudetechnik: Adviesbureau Treffers & Partners
Bauphysik: Adviesbureau Peutz & Associes
Entwurfs- und Ausführungszeit: 1991–1997
Geschoßfläche: 22.500 m² Bruttonutzfläche

**Wohn- und Geschäftskomplex
Kerkbrink
Hilversum**
Projektarchitekt: Hans Ruijssenaars
Bauherr: Wilma Vastgoed
Bauunternehmer: Muwi, Amersfoort
Statik: Constructie & Adviesbureau Steens
Installation und Gebäudetechnik: Ingenieursbureau Linssen
Bauphysik: Adviesburo Peutz & Associes
Entwurfs- und Ausführungszeit: 1993–1998
Geschoßfläche: Gewerbefläche 8.400 m²; 47 Wohnungen

**Wohn- und Geschäftskomplex
Kerkbrink
Hilversum**
Projektarchitekt: Hans Ruijssenaars
Bauherr: Wilma Vastgoed bv
Bauunternehmer: Dura Bouw bv
Statik: D3BN
Installation und Gebäudetechnik: Ingenieursbureau Linssen
Entwurfs- und Ausführungszeit: 1994–1998
Geschoßfläche: 19.500 m² Bruttonutzfläche; Gewerbefläche 3.930 m², 28 Wohnungen, 410 Parkplätze

**Bibliothek und Artothek
Stadshart
Amstelveen**
Projektarchitekt: Hans Ruijssenaars
Bauherr: Stadshart Amstelveen Ontwikkelingsmij.
Bauunternehmer: Bouwbedrijf M.J. de Nijs & Smit's Bouwbedrijf
Statik: D3BN
Installation und Gebäudetechnik: Lingestreek bv, Gorinchem
Entwurfs- und Ausführungszeit: 1993–2001
Geschoßfläche: 6.500 m² Bruttonutzfläche

UN Studio

**REMU-Umspannwerk
Smalle Pad
Amersfoort**
Projektarchitekt: Ben van Berkel, UN Studio
Projektteam: Harrie Pappot (Projektleitung), Pieter Koster, Hugo Beschoor Plug, Jaap Punt, Rik van Dolderen
Bauherr: Regionale Energie Maatschappij Utrecht (REMU), Utrecht
Gebäudetechnik/Statik: Hollandsche Beton Maatschappij, Rijswijk
Entwurfs- und Ausführungszeit: 1989–1993

**Brückenwächterhaus
Purmerend**
Projektarchitekten: Ben van Berkel, Freek Loos (Projektkoordination), Ger Gijzen
Bauherr: Stadt Purmerend
Gebäudetechnik/Statik: Ingenieursbureau Amsterdam
Entwurfs- und Ausführungszeit: 1995–1998
Geschoßfläche: 36 m² Bruttonutzfläche; Höhe des Brückenwächterhaus ca 12 m.

**Möbiushaus
Het Gooi**
Projektteam: Ben van Berkel, Aad Krom, Jen Alkema, Matthias Blass, Caroline Bos, Remco Bruggink, Marc Dijkman, Casper le Fèvre, Rob Hootsmans, Tycho Soffree, Giovanni Tedesco, Harm Wassink
Innenarchitektur: Ben van Berkel, Jen Alkema, Matthias Blass
Bauherr: Privat
Bauunternehmer: Kemmeren Bouw, Aalsmeer
Gebäudetechnik: ABT, Velp; Heijckmann Bouwadviesbureau, Huissen
Entwurfs- und Ausführungszeit: 1993–1998

**Museum Het Valkhof
Kelfkensbos
Nijmegen**
Projektteam: Ben van Berkel (Architekt), Henri Snel en Rob Hootsmans (Koordination), Remco Bruggink (Interieur), Hugo Beschoor Plug, Walther Kloet, Marc Dijkman, Jacco van Wengerden, Luc Veeger, Florian Fischer, Carsten Kiselowsky
Landschaftsarchitektur: Bureau B&B, Stedebouw en landschapsarchitectuur, Michael van Gessel; Stadt Nijmegen, Abteilung Stadtplanung, Mark van Gils
Bauherr: Stichting Museum Het Valkhof
Bauunternehmer: Nelissen van Egteren Bouw Zuid bv, Venray
Statik: Adviesbureau voor Bouwtechniek bv, Arnhem
Installation und Gebäudetechnik: Ketel Raadgevende Ingenieurs, Delft

Entwurfs- und Ausführungszeit: 1995–1998
Geschoßfläche/Volumen: ca. 6.100 m²
Bruttonutzfläche: ca. 39.382 m²

Stadtverwaltung Overtoom IJsselstein

Projektteam: Ben van Berkel (Architekt) Harm Wassink (Projektleiter), Henri Borduin, Jeroen Steur, Oliver Heckmann, Luc Veeger, Casper Le Fèvre, Marion Regitko, Kiri Heiner, Jacco van Wengerden, Aad Krom, Niek Jan van Dam, Karst Duêrmeyer
Landschaftsarchitekt: Lodewijk Baljon, Amsterdam
Bauherr: Stadt IJsselstein (Th.E.M. Wijte); Cultureel Centrum 't Fulco (E.H.M.F. Caris)
Bauunternehmer: Aan de Stegge bv, Goor
Installation und Gebäudetechnik: Huisman en van Muijen bv., 's-Hertogenbosch; Peutz & Associes bv, Molenhoek; Adviesbureau D3BN, Amsterdam; PKB Bouwadviseurs, Diemen
Entwurfs- und Ausführungszeit: 1996–2000
Geschoßfläche: 9.066 m² und 7.000 m² Parkfläche
Volumen: 5.500 m³
Grundstücksfläche: 3.400 m²

NMR-Labor Leuvenlaan De Uithof Utrecht

Projektteam: Ben van Berkel (Architekt), Harm Wassink en Walther Kloet (Projektleitung), Marion Regitko, Jacco van Wengerden, Ludo Grooteman, Laura Negrini, Paul Vriend, Mark Westerhuis, Jeroen Kreijnen, Henri Snel, Marc Prins, Aad Krom
Bauherr: Universiteit Utrecht
Bauunternehmer: Nelissen van Egteren, Utrecht en Hoofddorp
Statik: ABT, Velp
Entwurfs- und Ausführungszeit: 1997–2001
Geschoßfläche: 10.000 m² Bruttonutzfläche

Rudy Uytenhaak Architectenbureau bv

Wohngebäude am Wilhelminaplein Koningin Wilhelminaplein Amsterdam

Projektarchitekt: Rudy Uytenhaak
Bauherr: BPF Bouw
Bauunternehmer: Bouwbedrijf Teerenstra bv
Statik: Grabowski en Poort ingenieursbureau
Installation und Gebäudetechnik: De Winder
Bauphysik: Adviesburo Peutz & Associes bv
Entwurfs- und Ausführungszeit: 1989–1991
Geschoßfläche: 32.000 m² Bruttonutzfläche

Wohngebäude Weesperstraat Amsterdam

Projektarchitekt: Rudy Uytenhaak
Bauherr: Stichting Onze Woning
Bauunternehmer: Smit's Bouwbedrijf bv
Statik: Heijckmann, adviesbureau voor bouw constructie
Bauphysik: M + P raadgevende ingenieurs bv
Entwurfs- und Ausführungszeit: 1985–1992
Geschoßfläche: 21.000 m² Bruttonutzfläche

Haus der Schönen Künste Nieuwstraat 377 Apeldoorn

Projektarchitekt: Rudy Uytenhaak
Bauherr: Stadt Apeldoorn
Bauunternehmer: Koopmans bv, Aannemingsbedrijf Ribberink
Statik: De Bondt bv, Rijssen
Installation und Gebäudetechnik: Adviesburo Peutz & Associes bv
Bauphysik: Fuchs Consultants
Entwurfs- und Ausführungszeit: 1991–1995
Geschoßfläche: 5.548 m² Bruttonutzfläche

Ministerium für Wohnen, Raumplanung und Umwelt (VROM) Kennemerplein Haarlem

Projektarchitekt: Rudy Uytenhaak
Bauherr: Nemeog bv, Utrecht
Bauunternehmer: Van Wijnen West, Dordrecht
Statik: Heijckmann, adviesbureau voor bouw constructie
Installation und Gebäudetechnik: Sweegers, P. de Bruyn
Bauphysik: Sweegers, P. de Bruyn
Entwurfs- und Ausführungszeit: 1994–1997
Geschoßfläche: 8.840 m² Bruttonutzfläche

Cascade-Gebäude Campus Technische Universiteit De Rondom Eindhoven

Projektarchitekten: Rudy Uytenhaak, Hugo Boogaard
Bauherr: TU Eindhoven
Bauunternehmer: Heijmans Bouw
Statik: Aronsohn Raadgevende Ingenieurs bv
Installation und Gebäudetechnik: Deerns Raadgevende Ingenieurs bv
Bauphysik: Nelissen
Entwurfs- und Ausführungszeit: 1997–1999
Geschoßfläche: 5.660 m² Bruttonutzfläche

Wohnturm ‚Tourmaline' Weerwater Almere

Projektarchitekten: Rudy Uytenhaak, Marco Romano
Bauherr: Hopman Projectrealisatie bv
Bauunternehmer: Bouwbedrijf M.J. de Nijs & Zn. bv
Statik: Ingenieursgroep van Rossum bv
Installation und Gebäudetechnik: bv adviesbureau Installatietechniek T & H
Bauphysik: Santberger Advies & Ingenieursbureau
Entwurfs- und Ausführungszeit: 1997–2001
Geschoßfläche: 5.600 m² Bruttonutzfläche

Wohnungsbau ‚De Balk' Oostelijk Havengebied: Borneolaan/C. van Eesterenlaan/Rietlandpark Amsterdam

Projektarchitekten: Rudy Uytenhaak, Engbert van der Zaag
Mitarbeiter: André Hillebrand, Jos Rijs, Jasper Molenaar, Charles Hueber, Martin Dalenberg, Jaap Hikke, Bas Cuppen, Peter Rutten, Niek Beran
Bauherr: Woningbedrijf Amsterdam, Bouwfonds Wonen; Stadsdeel Zeeburg: Begegnungszentrum und Kindertagesstätte
Auftraggeber Kunst: Amsterdams Fonds voor de Kunst
Künstler: Willem Oorebeek
Bauunternehmer: ERA Bouw bv; Oosthoek/Kemper (Betonfertigteile)
Baukosten: Moerkerken en Broekzitter bv
Statik: Pieters Bouwtechniek
Installation und Gebäudetechnik: Temid Raadgevende Ingenieurs BV
Werkplanung: Zegelaar & Partners BV
Entwurfs- und Ausführungszeit: 1996–2002
Geschoßfläche:
167 Eigentumswohnungen, 202 Mietwohnungen – durchschnittliche Bruttogeschoßfläche 96 m²/Wohnung, Parkhaus 223 Plätze; Kindertagesstätte: 1.600 m²

Architectenbureau Koen van Velsen bv

Bibliothek Kerkstraat 2 Zeewolde

Projektarchitekt: Koen van Velsen
Projektteam: Gero Rutten, Okko van der Kam, Toon de Leeuw
Bauherr: Rijksdienst voor de IJsselmeerpolders
Bauunternehmer: Bouwbedrijf H. Koopmans bv, Apeldoorn
Statik: Strackee bv, Amsterdam
Installation und Gebäudetechnik: Treffers en Partners, Baarn
Entwurfs- und Ausführungszeit: 1988–1989
Geschoßfläche: 1.250 m² Bruttonutzfläche

Pathé-Kino Schouwburgplein 101 Rotterdam

Projektarchitekt: Koen van Velsen
Projektteam: Gero Rutten, Lars Zwart, Marcel Steeghs, Okko van der Kam
Bauherr: Pathé Cinemas Amsterdam
Bauunternehmer: Van Hoorn bv, Capelle a/d IJssel
Statik: D3BN Den Haag
Installation und Gebäudetechnik: TM Amersfoort
Bauphysik: Van Dorsser, Den Haag
Entwurfs- und Ausführungszeit: 1994–1996
Geschoßfläche: 8.463 m² Bruttonutzfläche

Rathaus Terneuzen Oostelijk Bolwerk 4 Terneuzen

Projektarchitekt: Koen van Velsen
Projektteam: Gideon de Jong, Lars Zwart, Okko van der Kam, Marcel Steeghs
Bauherr: Stadt Terneuzen
Bauunternehmer: Bouwcombinatie Stenen Beer Terneuzen
Statik: Van Rossum, Almere
Installation und Gebäudetechnik: Jonker Engineering Techniek, IJmuiden
Bauphysik: LBP, Utrecht
Entwurfs- und Ausführungszeit: 1993–1996
Geschoßfläche: 6.000 m² Netto

Niederländische Film- und Fernsehakademie Markenplein 1 Amsterdam

Projektarchitekt: Koen van Velsen
Projektteam: Gero Rutten, Gideon de Jong, Lars Zwart, Marcel Steeghs, Bureau Bouwkunde
Bauherr: Amsterdamse Hogeschool voor de Kunsten, Amsterdam
Bauunternehmer: Friso Aannemingsmij., Sneek
Statik: D3BN Den Haag
Installation und Gebäudetechnik: TM Amersfoort
Bauphysik: LBP, Utrecht
Entwurfs- und Ausführungszeit: 1997–1999
Geschoßfläche: 8.035 m² Bruttonutzfläche

Wohnungsbau Vos Borneo-eiland Amsterdam

Projektarchitekt: Koen van Velsen
Projektteam: Gideon de Jong, Lars Zwart, Marcel Steeghs
Bauherr: B. Vos, Eemnes
Bauunternehmer: Visser & Mol, Hoogkarspel
Statik: Strackee bv, Amsterdam
Bauphysik: LBP, Utrecht
Entwurfs- und Ausführungszeit: 1999
Geschoßfläche: 140 m² Netto

Medienkommissariat Hoge Naarderweg 78 Hilversum

Projektarchitekt: Koen van Velsen
Projektteam: Chris Arts, Gideon de Jong, Gero Rutten, Marcel Steeghs, Merijn de Jong, Tom Bergevoet
Bauherr: Commissariaat voor de Media, Hilversum
Bauunternehmer: E.A. van den Hengel bv, Soest
Statik: D3BN Den Haag
Installation und Gebäudetechnik: Huisman en van Muijen, 's-Hertogenbosch
Installation: Lingestreek bv, Gorinchem
Bauphysik: LBP, Utrecht
Entwurfs- und Ausführungszeit: 1998–2001
Geschoßfläche: 3.372 m² Bruttonutzfläche

Fotonachweis

Einleitung (S. 7 – 16)
Chinesische Buchstaben: # 24, ‚Körper', Buch' (entnommen aus Van Berkel en Bos, *Effects; radiant synthetic*, Amsterdam, 1999, p. 88)
Miller Hare: # 10
Francine Houben/Mecanoo architecten: # 26
Benoît Mandelbrot: # 9 (s. u. a.: http://alepho.clarku.edu/~djoyce/julia)
Antonio Martinelli: # 20, 21, 25
Grant Mudford: # 17
Giorgio Pezzato: # 13
Hans Werlemann: # 7, 37, 38

Wiel Arets (S. 18 – 31)
Prof. ir. Wiel Arets Architects & Associates bv, Renderings, Foto: # 1, 24, 25, 26; Projekt S. 30
Christian Richters:
Projekt S. 28
Kim Zwarts:
Projekte S. 23 – 27, 29

Benthem Crouwel (S. 32 – 45)
Gert von Bassewitz: # 16
Benthem Crouwel Architekten bv bna: # 15, 18
Pieter Boersma: # 14
Yukio Futagawa: # 19
Jannes Linders: # 3, 17; Projekte S. 38 – 44

CEPEZED (S. 46 – 59)
CEPEZED bv, Zeichnungen, Renderings: # 5, 6, 33; Projekt S. 52
Hedrig-Blessing: # 18
Yukio Futagawa: # 9
Fas Keuzekamp: # 1, 2, 4, 16, 17, 31, 32; Projekte S. 52 – 59
John Linden: # 10, 11
Franz Schulze: # 14

Erick van Egeraat (S. 60 – 75)
Erick van Egeraat associated architects: (Logo) # 2; Renderings # 3, 8, 24; Projekte S. 73, 74
Mecanoo architecten (Logo): # 1
Christian Richters: # 9, 10, 19; Projekte S. 66 – 72
Lebbeus Woods: # 5 (Abbildung entnommen aus http://members.tripod.com/~septimus7/ibea/gall10.html)

Herman Hertzberger (S. 76 – 87)
Architectuurstudio Herman Hertzberger: # 20b
Architectuurstudio Herman Hertzberger: Projekte S. 86, 87 (zuvor publiziert in *Tectónica*, 10, 1999/2000)
John Cava (Keith Eayres nach Herman Hertzberger): # 13
Herman van Doorn: Projekte S. 83, 84, 85
Herman Hertzberger: Projekte S. 82, 86

George Meguerditchian/-Centre George Pompidou: # 12
Le Corbusier: # 21

Mecanoo (S. 88 – 101)
Francine Houben/Mecanoo architecten: # 9, 10
Christian Richters: Projekte S. 94 – 101

MVRDV (S. 102 – 115)
Jan Derwig: Projekt S. 114, 115
Rob 't Hart: Projekt S. 108
Ed Melet: Projekt S. 113
MVRDV, Zeichnungen, Renderings: # 13; 23, 26a, 26b
Rob Nijsse (ABT-Consult), Fotos, Skizzen: # 21, 22, 27
Hans Werlemann: # 4, 20; Projekte S. 109 – 112

OMA (S. 116 – 129)
Reinhard Friedrich: # 8
Rob Nijsse (ABT-Consult): # 6
OMA, Zeichnungen, Renderings: # 24 – 27; Projekte S. 125, 128
Christian Richters: Projekte S. 122, 124
Hans Werlemann: # 12 – 15, 20 – 23; Projekte S. 123, 126, 127

Hans Ruijssenaars (S. 130 – 143)
Jan Derwig: # 6, 7, 26; Projekte S. 136 – 142
Grant Mudford: # 2
Nederlands Architectuurinstituut, Rotterdam: # 1

UN Studio (S. 144 – 157)
Jan Derwig: # 2 (entnommen aus: Ben van Berkel, *Crossing Points*, Berlin 1993)
Christian Richters: # 22, 23; Projekte S. 151 – 156
Kim Zwarts: Projekt S. 150

Rudy Uytenhaak (S. 158 – 171)
Werner Blaser: # 2
Luuk Kramer: Projekte S. 164 – 168; 170
Rudy Uytenhaak Architectenbureau: # 11, 20, 21, 31; Projekt S. 171

Koen van Velsen (S. 172 – 185)
Arthur Blonk/Caroline Koolschijn/arcasa: Projekt S. 184, 185
Gerhard Jaeger: Projekt S. 178, 179
Christian Richters: Projekte S. 180 – 183

Alle übrigen Fotos bei den Texten: Ed Melet

Colofon

Die Originalausgabe erschien unter dem Titel „Het architectonische detail" im Verlag NAi Publishers, Rotterdam

Die Veröffentlichung dieses Buches wurde durch einen Beitrag vom Netherlands Architecture Fund, Rotterdam, ermöglicht.

Übersetzung aus dem Niederländischen:
Anneke Bokern; Sebastian Fischer Baling (Legenden)

Redaktion der deutschen Ausgabe:
Sabine Bennecke

Der Autor dankt Piet Vollaard für Kommentare und Ratschläge.

Gestaltung:
Arlette Brouwers und Koos van der Meer, Emst

Bearbeitung der Zeichnungen:
Rob Reitsma, Dordrecht; PrePress Studio Groenendaal, Nieuwegein

Druck:
Die Keure, Brügge

© Entwürfe, Zeichnungen, Renderings: Wiel Arets Architects & Associates bv, Maastricht; Benthem Crouwel Architekten bv bna, Amsterdam; CEPEZED bv, Delft; Erick van Egeraat associated architects (EEA), Rotterdam; Architectuurstudio Herman Hertzberger, Amsterdam; Mecanoo Architecten bv, Delft; MVRDV, Rotterdam; Office for Metropolitan Architecture bv, Rotterdam; de architectengroep: prof. ir. Hans Ruijssenaars; UN Studio, Amsterdam; Rudy Uytenhaak Architectenbureau bv, Amsterdam; Architectenbureau Koen van Velsen bv, Hilversum. Prof. ir. Wiel Arets Architects

Eventuelle Bildrechteinhaber, die nicht ermittelt werden konnten, werden gebeten, sich an den Verlag NAi Publishers, Mauritsweg 23, NL-3012 JR Rotterdam zu wenden.

Deutsche Bibliothek Cataloging-in-Publication Data
Melet, Ed:
Das Detail in der niederländischen Architektur / Ed Melet. [Übers. aus dem Niederländ: Anneke Bokern]. - Basel; Berlin; Boston: Birkhäuser, 2002
Einheitssacht: Het architectonische detail <dt.>
ISBN 3-7643-6898-5

Dieses Werk ist urheberrechtlich geschützt. Die dadurch begründeten Rechte, insbesondere die der Übersetzung, des Nachdrucks, des Vortrags, der Entnahme von Abbildungen und Tabellen, der Funksendung, der Mikroverfilmung oder der Vervielfältigung auf anderen Wegen und der Speicherung in Datenverarbeitungsanlagen, bleiben, auch bei nur auszugsweiser Verwertung, vorbehalten. Eine Vervielfältigung dieses Werkes oder von Teilen dieses Werkes ist auch im Einzelfall nur in den Grenzen der gesetzlichen Bestimmungen des Urheberrechtsgesetzes in der jeweils geltenden Fassung zulässig. Sie ist grundsätzlich vergütungspflichtig. Zuwiderhandlungen unterliegen den Strafbestimmungen des Urheberrechts.

© 2002 Birkhäuser – Verlag für Architektur, Postfach 133, CH-4010 Basel, Schweiz.
Ein Unternehmen der Fachverlagsgruppe BertelsmannSpringer
© Original Dutch and English editions: NAi Publishers Rotterdam 2002
Gedruckt auf säurefreiem Papier, hergestellt aus chlorfrei gebleichtem Zellstoff. TCF ∞
Printed in Belgium

ISBN 3-7643-6898-5
www.birkhauser.ch

9 8 7 6 5 4 3 2 1